Hansestadt Hamburg

Sammlung der Stadt Hamburg zur Handhabung der Gesetze und Verfassungen

vom Anfang des 17. Jahrhunderts bis auf die jetzige Zeit

Hansestadt Hamburg

Sammlung der Stadt Hamburg zur Handhabung der Gesetze und Verfassungen *vom Anfang des 17. Jahrhunderts bis auf die jetzige Zeit*

ISBN/EAN: 9783741102332

Hergestellt in Europa, USA, Kanada, Australien, Japan

Cover: Foto ©Lupo / pixelio.de

Manufactured and distributed by brebook publishing software (www.brebook.com)

Sammlung

der

von E. Hochedlen Rathe

der Stadt Hamburg
so wol zur Handhabung
der Gesetze und Verfassungen
als bey besonderen Eräugnissen
in
Bürger- und Kirchlichen, auch Cammer- Handlungs- und übrigen Policey-Angelegenheiten und Geschäften
vom
Anfange des siebenzehnten Jahr-Hunderts
bis auf die itzige Zeit
ausgegangenen allgemeinen Mandate, bestimmten Befehle und Bescheide, auch beliebten Aufträge und verkündigten Anordnungen.

Der Erste Theil,
welcher
die Verfügungen im siebenzehnten Jahr-Hundert
in sich fasset.

Hamburg,
gedruckt und verlegt von J. C. Piscator, E. Hochedlen und Hochweisen Raths Buchdrucker. 1763.

Vorrede.

§ 1.

Die gute Aufnahme der im Jahre 1760 gedruckten Sammlung der bey der Stadt Hamburg eingeführten Feuer=Veranstaltungen und Ordnungen, welche sich nicht bey hiesigen Einwohnern eingeschränkt, sondern inn= und ausserhalb Deutschlands ausgebreitet hat, ist der Bewegungs=Grund bey dem Verleger solcher Sammlung gewesen, eine gleiche Hochobrigkeitliche Genehmigung, als ihm der Zeit angediehen war, zu dem Abdrucke und zu der Ausgabe der übrigen öffentlichen Verfassungen sich auszuwirken. Und mir, einem in das Hamburgische Bürger=Recht vor wenigen Jahren aufgenommenen Fremden, ist die mit allem Respect

a 2

spect

ſpect geziemend erbetene Ehre wiederfahren, wie zu‑
vörderſt mit den zu einem ſo weitläuftigen Werke
erfoderten Nachforſchungen mich beſchäftigen zu
mögen, alſo hiernächſt deſſen Einrichtung auf die
bequemiſte und beſtthunlichſte Weiſe mir angelegen
ſeyn zu laſſen.

§ 2.

So ſchätzbar mir dieſes Bürger‑Recht vom An‑
fange an, da ich es mir erworben, geweſen iſt, ſo
lebhaft iſt die Empfindung über deſſelben Genuß
mir geworden, da ich allein demſelben nicht nur die
Freyheit und die Erlaubniß zuſchreiben muß, wel‑
che von den verehrlichſten Vätern des Staats
mir gegönnet iſt, um den Weg zur Einſicht ſolcher
Urkunden mir geöffnet zu ſehen, welche auſſer be‑
ſondern Befehl niemanden zum Dienſte und zum
Gebrauche ſtehen, ſondern, da ich auch zugleich ei‑
ner zuverläßigen Hand mich habe verſichern dürfen,
welche bey der gütigen Mittheilung derſelben es
nicht gelaſſen, vielmehr auch bey der Einrichtung
immerfort durch ihren erſprießlichen Rath weis‑
lichſt mich geleitet hat. Wannenhero es denn auch
geſchehen iſt, daß auſſer denen im Druck vorhan‑
denen, und von verſchiedenen mehrentheils verſtor‑
benen gelehrten Bürgern ¹) mit Fleiß geſammleten
Ord‑

---

¹) Dahin gehören vornehmlich die zahlreichen Bänder, die
    in den Berenbergiſchen, Dathiſchen, Richeyſchen, Tecklen‑
    burgiſchen und andern Bücher‑Vorräthen ſind gefunden
    worden, und worunter die Dathiſche die vollſtändigſte
    iſt, als die auch eine Menge geſchriebener Stücke in ſich
    faſſet.

Ordnungen und Mandaten ich einen ergiebigen
Reichthum von geschriebenen Aufträgen und Befehlen Eines Hochedlen Raths mir habe anschaffen,
und zu meinem Zwecke verwenden können.

§ 3.

Dieses ist das Erste und Hauptsächlichste, was
ich zur Vorbereitung meiner Leser, bey der Durch-
blätterung und Einsicht dieser Sammlung, anzumerken mich schuldig erachtet, um mich darüber
zu rechtfertigen, daß bey der dazu übernommenen
zwar mühsamen, aber auch mir selbst, wie iedermann, zur Kenntniß der Verfassungen meiner itzigen geliebten Vaterstadt über die Maasse nützlichen
Arbeit, ich aus keinen andern, als reinen und laute-
ren, Quellen geschöpfet habe; wozu ich, ohne die
besagte Beyhülfe meines erfahrnen und gewogenen
Führers, nicht würde haben gelangen können. Ich
befinde mich aber auch ausserdem noch in der
andern Obliegenheit, von der Art und Weise Re-
chenschaft zu geben, auf welche, durch ein den ge-
schehenen Anweisungen bewiesenes folgsames Betragen, ich meiner übernommenen Pflicht mich zu
entbinden, getreuest und sorgfältigst mich bemühet.

§ 4.

In allen Staaten, die nicht von einem unum-
schränkten Beherrscher regieret werden, und also
besonders in den deutschen Provinzen und Städten,

a 3 theilen

theilen sich die Gesetze und Anordnungen in solche,
welche die unauflöslichen und beständigen
Grundverfassungen, oder die Verbindungen
zwischen Haupt und Gliedern, in sich enthalten,
und in solche, welche, nach Maaßgebung und zur
Vollstreckung derselben, die Pflichten eines ieden
einzelnen Mitgliedes bestimmen: und welche
letztere von Zeit zu Zeit nach den Umständen vermehret, gemindert und erläutert zu werden pflegen.
Jene werden in der Stadt Hamburg, von der ur-
sprünglichen Einrichtung des gemeinen Wesens an,
Recesse oder Haupt-Recesse genennet; 2) diese
aber entweder unter dem Titel der ergangenen
Rath- und Bürger-Schlüsse, oder der Mandaten, Befehle, Bescheide, Aufträge und
Verordnungen Eines Hochedlen Rathes
ausgegeben und verkündiget. 3) Und auch diese
sind hinwiederum darinn unterschieden, daß viele
dersel-

2) Siehe hievon des sel. Herrn Professors Richey Hist.
Statutor. Hamburgensium, welche der itzo um die Republik hochverdiente Senator, Herr Wagner, Lt. im Jahre
1738 auf öffentlicher Catheder im Gymnasio rümlichst
vertheidiget hat. c. IV. § 6. S. 78. u. f.

3) Jedoch werden auch Rath- und Bürger-Schlüsse bey ihrer
Beliebung mit dem Namen der Recesse nach gebräuchlicher
hiesiger Redens-Art wohl beleget, wenn sie auch nicht zum
Staats- sondern nur Privat-Rechte gehören. Die Ursache ist, weil auch diese aus der gemeinschaftlichen Ver-
abredung ihre Kraft erlangen.

derselben nicht sowol ein neues Gesetz, als nur die
Handhabung der vorigen, und der Stadt Verfassungen überhaupt, zum Vorwurf haben, wenn derselben
Befolgung von Obrigkeitlichen Amtes wegen, un-
oder mittelbar, wieder erinnerlich zu machen und
einzuschärfen die Nothdurft erfodert; und wenn
etwan besondere Eräugnisse und Vorfälle zu einer
besonderen und nur zeitigen Verordnung die Ver-
anlassung geben.

§ 5.

Ich habe mich billig enthalten, mit der Ausgabe
der Stadt-Recessen, so weit sie in das Staats-
Recht einschlagen, *) mich zu befassen. Denn
ob sie freylich nach den hin und wieder stückweise
in andern Sammlungen befindlichen Abdrücken,
bey welchen nicht immer nach glaubwürdigen und
von Fehlern ganz entblößten Abschriften verfahren
ist, eine vollständige und richtige Ausgabe wohl
verdienten; so entkenne ich doch nicht, daß in der
kurzen Zeit, welche ich in dieser Stadt gewohnet,
ich meine Sinnen hierinn so sehr annoch nicht ge-
übet habe, daß ich einem solchen Werke mit dazu erfoderter Behutsamkeit und Wissenschaft im
Auslesen und Zusammensetzen mich zu unterziehen
a 4 es

---

*) Ich gebrauche mich dieser Ausdrückung aus der Ursache,
weil, wie Not. 3 gedacht, bey der Beliebung der Recesse, und in denselben, auch mancher Privat- und Policey-
Artikel mit ist ausgemacht worden, welche ich also mit
zum Vorwurfe meiner Arbeit gewählet habe.

es hätte wagen können,⁵) sondern daß ich mit der
gröſſeſten Ehrfurcht der erleuchteſten Ermäßigung
meiner Herren Obern es vorbehalten und überlaſſen
müſſen, was hierunter zu belieben und zu verfügen
Deroſelben Willens-Meinung in Zukunft ſeyn
mögte. Es wird auch nicht leichtlich iemanden
gelingen, ohne eine höhere Beſtimmung und be-
ſtändige Handleitung und Direction nur einen
Schritt ohne Straucheln darinn zu machen. Mir
aber iſt ohnedies ein Feld von ſolchem weiten Um-
fange übrig geblieben, daß, auch nur dieſes zu überſehen, meine Kräfte, ohne die mir angediehene Unter-
ſtützung, nicht hinlänglich geweſen ſeyn würden.⁶)

§ 6.

---

⁵) Ich habe in dieſem Urtheile einen Vorgänger. Man kann
     deſſen wohlgeprüfte Gedenkungs-Art in Hiſt. Statutor.
     Hamburg. S. 80. leſen, woſelbſt er die Wygandiſche
     Bosheit in dem ausgegebenen, der argliſtigen Einkleidung
     halber weniger, als ſonſt nützlichen, Nucleo Receſſuum
     unpartheyiſchen und patriotiſchen Leſern vor Augen ſtellet.
     Indeſſen, da ein geſchriebener Nucleus von dem ſel. Hrn. Lt.
     Held, der iedoch nur, wie der Wygandiſche, bis auf die erſten
     Jahre dieſes Seculi gehet, hin und wieder aufgehoben wird,
     welcher, ſeiner Vorzüglichkeit halber, öffentlich ausgegeben zu
     werden verdienet, weil er mit Redlichkeit und gutem Glauben
     verfaßt iſt, auch eine beſſere Ordnung und Abmeſſung in
     den Rubriken hat; ſo würde die fernere Ausarbeitung bis
     zu itziger Zeit ein Werk ſeyn, welches, mit dem daher zu
     ſchöpfenden allgemeinen Nutzen, in und auſſer der Stadt
     einen gleich allgemeinen Beyfall ſich erwerben würde.

⁶) Es wird mir erlaubt ſeyn, auch hiebey folgende Worte
aus

§ 6.

Um aber auch hierinn theils die behörigen Grän= zen zu setzen, theils eine gute Ordnung zu halten, und um überhaupt dem Leser alles deutlich und in einer gewissen Absonderung vor Augen zu legen, ist mir zu einer gedoppelten Sammlung der Rath ertheilet, und die lehrreichste Anleitung gegeben worden. Dieser zufolge habe ich die eine, welche die vornehmste und wichtigste ist, denen durch Rath= und Bürger=Schluß bestimmten Gesetzen, und allen denen Verfassungen gewidmet, welche, wie jene, bis zur etwanigen, von den Urhebern derselben getroffenen anderweitigen Beliebung, für beständig sind eingeführet worden, um bey diesem oder jenem löblichen Collegio und De= partement zur Richtschnur ihrer Handlungen und Ausrichtungen zu dienen; als wohin, zum Exempel, die bey der Admiralität, bey den Aemtern, beym Armen=Wesen, bey der Banco, am Bauhof, und so ferner bis zum Zehenpfen= nings=Amt und der Zoll=Einrichtung ein für allemal festgesetzte, zum Wesen und zur Auf=

a 5 recht=

---

aus gedachter Historia Stat. Hamb. § VIII. S. 81. mir zuzueignen: Alterum supplementi genus in *ordinationi-bus,* seu rerum singularium constitutionibus consistit, quibus juri nostro patrio vel accessio, vel surrogatio identidem facta fuit. Has omnes latas, renovatas, re-visas, extensas, abrogatas recensere, imo et *Mandata* addere velle, res est, quae vel *viro longe supra tirocinia nostra evecto et subsidiis affluenti negotium facessere possit.*

rechthaltung derselben für nöthig und diensam
gehaltene Anordnungen gehören. Die zwote
Sammlung aber ist von jener darinn unterschieden, daß in derselben alles berührt ist, was sowol
zur Handhabung vorerwehnter Gesetze und
Verfassungen, als bey besondern Eräugnissen
in Bürger- und Kirchlichen, auch Cammer-
Handlungs- und übrigen Policey-Angelegenhei-
ten durch allgemeine Mandate,[7] durch bestimmte
Befehle und Bescheide für diesen und jenen Bürger, Einwohner und Unterthan, durch gefällig
gewesene Aufträge an die ansehnlichen Raths-Mitglieder, und durch sonstige Anordnungen zu außer-
ordentlichen Feyerlichkeiten, Dank- und Freuden-
Festen, auch an Buß- und Bet-Tägen und andern
gottesdienstlichen Andachten, imgleichen zu Col-
lecten und Sammlungen für Einheimische und
Fremde, ausgehen zu lassen, E. Hochedl. Raths
obrigkeitliche Vorsorge seit dem Anfange des vorigen Jahr-Hunderts bis auf den heutigen Tag
belie-

7) Da dieses Wort, wenn man es in weitläuftigem Ver-
stande nimmt, auch Befehle, Bescheide, Aufträge und
Anordnungen in bestimmten besondern Fällen in sich be-
greifet, so hat man der Kürze halber selbiges allein den
Seiten übergeschrieben, hier aber jedoch, wie auf den
Haupt-Titeln, einer jeden Gattung der ausgegangenen
Verordnungen Erläuterungsweise gedenken wollen, welches
also bey dem Leser allen in der zwiefachen Benennung sonst
anscheinenden Widerspruch unter und gegen einander he-
ben wird.

beliebet und behöriger Orten mit veranlaſſet hat; [s])
Und hiebey habe ich weiter nicht, als geſchehen iſt,
zurück gehen wollen noch können, weil der Zeit-
punkt des Stadt-Buchs und Receſſes von 1603
eigentlich derjenige iſt, nach welchem die Art der
Belieb-

[s]) Ich muß hiebey noch eine Stelle aus der Hiſt. Stat. Hamburg. anmerken, welche auf ſchon angezogener Seite 81.
u. f. folget. Sie iſt dieſe: Placcius quidem hac in re
(nemlich in der Sammlung der Ordnungen und Mandaten) jam ſuaſu et exemplo praeivit. Sed dum pro
ſingulari methodi cura diſtributionem adhibet ſecun-
dum partes *Majeſtatis* eorumque exercitium circa civi-
um *perſonas*, *res* et *actiones*, vereor, ne iſti communes
loci doctiores quidem, ſed et impeditiores futuri ſint,
quam ut digeſtionem *ordinationum* quarumvis facilem,
nec ancipitem admittant. Quapropter, quum nulla
ſit conſtitutio, quae non ad aliquod reipublicae com-
modum, tanquam ad objectum referatur, ſatius, ni
fallor, erit, dinumerare praecipua iſthaec objectorum
genera, et ſub iis ordinationes noſtras commoda diſtri-
butione collocare. Sunt autem ea, quibus in republica
per conſtitutiones ſingulares provideri ſolet, haec po-
tiſſimum 1. Membra reipublicae, 2. Religio, 3. Reditus,
4. Juſtitia, 5. Valetudo, 6. Securitas, 7. Morum diſci-
plina, 8. Commercia, 9. Opificia, 10. Beneficia. Nur
den erſten Artikel in gewiſſer Maaſſe, und in ſoweit er
nemlich zu meinem eigentlichen Gegenſtande nicht gehöret,
ausgenommen, ſind alle übrige, und jener zum Theil, mein
zuſammengeſetzter Vorwurf geweſen; iedoch habe ich die
Feuer-Veranſtaltungen nur angezeiget, und auf die beſondere Sammlung derſelben mich bezogen. Auch iſt in
der Ausführung der Abgang nöthig erachtet, daß ich
in dieſen Sammlungen der an die Hand gegebenen
Richen-

Belieb: und Verkündigungen auf itzo gebräuchliche
Art den Anfang genommen hat. ⁹)

§ 7.

Richeyischen Tabelle nicht habe folgen können, sondern in
der itzigen die chronologische, in der künftigen aber die
alphabetische Ordnung nach den Rubriken der Departe-
ments gewählet ist, welche alphabetische Ordnung auch
selbst der sel. Hr. Richey in seiner eigenen Sammlung vorgezogen gehabt hat.

⁹) Von der vorhergegangenen Gewohnheit, sowol in der
  Beliebung der Recesse, Statuten und Policey-Verord-
  nungen, als bey der Verkündigung derselben, ist eine sehr
  gründliche und ausführliche Nachricht in mehrbelobter
  Hist. Stat. Hamb. c. I. § XXIII. S. 21. u. f. zu lesen.
  Wegen der Buerspraken findet sich in diesem ersten Theile
  S. 499. eine besondere Anmerkung aus derselben, und
  c. IV. § V. S. 77. wird diese mit folgenden Worten geschlossen: *Post annum* vero M. D. C. III. quum sanctio-
  nes non paucae statutis tunc novissime recognitis, nec
  omnino adhuc retractatis, vel explicandi aut augendi,
  vel contrahendi aut tollendi causa accesserint, postulat
  instituti ratio, ut eas non indictas praetermittamus.
  Revocari autem ad duo potissimum genera possunt,
  quorum alterum *Recessus*, id est, communia Senatus
  civiumque in publicis conventibus decreta, alterum
  Ordinationes, Edicta et Mandata complectitur, quae
  consensu eorum, ad quos ista consultatio pertinet, ab.
  Amplissimo Senatu publicata, legalem in Republica pro
  tempore obtinent auctoritatem. Und eben auf diesen
  zwischen Rath: und Bürger-Schlüssen (oder Recessen)
  und Ordnungen, Edicten und Mandaten gemachten Unter-
  schied gründet sich also die gedoppelte Sammlung.

§ 7.

Von diesen beyden Sammlungen habe ich die,
sonst als die letzte genannte, um so mehr zur ersten
gewählet, weil sie zugleich zur Vorbereitung und
Nachweisung auf jene dienet, und weil ich um so füg-
licher eine mit der andern durch gewisse Anmerkungen habe verbinden können, welche danebenst
aller Orten, wo es nöthig gewesen, und wo es sich
irgends hat schicken wollen, die Geschichte der Gesetze und Verfassungen in sich begreiffen: die hiernächst noch vollständiger in der 2ten Sammlung
erfolgen soll, wenn, wie ich zuversichtlich hoffe, diejenige gütigste Hand mit ihrer Geschichts- und
Rechts-Erfahrenheit dabey mich nicht verlassen
wird, deren bisherige Anleitung und Beyhülfe mir,
auch besonders hiebey, in der itzigen Sammlung so
fruchtbar gewesen ist.

§ 8.

So wie aber jene Sammlung in eine alphabetische Ordnung der Collegiorum und Depar-
tements eingekleidet werden, und bey iedem Ab-
schnitte die gleich itzo erwehnte historische Einleitung
solchergestalt eingerichtet seyn wird, daß ich nicht nur
auf die ältere Zeiten der Republick möglichster maaß-
sen zurückgehen, und die durch die neuere, entweder
ganz aufgehobene oder erläuterte alte, Verfassungen
anzei-

anzeigen, sondern auch anbey eine beständige Rück-
sicht auf die in der gegenwärtigen enthaltene Stücke
des vorigen und itzigen Jahrhunderts durchgängig
haben, und also auch deren namhafte Erwehnung
thun werde; so habe ich hingegen bey der itzigen
Sammlung, der Mannigfaltigkeit der Materien
halber, und da man sehr viele an mehr denn einem
Orte würde haben setzen und anführen können, keine
andere denn chronologische Ordnung wählen
mögen. Es wird aber auch, zu so viel bequemerem
Aufsuchen und Nachschlagen, ein alphabetisches Register am Schlusse folgen: und, wenn auch die letzte
Sammlung vollführet seyn sollte, gedenke ich, so
Gott Leben und Gesundheit fristet, noch ein beson-
deres Register über alle Materien und Artikeln, die
in beyden Sammlungen vorkommen, in einem besondern Bande zu liefern, welches zum vollständi-
gen Repertorio dienen kann.

§ 9.

Es gebraucht dieser letzten Arbeit um so mehr,
in Ansehung der Menge der Verordnungen,
welche mitten unter dem Abdrucke noch immer dergestalt sich vergrössert hat, daß ich zum voraus mit
Gewißheit nicht versichern kann, wie viele Bände
diesem ersten bey dem ganzen Werke annoch folgen
werden, worinn ich, um selbigen über die Gebühr
der Bogen-Zahl nicht auszudehnen, bey dem siebenzehnten Jahrhundert habe müssen stehen bleiben,
nachdem

nachdem zu selbigem allererst vor kurzer Zeit durch
die mir zu Händen gekommene obergerichtliche
Bescheide, und durch verschiedene, aus vorhin mir
nicht kund gewesenen wichtigen Stücken hergenom-
mene, Verbesserungen eine gedoppelte Zugabe
mir ist dargereichet worden.

§ 10.

Was ich noch, eben dieser Menge wegen, am
Schlusse erwehnen muß, und was verhoffentlich
das Wort dabey mir reden wird, wenn ich etwa
dem ersten Ansehen nach beschuldiget werden mögte, daß ich diese Sammlung nicht behörig eingekürzet hätte, solches beruhet darinn: daß ich, so viel
mir immer möglich gewesen, dafür mich gehütet
habe, daß weder Verordnungen sind abgedruckt
worden, von welchen man mit Grunde sagen könne, daß sie durch andere gänzlich aufgehoben, oder
daß sie überflüßig wären, noch daß ich Stücke eben
desselben und nur erneuerten Einhalts mehrmalen
wiederholet hätte.

§ 11.

Was nemlich das erste betrifft, so ist einmal nicht
vergessen worden, der kündlich aufgehobenen oder
veränderten Beliebungen in solcher Eigenschaft zu
gedenken, und also die Ursache, warum ich sie vorbey gelassen, anzuführen. Hiernächst kommt bey
allen

allen übrigen, wo es an diesem Beweise fehlet, einem Privato darüber das Urtheil überall nicht zu, sondern hänget lediglich von dem Erkenntniß der Gesetzgeber ab. Und endlich haben zwar Zeiten und Umstände zuweilen eine auch Stadt-kundige Nicht-Ausübung, aber doch selten eine solche völlige Aufhebung gewirket, daß sie nicht in wiederkommenden ähnlichen Fällen annoch ihre Kraft haben sollten. Viele derselben, und allermeist die bey besonderen Eräugnissen veranlassete Anordnungen, sind auch zur Bewahrung der Geschichte und zur Anweisung, daß stuffenweise diese und jene Verfassung, z. E. in Contagions-Läuften, zu ihrer Vollkommenheit gekommen, allerdings von der Wichtigkeit gewesen, daß ich sie mit habe einrücken müssen, und daß ich mich eben auch daher schuldig erachtet, durch die schon erwehnten Anmerkungen die Ursachen geltend zu machen, warum ich nicht gerne ein Stück habe vorbeyschlagen wollen, wessen Einverleibung ich, dieser oder jener Bewandniß halber, irgends für die Wissenschaft der itzigen Zeiten erheblich zu seyn geachtet.

§ 12.

Was aber die Vervielfältigung der Stücke eines Inhalts anlanget; so gedenke ich dem Leser mich nicht mißfällig gemacht zu haben, wenn zu Verhütung derselben ich entweder ein Mandat nur unter dem neuesten Dato habe drucken lassen, vorher aber von Jahr zu Jahr darauf nachgewiesen, oder,

oder, wenn ich in den Fällen, da ich entweder die neueren Data nicht so gleich gewußt, oder sonst Ursachen dazu gewesen sind, damit nicht zu warten, unter den älteren selbiges mit eingerückt, und hiernächst blos des wiederholten Anschlages in den jüngeren Jahren Erzehlungs-weise gedacht, anbey diejenigen Stücke gar nicht wiederholet oder ausgeschrieben habe, welche solchen Schriften schon vor mir sind einverleibet gewesen, deren Anschaffung zur Kenntniß der Gesetze und Anordnungen einem ieden Wißbegierigen unentbehrlich ist, und wohin der in Gott ruhenden treflichen Männer, des Hrn. Senatoris Schlüter, D. Tractat von den Erben in Hamburg, des Hrn. Senatoris Langenbeck, D. Hamburgisches Schiff- und See-Recht, und Hrn. Prof. Fabricii Memoriae Hamburgenses vorzüglich haben müssen gerechnet werden.

§ 13.

Obiges wird zur Einleitung bey diesem ersten Bande genug seyn, und ich schliesse dieselbe mit der Versicherung, daß der Verleger mit dem zweyten Bande eifrigst beschäftiget sey, und daß er verhoffe, selbigen in wenigen Wochen zu vollführen, dabey auch und bey allen, mit möglichster Beförderung folgenden, weder am Papiere, noch auch sonsten, Fleiß und Kosten ersparen werde, dem Leser durch eine äusserliche Zierde, gleich mir durch eine wenigstens unverdrossene und ordentliche Ausarbeitung, zu ei-

Erster Theil. b ner

ner gütigen Aufnahme eines Werkes sich empfeh-
len zu mögen, welchem sonst die von uns beyden mit
ehrerbietigstem Dank öffentlich hiemit anerkannte
günstigste Anleitung den innerlichen Werth einzig
und allein wird bestimmen können.

Hamburg,
den 24 Dec. 1763.

Johann Friedrich Blank,
B. R. Dr.

E. Hoch=

E. Hochedlen Raths

der Stadt Hamburg

ausgegangene

allgemeine Mandate

bestimmte

Befehle und Bescheide

auch

beliebte Aufträge und verkündigte Anordnungen

im

siebenzehnten Jahr-Hundert.

Erster Theil.   A

I.

Mandat, wie sich die Reiten-Diener, mit ihrer Reuterey, Kleidung und Habit, wie auch mit getreuer Aufwartung verhalten sollen. 1602. 26 Februar.

1. Soll ein ieder Reiten-Diener mit einem munsterlich-unsträflichen Trabe-Zeug, Sattel, Hinter-Zeug, mit seinen Gesellen eines Munsters, ein Paar guter fertiger Pistolen, einen Bandelier, Rohr und unsträflichen Seiten-Gewehr versehen und versorget seyn.

2. Der Sattel mit der Zubehörung soll für und für allemal auf dem Marstall hinter eines ieden befohlenem Pferde hangen, rein und sauber, auch soll der Harnisch in eines ieden Reiten-Dieners Behausung gleichergestalt rein und gebührlich gehalten werden.

3. Soll kein Reiten-Diener des andern befohlnes Pferd reiten, dessen Sattel, Harnisch, Pistolen, Bandelier, Rohr, oder Hinter-Zeug gebrauchen, es wäre dann, daß derselbe Diener, dem es höret,

A 2   nicht

1602. nicht einheimisch, oder mit Leibes=Schwachheit beladen, und es würde nach Zeit und vorfallender Gelegenheit von den verordneten Stall=Herren einem andern anbefohlen.

4. Soll kein Reiten=Diener sich unterstehen, sein befohlnes Pferd ohne Vorwissen des verordneten Stall=Herrn auszulehnen und zu verhäuren, oder iemand damit spatzieren zu reiten verstatten, noch sich gelüsten lassen, sein Pferd seines Gefallens, Vor= oder Nachmittags, ohne Vorwissen des Stallmeisters abzureiten, bey Verlust seines Dienstes; besondern dasselbe in gutem Beschlage stets halten, damit man in vorfallenden Nöthen ihn bey Tage und Nacht, wann wegen E. E. Raths angezeiget würde zu reiten, daß er damit bereit und gefaßt sey.

5. Soll kein Reiten=Diener sein befohlenes Pferd vor die Schmiede bringen, noch beschlagen lassen, er soll dann selbst dabey seyn, und wohl zusehen, daß es recht ausgewirket, wohl beschlagen und nicht vernagelt wird, und da auch Mangel und Schade am Pferde gespüret, soll der Diener, dem solch Pferd befohlen, nicht damit seines Gefallens umgehen, besondern die verordneten Stall=Herren oder den Stallmeister fragen, wie es damit gehalten werden soll; wo iemand dagegen handeln würde, der soll solch Pferd zu bezahlen schuldig seyn.

6. Soll

6. Soll ein ieder Diener sein befohlenes Pferd, 1602. nebst seinen Stall-Brüdern, in seiner Ordnung, wo er nicht verschicket, alle Woche zweymal, den Dingstag und Sonnabend, mit guter Geschicklichkeit ins Feld reiten.

7. Soll kein Reiten-Diener, wann er ins Feld spatzieren reitet, sich zu Krügen oder Saufen absetzen, besondern nüchtern und bescheiden wiederum nach den Stall reiten, und sein Pferd nach aller Nothdurft die Schenkel abreiben, das Pferd wohl beschicken und warten.

8. Wann ein Reiten-Diener von E. E. Rath ausgeschicket und mit iemand zu reiten beurlaubet wird, soll er solches den verordneten Stall-Herren selbsten, oder, da er in Eil wegreiten müßte, dem Stallmeister anmelden, damit man zu ieder Zeit weiß, welche Reiten-Diener zu Hause oder abwesend seyn, der oder dieselben sollen allezeit auf der Reise ihr befohlenes Pferd gemächlich und nicht über Vermögen reiten, es wäre dann der Herren Befehl, oder die unumgänglichvorstehende Noth erfoderte, daß es geschehen müßte.

9. Soll kein Reiten-Diener sein befohlenes Pferd, wann er reiten soll, von dem Stall vor seine Behausung ungesattelt holen lassen, vielweniger vor seiner Wohnung wiederum absatteln und bloß wiederum nach dem Stall schicken, besondern schuldig und pflichtig seyn, in seinem reuterschen Habit, mit wohlbekleidetem Pferde, unverdorben

A 3 · wiederum

1602. wiederum auf den Stall zureiten, und daſſelbe, wie vorgedacht, nach aller Nothdurft wohl verſe= hen und beſchicken.

10. So ein Reiten=Diener befunden, der ſich in Verſchickung mit überflüßigem Trunk beladete, ſeine Zeit zu reiten verſäumete, und gleichwol den befohlenen Weg abreiten wollte, damit das Pferd verdorben und ſchadhaft gemacht würde, der Die= ner ſoll ſolch überritten Pferd bezahlen, oder ſei= nes Dienſtes entſetzet ſeyn.

11. Wann ein Reiten=Diener mit E. E. Raths Abgeſandten abgeſchicket und mitzureiten befehli= get wird, ſoll er ſein munſter= und reuterſch mit ſei= nem ledern Koller, guten langen gebräuchlichen Stiefeln und Sporen unſträflich und wohl ſtaf= firet ſeyn.

12. Sollen die Reiten=Diener aufreiten im Felde in guter Ordnung und ebenen Gliedern, reuterlich, vor= und umſichtig, mit Wartung des Weges und Feldes, freudig reiten, auch ohne nö= thige Urſachen im Felde nicht gern abſitzen oder Richtwege ſuchen.

13. Sollen die Reiten=Diener, wenn ſie auf Reiſen ſeyn, oder ſonſt verſchicket werden, ſich ei= nes ehrbaren Wandels, nüchternes und mäßiges Lebens befleißigen, in Logimenten und Herber= gen mit männiglich friedfertig und beſcheidentlich umgehen.

14. Weiln

14. Weiln E. E. Rath von ihren Geſandten 1602.
zu vielmahlen berichtet worden, über das auch
eine ſträfliche und böſe Unart iſt, daß etliche der
Diener in den Herbergen unehrlicher Leute Be-
hauſung nicht allein über gewöhnlicher und ſpät-
nächtiger Zeit ſich mit unnatürlichem Trinken
überflüßig beladen, beſondern auch den Herren
Unruhe, Unluſt, Tumult und Rumor anrichten,
ſo ſoll denenſelben ſolches ernſtlich, bey Verluſt ihres Dienſtes, hiemit verboten ſeyn.

15. Die Reiten-Diener ſollen auch, wann ſie
mit den Herren Abgeſandten auf Reiſen ſeyn, auf
dieſelben, wann ſie aus- und eingehen, fleißig warten, daran ſich nichts behindern laſſen, und ſo
ſie etwas zu beſchaffen und zu beſchicken, ſollen ſie
ſolches zur anderer beſſern Gelegenheit thun, oder
Beurlaubung dazu bitten.

16. Soll ein ieder Reiten-Diener, wann er
auf die Herberge kommt, ſein Zeug, wie das Namen haben mag, reinlich putzen, ſauber wiſchen,
auch ſein Pferd fleißig und wohl beſchicken.

17. Wann E. E. Rath, nach altem löblichen
Gebrauch, auf die Mühlen gehet, oder auch aus
ihren Mitteln anderen Perſonen die Gelegenheit
und Befehl beykommt, daß ſie etliche oder alle
Reiten-Diener vor das Rathhaus oder andern
gelegenen Orten aufzuwarten beſcheiden laſſen, ſo
ſollen die oder andere Diener nicht allein gerne
und unverzüglich, willig und gehorſam erſcheinen,

A 4   beſon-

1602. besondern auch mit ehrlicher Kleidung angethan
seyn.

18. Als auch E. E. Rath in glaubwürdige
Erfahrung gelanget, daß etliche unter ihren Reiten-Dienern in Verrichtung dessen, was in obgemeldten Raths Namen und auf desselben Befehl
der Stallmeister ihnen angemeldet, ganz säumig
und weigerlich sich erzeigen, und solches wohlgemeldter Rath keineswegs zu gedulden; Demnach
will E. E. Rath allen Reiten-Dienern sammt und
sonders ernstlich hiemit auferleget und befohlen haben, daß sie demjenigen, was in ihrem Namen der
Stallmeister ihnen zu verrichten, zu thuende oder zu
lassen anzeigen wird, bey willführlicher Strafe an
die Stall-Herren, unverzüglich nachkommen sollen,
und im Fall die Stall-Herren obgedachter Diener
beharrlichen Ungehorsam vermerken würden, sollen
sie den oder dieselben zu enturlauben hiemit gemächtiget seyn.

19. Sollen auch in Feuers-Nöthen die Reiten-Diener sich verhalten, wie solches in der Feuer-
Ordnung gesetzet und beliebet worden.

20. Dieweil auch die augenscheinliche Erfahrung giebt, daß bey dem Marstall man bey Abend
und zu Nachtzeit mit den Windlichtern und Fakkeln vorüber und beygehet, woher dann in Eile
große Feuers-Noth, der ganzen Stadt höchstschädlich, entstehen könnte, so will E. E. Rath den
Reiten-Dienern und ihren Gästen, auch allen
andern

andern des Orts wohnenden hiemit ernſtlich be- 1602
fohlen haben, daß ſie ſich der brennenden Fakkeln
gänzlich enthalten, und ſich der Laternen oder
Leuchten, der alten ehrbaren Gewohnheit nach,
bey hoher Poen und Strafe, gebrauchen ſollen.

21. Da ſich auch unter den Stallbrüdern einiger Widerwille oder Mißverſtändniß zutragen
oder begeben würde, welche die vier älteſten unter
ihnen vereinigen können, als ſollen ſie dieſelbige
erſtlich dem Stallmeiſter zu erkennen geben, und
verſuchen, ob dieſelbe in der Güte von dem Stallmeiſter könnte beygeleget und vertragen werden,
wo nicht, ſolches ferner den verordneten Stall-Herren zu erkennen geben, welche nach Befindung
der Sache umſtändlichen Beſchaffenheit die Ir-
rung durch ihren billigmäßigen Machtſpruch zu
entſcheiden gemächtiget, und beiden Theilen, bey
Verluſt ihres Dienſtes, demſelben zu pariren und
nachzuleben verpflichtet ſeyn ſollen.

22. Wann auch ein Reiten-Diener von E. E.
Rath in dero Stadt-Dienſte angenommen wird,
ſoll derſelbe E. E. Hochw. Rath und dieſer löbl.
Stadt Bürgerſchaft treu, aufwertig und hold zu
ſeyn beeydiget werden. Dieſe E. E. Raths wohlgemeinte Stall-Ordnung ſoll den Reiten-Dienern
alle Jahr, vor oder nach Matthiä Tag, vorgeleſen
werden, damit ſich ein jeglicher darnach zu richten,
und der Unwiſſenheit ſich nicht zu entſchuldigen
haben möge. Und will ſich E. E. Rath dieſes,
und was ſonſten zu guter Ordnung erſprießlich,

A 5 nach

1602. nach Zeit und Gelegenheit zu mindern und zu
mehren vorbehalten, und iedem Reiten=Diener,
bey Verluſt ſeines Dienſtes, ernſtlich auferleget
und befohlen haben, dieſen und allen, was zu Treu=
und Ehren gehöret, williglich und gehorſamlich
nachzukommen.   Und dieweil E. E. Hochw.
Rath ernſtlich gemeinet iſt, daß dieſe Ordnung be=
ſtändiglich gehalten werden ſoll, und nicht wol
möglich, daß in täglicher nöthiger Aufſicht die
verordneten Stall=Herren ſolches warten können;
ſo hat E. E. Rath dem Stall=Meiſter ernſtlich
auferleget, fleißige Aufſicht auf den Stall und
Pferde zu haben, auch mit Fleiß und allem Ernſt
darauf zu ſehen, daß die Pferde gebührlich be=
ſchicket und wohl gewartet werden.   Es wollen
auch die verordneten Stall=Herren alle Woche
zum wenigſten zweymal den Stall viſitiren, und
da einiger Mangel erſchienen, ſoll auf der Stall=
Herren Erinnerung der Stallmeiſter die oder den
Reiten=Diener zur Beſſerung fleißig einmal er=
mahnen, und da befunden, daß ſolche gütliche
Vermahnung keine ſcheinbare Beſſerung brächte,
ſoll er den beyden Stall=Herren ſolches ohnver=
züglich vermelden, dabey ihm dann von Uns ieder=
zeit die hülfliche Hand ſoll geboten werden; und
haben die verordneten Stall=Herren E. E. Raths
Befehl, daß ſie dieſelben Diener ſtracks beur=
lauben und ihres Dienſtes entſetzen ſollen.   Dar=
nach ꝛc.   II. Man=

* Zur Zeit dieſes Mandats wurden die Dienſte der Reiten=
  Diener noch verſchenket. Es iſt aber nachher bey und nach
  dem Verkaufe verſchiedenes geändert, wie in den fol=
  genden Zeiten wird bemerket werden.

II.

Mandat, daß die Land-Leute ihr jährliches Schoß von allen ihren Güthern, inn- oder ausserhalb Landes belegen, den verordneten Land-Herren entrichten sollen.

1607.
Luciä.

Nadehme E. E. Rahd in geloefwardige Erfahringe kumt, dat veele Land-Lüde eer Schatt nich, vermöge der publiceerden Ordeninge des Schattes, alse nomelicken van allen ehren Gödderen binnen ebber buten Landes, beweglick ebber unbeweglick, oock levendige Beesten, unde wo de Goddere sunsten genöhmet worden mögen, woe leef een jber desulven heft, unde alse een jber datjenne, so he darvan schuldig, billig darinne tho körtende heft, van jeder hundert Mark Münte 4 ßl. Lübs entrichten unde bethalen; besundern vörgedachter Ordeninge thowebdern sick understaen schölen, na der Werthe alse de Morgen, wenn de Oeldern den Kindern dat Land setten, ebber eener der Bröder van den andern datsulve in der Erfschop annimmt, eer Guth un Land tho verschaten. Averst dardorch dat gemeene Guth marklick vernahdehlet werdt, solckes oock eerem geleistetem Eede nich gemeete, unde solckes E. E. Rahde, alse der Avrigkeit, nich is to gedulden; Thodeme oock de Erfahringe betüget, dat de Land-Lüde in Betalinge des Schates sehr sümig syn: Alse will E. E. Raht hiermede alle un jede Land-Lüde ernstlick erinnert,

ermahnet

1607. ermahnet un denſulven gebaden hebben, dat ſe eer
Schatt up ſchierkünftigen Mandag na Anthony,
werdt ſyn de 18 Januarii des künftigen 1608ten
Jahres, ohne längern Vertog, van allen eeren
Gödern, binnen edder buten Landes belegen, be=
weglick edder unbeweglick, van levendigen Haabe
edder Beeſten, edder wo deſülvigen Göder mögen
genöhmet warden, ſo hoch ſe de achten, unde dar=
vör ſe de geven edder nehmen willen, van jder
hundert Mark Lübiſch freyes Geldes 4 ßl. den
verordneten Land-Herren entrichten unde bethalen
ſchölen, by Poen 10 Mark Lübs, ſo jemand ſyn
Schatt in vorbenöhmeder Tydt nicht entrichtet.
Da averſt de Land-Herren an jemandes Schate
Misdunkend hebben, ſchölen ſe darna tho erkun=
digen befehliget ſyn, unde darna ſulkes an E. E.
Rade bringen, welker denn na gehabter flytiger
Erkundigunge, un angehöreder Klage unde Ant=
wort up der Verböhringe der nich verſchatenden
Gödern, wo recht, uth bragenden Amte erkennen
will. Darna ſick een jder to richten ꝛc.

III.

1608.
9 May. Ein gemeiner Beſcheid von E. Hochedlen
Rathe, welcher allen Procuratoribus
und Antwälden per Interlocutum ab=
gegeben.

Letztlich giebet E. E. Rath dieſen gemeinen Be=
ſcheid: Nachdem ſowohl im Obern als Nie=
dern

dern Gerichte die Anwalden und Procuratoren oft=
mals ihrer Partheyen Sache ganz unförmlich,
weitläuftig und unverständlich vortragen, denn
auch allerhand unerhebliche Exceptiones wider
die angestellte Klage einwenden, imgleichen ver=
gebliche Citationes und zu Zeiten zweymal dero
von Gegentheil übergebenen Urkunden Copey su=
chen und bitten, auch die Ehrbarkeit im Gerichte,
wie sich wohl geziemet, nicht gebrauchen, dadurch
denn der Partheyen Sache zu deroselben merkli=
chem Nachtheil aufgehalten, das Recht verzogen,
und die Gerichte geschmälert werden; solches aber
E. E. Rath, als der Obrigkeit, länger nicht zu
gedulden stehet, sondern vielmehr ein ernstlich Ein=
sehen zu haben gebühret :   Als will E. E. Rath
allen Anwälden und Procuratoren, sowohl des
Obern als Niedern Gerichts, hiemit ernstlich auf=
erleget und befohlen haben, daß sie hinfüro ihrer
Partheyen Sache förmlich, kürzlich und verständ=
lich vortragen, aller nichtigen Einrede sich enthal=
ten, keine verzögliche Dilation bitten, und inge=
mein aller gefährlichen Behelfe und verdrießlichen
Weitläuftigkeit, die zur Verzögerung der Sachen
dienen, sich gänzlich enthalten, die Ehrbarkeit vor
Gericht gebrauchen, und sich hiebey ihrer gelei=
steten Eyde erinnern sollen, mit der ausdrücklichen
Commination und Verwarnung, da iemand der
Anwälde und Procuratoren diesem in einem und
dem andern Puncte zugegen handeln möge, daß
derselbe, nach Gelegenheit der Ueberführung und
Verbrechung, sowohl im Niedern als Obern Ge=
richte, vermöge Stadt=Buches, erstlich mit einer
will=

1608. willführlichen Geld-Buſſe beleget, und ihm, vor
wirklicher Erlegung der Strafe, im Gerichte zu
handeln nicht geſtattet, folgends aber in Anmerkung beharrlichen Ungehorſams auf eine Zeit, oder
auch ſeines Dienſtes gar entſetzet werden ſolle.
Darnach ſie ſich zu richten und vor Schaden zu
hüten. ꝛc.

IV.

1612.
14 Jan. ## Receſſus wegen der Deich-Schauung.

Demnach E. E. Rath von den Eingeſeſſenen des
Billwärders etliche Beſchwerungen von
ſchädlichen Mißbräuchen, ſo in demſelben Lande
eingeriſſen und verübet worden, vorgetragen, und
geklaget, und um Remedirung und Abſchaffung
derſelbigen gebührlich angeſuchet und gebeten worden: Alſo hat E. E. Rath, nach reifer Erwegung,
all ſolche angemaaſſete unleidliche Neuerungen
und verderbliche Unordnungen ſammt und ſonders
folgender Geſtalt remediret , auch den Land-
Herren, mit Ernſte darüber zu halten, committiret.

1. Und erſtlich wegen geklagter ſonderbarer
Unordnung und Mißbrauchs, ſo bishero bey Er-
wählung der Geſchwornen verübet worden, ordnet und will E. E. Rath, daß hinfüro ſelbige
Wahl auf dem offentlichen Land-Gerichte, in Gegenwart der Land-Herren und anweſenden Land-
Leute, vom Voigte beſchehen und verrichtet werden

den soll, und zwar dergestalt, daß ohne einige 1612.
Gunst und Ansehen der Person, Nachbar bey
Nachbar, welche dazu qualificiret und tüchtig be=
funden, vor andern dazu befördert und erwählet
werde.

2. Vors andere will und gebeut E. E. Rath,
daß hinfüro alle= und iedesmal die Schauung auf=
richtig und gebührlich, ohne einige Gunst und Un=
terschleif, wie sonsten bishero merklich verspüret
worden, von den Haupt-Leuten und Geschwornen
beschehe, und daß derjenige, so strafbar befunden,
gestrafet; wer aber unschuldig, billig verschonet
werde.

3. Dieweil auch nach beschehener Schauung
eine fast große Unordnung und Verschwendung
mit dreytägigem Fressen und Saufen eine zeithero
vorgegangen, und gebraucht worden; dannenhero
wann vom gesammten Straf-Gelde alleine nichts
übrig verbleibet, sondern auch wann die Zehrung
sich höher als die einmal gesetzte Strafe erstrecket,
solche Strafe in etwas erhöhet, ja auch wohl
etliche, so bey der Schauung nicht sträflich befun=
den, gestrafet worden:

Als will E. E. Rath hiemit den sattsamen schäd=
lichen Mißbrauch dergestalt geendet haben, daß
vors erste all solch unziemliches Fressen und Sau=
fen hinfüro, so viel möglich, gemäßiget und ge=
ringer gemachet werden soll; dagegen aber al=
les, so von dem Voigte, Geschwornen und Haupt=
Leuten

1612. Leuten wegen beschehener Schauung und von andern, wie es mag genannt werden, eingenommen wird, mit Fleiß verzeichnet, und hiervon der Schilling, so von iedem Morgen zu schauen gegeben wird, welches sich gleichwohl über die Hundert beläuft, den Land-Leuten nach gethaner Schauung zu verzehren gelassen, was aber übrig befunden, in eine besondere dazu verordnete Lade geleget, und deswegen durch den Voigt alle Jahr auf Martini in des ältesten Land-Herrn Behausung, oder wo es demselben sonsten gefällig, in Gegenwart beyder Land-Herren, wie auch zween von den Herren oder Bürgern, so daselbst Erb und Eigen haben, und denn zweener Land-Leute, welche der Qualität erachtet und ihre eigene Höfe haben, richtige beständige Rechnung beschehen, und was übrig, aufgeleget und verwahret, und davon künftig ein Vorrath an Holz und anderer Nothdurft, zu Behuf der Schleusen, eingekaufet und verschaffet werde.

Es soll auch sonsten, die einmal gesetzte Strafe nach Gefallen zu erhöhen, oder auch den, so bey der Schowing nicht strafbar befunden, zu strafen mitnichten gegönnet, sondern hiemit, als an ihm selbsten unbillig, ernstlich verboten seyn.

4. Wenn überdieß und zum vierten auch eine besondere Unrichtigkeit bey Verfertigung der Schleusen, und andern gemeinen Werkes verspüret worden, indem der Voigt, die Haupt-Leute und Geschworne zu sothanem gemeinen Werke die

Land-

Land=Leute und Eingeseſſene gar zu ungelegener 1612.
Zeit, als in der Erndte oder dergleichen, unledigen
Hilden=Tagen erfordern, und ſolches bey Strafe
12 Lßl.; woher denn die meiſten in berührte
Strafe verfallen, wenige aber, ſo des reden
Geldes nicht viel haben, und derowegen ſolcher=
geſtalt mitgehen wollten, mit höchſter ihrer Un=
gelegenheit und unwiederbringlicher Verſäumniß
erſcheinen, und aber doch auch durch dieſelben,
als die zu ſothaner Arbeit zu ſchwach, wenig oder
nichts dasmal verrichtet werden mag, und alſo
des ganzen Werks beſchehene Förderung, ſo viel
den rechten Effect belanget, nichtig und umſonſt,
auch an ihm ſelbſt unbillig, zu ſolcher unbequemen
Hilden=Zeit die Leute zu beſchweren:

Als will E. E. Rath, daß hinfüro ſolche
Forderung und Aufbietung zu vorerwehnter ge=
meinen Arbeit zu rechter Gelegenheit, und zwar
anderer Geſtalt nicht, als mit Vorwiſſen und Be=
willigung der verordneten Land=Herren, vorge=
nommen und vorgeſtellet werden ſoll.

Angehend die groſſe Unfugniß und unleibliche
Ungeſtümigkeit, ſo bishero in angemaaſſeter Pfän=
dung gebrauchet werden wollen, indem die Haupt=
Leute und Geſchworne den Bürgern und Haus=
Leuten mit ganz trotzigen Worten auf ihre Höfe
gefallen, und die zur Ungebühr angemuthete
Strafe abgefordert, oder die Pfändung täglich
zu Werke zu richten angedräuet.

1612. 5. Als will E. E. Rath ſothanes freventliches ungebührliches Beginnen hinfüro nicht wiſſen noch gedulden, ſondern es gänzlich dahin vermittelt und geendet haben, daß denen, ſo in der Schowung ſtrafbar befunden, entweder ihnen ſelbſt, oder ihrem Hofmeiſter und Häuerlinge, ſolche Gebrechen und Strafen durch die Geſchworne, wie üblich und an ihm ſelbſten billig, angemeldet, und wer alsdann innerhalb 8 Tagen nach beſchehener Ankündigung das gebührliche Straf-Geld nicht entrichtet, gegen denſelben die Pfändung, iedoch mit guter Beſcheidenheit, vorgenommen, und mit Verfertigung der mangelhaften Teiche, Dämme und Wege nach Land-ſittlichem Gebrauch verfahren werden möge.

6. Was zum ſechsten den angegebenen Zehend, ſo der Voigt von dem Getreide, ſo auf den Vor- und Buten-Wiſchen wächſet, einzunehmen ſich unterſtanden, belangt hatte, ſoll derſelbige als eine unbefugte unzuläßige Neuerung abgeſchaffet, und ermeldtem Voigte denſelbigen Zehend hinfüro zu fordern hiemit gänzlich verboten ſeyn.

7. Soll auch zum ſiebenden einem ieden Eingeſeſſenen des Billwärders ſeinen Schilling wegen des Schow-Geldes, dem Voigte, bey wem es beliebet, einzuſchicken, und denſelbigen eben in Perſon in des Voigtes Behauſung, wie es ſonſten eine Zeit her hat erfordert werden mögen, einzubringen mit nichten ſchuldig ſeyn.

8. So

8. So viel ſonſten den Schilling, ſo von einem 1612.
ieden Morgen Landes zu Haltung des Land-
Rechts bishero von dem Voigte eingenommen
worden, betrifft, ſoll derſelbige zwar bleiben, und
inskünftige auch, und etwa 8 Tage nach Pfing-
ſten abgefordert und eingeſammlet werden, aber
nicht eben zur Haltung des Land-Rechts, angeſehen ſothane Koſtung anderswoher, wenn die
Brüche wegen der Schauung, vorangedeuteter
maaſſen, auferleget und erſparet, können genommen werden; ſondern ſoll ſelbiger Schilling zum
Vorrath in oberwehnte Lade mit beygeleget und
verwahret, oder auch bey guten Leuten, dem
Lande zum Beſten, ausgethan werden.

Da aber gleichwohl über Zuverſicht man die
bewährte Unkoſten des Land-Gerichts nirgends
andersher haben könnte, hätte man auf all ſolchen Fall zu dieſem Gelde zu greiffen.

Alſo dann auch, vermöge uralten Herkommens und Land-Buches, wohl hergebracht und
ausdrücklich verſehen, daß niemand ſeine Thein-
Heerde, das iſt, ſieben Ruthen von dem Fuſſe des
Teichs, als an Strafe drey Pfund, bezäunen noch
befriedigen ſoll, und aber eine Zeit her etliche an
der Elbe Geſeſſene demſelbigen vorſetzlicher Weiſe
zuwider gehandelt, und denen, ſo ihr Land und
Höfe an der Bille beſitzen, zu groſſem Nachtheil
und Verdruſſe, ſolche Teiche binnenteichs bezäunet und befriediget haben: So will E. E. Rath
ſolch unrechtmäßiges Beginnen hiermit bey ern-

ſter

1612. ster Strafe abgeschaffet und verboten haben, und sollen demnach die an der Elbe wohnende, so den andern an der Bille ihre Teich-Erde bezäunet, solche Befriedigung alsofort hinweg thun, und einem ieden seine Teich-Erde frey und unverschmälert lassen.

Dieweil auch endlich und zum zehnten in Verfertigung der Elb-Teiche eine besondere Ungleichheit verspüret und befunden worden; Als verordnet und will E. E. Rath, daß hinfüro sowol die Elb-Teiche im Billwärder, als im Ausschlage durch die Voigte und Geschworne zugleich der Gebühr in acht genommen und beschauet werden sollen, damit der eine sowol als der andere Ort seinen Teich mache und gebührlich unterhalte, in sonderbarer Betrachtung, daß dieselbigen Lande sämmtlich in einem Teich-Bande belegen, und da derwegen der eine nicht sowol als der andere all solche Teiche zur Genüge verfertigte, dadurch den ganzen Ländern unwiederbringlicher Schaden zustehen und verursachet werden würde :c.

1616. Münz-Mandat ist bey der im Jahre 1734 ausgegebe-
9 Febr. nen Nachricht von der Befugniß, Beschaffenheit, Billigkeit und dem allgemeinen Nutzen der neuen Hamburgischen im Jahre 1725 beliebten Münz-Verordnungen unter dem Buchstaben I. in den Beylagen befindlich.

Man-

Mandat zur Ankündigung der auf den 30sten October 1617.
angesetzten ersten Jubel-Feyer der vor hundert Jahren 26 Oct.
eingeführten Evangelischen Reformation, ist bey den
übrigen Actis solcher Jubel-Feyer in des sel. Herrn
D. Fabricii Memoriis Hamburgensibus Vol. V.
p. 1. sq. zu lesen.

Mandat, daß niemand den Böhn-Hasen wider die 1619.
Schneider oder andere Amts-Meister, wenn sie sel- 22sten
bige aufsuchen, einigen Vorschub zum Wegschleichen März.
thun, viel weniger Gewaltthätigkeit gegen dieselben
vornehmen sollen, ist im Aemter-Reglement bestimmt.

Mandat, daß der Kohlen-Weiser die Kohlen ordentlich 1621.
anweisen soll. s. 1640. 1 März.   3 Oct.

Ordnung und Rolle der Korn-Träger, ist in der neuen 1622.
Korn-Ordnung vom 22 März 1737. c. IV. genauer 20sten
bestimmet.   Febr.

Münz-Edict, siehe die Anlage N. zu der vorhin ad ann. 1622.
1616 erwehnten Münz-Nachricht.   8 Apr.

Mandat, daß niemand Kohlen eigenes Gewalts an sich 1623.
ziehen, sondern des Kohlen-Weisers Anweisung da- 2 Jun.
mit abwarten solle. s. 1640. 1 März.

V.

1623.
21 Oct.
Mandat, daß ſich die Schiffer, wenn
ſie durch den Stader Sand gelegt,
nicht vom Schiffe wegbegeben ſollen,
auſſer, wenn ſie mit Leibes-Schwach-
heiten behaftet wären.

Eſſte woll vor düſſen op veelfoldige Klagen des
gemeenen handtherenden Koopmanns wolbe-
dächtlicken verordnet, ock in der jahrlick afgele-
ſenen Buhr-Sprake entholden, dat neen Schipper ſick unterſtahn ſchall, noch ſien Schipp-Volk,
wann he dorch dat Stader Sand gelegt, van
dem Schepe ſick webberumme in düſſe Stadt tho
begeven, unde averſt in de Daht verſpöhret wart,
dat van etlicken Schippern eene Tydlang her düſſe
wolgemeente Ordninge wenig nagelevet, unde da-
dorch manche goede Windt verſühmet, unde al-
lerhandt Ungelegenheiten verohrſaket worden.
Wenn denn alles ſowohl dem Rheder alſe dem
Befrachter tho ſündrigen manklicken Präjuditz
unde Schaden gereeket, unde demna ſolckem Unheil billig tho begegnen ſyn will: alſe will E. E.
Rath erwehnte hiebevor publiceerde Ordninge
in allen Puncten und Clauſulen hiermede repetee-
ret, ock eenem jeden, ſo ſick der Seefahrt tho
gebrucken vorhebbens, erinnert, ermahnet, unde
denſülven gebaden hebben, dat wenn he dörch dat
Stader Sand gelegt, van dem Schepe tho begeven, ſick gänzlick ütere ende entholde, idt ſy
denn,

denn, dat he mede Lieves-Schwackheit dermaten 1623.
behaftet fy, dat he up dem Schepe nich bliven
könde, up welcken Fall denn, ehe und bevor he
van dem Schepe affahret, een ander Hövet an
fyn Stede äver fyn Schipp-Volck tho verordnen,
oock alhier thor Stelle fick unvertögelick by eenen
der Verordneten der Admiralität anthogeven,
unde demfülven fodann et tho vermelden fchuldig
fyn, buten düffen Fall averft der kundtbahren
Lieves-Schwackheit de Schipper neenerley Ohr=
facke halver, wor de Nahmen hebben möchten, fick
wedder herup tho begeven underftaen, fündern
dar eenige Noth unde Mangel im Schepe vorfal=
len würde, deme uht düffer Stadt remedeeret war=
den müfte, folckes dorch den Stüermann edder
eenen andern des Schipp-Volks verrichten laten
fchall, mede der Verwarninge, dat dar jemand
hierwedder handeln würde, defülve thom erften=
mal mede 50 Daler Strafe fchall belegt warden,
unde dar he idt thom andernmal deit, mede 100
Daler geftrafet warden fchall; dar he idt averft
thom drüddenmal verbreecken würde, fchall em
keen Schip hinfürder von düffer Stadt tho föhren
verftattet warden.   Worna fick een jeder tho rich=
ten un vör Schaden tho höden ꝛc..

————————

Mandat, die Erlegung des Schoffes im groben Gelde 1623
betreffend.   S. Münz-Nachricht in der Anlage O.   Lucid.

——

1624. Mandat, daß die Unterthanen aus den gemeinen Stadt
29.Dec. Hamburgischen Dörfern kein Holz aus den Stadt-
Wäldern entwenden sollen. f. das Jahr 1646.
m. Sept.

1625. Verordnung, wie es mit Annehm- und Haltung der
10 Jan. Lacken-Händler- und Gewandschneider-Jungen gehalten werden soll, ist den im Jahr 1733 confirmirten
Artikeln einverleibet.

1626. Mandat gegen das hereingeschleifte fremde Mehl. f. die
27 Oct. neuern Matten-Mandate im 18ten Jahrhundert.

1628. Mandat gegen die Vorhöckerey. f. 1648. 6 Febr.
26 Sept.

VI.

1629. Mandat, daß niemand an der Börse
5 May. und vor dem Rathhause Messer,
Dolche, Rapiere oder andre Gewehre
entblössen soll.

Nachdem E. E. Rath in glaubwürdige Erfahrung kömmt, daß etzliche, der hiebevor publicirten Mandate zuwider, sich ganz strafbarer Weise
unterstehen sollen, an der Börse und vor dem
Rathhause Messer, Dolche, Rapiere und dergleichen Gewehren auf andere zu ziehen und zu entblössen, auch damit, wie auch sonsten, Thätlichkeit zu verüben, und denn dasselbe an solchen, insonderheit befreyeten, Orten keineswege zu gedulden, auch wegen Vielheit der Völker, so allda
gemei-

gemeiniglich vorhanden, dahero grosse Ungele- 1629.
genheit leichtlich verursachen könnte: Als will
E. E. Rath angedeutete vorige Mandata hiemit
erwiedert, auch allen dieser Stadt Bürgern, Einwohnern, Unterthanen und männiglichen erinnert,
auch denenselben ernstlich auferleget und geboten
haben, all solcher Entblössung und Ziehung der
Messer, Dolche, Rapiere und anderer Gewehre,
auch damit oder sonsten einige Thätlichkeit zu verüben, an berührten Orten sich gänzlich zu enthalten, mit der Verwarnung, woferne iemand sich
hernachmals, einige Messer, Dolche, Rapiere
auszuziehen und zu entblössen, unterstehen würde,
daß derselbige, ob er bereits niemand einigen
Schaden damit zugefüget, in die Strafe eines
Vorsatzes als 200 Rthlr. verfallen, auch all solche
200 Rthlr. dem Hrn. Gerichts-Verwalter unnachläßig zu bezahlen angehalten, oder, wo er
solche zu bezahlen nicht vermögte, in der Frohnerey
mit Wasser und Brodt gezüchtiget werden, und
hernach dieser Stadt und deren Gebiete sich so
lange, bis er berührte Strafe erleget, zu enthalten schuldig seyn soll. Würde aber einer mit einigem Messer, Dolche, Rapier oder anderen Gewehren an berührten Oertern iemand verletzen,
oder mit Gebung einer Maultaschen oder sonst
Hand anlegen und Thätlichkeit verüben, derselbe
soll mit noch ernster willkührlicher Strafe von
gedachtem Hrn. Gerichts-Verwalter, andern zum
Abscheu und Exempel, gestraft werden. Darnach ꝛc.

B 5   Man-

1630. Mandat, daß niemand ſeine Privat-Händel, Sachen,
26 Jan. Proceſſe und Streitigkeiten, ſo er gegen iemand gehabt, oder bekommen mögte, gänzlich oder zum Theil
in öffentlichen Druck herauszugeben ſich unterſtehen
ſoll, nach den Reichs-Conſtitutionen und Policey-
Ordnung bey ſchwerer Strafe verboten. ſ. 1644.
23 Jul.

1632. Mandat, daß ſich niemand des Gewandſchnitts gebrau-
20 Feb. chen ſoll, der dieſe Freyheit nicht dem Herkommen
nach gewonnen, iſt, wie oben ad ann. 1625 erwehnet, denen Articulis der Laken-Händler mit einverleibet.

VII.

1633. Gemeiner Beſcheid, daß die Procura-
28 Jan. tores im Gerichte deutlich, langſam
und förmlich receßiren, und ſich aller
ſchimpflichen Reden und Schmähun-
gen enthalten ſollen.

Nachdem E. Ehrb. Rathe glaubwürdig vorgebracht, wasmaaſſen die Partheyen im Niedern Gerichte eine zeithero ſich allerhand höhni-
ſcher, ſchimpflicher, beſchwerlicher Wörter, Schmä-
hens und unförmlichen Receßirens befliſſen und
unternommen, wodurch nicht allein das Gericht
merklich deſpectiret und beſchimpfet, beſondern
auch

auch solches von den Umstehenden, sowol Frem= 1633.
den als Einheimischen, nicht ohne geringe Aerger=
niß angehöret wird.　Imgleichen auch, daß die
Procuratores und andere, so im Niedern Gerichte
agiren, vielmals ihre und zwar weitläuftige Re=
cesse aus der Charta herlesen, und folgends die=
selbe apud Acta übergeben, welches wider die ur=
alte Fundation und löbliche Intention des Nie=
dern Gerichts, auch in der revidirten Gerichts=
Ordnung, insonderheit dem 14 Art. Cap. 2.
ausdrücklich verboten;　Als wird hiemit allen
und ieden Procuratoren, auch benenjenigen, so
darinn agiren wollen, ernstlich mandiret und an=
befohlen, daß sie bey dem Vortrag und Hand=
lung ihrer Sachen das Gericht in gebührendem
Respect halten, und, vermöge Stadt=Buches und
der revidirten Gerichts=Ordnung, deutlich, lang=
sam und förmlich,　damit es zum gerichtlichen
Protocoll gebracht werden kann, receßiren,　sich
aller höhnischen, schimpflichen Reden und Schmä=
hungen gänzlich enthalten, und alleine die me-
rita Causæ tractiren,　auch ihre Recesse mündlich
und memoriter, auch summarie in möglicher
Kürze halten.　Mit der ernsten Verwarnung,
woferne iemand dagegen handeln wird, daß wi=
der denselben durch die Herren Gerichts=Ver=
waltere mit der im Stadt=Buche und der revidir=
ten Gerichts=Ordnung verfaßten, oder, nach Ge=
legenheit der Ueberfahrung, anderer willführlichen
Strafe,　unnachläßig　verfahren　werden　soll.
Wornach ꝛc.

VIII.

VIII.

Verordnung wegen des Brodt-Gewichts.

Nachdem E. E. Rath sowol in allgemeiner Versammelung der Erbgesessenen Bürgerschaft, als auch sonsten von den Ober-Alten und Vorstehern der Armen- und Gottes-Kasten wegen Unrichtigkeit des Gewichts am Brodt vielfältig geklaget, und um Remedirung desselben angehalten worden: Als haben heute dato untergeschrieben die Ehrbare, Hochgelahrte und Wolweise Herren Johann Brand, J. U. L. und Johann Rotenburg, Raths-Verwandte, als wohlgemeldten Raths hiezu committirte und des Amts der Becker verordnete Morgen-Sprachs-Herren, nach vielfältigen gepflogenen Tractaten in Gegenwart und mit Vorwissen der Ober-Alten, mit den Aelter-Leuten und dem Amte der Becker nachfolgende Vergleichung getroffen.

1. Daß nämlich hinfüro die Becker von dem Wispel Rogken Ein Tausend Neun Hundert Pfund Brodte gut Rogken-Brodt backen und iedermänniglichen verkaufen sollen und wollen, derogestalt, daß auf ieden Wispel Rogken über den Preis, darauf er iederzeit von den verordneten Herren und Bürgern, wie von Alters her gebräuchlich gewesen, gesetzet, und ihnen 20 Mark Lübsch für Matten, Mühl- und andere Unkosten gut gethan, und also die Taxe der Brodts darnach gemachet werden soll.

2. Es

2. Es soll auch hinfüro das Rogken-Brodt 1633. ieberzeit sein Gewicht halten und iedes Stück von 2 Schill. bis 8 Schill. gebacken, und der Preis, nachdem das Korn auf- oder abschläget, ieberzeit gerechnet und auf einem am Rathhause hangen=den Schragen zu iedermänniglichen Nachricht verzeichnet werden.

3. Ebenmäßig sollen alle Beckere sowol ihr Weiß- alö Rogken-Brodt, so sie backen, außer=halb Stutten, Kringel und Schönrogken, mit ihrem Markte deutlich merken, welches auch ne=ben ihren Namen gleichfals auf einem Schragen am Rathhause, damit ein ieder wissen könne, welcher Becker das Brodt gebacken, verzeichnet werden soll.

4. Weil auch das Amt der Becker sich höch=lich beklaget, daß ihnen so viel Eintrag von den Böhn-Hasen, sowol Einheimischen als Fremden, so von den benachbarten Orten Brodt hereinbrin=gen, auch selbst allhier backen lassen und verkaufen, geschicht, gleichwol bey dieser vorgemeldten Ver=änderung des Gewichts fast das tägliche Brodt nicht erwarten können, sondern der Armuth zum Besten gern auf sich genommen, dero Gesuch ih=nen hiermit die Hand zu bieten, daß dies frem=de Brodt in diese Stadt nicht hereingebracht und verkauft, noch iemand allhier einigerley Brodt selbst backen lassen, um wieder zu verkaufen, zu verstatten, auch bey ihren Amts-Rullen und Bü=chern geschützt und vertheidiget werden möchten, und denn ohne das durch Hereinschaffung des
frem=

1633. fremden Brodts dieſer Stadt Matten merklich ge=
ſchmälert wird; als iſt ihnen verſprochen, daß ſie
bey ihren Amts=Rullen und Büchern geſchützet,
und aller Unterſchleif, der ſowol dem gemeinen
Beſten, als ihrem Amte zu Schaden und Nachtheil
gereichet, abgeſchaffet, gehindert und gewehret
werden ſoll.

Weil auch den Beckern für Unkoſtung, wie
oben gemeldet, 20 Mark auf ieden Wiſpel gut ge=
than worden, benamentlich 7 Mark 8 Schill.
Matten=Geld, 10 Schill. zu Hauſe und auf den
Boden zu bringen, 10 Schill. in und aus der
Mühle zu führen, 8 Schill. dem Müller in der
Mühle, 4 Schill. ihrem Knecht Trink=Geld zu
ſäuren und zu backen, iſt 3 Mark 12 Schill. den
Wiſpel: Als iſt ebenmäßig verabſcheidet, fals
inskünftig höhere Unkoſtung darauf geſchlagen
werden ſollten, daß ſolches in Taxa des Brodts in
Acht genommen, auch, da ſie aus Mangel des
Waſſers ihr Korn auf fremde Mühlen mahlen
laſſen müſſen und dahin führen, höher nicht als
mit den halben Matten beſchweret werden ſol=
len. ꝛc.

1635. Ordnung wegen der einheimiſchen und fremden Armen
1 Jun.   in Hamburgk. ſ. 1658. 15 October.

IX. Man=

IX.

Mandat, daß sich niemand fremder 1635.
Herrschaft und Jurisdiction verwandt 10 Jul.
machen soll, ehe er seines Bürger-
Eydes erlassen.

Nachdem E. E. Rath in glaubwürdige Erfahrung gebracht, als sollten etliche dieser
Stadt Eingesessene, Bürger oder Einwohner sich
hochgefährlicher und hochstrafbarer Weise unterfangen, unangesehen daß sie E. E. Rathe und
dieser Stadt mit bürgerlichen Eyden und Pflichten verwandt, ehe sie selbige aufgekündiget, die
gewöhnliche Nachsteuer erleget, und darauf ihrer
Eyde und Pflichte erlassen, sich fremder Herrschaften Botmäßigkeit und Jurisdiction zu unterwerfen, bey derselben das Bürger-Recht zu gewinnen, und sich mit Eyden und Pflichten derselben darauf verwandt zu machen. Wann
aber solches keinesweges zu gedulden, auch aus
solchem losen Beginnen viele böse Nachfolgen,
Nachreden, Ungelegenheit und Mißverstand
nothdränglich erfolgen müssen, an sich auch zu
Recht und in des Heil. Röm. Reichs Constitutionen und Satzungen höchlich und bey schwerer
Strafe verboten, an zweyen Orten das Bürger-Recht zu gewinnen, und mit Eyden und
Pflichten sich deswegen verwandt zu machen:

Als

1635.   Als will E. E. Rath alle dieser Stadt Bür=
ger, Einwohnere und Angehörige hiemit erinnert,
ermahnet und ernstlich geboten haben, daß sich
niemand dieser Stadt Bürger, Einwohner und
Angehörige soll gelüsten lassen, anderer Herr=
schaften Gebiete und Jurisdiction sich zu unter=
werfen, noch denselben mit bürgerlichen Eyden
und Pflichten verwandt zu machen, ehe und be=
vor er sein Bürger=Recht allhier aufgekündiget,
die gewöhnliche Nachsteuer gegeben, und seiner ge=
leisteten Eyde und Pflichten von Uns gebührlich
erlassen worden. Da nun iemand hiergegen sollte
handeln, derselbe soll nicht allein dieser Stadt
Wohnung und Bürger=Recht verlustig seyn, auch
nimmer wieder dazu gelassen, sondern auch als ein
Meineydiger verklaget, und mit ernstlicher Strafe,
nach Anweisung gemeiner beschriebenen Rechte,
Reichs=Satzungen und dieser Stadt Statuten,
angesehen und andern zum Abscheu bestrafet wer=
den. Immaassen sich auch E. E. Rath die Strafe
wider diejenigen, so solches allbereits gethan, will
vorbehalten haben. Wornach rc.

1636. Ordnung, wornach sich E. E. Raths Bediente, Auf=
10Oct.   seher und Visitatores auf Brücken, Bäumen und an
den Thören verhalten sollen, ist am 3 Octob. 1732
geändert und genauer bestimmet.

X.

X.

Havenmeisters Ordnung.

1636.
10Oct.

1. Anfänglich soll er auf dieser Stadt Haven, unten und oben der Elbe, fleißig Achtung geben, und zusehen, daß die Schiffe, Schmacken, Schüten, Lüchtere, Evere, Prahme und dergleichen aus der Fahrt und also geleget werden, daß der Strohm stets frey gelassen werde, auch die aufwerts fahrenden Schiffe, insonderheit in dem Flethe bey der Holz- und Reimers-Brücken, also liegen, daß ein ieder zum Behuf seiner Nahrung seinen Raum frey behalten könne, und wenn er besindet, daß Schiffe, Evere, Schüten oder dergleichen auf dem Strohm liegen, soll er die Schiffer, altem Gebrauch nach, warnen, daß sie ihre Schiffe daselbst wegnehmen, und, wie sie bestens liegen können, anweisen, und woferne sie darauf keine Folge leisten würden, die Taue, woran solche Schiffe vestgemacht seyn, abzuhauen bemächtiget seyn.

2. Vors andere soll er auch fleißig zusehen, daß nichts der Düpe zum Schaden in das Fleth oder in die Elbe geschüttet werde, zu welchem Ende dann er insonderheit auf diejenigen acht haben soll, die bey der Kayen, Kehrwedder und an allen andern Orten, da die Häuser auf dem Wasser stehen, wohnen, und dieselbigen durch die Fleth-Schauer fleißig erinnern und ermahnen

Erster Theil.   C   lassen,

1636. laſſen, daß ſie keine Unſauberkeit in das Fleth
werfen.

3. Vors dritte ſoll er auch nicht geſtatten, daß
einige Wracke an einigem Orte den Schiffen zu
hindern oder zum Schaden liegen.

4. Wie auch vors vierte mit Fleiſſe zuſehen,
daß die Schiffe ſtets in der Stadt und binnen den
Bäumen ordentlich, und, wenn etwa ein Sturm=
Wind aufſtehet, oder ſonſten, andern nicht zum
Schaden liegen, oder, da ſie die Mängel ſelbſt auf
ſeinen Befehl nicht ändern wollen, ſolches ſelbſt
zu verrichten befugt ſeyn.

5. Vors fünfte, weilen auch befunden wird,
daß die Lüchtere bey der Broocks=Brücke, und die
aufwerts fahrenden Schiffe, Evere und Schüten,
ſo bey dem Winſer Baum häufig angeleget wer=
den, und dadurch der Strohm und die Fahrt in
der Stadt geſperret und gehindert wird, ſoll er
die Schiffer ermahnen, daß ſelbige Oerter, ſon=
derlich aber der Strohm, hinfüro freygelaſſen,
und die Schiffe an andere bequeme Oerter gele=
get werden.

6. Als auch vors ſechſte oftmals Korn oder
andere einige Dinge aus dem einen Schiffe in das
andere übergeſchoſſen worden, und dabey leicht=
lich der Düpe zum Schaden etwas in das Fleth
fallen kann; als ſollen die Schiffer die Pforten
der

der Schiffe wohl verwahren, und ein Segel oder **1636.**
sonsten etwas spannen, daß durch solche Ueber=
schiessung nichts in das Fleth fallen kann; eben=
mäßig soll auch der Havenmeister und die Fleth=
Schauer darauf Achtung geben, wenn die auf=
werts fahrenden Schiffer ihre Güther gelöschet,
daß sie das Stroh=Segels und andere hinterblie=
bene Sachen nicht in das Fleth werfen, sondern
an andere Oerter austragen.

7. Vors siebende soll auch der Havenmeister
fleißige Achtung geben, daß, wenn die Schiffer
durch die Broocks=Brücke legen, der Klappe oder
Brücke kein Schade widerfahre.

8. Vors achte soll er in fleißige Obacht neh=
men, daß keine große oder kleine Schiffe an die
Pfähle, so längst der Vorsetzung gestossen seyn,
vestgemacht, oder, da sie auf seine Ermahnung
dieselben nicht lösen wollen, die Taue abgehauen
werden.

9. Vors neunte soll er auch nicht gestatten,
daß einiger Schiffer sein Schiff, es gehöre ihm
zu oder nicht, binnen den neuen Pfählen längst der
Vorsetzung lege, es sey denn, daß er daselbst zu
löschen oder einzuladen habe, und wann solche
Löschung oder Einladung verrichtet, soll sich der
Schiffer wiederum von dannen hinweg begeben.

10. Da auch vors zehnte er bey denselbigen
oder andern Pfählen im Flethe, wie auch an den
Kluster=

1636. Kluſter-Pfählen einigen Mangel befinden würde,
ſoll er ſolches den Düpe-Herren ungeſäumt anzeigen, welche dann, daß es repariret, oder neue
wiederum an ſelbigem Orte (damit die Stücke
und Stummeln, den Schiffern zum Schaden,
nicht beſtehen bleiben) geſtoſſen werden, bey dem
Bau-Hofe befördern mögen.

11. Vors eilfte ſoll er auch auf die Fleth-
Schauer und Zoll-Knechte fleißige Achtung haben, daß ein ieder ſeines Amts mit Fleiß abwarten, und der Zoll richtig einkommen möge.

12. Demnach zum zwölften bey Holung und
Auswerfung des Ballaſtes große Unvorſichtigkeit,
der Düpe zu merklichem Schaden, geſpüret wird;
ſo ſollen hinfüro die Schiffer den Ballaſt von denen Sanden, ſo in der Elbe liegen, und bey
halber Zeit trucken laufen, und ſonſten der
Schiffahrt ſehr ſchädlich ſeyn, holen, und wann
ſie mit Ballaſt anhero wiederum gelangen, ſollen
ſie denſelben in den neuen Bracken am Hammer
Diecke, oder ſonſt andern bequemen Orten, da
es der Düpe keinen Schaden zufügen kann, auswerfen, worauf der Havenmeiſter ſtets fleißige
Achtung geben ſoll.

13. Wann Schiffe, groſſe oder kleine, zur
neuen Mühlen ſetzen, mit Ballaſt geladen, ſoll
der Havenmeiſter einen Mann darauf zu legen
Macht haben, der Achtung darauf gebe, daß
der Ballaſt nicht in die Elbe geworfen, ſondern
an bequeme Oerter gebracht werde.

14. Im=

14. Imgleichen soll auch der Havenmeister 1636. fleißige Aufsicht haben, daß die Kay von niemand mit Unsauberkeit und andern Dingen beleget, sondern, dem Kauf-Handel zum Besten, frey verbleibe und gelassen werde.

15. Weilen auch dadurch, daß zwischen Altona und der Stadt an den Bergen gegraben wird, viel Sand, der Düpe zum Schaden, sonderlich bey hohen Wassern, in die Elbe gespület wird, als soll solch Graben männiglich daselbst hiermit verboten seyn, und der Havenmeister, daß es nicht geschehe, fleißige Achtung haben.

16. Soll er mit sonderm Fleisse bey Tage und Nacht darauf sehen, daß binnen Baums kein Feuer in den Schiffen gehalten, wie auch kein Pulver darinn verbleibe. Bey ernstlicher willkührlicher Strafe, der dagegen handelt.

17. Er soll auch fleißige Aufsicht haben, daß zwischen denen beyden Bäumen und andern Oertern, da es der Vestung schädlich ist, keine Floß-Hölzer oder Masten, sie gehören wem sie wollen, geleget werden.

18. Und soll sonsten der Havenmeister in seinem Dienste aufrichtig und getreulich sich verhalten, keine Gifte oder Gaben nehmen, sondern sich an seinen Intraden begnügen lassen, und sonsten in allem, was ihm von denen Düpe-Herren befohlen wird, sich gehorsam und fleißig bezeigen. c.

Man

1638. Mandat, daß fremd Bier allhier nirgends, als auf
26 Febr.   dem Eimbeckischen Hause und Schützen-Walle, ge-
schenket werden soll, ist in dem Mandat vom 30
Jan. 1732 erneuert und genauer bestimmet worden.

XI.

1638. **Mandat, keine falsche Thaler in Banco**
26 Febr.   **zu bringen.**

Demnach E. E. Rath in Erfahrung kommen,
daß unterschiedliche falsche Thaler allhier im
Schwange gehen, und in ziemlicher Anzahl in
Banco gebracht werden: Als will E. E. Rath
hiemit iedermänniglich erinnert, ermahnet und
denenselben ernstlich geboten haben, daß keiner einige falsche Thaler in Banco zu bringen sich gelüsten lassen solle.   Mit der Verwarnung, woferne
dieselben nach Dato dieses in Banco gebracht werden, daß all solche falsche Thaler alsobald zer-
schnitten, und die Stücke dem Bringer derselben
wieder zugestellet, oder der rechte Werth dafür
gegeben werden solle.   Wornach rc.

XII.

XII.

Ordnung, wie die Reiten- und Haus- 1639.
Diener vor dem Rathhause aufwar- 26 Aug.
ten sollen.

E. E. Rath thut hiemit ernstlich gebieten und befehlen, daß, so oft E. E. Rath zu Rathhause versammlet, und die Thüren zugemacht, allemal, neben des Raths Schenken, zween reitende und vier Haus-Diener sich vor dem Rathhause an gewöhnlicher Stelle setzen, und allda verbleiben sollen, so lange E. E. Rath beysammen ist. Die Reiten-Diener sollen von dem ältesten bis zu dem jüngsten allemal abwechseln, die Haus-Diener aber, weil die in Montags-Mittewochs- und Freytags-Diener abgetheilet, so sollen die Montags-Diener, wann den Dienstag E. E. Rath auch beysammen, gleichfalls des Dienstags, die Mittewochs-Diener auch den Donnerstag, und die Freytags-Diener gleichfalls den Samstag und Sonntag, daferne E. E. Rath versammlet, vor dem Rathhause aufwarten, und von da keiner weggehen, es wäre denn, daß der Schenke ihn, in des Raths Namen und auf dessen Befehl, wohin zu gehen und etwas zu verrichten, commandiret hätte, und da etwan ein oder ander' durch Krankheit oder erhebliche Ehehaften daran behindert würde, soll er iemand seiner Mitgesellen an seine Stette vorhero zeitig dahin zu ordnen schuldig seyn, bey Verlust ihres Dienstes, auch anderer ernster willkührlichen Strafen. Wornach ꝛc.

C 4

XIII.

XIII.

1639.
30Aug.

Mandat, daß die Havarie und der See-Schaden bey dem beendigten Diſpa-cheur anzugeben.

E. E. Rath will hiermit allen und ieden Bür-gern, Einwohnern und iedermänniglich er-innert, ermahnet und denenſelben ernſtlich geboten haben, daß ein ieder, der Havarie oder See-Schaden hat, ſich desfalls bey dem von E. E. Rath hierzu erwählten und abſonderlich beendig-ten Hans Behnen angeben, und von demſelben all ſolche Havarie und See-Schaden berechnen und abthun laſſen ſolle; mit der Verwarnung, woferne iemand deme zuwider handeln würde, daß all ſolche Havarie und See-Schaden ſowol in den Gerichten dieſer Stadt, als auch auf der Admi-ralität allhie, nicht allein nicht erkannt, ſondern auch der Contravenient, ſeines Ungehorſams hal-ber, mit gebührend willführlicher Strafe ohnnach-läßig beleget werden ſolle. Wornach ꝛc.

XIV.

1639.
21Oct.

Mandat gegen die Vorkäuferey mit Schweinen u. ſ. w.

Nachdem E. E. Rath berichtet worden, wel-chergeſtalt allerhand Vorkäuferey itziger Zeit mit den Schweinen, zu merklicher Vertheurung derſelben, gebrauchet werde; ſolches aber denen hiebe-

hiebevor publicirten Mandaten zuwider und kei= 1639.
nesweges zu gedulden: Als will E. E. Rath
hiemit alle und iede Bürgere und Unterthanen
erinnert, ermahnet und denenselben ernstlich gebo=
ten haben, daß niemand ausser dieser Stadt auf
zehn Meilen Weges einige Schweine, um dieselben
allhier wieder zu verhandeln, aufkaufen solle.
Ebenmäßig soll niemand allhier auf dem Markte
oder in den Ställen Schweine kaufen, um wie=
der zu verkaufen, noch den Fremden zu gute bey
den Schweinen stehen und verkaufen helfen, bey
Strafe zehn Gulden. Wann ein fremder Mann
mit Schweinen auf der Reise wäre, und die
Schweine herbringen wollte, soll sich keiner ge=
lüsten lassen, demselben die Schweine zwischen
hier und Kiel, oder auf so viel Meil Weges herum,
aufzukaufen, sondern den fremden Mann hieselbst
zu Markte stehen lassen, bey Strafe eines Gold=
Guldens für iedes Schwein, so also gekaufet
wird. So soll auch niemand die Schweine zu
Reichs-Thalern, sondern alleine nach Kaufmanns=
Thalern, zu 33 ßl. Lübisch, verkaufen. Endlich
soll keiner einige Ochsen oder Schweine, als die
bestelleten Ochsen= und Schweine=Treiber, vom
Markte für Geld zu treiben, iedoch aber von iedem
Ochsen in der Nähe vier Schilling, sonst in der
Stadt sechs Schilling, in der Vorstadt acht
Schilling, und von iedem Schweine zwey Schil=
ling Lübisch, und nicht mehr zu fordern und zu
nehmen, bey willkührlicher Strafe, bemächtiget
und gehalten seyn. Wornach ꝛc.

C 5   XV.

XV.

1639.
28 Oct. Mandat wegen der zu nehmenden Piloten.

Demnach die Erfahrung bezeuget, daß eine Zeithero viele Schiffe daher verunglücket, daß sie, wann sie auf die Elbe kommen, theils ganz keinen Piloten zu sich genommen, theils aber Piloten zwar aufgenommen haben, aber solche, die der Fahrt und der Tiefe selber nicht recht kundig gewesen: Als hat E. E. Rath, mit Zuziehung des Ehrb. Kaufmanns und der Alten der Schiffer, dem Commercio und sonderlich der Schiffahrt zu gute die Verordnung gemacht, daß hinfüro unterschiedliche erfahrne Piloten stetig die Elbe befahren, und die auf- und abgehenden Schiffe auf- und abbringen sollen; daher ist ihnen nach Gelegenheit der Schiffe und des Orts ein gewisses hier neben specificirtes Pilotage-Geld versprochen und zugesaget worden. Und ist weiters darauf E. E. Raths Befehl, daß ein ieder Schiffer einen Piloten aufnehmen, und da er sich dessen verweigern würde, nichts desto weniger das Pilotage-Geld zu bezahlen, auch zu dem Schaden, da etwan das Schiff dadurch verunglücken möchte, zu antworten schuldig seyn soll. Da sich auch ein oder ander für einen Piloten ausgeben würde, so der Fahrt nicht recht kundig, und also durch dessen Verursachen die Schiffe beweislich Schaden nehmen sollten, soll wider dieselben ebenmäßig mit ernstlich willkührlicher Strafe verfahren werden. rc.

Designa-

Designation; was den Piloten soll gegeben 1639. werden von Michaelis an bis Ostern.

Rthlr.

Von einem Schiffe von 100 Last und dar=
über, von der Schar-Tonnen an, oder auffer
derselben bis auf Glückstadt   =   12

Wenn das Schiff in der Süder-Elbe ist, von
der dritten oder Leyde-Tonnen an bis auf
Glückstadt   =   =   =   9

Wenn es ist bey der Kuxhaven, von dannen
nach Glückstadt   =   =   7

Ein klein Schiff unter 100 Last soll nach
vorgesetzter Gelegenheit des Orts, da der
Pilote eingenommen wird, respective 10,
8 und 6 Rthlr. geben.

Von Ostern bis Michaelis soll geben

Ein Schiff, das 100 Last und darüber ist,
von der Schar-Tonnen an, oder auffer der=
selben bis nach Glückstadt   =   9

In der Süder-Elbe, von der dritten oder
Leyde-Tonnen an bis Glückstadt   7

Von Kuxhaven an bis Glückstadt   =   6

Ein klein Schiff unter 100 Last soll gleich=
falls respective 8, 6 und 5 Rthlr. geben.

XVI.

XVI.

1640.
19 Jan. Mandat gegen die fremden Copulatio=
nen, und ohne gerichtlicher Erkennt=
niß geschehene Scheidung von Tisch
und Bette.

Obwohl E. E. Rath hiebevor ein Mandat von
den Kanzeln publiciren und ablesen lassen,
wasmaassen viele, insonderheit gemeine Leute, so
theils allbereits allhier wohnen, theils auch von
andern Orten herein gelaufen kommen, wenn sie
in den heiligen Ehestand zu treten Vorhabens,
sich ausser dieser Stadt, als Nadelstede, Wandes=
und Reinbecke, zu Ottensen und Nienstede und
andern nächsten Dorf=Kirchen, copuliren und
zusammen geben lassen, und sich folgends, ohnge=
achtet sie ihr Bürger=Recht allhier nicht gewon=
nen, noch sich sonsten E. E. Rathe mit Eyden
und Pflichten verwandt gemacht, haufenweise in
und vor dieser Stadt niederzulassen und zu woh=
nen begeben, daß doch deme nicht nachgelebet
werde, wie E. E. Rath in glaubwürdige Erfah=
rung kommen. Demnach will E. E. Rath hie=
mit solch ihr voriges Mandat wieder erneuert und
ernstlich geboten haben, daß ein ieder, so sich hin=
füro zu befreyen und in oder vor dieser Stadt zu
wohnen Willens ist, vorhero sich bey E. E. Rathe
mit Eyden und Pflichten verwandt machen, und
ohne Consens und Bewilligung E. E. Raths
nirgend anderswo als in dieser Stadt, in einer
der

der vier Karspel-Kirchen, oder zu St. Michaelis 1640.
in der neuen Stadt, oder zu St. Jürgen draussen
sich abkündigen lassen, auch daß alle diejenigen,
so sich bishero, als wie oben erwehnet, ausser dieser Stadt haben copuliren und zusammen geben
lassen, und allhier in oder vor dieser Stadt ißo
wohnen oder wohnen wollen, zwischen dieses und
bevorstehenden Ostern sich am gewöhnlichen Orte
auf dem Rathhause angeben, und neben barer
Entrichtung ihrer Gebühr E. E. Rathe mit Eyden und Pflichten verwandt machen, und vermittelst dessen folgends die bürgerlichen Onera
entrichten sollen, mit der ernsten Verwarnung,
woferne nach diesem ißt bevorstehenden Ostern
iemand in oder vor dieser Stadt wohnende betreten würde, so sich oberwehnter maassen E. E. Rathe
mit Eyden und Pflichten nicht verwandt gemacht,
oder auch, da sich nach Ablesung dieses Mandats
iemand unterstehen würde, sich an fremden Orten
copuliren zu lassen, und deswegen seinen Bürger-
Zettel nicht vorzuzeigen hätte, (immaassen E. E.
Rath durch ihre Diener fleißige Erkundigung deswegen anstellen wird) daß derselbe von den verordneten Wette-Herren in 20 Rthlr. Strafe
ohnnachläßig verfallen, oder, da er dieselbe nicht
zu bezahlen hat, mit dem Gefängnisse gestrafet
werden, und nichtsdestoweniger, woferne er
dieser Stadt Wohnung geniessen will, das Bürger-Recht zu gewinnen schuldig seyn solle. Nachdem sich auch, leider! befindet, daß Eheleute aus
eigenem Willen, und oftmals um geringer Ursache, von einander laufen, und sich selbst trennen,

1640. nen, solches aber in gött= und weltlichen Rechten verboten, auch an ihm selber ein hochärgerlich Werk, deme die Obrigkeit keinesweges nachzusehen gebühret: Als will E. E. Rath allen und ieden Eheleuten hiemit ernstlich geboten haben, da etwan zwischen ihnen einige solche schwere Mißhell= oder Uneinigkeiten entstehen sollten, dahero sie sich zu Tische und Bette von einander zu scheiden befugt zu seyn erachten möchten, daß sie dann sich bey der Obrigkeit anmelden, und dessen entweder gute oder schleunige gerichtliche Entscheidung hierüber erwarten, sich aber solcher selbsteigenen Trennung gänzlich enthalten, und diejenigen, so sich allbereits solchergestalt selber getrennet haben, wiederum zusammen treten sollen; mit der Verwarnung, woferne iemand hierwider thun und handeln würde, daß derselbe mit ernstlich willkührlicher Strafe beleget, und zu ehelicher Beywohnung daneben angestrenget werden soll. Wornach ꝛc.

XVII.

Kohlen=Ordnung.

1640.
1 März.

1. Alle Verweisung der Kohlen soll hinfüro durch den verordneten Kohlenweiser, so lange derselbe von E. E. Rathe zu lassen für gut angesehen wird, geschehen, und soll der Kohlenweiser bey der Wette alle Jahr anloben, daß er diese Ordnung steif und veste halten wolle, bey ernstlicher willkührlicher Strafe.

2. Allen

2. Allen andern, sowol Bürgern als Einwoh=
nern, wird hiermit ernstlich geboten, bey will=
führlicher Strafe, die Bauren vor den Thoren
mit Anbietung Trinkgeldes oder eigenthätig nicht
zu nöthigen, mit ihnen zu fahren, sondern durch
den Kohlenweiser, deme hierinn verantwortlich zu
verfahren, ernstlich anbefohlen wird, anweisen
zu lassen.

3. Soll der Kohlenweiser von einem Fuder
Kohlen, so 30 Säcke und darüber hält, mehr
nicht haben, fodern noch annehmen, denn einen
halben Reichsthaler, und von einem geringeren
Fuder einen Mark, bey Strafe fünf Rthlr. und
Verlust seiner Gerechtigkeit des Kohlenweisens.
Mit den Kirchen und Gotteshäusern aber bleibet
es bey seinem alten Gebrauche.

4. Soll er ein richtiges Verzeichniß halten,
mit Benennung Tages und Monats, wer und
wann er sich, um Kohlen zu entfangen, angege=
ben, auch wie viel Fuder Kohlen täglich einge=
kommen, deren sich die Herren der Wette, so oft
es nöthig, gebrauchen, und darinn ersehen mögen.

5. Wegen der Anweisung der Kohlen wird
viel Zank und grosse Unordnung verspüret; damit
aber denenselben vor der Hand in etwas gewehret
werde, soll der Kohlenweiser zuvorderst die Kir=
chen, Hospitäler, das Rathhaus und die Apothe=
ken versehen, dergestalt, daß dieselben nachge=
rade von dem halben Theil der Fuder, so herein
gebracht

1640. gebracht werden, vorerſt mit etwas bedacht, und das übrige unter den Bürgern und Einwohnern getheilet werde.

6. Der Kohlenweiſer ſoll die Hausleute, ſo die Kohlen führen, vor dem Thore nicht lange aufhalten und warten laſſen, wie geklaget wird, ſondern, ſo bald ſie kommen, dieſelben verweiſen, wohin die Kohlen verführet werden ſollen.

7. Die Kohlen ſollen, wie bishero geſchehen, mit Säcken gemeſſen werden, welche mit E. E. Raths Mark gezeichnet oder gelödet ſind, und ſoll der Kohlenweiſer, ehe er einige Kohlen verweiſet, alle Säcke jährlich beſehen, ob ſie aufrichtig und mit E. E. Raths Markte gezeichnet ſind.

8. Es ſollen auch einem ieden Bürger oder Amtmann nicht mehr Kohlen, als er zu ſeiner Nothdurft verbrauchet, angewieſen werden.

9. Auch keiner ſoll ſich unterſtehen, einige Kohlen zu kaufen, dieſelben an andere wieder zu verkaufen, bey Strafe der Conſiſcation all ſolcher zum ſchädlichen Verkauf aufgekauften Kohlen.

10. Imgleichen wird es auch dem Amte der Schmiede hiemit verboten, einige Kohlen auftragen zu laſſen, dieſelben wieder zu verkaufen, bey angedeuteter Strafe der Conſiſcation, ohne allein ſo viele Fuder, als das Amt in ihrer Ge=

ſellſchaft

1640.

sellschaft den nothdürftigen Armen auszutheilen benöthiget, und mögen sie auf einen Sack Kohlen, den sie austheilen, 8 ßl. über die angesetzte Taxe zu geniessen haben.

11. Dem Kohlbauern neben allem seinem beyhabenden Volke soll für einen großen Fuder, von 30 Säcken und darüber, zum Trinkgelde ein mehreres nicht dann 1 Rthlr. gegeben werden.

12. Die Kohlträger sollen die Bürger und Einwohner, auch die Kohlbauern, nicht beschweren, besondern sich in ihrer Ordnung von iedem Sack Kohlen mit 6 Pf. begnügen lassen; deßgleichen sollen die Kohlträger von einem Fuder von 30 Säcken mehr nicht zum Biergelde fordern noch nehmen als 8 ßl., wo aber ein Fuder über 40 Säcke hält, 12 ßl., und über das niemand mit Trinkgeld beschweren. So sollen sie auch kein Stavengeld zu fordern bemächtiget seyn; wie sie denn auch den Kohlbauern die Säcke Kohlen, noch die Brand-Kohlen, wie bishero geschehen, an statt Trinkgeldes nicht abnehmen sollen, sondern sich allein mit dem Schilling, so sie von den Bauern von iedem Sack Kohlen bishero empfangen, gänzlich begnügen lassen. Die kleinern Fuder sollen, die liebe Armuth nicht zu vervortheilen, mit kleinen Säcken, deren drey oder vier auf einen Sack gehen, gemessen, und nach advenant der grossen Säcke bezahlet werden.

13. Der Kohlweiser und die Alterleute der Schmiede sollen schuldig seyn, zu oftermalen,

Erster Theil. D wenn

1640. wenn die Kohlen von dem Wagen werden abge-
tragen, daſelbſten hin zu kommen und zuſehen,
daß die Kohlträger recht und wohl meſſen; auch,
da die Kohlträger die Kohlen nicht aufrichtig, ſondern Manggut befinden, ſollen ſie, vermöge ihres
Eydes, ſolches den Alten der Schmiede alſobald
anzumelden ſchuldig ſeyn, welche ſie beſichtigen
und wardiren ſollen. Actum & decretum in
Senatu publicatumque ſub Signeto den 1 Martii
Anno 1640. *

* Dieſe Kohlen-Ordnung iſt nicht nur im Jahre 1646
am 6 May durch ein geſchärftes Mandat zur Erinnerung gebracht, ſondern ſogar im Windiſchgrätzi-
ſchen Receſſe vom 3 April 1674 beſtätiget.

Am 11 Jun. 1686 iſt ſie wieder unter dem alten dato
publiciret, und nachfolgendes hinzugeſetzet:

Weil in obgemeldter Kohlen-Ordnung, Art. 11. zwar
enthalten, was denen Kohlbauern zum Trinkgeld von
iedem Fuder Kohlen, nicht aber was für Eſſen und
Trinken, gegeben werden ſolle; Als thut E. E. Rath
ſolchen Articul dahin erklären, daß dem Kohlbauer für
ſich, ſeinen Knecht, Jungen und ſonſten, ſowohl anſtatt
des Trinkgeldes, als vor dieſem gegebenen Eſſen und
Trinkens, von iedem Sacke Kohlen 3 Schilling, eins
vor alles, und nicht mehr gegeben, der Bauer, oder ſein
Knecht und Junge auch weiter desfalls nichts zu fordern,
als ein Bürger ihm zu geben, ſchuldig ſeyn, ſondern ſie
ſich damit gänzlich vergnügen laſſen ſollen, und alſo ſowohl der Art. 11. der Kohlen-Ordnung geſetzte 1 Rthlr.,
als auch was darüber noch am Trinkgelde vor dieſem
gefordert worden, gänzlich hinweg fällt.

Man

Mandat gegen die fremden Werbungen, ist in dem 1640.
Mandat vom 12 September 1650 erneuert. 28 Oct.

XVIII.

Mandat gegen das Ausführen der 1641.
Reichs-Münze ausserhalb Reichs. 7 May.

Nachdem in des Heil. Reichs Constitutionen
und Abschieden ernstlich geboten, daß keiner die Reichs-Münze ausserhalb dem Reiche verführen solle, und aber E. E. Rath glaubwürdig
berichtet wird, daß deme zuwider sich etliche unterstehen sollen, die Reichs-Münze allhier aus
dieser Stadt in fremde Königreiche und Lande zu
führen; Als will wohlgemeldter Rath alle und
iede dieser Stadt Bürgere, Einwohnere und sonsten iedermänniglich hiemit erinnert, ermahnet und
denenselben ernstlich geboten haben, daß sich ein ieder
der Ausführung der Reichs-Münze gänzlich enthalten solle, mit der Verwarnung, wo iemand
darwider handeln und darüber begriffen würde, daß
alsdann solch Geld verwürket, und sonsten wider
den Verbrecher mit ernstlicher Strafe verfahren
werden soll. Wornach sich ein ieder zu richten
und für Schaden zu hüten. Actum & decretum
in Senatu publicatumque sub Signeto den 7 May
Anno 1641.

D 2   Man-

1642.
14ten
März.

Mandat, daß die Brauer ihr Sey völlig verkaufen, und davon nichts entfremden sollen, ist in dem Tractat des sel. Herrn Senatoris Schlüters, D. von den Erben in Hamburg, im 2ten Theile im 130sten Titel, nebst dem erstern Mandat vom 3 Decemb. 1621, eingerückt.

XIX.

1642.
3 Oct.

Mandat, daß die Ochsen nicht bey Reichsthalern, sondern nach Kaufmanns-Thalern zu 33 Schilling Lübsch verhandelt werden sollen. *

Nachdem E. E. Rath in glaubwürdige Erfahrung gelanget, wasmaassen die Ochsen bey Rthlr. gekaufet werden; weil aber solches vorigen publicirten Mandaten schnurstracks zuwider: Als will E. E. Rath allen dieser Stadt Bürgern, Einwohnern und sonsten iedermänniglich erinnert, ermahnet und benenselben ganz ernstlich geboten haben, daß ein ieder hinfüro die Ochsen bey Kaufmanns-Thalern, als den Thaler zu 33 Schilling Lübsch gerechnet, und nicht nach Rthlr., einkaufe, mit der ernstlichen Verwarnung, daferne iemand hiewider handeln und darüber betreten würde, daß alsdann gegen denselben mit ernstlicher willkührlicher Strafe ohnnachläßig verfahren werden soll. Wornach 2c. Actum & decretum in Senatu & publicatum sub signeto d. 3 Octobr. Anno 1642.

* Heute zu Tage wird einem ieden die Wahl gelassen.

Hopfen-

Hopfen-Ordnung, ist in des sel. Hrn. Senatoris Schlü- **1643.**
ters, D. Tractat von denen Erben in Hamburg, P. 2. 8 Sept.
c. CXI. (gleich allen vorhergehenden und folgenden
Brau-Ordnungen, bis zu Ende des siebenzehnten
Jahr-Hunderts) eingerückt.

XX.
Münz-Mandat. **1644.**

im Jun.

Demnach die tägliche Erfahrung, mehr dann
gut ist, bezeuget, wasgestalt allerhand
fremde, auch insonderheit kleine Münzsorten, so
häufig in diese Stadt gebracht werden, daß man
fast in den täglichen Aus- und Einnahmen nichts
anders, als solche kleine Münzsorten, empfangen
und ausgeben muß. Wann aber dasselbe denen
vor diesem publicirten Münz-Ordnungen, darinn an
kleinen Münzsorten keine andere, dann dieser Stadt
Münze, zu empfangen und auszugeben, geboten
worden, schnurstracks zuwider, auch ohne das
selbige Münzsorten viel geringwürdiger, als sie
allhier ausgegeben worden: Als hat E. Ehrb.
Rath vor hochnöthig erachtet, all solche fremde
Münzsorten durch ihren geschwornen Münzwar-
deyen probiren, und nach dem rechten Werthe
taxiren zu lassen. Will demnach wohlgemeldter
Rath Ihre vorige Münz-Mandata hiermit renoviret, erwiedert, und einem ieden hiermit notificiret, auch denenselben nochmalen ernstlich geboten
haben, daß ein ieder hinfüro alle fremde, grobe
oder kleine Münze höher nicht, als sie hierunter
gesetzet, in Bezahlung einem andern anbringen,

D 3   oder

1644. oder ein andrer dieſelbe anzunehmen ſchuldig ſeyn
ſoll, mit der Verwarnung, woferne dieſem alſo
nicht nachgelebet, und all ſolche fremde Münz-
ſorten einer höher, als ſie hierunten geſetzet, einem andern anzubringen ſich unterſtehen würde,
daß alsdann der oder dieſelbe nicht allein mit der
Abnahme des Geldes, ſondern auch daneben mit
willkührlicher Strafe bey der Wette beleget werden ſolle, und ſoll dem Angeber, deſſen Name
verſchwiegen werden ſoll, von ſolchen verfallenen
Geldern der dritte Theil gegeben werden.　Wornach ſich ein ieder zu richten, und vor ſeinem ſelbſt-
eigenen Schaden zu hüten. Decretum in Senatu,
publicatumque ſub ſigneto den　　Junii A. 1644.

Die däniſche Kronen　　:	30 ß
Die Zehnſchilling = Stücke	9 ß
Die Glückſtädter Achtſchilling-	
Stücke　　:　　:	7 ß
Die fremde Dreyſchilling-Stücke	2 ß 6 ₰
Die däniſche Stücke Anno 1644,	
auf 2 Mark däniſch geſchlagen, zu	12 ß
Die däniſche Stücke Anno 1644,	
auf 1 Mark däniſch geſchlagen	6 ß

XXI.

1644.
23 Jul.
Mandat, daß niemand ſeine Privat-
Streitigkeiten und Proceſſe im Druck
herausgeben ſolle.

Wir, Bürgermeiſtere und Rath der Stadt
Hamburg, fügen dieſer Stadt Bürgern,
Einwohnern, und iedermänniglich hiemit zu wiſ-
ſen,

sen, demnach die Erfahrung bezeuget, daß nun 1644.
in kurzer Zeit etzliche dieser Stadt eingesessene
Privat-Leute sich unbesonnener Weise unternom=
men, wann sie etwan Irrungen, Streitigkeiten
oder Processe gegen iemand gehabt, deswegen aus
eigener Autorität ihre Sache der Beschaffenheit,
und was sie sonst gewollt, in offenen Druck aus=
zulassen, hin und wieder zu spargiren, und zu Zei=
ten dadurch andere anzuzapfen, anzugreifen, und
nicht wenig darunter zu graviren; solch Drucken
aber, ohne Consens der Obrigkeit, den Privatis
in des Heil. Röm. Reichs Constitutionen und
Policey-Ordnung gänzlich und bey schwerer Poen
verboten, an sich nirgends dennoch noch weitere
Trennung der Gemüther, Erweckung mehreres
Zankes und Verbitterung, auch zu grösserer Weit=
läuftigkeit und anderen bösen Consequentien
nützet, und ohne daß ein jeglicher an Gleich und
Recht sich genügen lassen, und seine Zusprüche, so
er gegen iemand zu haben vermeinet, durch den
ordentlichen Weg Rechtens auszuüben schuldig.
Solchem allen nach will E. E. Rath dieser Stadt
Bürgern, Einwohnern, und iedermänniglich, so
sich allhier aufhält, hiemit ermahnet, verwarnet,
und denenselben ernstlich geboten haben, daß hin=
füro sich niemand, wes Standes, Condition oder
Wesens derselbe auch sey, soll gelüsten lassen, we=
gen seiner Privat-Sachen, Händel, Proceß und
Streitigkeiten, so er gegen iemand anitzo hat, oder
inskünftige möchte bekommen, aus was Ursa=
chen, und unter was Prätext solches auch gesche=
hen sollte, nichts von seinen Privat-Sachen groß

ober

1644. oder klein, viel oder wenig, unter was Titel,
Schein oder Namen es auch feyn möchte, in oder
aufferhalb diefer Stadt drucken zu laffen, fondern
fich an denen ordentlichen Wegen Rechtens begnügen laffen foll, mit der ernftlichen Verwarnung, da iemand hierwider zu thun fich erkühnen
würde, daß derfelbe, wie auch der Drucker, woferne er hier wohnet, ohne einiges Anfehen der
Perfon, oder Annehmung einiger Caution, zur
gefänglichen Haft genommen, vor Recht geftel-
let, und, nach Gelegenheit und Befindung der
Sache, mit ernftlichen Strafen, andern zum ab-
fcheulichen Exempel, unnachläßig belegt werden foll.
Wornach fich ein ieder zu richten, und für Schimpf
und Schaden zu hüten wiffen wird. Decretum
in Senatu & publicatum fub figneto, d. 23 Iulii
Anno 1644.

1644. Mandat, daß ein ieder Brauer nur in einem Haufe,
28Aug. und nicht mehr denn 26 mal des Jahres brauen folle.
f. die neuen Brau-Ordnungen, worinn diefes aufgehoben.

1644. Mandat, daß niemand Kehrich oder andere Unreinig-
26Oct. keiten in die Flethen werfe, ift den nachherigen Dü-
pe-Mandaten mit einverleibet.

XXII.

XXII.

Mandat wegen der Abkündigung, Anmel- 1645.
dung beym Kuchenbecker, u. Bestellung 14 Jun.
der Musicanten auf den Hochzeiten.

Demnach E. E. Rath in glaubwürdige Erfahrung kommen, wasmaaßen viele, insonderheit gemeine Leute, so theils albereit hier wohnen, theils auch von andern Orten herein gelaufen kommen, wann sie in den heil. Ehestand zu
treten Vorhabens, sich außer dieser Stadt in
frember Jurisdiction, als zu Rahlstede, Stein-
beck, Wandsbeck, Ottensen und Finkenwärder und
anderswo copuliren und zusammen geben lassen,
und sich folgends, ungeachtet sie ihr Bürger-
Recht allhier nicht gewonnen, noch sich sonsten
E. E. Rathe mit Eyd und Pflichten verwandt gemacht, haufenweise in und vor dieser Stadt niederzulassen und zu wohnen, auch das Bürger-
Recht allhier zu gebrauchen sich unterstehen dürfen, dadurch denn nicht allein in Bedienung der
Hochzeiten allerhand Mißbrauch eingerissen, sondern auch E. E. Raths vor diesem publicirten
Mandaten und Ordnungen in deme vielfältig zuwidern gehandelt worden, daß sich unterschiedene
zusammengerottete Spielleute hervorthun und
finden lassen, welche nicht in E. E. Raths Be-
stallung, und Musicanten, auch denen, so auf der
Rulle, merklicher Eingriff und Schaden zuge-
fügt, und ihnen also ihre Nahrung entzogen
wird, solches aber keinesweges zu gedulden: Als

D 5   will

1645. will E. E. Rath hiemit ernſtlich geboten haben,
daß ein ieder, ſo ſich hinfüro zu befreyen, und
in oder vor dieſer Stadt zu wohnen willens iſt,
vorher ſich E. E. Rathe, nächſt Entrichtung der
Gebühr, mit Eyden und Pflichten verwandt ma=
chen, und ohne Conſens und Bewilligung E. E.
Raths nirgend anderswo als in dieſer Stadt, in
den vier Caſpel=Kirchen eine, oder zu St. Michaelis oder St. Jürgen ſich abkündigen laſſen, ſich
auch darum zuforderſt bey E. E. Raths verord-
netem Kuchenbecker gebührlich anmelden, ſeine
Hochzeit ſchreiben laſſen, und alsdann E. E.
Raths Muſicanten, oder die, ſo auf der Rolle
ſeyn, beſtellen ſollen. Mit der ernſten Verwar=
nung, daferne hinfüro ſich iemand in fremden
Oertern copuliren laſſen, und bey E. E. Raths
Kuchenbecker, wie oben gemeldet, vorher nicht
gebührlich angegeben, ſeine Hochzeit ſchreiben
laſſen, auch nicht E. E. Raths Muſicanten, oder
die, ſo auf der Rolle ſeyn, ſondern andere Spiel=
leute beſtellen, und alſo dieſer Ordnung, wie
auch in Bedienung der Hochzeiten, zugegen han=
deln, und ſein Bürger=Zettel vorzuzeigen nicht
haben würde, derſelbe von den Wette=Herren ge=
bührendes Ernſtes geſtrafet werden ſoll. Wor=
nach ſich ein ieder zu richten und für Schaden zu
hüten. Actum & decretum in Senatu publicarumque ſub ſigneto 14 Junii Anno 1645.

Mandat wegen des Einkaufs und Schreibens der Och-   1645.
ſen, auch verbotenen Vorkaufs mit denſelben und den   26ſten
Ochſen-Häuten.   ſ. 1661, 2 Octob. 1712, 7 Octob.   Sept.
1720, 14 Oct.

XXIII.

Mandat, kein Bandholz zur See weg-   1645.
zuſchiffen,   aufzukaufen,   noch um   14Oct.
und vorbey zu führen.

Nachdem E. E. Rathe viele Klagen vorkommen, wasmaaſſen das Bandholz haufenweiſe
von Vorkäufern zuſammen gekauft,   zur See
weggeſchicket, und andern Bürgern, inſonderheit
aber den Böttichern und Brauern vertheuret, ja
wol in Ham und Horn aufgekauft, und alſo um
und vorbey dieſer Stadt geführet wird, ſolches
aber hieſiger Stadt Privilegien und Receſſen
ſchnurſtracks zuwider, auch den Bürgern zu
groſſem Nachtheil gereichet: Als will E. E. Rath
männiglichen hiemit ermahnet und ernſtlich geboten haben,   hinfüro kein Bandholz mehr zur
See wegzuſchicken,   ſich auch des Verkaufs, inſonderheit auch des Aufkaufs zu Ham und Horn,
und ſonſten alles Um- und Vorbeyführens deſſelben gänzlich und durchaus zu enthalten, mit der
ernſten Verwarnung, daferne iemand hierwider
handeln und darüber betreten werden ſollte, daß
nicht allein das Bandholz confiſciret, beſondern
der Uebertreter noch dazu mit willkührlicher Strafe
beleget werden ſoll.   Wornach ſich ein ieder zu
rich-

1645. richten. Actum & decretum in Senatu publicatumque sub signeto d. 14 Octobr. Anno 1645.

1645. Münz-Mandat. s. Münz-Nachricht in der An-
1 Dec. lage P.

XXIV.

1646. Mandat, daß die Bader, so Meister
16 Jun. werden wollen, sich vor hiesigen
Meistern legitimiren, und die unter
Meistern und Gesellen vorfallenden
Streitigkeiten allhier abgemacht wer-
den sollen.

Nachdem die hiesigen Bader, wann sie wollen
Meister werden, ihre Lehr- und Geburts-
Briefe denen Meistern zu Lübeck eine zeithero
vorgezeiget und daselbst ihre Person legitimiret,
dann auch, wann zwischen Meistern und Gesellen Streit vorgefallen, sie nach Lübeck gezogen, und daselbst von den Meistern Entscheidung gesuchet und sich abstrafen lassen; nunmehro
aber die Bader zu Lübeck daraus eine Schuld-
und Gerechtigkeit erzwingen wollen, welches den
hiesigen Badern, insonderheit aber auch dieser
guten Stadt und dero ordentlichen Obrigkeit präjudicirlich: Als hat E. E. Rath den hiesigen
Badern vergönnet und nachgegeben, daß, wenn
einige seyn, so Meister werden wollen, sie ihre
Lehr-

Lehr- und Geburts-Briefe allhier vor den hiesigen 1646.
Bader-Meistern vorzeigen und ihre Person legitimiren, auch, da unter Meistern und Gesellen
Streit vorfällt, solches allhier entweder unter ihnen gütlich, oder vor einem der Herren Gerichts-
Verwalter abgethan, und der schuldige Theil
nach Befindung gestrafet werden soll. Wornach
sie sich zu richten und dieser Anordnung nachzukommen wissen werden. Actum, decretum &
publicatum sub sig. 16 Jun. 1646.

Ex speciali Commissione spectabilis
Senatus Civitatis Hamburgensis
Henricus Schröteringk, J. U. L.
ejusdemque Reipublic. Secretarius,
subscripsit.

XXV.

Mandat, daß niemand gebrannten Kalk, 1646.
ausserhalb dem Lüneburgischen, zu 20 Oct.
Wasser oder zu Lande zuführen solle.

Nachdemmal die Erfahrung bezeuget, daß von
fremden Oertern ausserhalb Lüneburg allerhand gebrannter Kalk anhero, insonderheit zu
Lande, geführet wird, und man deshalber allerhand Unterschleif, und daß dadurch die gemeine
Bürgerschaft leichtlich könnte vervortheilet und in
Schaden gebracht werden, zu befahren: Als will
E. E. Rath hiermit männiglich gewarnet, auch
denenselben ernstlich geboten haben, daß sie sich
ausserhalb des Lüneburger Kalks aller Zuführung
des

1646. des gebrannten Kalks gänzlich zu Waſſer und zu
Lande enthalten ſollen, mit der Commination,
woferne iemand dagegen handeln würde, daß
ſolcher Kalk durch die bey den Thoren und Bäumen
verordneten Aufſeher nicht in die Stadt gelaſſen,
und da bey unſern Bürgern und Einwohnern dergleichen anderswo als zu Lüneburg gebrannter
Kalk befunden werde, daß ſelbiger Kalk nicht allein confiſciret, beſondern auch gegen dieſelben, ſo
ſelbigen Kalk gekauft, mit ernſtlicher willkührlicher Strafe ſoll verfahren werden. Wornach ſich
ein ieder zu richten ꝛc.   Actum & decretum in
Senatu publicatumque ſub ſigneto d. 20 Octobr.
Anno 1646.

XXVI.

1646.
26 Oct. Ordnung ſowohl wegen Ab- und Zuſchreibung der Brau-Häuſer inſonderheit, als überhaupt wegen der bey der
Verlaſſ- und Zuſchreibung nöthigen
Vorſichtigkeit.

1. Demnach, wie bekannt, allhier gewiſſe Häuſer mit der Brau-Gerechtigkeit privilegi-
ret, und man eine Zeithero verſpühret, wasgeſtalt
etliche ihres eigenen Gefallens dieſelbe von den
Häuſern andern übertragen und im Stadt-Buche
zuſchreiben, oder abſonderlich verpfänden laſſen,
welches dann dieſer Stadt, wie auch den Rentenirern und andern Creditoren höchſt präjudicirlich
und nachtheilig iſt: Als will E. E. Rath hiermit
ieder-

iedermänniglich erinnert und ernstlich geboten haben, daß sie sich all solcher Kauf- und Verkaufung
oder Verpfändung der Brauerey gänzlich enthalten, besondern bey den Häusern verbleiben lassen,
mit der Verwarnung, woferne hier iemand wider
thun und handeln würde, daß alsdann solcher
Contract an ihm selbst ungültig und kraftloß, auch
von keinen Würden seyn soll.

2. Weil denn auch zum andern, vermöge
Stadt-Rechtens, die Frauens-Personen ohne
habenden kriegischen Vormund nichts auflassen
können, und dann sich befindet, daß zu Zeiten
einer oder ander bey den Secretariis sich für einen
kriegischen Vormund allsolcher Frauenspersonen
oder Wittwen angiebt, und in deren Namen etwas im Stadt-Buche tilgen oder auch andern zu-
schreiben lässet, gleichwol solches alles ohne Vorzeigung eines Curatorii, und also die Frauens-
Personen oder Wittwen, als deren Vollmacht
hiervon nicht wissend seyn mag, in viele Wege
dadurch gefähret werden können; als soll hinfüro
zu Verhütung aller Inconvenientien keine Tilgung oder Einschreibung auf eines Curatoris blos-
ses Angeben geschehen, es sey denn, daß der Cu-
rator vor iemand der Herren Bürgermeister con-
stituiret sey, und solche Constitution oder Cura-
torium unter des Hrn. Bürgermeisters Hand den
Secretariis vorgezeiget werde.

3. Als sich auch zum dritten befindet, daß viele
Posten verlassen und eingeschrieben werden, so
die Personen etliche Jahre in dem Verlassungs-
Proto-

1646. Protocoll offen ſtehen, und hernach nach Verlauf
vieler Jahren zuerſt einſchreiben oder tilgen laſſen,
und denn dadurch mancher kann gefähret werden;
als ſoll hinfüro keine Verlaſſung länger als ein
halb Jahr gültig ſeyn, und was alſo innerhalb
derſelben Zeit (es wäre denn, daß eine Impugna-
tion geſchehen wäre, und wegen deſſen Achterfol-
gung man im Gerichte mit der Einſchreibung
nicht fortkommen könnte) nicht eingeſchrieben
wird, ſolches ſoll unverlaſſen gehalten, und nicht
eher eingeſchrieben und getilget werden, es ſey
denn von neuem wiederum verlaſſen und aufgeru-
fen worden.

4. Weil denn auch fürs vierte die Beſchwerung der Häuſer ändern können, daß entweder
etwas darinn geſchrieben, getilget oder übergetragen
wird, und denn zu Zeiten, wenn ein oder ander
Gelder in das Erbe nehmen will, demſelben, da
die Gelder von aufgenommen werden ſollen, eine
Beſchwerung unter der Secretarien Hand vorgezeiget wird, aber nicht darunter geſetzet, zu welcher Zeit dieſelbe aufgeſucht worden, und man
alſo leichtlich dadurch hintergangen und bald ver-
leitet werden können; ſo ſoll hinfüro keine Beſchwerung gültig ſeyn, noch von den Secretarien
herausgegeben werden, es ſey denn das Datum
und der Tag, wie alt ſelbige ſey, von einem der
Secretarien darunter geſchrieben.

5. Und dann auch für das fünfte ſich oftmals
begiebet, daß einer einen ledigen Platz an ſich
gehan-

gehandelt, darauf er unterschiedliche Gebäuden 1646.
setzet, oder sonsten etliche Häuser bey einander lie-
gend kaufet, und in dem ganzen Platze oder sämmtlichen Erbe Gelder einnimmt und im Stadt-
Buche vergewissern lässet, hernach aber davon
einen Platz oder Erbe ohne Vorwissen der Rentenirer als frey oder mit einer absonderlichen Beschwerung hinwiederum verkaufet werden, wodurch dann die Käufer gefähret, und den Rentenirern ihre Forderung schwerer gemachet wird;
als sollen hinfüro die Secretarien bey so gestalten
Sachen kein Antheil oder Haus von solchen
Plätzen und Erben abschreiben, es geschehe dann
mit Bewilligung der Rentenirer, so im Stadt-
Buche vergewissert, die sich dann, und ein ieder
in specie, erklären und unter sich Repartition
machen sollen, welche ihre Pfand-Gerechtigkeit
in dem abgeschriebenen Theile behalten, und welche
im übrigen Theile verbleiben wollen. Im Mangel solcher Vereinigung sollen die Rentenirer in
ihrer Verpfändung in allen Erben verbleiben.
Actum & decretum in Senatu, publicatumque
sub signeto d. 26 Octob. Anno 1646.

Mandat, daß der Raths-Weinkeller des Abends um 1646.
10 Uhr geschlossen, und kein Wein allda ohne Erlegung des baaren Geldes gezapfet oder ausgeführet
werden soll. s. 1713. 13 Märtz.

Erster Theil.   E   Man-

1646. Renovirtes Mandat vom 29 Dec. 1624. die Holz
imSept. Dieberey betreffend. s. 1668.

1647. Mandat gegen das Einführen des fremden Fleisches, ist
2 Aug. nachher öfters erneuert und genauer bestimmet.

XXVII.

1647. Verordnung wegen des zehenden Pfen
28Oct. nings und des Bedienten *.

1. Es sollen von allen und ieden Leichen, so in
und vor dieser Stadt begraben werden,
und ob die Erbschaften ganz oder zum Theil aus
der Stadt gehen, durch den Zehenpfennings
Knecht mit Fleiß erkundiget, auch zu dero Behuf

* Diese Verordnung ist eigentlich der Auftrag, welchen
E. Hochedl. Rath den zum ZehenpfenningsAmt,
und zur Ausübung der Stadt Gerechtsame von Zeit
zu Zeit bestimmten Herren seines Mittels ertheilet hat,
um durch den zugegebenen Bedienten zur Vollziehung
zu bringen, was in den AbzugsVorfällen die Gesetze vorschreiben. Und in so ferne, nämlich was die
Vollziehung betrifft, ist diese Verordnung durch ein
Herkommen von mehr als hundert Jahren solchergestalt beveftiget und bekräftiget, daß sie zur alleinigen
Regel und Vorschrift dienet, falls nicht E. Hochedl.
Rath, wenn er bittlich darum angesuchet wird, in
einem und andern eine Dispensation gelten läßt.
Die Gesetze selbst aber sind durch Rath und Bürger
Schlüsse verschiedentlich geändert, und theils weiter
erstrecket, theils gemildert worden. Und diese gehören zu der besondern Sammlung der beständigen
StadtVerfassungen.

huf von den Küstern in allen und ieden Kaspel= 1647.
Thum= und Filial=Kirchen, wie auch von denen
Leichen=Bittern, mit Umständen, so viel sie erfahren können, denen verordneten Zehenpfen-
nings=Herren täglich ein Verzeichniß eingeliefert
werden, wie auch von allen Hochzeiten, ob
Fremde darunter seyn, die sich hernacher von hinnen begeben wollen.

2. Alle und iede Erbschaften, dazu sich keine
eheliche Leibes=Erben befinden, und auf Fremde
verfallen, sollen durch den Zehenpfennings=
Knecht, ungeachtet, daß des Verstorbenen Testament vorgeschützet würde, versiegelt, auch,
wann zuvorderst das Testament ediret, und die
Sache darnach beschaffen, soll solche Erbschaft
Amts halber durch den Gerichts=Schreiber inventiret, und darüber zwey gleichlautende Inventaria
verfertiget, davon das eine in die Zehenpfennings=
Lade, denen abwesenden Erben zu künftiger Nach-
richtung, beygeleget, das andere aber denen in-
tereßirenden Erben, so bald sie sich angeben, ausgefolget werden soll.

3. Alle Erben, daferne es an sich nicht noto-
rium und kundbar, sollen alsobald nach ange-
fangener Erbschaft bey den Zehenpfennings=Her-
ren sich angeben und vermelden, ob von solcher
Erbschaft durch Testament oder ab intestato etwas
auf Fremde verfalle, und da sie solches verschwiegen, und einigen Fremden, ehe und bevor der
zehende Pfenning entrichtet, etwas vor oder nach

ausge-

1647. ausgefolget, follen fie nichts defto weniger den zehenden Pfenning auf ihren Bürger=Eyd ohne
Gnade davon zu bezahlen fchuldig feyn, und wegen deffen, daß fie folches zu gebührender Zeit
nicht angemeldet und verfchweigen wollen, in
ernftliche willkührliche Strafe, geftalten Sachen
nach, genommen werden.

4. Wird einiger Fremder allhier Erbgüter holen, oder auch iemand, fo allhier gefeffen, mit
der Wohnung fich an andere Oerter in fremder
Jurisdiction begeben, und zuförderft feines Bür-
ger=Eydes nicht erlaffen, diefelbe follen, ungeachtet die Güter unter vorgewandtem Schein allhier verbleiben möchten, eines für alles den zehenden Pfenning alfobald davon entrichten, und
keine Caution dagegen angenommen; dagegen
aber, wo Fremde diefelbe Güter in Häufern oder
Ländereyen beleget, von den Zehenpfennings-
Herren ihnen ein Beweis, damit fie fich gegen
den Eigenthümer des jährlichen Schoffes oder Zulage halber entfreyet, und folches bey der Taxa
feines Haufes im Schoß=Buche eines für alles
verzeichnen laffen können, gegeben werden.

5. Es foll auch von Brautfchatz und Mitgift
derjenigen Perfonen, fo aufferhalb diefer Stadt
Jurisdiction fich niederfetzen, der zehende Pfenning richtig eingebracht, und da iemand, deme
fothaner Brautfchatz und Mitgift zu entrichten
gebühret, folches verfchweigen und den Zehen-
pfennings=Herren nicht anmelden würde, follen
sie

sie gleichwol denselben davon zu bezahlen schuldig 1647.
seyn, wie denn auch des Raths Kuchen-Becker
bey seinem Ende, wann er erfahren wird, daß
junge Eheleute nach beschehener Abkündigung und
vollbrachter Hochzeit sich allhier niederzulassen
nicht gemeinet, den Zehenpfennings-Herren anzumelden schuldig seyn soll. Imgleichen auch die
Canonici und Vicarii von ihrer Haus-Frauen be-
freyetem Guthe den zehenden Pfenning zu geben
angehalten werden sollen.

6. Bey dem zehenden Pfenning soll nicht, was
der Fremde mit sich wegführet oder von hinnen
bringet, sondern alles, was er erbet oder an Mitgift empfängt, angesehen, und was iemand allhier ausgiebet oder bezahlet, davon nicht abgezo-
gen werden.

7. Ledige Gesellen, Knechte oder Mägde, so
lange Zeit, und benamentlich zehn Jahre, allhier
gesessen oder sich aufgehalten, sollen gleichfalls,
als hätten sie sich niedergelassen und befreyet,
wann sie wegziehen, den zehenden Pfenning bezahlen, und da sie immittelst versterben würden,
von ihren fremden Erben ebenmäßig entrichtet,
und da in Jahr oder Tag, von Zeit der erlangten
Wissenschaft, keine Erben sich allhier angeben
und gebührlich mit einzeichnen lassen werden, soll
sothaner Nachlaß an das gemeine Gut verfallen seyn.

E 3   8. Nach

1647. 8. Nach uraltem Gebrauche und dieser Stadt
Recessen soll ein ieder, der allhier Erbgüter ha=
ben will, durch zwey erbgesessene Bürger, oder
auch von denen Oertern beglaubte ehrbare Ge=
zeugen mit sich anhero bringen, und auf der
Wein=Boden einzeugen, die Einzeugung auch zu
Rathe confirmiren, und sich von der Obrigkeit in
die Erbschaft immittiren lassen, und da solches
nicht geschicht, das Erbgut allhier behalten, und
auf kein anderes oder fremdes Gut unbekanntes
Gezeugniß, weniger auf Caution, ihnen ausge=
folget werden.

9. Von denen, sowohl Erb= als wohlgewon=
nenen Gütern, welche ohne oder durch ein Testa=
ment an solche Erben verfallen seyn, so dem Ver=
storbenen im weiteren gradu als Bruder= oder
Schwester=Kinder verwandt seyn, soll der zehende
Pfenning, unangesehen die Erben in dieser Stadt
und deren Gebiete vorhanden, entrichtet werden.*

10. Wann iemand wegen offenbarer abscheu=
licher grober Mißhandlung flüchtig geworden, und
die

* Dieser Artikel war vorlängstens aus der Uebung ge=
kommen: durch Rath und Bürger Schluß vom 9
Jun. 1735 aber, welcher am 16 May 1736 beson=
ders gedruckt und publiciret worden, ist statt dessen
vestgesetzet, "daß von Erbschaften, die in weiterem
"Grad, als Brüder= und Schwester=Kinder, auf hie=
"sige Bürger und Einwohner, entweder ab intestato
"oder durch ein Testament verfallen, der zwanzigste
"Pfenning dem gemeinen Gute entrichtet werden solle.„
Dieses Exempel dienet zur Erläuterung der vorher=
gehenden Anmerkung.

die That offenbar, oder ihm selbst die Hand an=
geleget, und keine eheliche Kinder hinterlassen,
sollen alsofort dessen Güter durch'lden Zehenpfen=
nings=Knecht versiegelt, durch den Gerichts=
Schreiber inventiret, und ganz oder zum Theil,
gestalten Sachen nach, confisciret und dem ge=
meinen Gute heimgefallen seyn.

11. Damit auch der zehende Pfenning desto
richtiger eingebracht werden möge, soll der be=
stallte Zehenpfennings=Knecht bey allen Ver=
lassungen fleißig aufmerken, ob auch einige schoß=
bare Gelder getilget, und andern ausserhalb die=
ser Stadt zugeschrieben werden, und solches den
Zehenpfennings=Herren, wie auch den Secreta=
riis, daß sie es ohne fernern Befehl nicht einschrei=
ben, alsofort anzumelden, auch deswegen ein son=
derlich Buch, was er von einem und andern
dißfalls erfahren wird, zu halten schuldig seyn.

12. Die Herren Secretarii sollen auch niemand
einige Gelder oder liegende Gründe tilgen oder
abschreiben, ehe sie umständlich gefraget, ob die
Personen inn= oder ausserhalb dieser Stadt gesessen,
und deren Güter an Fremde sollen transferiret
und umgeschrieben werden. Gleichergestalt soll
es der Gerichts=Schreiber mit Ab= oder Zuschrei=
ben im Land=Buche also zu halten schuldig seyn,
wie dann auch alle Voigte im Bill= und Ochsen=
wärder, und was der Raths=Jurisdiction ange=
hörig, solches anzumelden schuldig seyn sollen.

E 4   13. Die

1647.

13. Die Herren Bürgermeiſter, Syndici und Rathsperſonen ſollen bey allen Sachen, ſo vor Sie als Worthaltende Bürgermeiſter, Gerichts= Verwaltere, verordnete Commiſſarien oder Com= promiſſarien behandelt und vertragen, fleißige Ach= tung darauf haben, ob dem zehenden Pfennig itzo oder inskünftige etwas gebühren möchte.

14. Advocaten, Gerichts=Voigt, Gerichts= Schreiber, Procuratoren, Notarii, item Banco- und andere Schreibere, Mäkler und welche ſich ſonſten bey Teſtamenten, Ehe=Zärtern, Inventi= rung und Verträgen gebrauchen laſſen, wie dann auch die Ausrufer und die Procuratoren, ſo nicht mit auf der Rulle geſetzet, ſollen bey ihren bürgerlichen Eyden, und reſpective Verluſt ihres Amts und Dienſtes, was ſie bey ſolchen Hand= lungen erfahren, davon der zehende Pfennig geintereßiret, nichts verſchweigen, ſondern den Zehenpfennings=Herren anzumelden ſchuldig ſeyn.

15. Auf den Zollen, auch Thoren und Bäu= men ſoll kein Hausgeräth oder Mobilien, dabey man vermerken kann, daß iemand ſeine Woh= nung transferiren möchte, paßiret werden, es ſey dann den Zehenpfennings=Herren zuvor das Zettel von den Schiffern und Everführern davon gezeiget, und von denenſelben frey erkannt, woge= gen keine Caution ſoll angenommen, ſondern all ſolches vorhero mit den Zehenpfennings=Herren Richtigkeit gemacht werden.

16. Da

16. Da auch ſonſt iemand, daß etwas von 1647.
dem zehenden Pfenning verſchwiegen wäre, den
Zehenpfennings = Herren insgeheim entdecken
würde, ſoll demſelben nach Gelegenheit der ver-
ſchwiegenen Güter auf Diſcretion der Zehenpfen-
nings=Herren gegeben, und ihm ſolches allerſeits
unverweislich ſeyn.

17. Letztlich ſollen auch allerſeits dieſer Stadt
Bürger und Einwohner, welche E. E. Rath mit
Eyden und Pflichten verwandt ſeyn, und ſich
fremder Botmäßigkeit und Jurisdiction, ehe und
bevor ſie ihres Bürger=Eydes erlaſſen, und den
gewöhnlichen zehenden Pfenning und Abſteuer
gegeben, unterwerfen, und ſich mit Eyden und
Pflichten demſelben auch verwandt machen, nicht
allein den zehenden Pfenning und Abſteuer E. E.
Rath entrichten, und dieſer Stadt Wohnung und
Bürger=Rechts verluſtig ſeyn, auch nicht wieder dazu gelaſſen werden, ſie haben denn ihr Bürger=Recht
von neuem wieder gewonnen. Ebenmäßig ſoll
mit denen im Accord begriffenen Einwohnern auf
ſolchen Fall es auch gehalten werden. Decretum publicatumque ſub ſigneto d. 28 Octobr.
Anno 1647.

———————————

Erneuertes Mandat vom 26 Sept. 1628. gegen die 1648.
Vorhöckerey. ſ. ferner 1652. 20 Febr.   6 Febr.

E 5   XXVIII.

XXVIII.

1648.
7 Febr. Mandat gegen die Aufkaufung der Bäume und Pflanzen, so von auſſen herein gebracht werden.

Nachdem E. E. Rath in Erfahrung gekommen, wasgeſtalt allerhand Garten=Bäume und Pflanzen, ſo von auſſen zu Waſſer und Lande herein in dieſe Stadt zu Kauf gebracht werden, von den Gärtnern und Fremden, ſo bald ſie nur angelanget, häufig aufgekaufet, und dadurch dieſer Stadt Bürgern merklich vertheuret werden, welches aber keinesweges zu gebulden: Als will E. E. Rath hiemit allen Gärtnern und Ver= käufern ermahnet und ernſtlich geboten haben, daß keiner von ihnen ſich unterſtehen ſoll, einige Bäu= me oder Pflanzen, ſowol aus den Schiffen als im offenen Markte, ehe und zuvor ſie drey Tage all= hier gelegen, an ſich zu kaufen, mit der Verwar= nung, daß, wo iemand dieſem zuwider handeln und darüber betreten würde, der Käufer ſowol als der Verkäufer mit 10 Rthlr. Strafe unnach= läßig beleget werden ſoll. Actum & decretum in Senatu publicatumque ſub ſigneto d. 7 Febr. 1648.

1648. Mandat wegen des einkommenden Korns Anzeige an
11 Febr. den Korn=Verwalter u. ſ. f. iſt in der neueſten Korn= Ordnung genauer beſtimmet.

Mandat gegen die Auswechselung und Ausführung der 1648.
    Reichsthaler. f. 1671.   9 Apr.

—————

Mandat wegen nicht bezahlter oder auf falschen Namen 1648.
    geschriebener Ochsen. f. 1712. 7 Oct.   25sten
                                       Sept.

XXIX.

Mandat, daß alle Wechsel-Gelder, so 1648.
sich über 400 Mark erstrecken, in 27 Oct.
Banco abgeschrieben werden sollen,
und ein ieder sich der Sortirung und
Ausführung der Reichsthaler enthalten solle.

Nachdem E. E. Rath in glaubwürdige Erfahrung gebracht, wasmaaßen die Kaufleute
der Banco an großen Summen einander die Zahlung zu thun sich unternehmen, auch unterweilen
einer dem andern die Zahlung ausserhalb Banco
abdringen will, und aber dadurch nicht allein
allerhand fremde Münz-Sorten leicht wieder ein-
schleichen dürften, besondern auch die Erfahrung
bezeuget, daß durch solche Occasion eine Sortirung und gleichsam neue Kipperey in den Reichsthalern einreissen will; zudeme bey Anrichtung
der Banco unter den Kaufleuten beliebet, auch der
Banco-Ordnung einverleibet worden, daß alle
Wechsel-Gelder, es sey im Geben oder Nehmen,
                                         wann

1648. wann dieselben Wechsel-Gelder sich über 400 Mark erstrecken thun, in Banco allhier sollen geschrieben und bezahlet werden, mit der Verwarnung, woferne iemand dagegen handeln würde, daß von all solchen ausserhalb der Banco bezahlten Geldern iedesmal 25 Mark an besagte Banco verfallen, und von denen dazu deputirten Herren abgefordert werden soll: Als will E. E. Rath alle und iede dieser Stadt Bürger und Einwohner und iedermänniglich hiemit erinnert, ermahnet und denenselben ernstlich geboten haben, daß sich ein ieder inskünftige solcher Zahlung ausserhalb der Banco, von der Summa, wie obberührt, sich über 400 Mark erstreckend, auch aller Sortirung und Aussuchung der Reichsthaler enthalten solle, mit der Verwarnung, woferne iemand demselben zugegen handeln, und darüber betreten würde, daß er nicht allein in die 25 Mark Strafe der Banco zu erlegen verfallen seyn, besondern auch über das mit willkührlicher ansehnlicher Strafe beleget werden soll. Als auch E. E. Rath abermal benachrichtiget, wie daß dem Mandato vom 9ten April dieses iztlaufenden Jahres, wegen Ausführung des Geldes, nicht nachgelebet werde; Als will ehrengemeldter Rath selbiges Mandat alles seines Einhalts nochmals wiederholet, und bey Verwirkung der Gelder und anderer Strafe die Ausführung nochmalen ernstlich verboten haben. Wornach sich ein ieder zu richten und für Schaden zu hüten hat. Actum & decretum in Senatu publicatumque sub signeto den 27 Octob. Anno 1648.

XXX.

XXX.
Wage-Ordnung.   1648.

1. Von allen und ieden ankommenden wagt-baren Waaren soll das gewöhnliche Wage-Geld, was Käufer und Verkäufer bishero an der Wage gegeben, auf den Zollen bey Angeb- und Ver-zollung der Güter alsobald zugleich entrichtet wer-den, dagegen aber der Käufer dem Verkäufer bey Verkaufung der Waaren das halbe Wage-Geld wiederum zu bezahlen schuldig seyn.

2. Wann nun das gewöhnliche Wage-Geld auf den Zollen also entrichtet, soll dagegen ein ge-drucktes Wage-Zettel wieder gegeben werden, ge-gen Vorzeigung dessen der Wäger in E. E. Raths Wage schuldig seyn soll, dem Kaufmann die Gü-ter, davon er auf den Zollen das Wage-Geld be-zahlet, einmal wieder zu wägen, und entweder das ganze Wage-Zettel dagegen wieder zu sich zu nehmen, oder so viel als es gewogen auf dem Zoll-Zettel abzuschreiben; wann aber die Güter auf E. E. Raths Wage einmal gewogen, und dieselben zum andern- oder mehrmalen auf des Raths Wage gebracht werden, soll das gewöhn-liche Wage-Geld davon allemal bezahlet werden. Wann aber das Wage-Geld auf den Zollen ein-mal entrichtet, mag ein ieder sein Gut in seinem Hause, so oft und viel er will, wägen lassen. Es soll aber keiner fremd Gut, so über 100 Pfund schwer, in seinem Hause wägen lassen, bey will-kührlicher Strafe.

3. Durch-

1648. 3. Durchgehende Güter anlangend, davon ſoll zwar, zu Verhütung alles Unterſchleifs, das gewöhnliche Wage=Geld auf den Zollen bey Angebung derſelben auch entrichtet, aber wann ſie wieder ausgehen, daſſelbe alſofort wieder erleget werden.

4. Mit den Däniſchen und Holſteiniſchen Gütern ſoll es, wie vor dieſem geſchehen, gehalten werden, wann ſie aber auf die Wage gebracht, das gewöhnliche Wage=Geld daſelbſt entrichtet werden. Und behält ſich E. E. Rath vor, dieſe Ordnung nach Befindung und Gelegenheit zu ändern, zu mindern und zu vermehren.

━━━━━━━━━

1649. Bört=Ordnung der Schiffe, ſo von hier nach Amſter=
10 Jan. dam fahren ſollen. ſ. 1650. 28 Oct.

XXXI.

1649. **Mandat, daß niemand fremde in Schutz**
2 Apr. **genommene Nationen injuriiren ſolle.**

Nachdem genugſam offenbar und Stadtkundig, welchergeſtalt alle diejenigen, ſo von fremden Nationen in dieſer guten Stadt zu wohnen willens, ſich alſofort bey Eines Hochweiſen Raths und der Bürgerſchaft Deputirten angeben, und mit ſelbigen wegen ihrer Reſidenz ſich abfinden müſſen, hingegen aber in Schutz und Schirm genommen, und ihnen alle obrigkeitliche Rechts=
Hülfe,

Hülfe, wider alle unrechtmäßige Gewalt, im 1649.
Namen des Raths, als dieser Stadt vorgesetzten
ordentlichen Obrigkeit, versprochen und zugesaget
werde, und aber die tägliche Erfahrung bezeu=
get, auch zu Rathe viele Klagen einkommen, daß
die von fremden Nationen allhier residirenden Ein=
wohnere, durch eigenthätliche Gewalt und Muth=
willen boshaftiger Leute, in dieser guten Stadt
vielfältig angegriffen, injuriiret und verkleinert
werden, Ein Ehrbarer Rath aber solchen Frevel
und Muthwillen keinesweges dulden, weniger
diejenigen, welchen fide publica Schutz und
Schirm zugesaget worden, hülflos lassen will
noch kann:

Als thut Ein Ehrbarer Rath allen Bürgern,
Einwohnern und männiglichen in dieser Stadt
und deren Gebiete sich aufhaltenden, wes Stan=
des, Alters und Condition die seyn mögen, hier=
mit ernstlich erinnern, vermahnen und gebieten,
daß keiner ihme unterstehen soll, iemand, so zu
fremder Nation, es sey Engeländische, Französi=
sche, Niederländische, Portugisische oder andere,
gehören, unziemend anzugreiffen, zu injuriiren,
oder einigergestalt eigenmächtiger Weise zu belei=
digen, besondern dieselbe ohne allen Unterscheid
in ihren Würden zu lassen, und den Schutz und
Frieden an sie nicht zu brechen, welchen Ein Hoch=
weiser Rath ihnen zu halten versprochen. Mit
dem Anhang und ernster Verwarnung, daß, da=
ferne iemand diesem Mandato zuwider handeln,
und an einigem Menschen, fremder Nation zuge=
than, oder dero Kindern, Gesinde, Haabe oder

Gü-

1649. Gütern sich vergreiffen und frevelen, und darüber angegeben werden sollte, daß wider denselben alles Ernstes mit gebührender, auch nach Befindung Gefängniß- und schwerer Leibes-Strafe verfahren werden soll. Wornach sich ein ieder zu richten und für Schaden zu hüten. Actum & decretum in Senatu publicatumque sub signeto den 2 April Anno 1649.

XXXII.

1649.
19ten
Sept.

Brodt-Schragen der Grob-Becker.

Nachdem E. E. Rath aus bewegenden Ursachen dienlich befunden, daß forthin das Rocken-Brodt in dieser Stadt nach Pfunden und gewissen Preis erkaufet und verkaufet werden soll, und aber der Rocken zu Zeiten wohlfeil, zu Zeiten theuer, darnach auch das Pfund Brodt gegeben werden muß: Als hat E. E. Rath, damit eine Gewißheit deswegen seyn möchte, und sowohl der lieben Armuth geholfen, als auch den Grob-Beckern ihre Nahrung zur Billigkeit gelassen würde, nachfolgende Brodt-Ordnung gemacht, worinn specificiret, wie viel allemal, wann der Wispel Rocken zwischen 50 und 70 Mark gilt, für das Pfund Brodt gegeben werden soll; da aber der Rocken höher oder niedriger, als in diesen Schragen gesetzet, gelten würde, alsdann soll nach advenant der Preis gerechnet, und darnach das Pfund Brodt gegeben werden.

Wann

Wann der Wispel Rocken gilt 50 m℥, so müssen 1649.

2 ℔ Brodt gelten	=	=	1 ß 3 ₰
3 =	=	=	=	=	2 ß —
4 =	=	=	=	=	2 ß 6 ₰
6 =	=	=	=	=	3 ß 9 ₰
8 =	=	=	=	=	5 ß —
9 =	=	=	=	=	5 ß 6 ₰
10 =	=	=	=	=	6 ß 3 ₰

Wann der Wispel Rocken gilt 55 m℥, so müssen

2 ℔ Brodt gelten	=	=	1 ß 6 ₰
3 =	=	=	=	=	2 ß 3 ₰
4 =	=	=	=	=	2 ß 9 ₰
6 =	=	=	=	=	4 ß —
8 =	=	=	=	=	5 ß 3 ₰
9 =	=	=	=	=	6 ß —
10 =	=	=	=	=	6 ß 6 ₰

Wann der Wispel Rocken gilt 60 m℥, so müssen

2 ℔ Brodt gelten	=	=	1 ß 6 ₰
3 =	=	=	=	=	2 ß 3 ₰
4 =	=	=	=	=	3 ß —
6 =	=	=	=	=	4 ß 3 ₰
8 =	=	=	=	=	5 ß 6 ₰
9 =	=	=	=	=	6 ß 3 ₰
10 =	=	=	=	=	7 ß —

Wann der Wispel Rocken gilt 65 m℥, so müssen

2 ℔ Brodt gelten	=	=	1 ß 6 ₰
3 =	=	=	=	=	2 ß 3 ₰
4 =	=	=	=	=	3 ß —
6 =	=	=	=	=	4 ß 6 ₰
8 =	=	=	=	=	6 ß —
9 =	=	=	=	=	6 ß 9 ₰
10 =	=	=	=	=	7 ß 6 ₰

Erster Theil.   F   Wann

1649. Wann der Wispel Rocken gilt 70 m℔, so müssen
2 ℔ Brodt gelten   =   =   1 ß 9 ₰
3   =   =   =   =   =   2 ß 6 ₰
4   =   =   =   =   =   3 ß 3 ₰
6   =   =   =   =   =   4 ß 9 ₰
8   =   =   =   =   =   6 ß 3 ₰
9   =   =   =   =   =   7 ß —
10   =   =   =   =   =   7 ß 9 ₰

Wornach sich ein ieder zu richten. Actum & decretum in Senatu publicatumque sub Signeto d. 19 Septembr. Anno 1649.

XXXIII.

1650.
23sten
März.

Mandat gegen das Hereinbringen der Bettler, und die Bettler-Herbergen.

Nachdem E. E. Rath das Betteln auf den Gassen und vor den Thüren allerdings verboten, auch Anordnung gemacht, daß alle und iede in der Stadt bedrängte arme und gebrechliche Leute Zusteuren empfangen aus den Kirchen, oder nach Befindung in das Kranken- und Gast-Haus gebracht, und mit nothdürftigem Unterhalt versehen, die muthwilligen Bettler aber in das Werk- und Zucht-Haus gezogen, und daselbst zur Arbeit angehalten werden sollen; und dann sich befindet, daß nicht allein aus benachbarten, sondern auch ferner abgelegenen Herrschaften und Städten, allerhand boshafte Müßiggänger und Bettler sich in solcher Menge anhero begeben, daß, daferne denenselben nicht gesteuert werden sollte, diese

diese gute Stadt und dero Armen-Häuser wol gar 1650.
zu sehr damit angefüllet und überhäufet werden
dürften: Als thut E. E. Rath hiemit ernstlich
und bey willkührlicher Strafe gebieten, daß kein
Bettler aus der Fremde sich in diese gute Stadt
eindringen, noch iemand der Unsrigen dieselben
in- oder ausserhalb dieser Stadt zu hausen oder zu
herbergen sich unterstehen soll. Wird auch allen
muthwilligen fremden Bettlern ernstlich geboten,
alsofort aus dieser Stadt sich zu begeben, auch
nach Publication dieses kein fremder Bettler mehr
von der Soldatesca durch Thor und Bäumen gelassen, sondern, wer da kömmt, ab- und zurück gewiesen werden soll. Wornach sich ein ieder zu
richten.

Mandat, die Nahrung den Aemtern zu gönnen. 1650.
f. 1704. 26 Oct.   8 Jul.

XXXIV.

Befehl, daß die Schule zu St. Johan- 1650.
nis besucht, und die nicht auctorisirten 18 Aug.
Privat-Schulen cassirt werden sollen.

Nachdeme eine Zeithero allerhand Klagen über
etliche Mängel in der Schule zu St. Johannis allhier geführet worden, so nunmehr re-
medirt und geändert, und also gemeldte Schule
in einen guten Stand gesetzt und gebracht worden,
daß an guter Ordnung und Institution es ver-

F 2   hof-

1650. hoffentlich nicht ermangeln wird: Als will E. E.
Rath ſolches allen dieſer Stadt Bürgern und
Einwohnern hiemit notificiret und erinnert, auch
dieſelben ermahnet haben, daß ſie ihrer Kinder
Beſtes ſuchen, und dieſelbigen zu mehrgemeldter
Schule fleißig ſchicken wollen, damit ſie zu allen
chriſtlichen Tugenden und ſonſten in ihren Studiis
fleißig informiret und unterrichtet werden mögen.　Alsdann auch durch die vielen Privat- und
Neben-Schulen, ſo von etlichen Exulanten und
andern ohne Vorwiſſen E. E. Raths allhier gehalten werden, der Schule zu St. Johannis
nicht wenig Abbruch geſchicht, auch durch ſolche
unterſchiedliche und ungleiche Inſtitution die Knaben ſehr verſäumet werden: Als will E. E. Rath
all ſolche Privat-Schulen, ſo ohne deſſen Vorwiſſen angerichtet worden, hiemit caſſiret und
aufgehoben, auch allen denjenigen, ſo dieſelbige
halten, hiemit geboten haben, daß ſie ſich ſolcher
Privat-Inſtitution hinfüro gänzlich enthalten,
mit der Verwarnung, woferne iemand hierwider
thun und handeln würde, daß wider denſelben
mit ernſtlicher willkührlicher Strafe verfahren
werden ſoll. Wornach ꝛc.

Abgeleſen d. 18 Auguſti Anno 1650.

XXXV.

1650.
11ten
Sept.

Hochzeit-Ordnung und Schragen.

Wir, Bürgermeiſter und Rath der Stadt Hamburg, fügen hiemit allen dieſer Stadt Bürgern, Einwohnern und Unterthanen, auch ieder-
männig-

männiglich zu wissen, daß bey diesen gegenwärti- 1650.
gen sorgsamen Zeiten, zu Abwendung Gottes gerechten Zorns, Ersparung grosser unnöthigen Unkosten, auch Verhütung aller übermäßigen Pracht
und Hoffart, so je länger je mehr bey den Hochzeiten und sonsten wachsen und zunehmen thut,
Wir, mit Zuziehung der Deputirten aus der Erbgesessenen Bürgerschaft, * Uns nachfolgender Ordnung und Schragens verglichen, so hiermit pu-
F 3   bliciret,

* In dem vorigen Seculo sind gemeiniglich die Poli-
cey-Verordnungen solchergestalt berathschlaget und zu
Stande gebracht, mithin nur gelegentlich, wenn sie
schon eingeführet gewesen, bey der Zusammenkunft
der Erbges. Bürgerschaft von ihr mit genehmiget worden.   Insonderheit aber sind auf diese Weise bereits
im Jahre 1609 und 1624 Hochzeit-Ordnungen ver-
fasset, aber nicht zur Uebung gebracht.   Die hier
eingerückte vom Jahre 1650 war die erste, welche
auf eine Zeitlang Stand gegriffen.   Allein schon im
Jahre 1656 ward wegen der Uebertretung Klage ge-
führt.   Und also ist es auch mit dieser zu einer fort-
daurenden Obacht so wenig, als iemals nachher zu
einer Hochzeit-Verfassung, gekommen, welche die
Kraft eines beständigen Gesetzes gewonnen hätte; sondern man hat nur in einigen Artikeln, z. E. wegen
des Schragens der Hochzeit-Bedienten, der Abgif-
ten an die Wedde u. s. f. in neuern Zeiten etwas gewisses bestimmen können, wie die dahin gehörigen
Mandate verschiedener Jahre hiernächst es ergeben
werden, in welchen gleichwohl auf die Ordnung von
1650 immer ist zurück gesehen worden, und die daher allein ihren Platz hieselbst verdienet, wenn sie auch
nur aus dem Gesichts-Punkte zu betrachten gewesen,
daß sie zur Geschichte der Gesetze etwas beytrage.

1650. bliciret, auch männiglich erinnert, vermahnet und denenſelben geboten wird, all ſolcher Ordnung und Schragen, bey Vermeidung der darinn enthalte= nen und ſpecificirten Strafe, ſich gemäß zu bezeigen.

1. Erſtlich, es ſollen hinfüro zu den groſſen Wein-Hochzeiten mehr nicht als, über alle Manns= und Frauens-Perſonen, Jungfrauen und Geſellen, funfzig Paar, zu den mittelmäßigen dreyßig, und zu den geringen funfzehn Paar, darunter alle frembde, wie auch Vater und Mutter, Bruder und Schweſter, auch die, ſo auf der Vorſtube begrif= fen ſeyn mögen, bey Strafe 5 Rthlr. für iede Perſon, ſo darüber zur Hochzeit erſcheinen wird.

2. Wann ſich einer beym Kuchenbecker an= giebt, und eine ganze oder halbe Koſt, oder auch ein Gaſtgebot ſchreiben läſſet, ſoll er es dabey müſſen bewenden laſſen, und nicht Macht haben aufzuſteigen, und nachmalen vor einen Gaſtgebot eine halbe Koſt, oder vor eine halbe Koſt eine ganze ſchreiben zu laſſen.

3. Es ſollen zum dritten alle Nachtage und Gaſtereyen, ſo die jungen Leute bishero den an= dern, dritten oder folgenden Tag in ſelbiger Woche gehalten, gänzlich eingeſtellet werden, bey Strafe ein hundert Mark Lübiſch.

4. Perlen um den Hals und Händen, im= gleichen Diamanten, auſſerhalb der Männer Petſchier-Ringe, ſollen zu keiner Zeit mögen ge= tragen

tragen werden, bey Strafe ein hundert Mark 1650.
Lübiſch.

5. Vors fünfte ſollen bey groſſen Hochzeiten
acht oder ſechs Muſicanten, bey den mittelmäßigen vier, und bey den geringen zwey, daferne ſie
ſich des Spielens gebrauchen wollen, aufwarten,
und einem ieden auf ieder Hochzeit zwey Rthlr.
entrichtet und bezahlet werden. Dem Thurm-
Mann zum Thum ſoll von den Wein-Hochzeiten
12 ß, von den mittelmäßigen 8 ß, und von den
geringen 4 ß gegeben werden.

6. Ein ieder Bräutigam ſoll auch ſchuldig
ſeyn, einen von den verordneten Küchenmeiſtern
zu gebrauchen, und ſoll derſelbe, er ſey Reiten-
Diener oder nicht, auf ſeinen Küchenmeiſter-Eyd,
und bey Verluſt ſeines Dienſtes, den andern Tag
den Wette-Herren ſchriftlich anzeigen, wie viel
über vorgeſetzte Zahl zu der Hochzeit erſchienen,
und ſoll er von den groſſen Hochzeiten 6 Mark,
von den halben Hochzeiten 4 Mark 8 ß, und von
den geringen 3 Mark haben.

7. Der Bräutigams-Diener, wenn man ihn
gebrauchen will, welches einem ieden frey ſtehen
ſoll, ſoll haben 3 Mark.

8. Der Aufwärter ebenmäßig, wenn man denſelben haben und nehmen will, 3 Mark.

9. Der

1650.   9. Der Hochzeit-Bitter ſoll haben von groſſen
Hochzeiten 6 Mark, die Bitterſche 4 Mark 8 ß,
von halben Hochzeiten ſoll Bitter und Bitterſche
haben 3 Mark.   Will aber iemand durch ſeine
eigene Leute oder andere bitten laſſen, das ſtehet
ihm frey und bevor.

10. Der Koch ſoll für ſeine Mühe, ohne das
Geräthſchaft, von groſſen Hochzeiten 20 Mark,
von halben Hochzeiten 15 Mark, und von kleinen
Hochzeiten 6 Mark haben.   Jedoch ſoll bey kleinen Hochzeiten oder Gaſtgeboten einem ieden frey
ſtehen, durch ſein eigen Volk kochen zu laſſen,
oder dazu zu nehmen welche er will.

11. Jede Silberſchmiediſche, woferne man ſie
haben will, ſoll für das Silberwerk zu verwahren haben, von groſſen Hochzeiten 4 Mark 8 ß,
von halben Hochzeiten 3 Mark, von kleinen
Hochzeiten 2 Mark.

12. Der Thürwärter, wenn man ſich ſeiner gebrauchet, von groſſen Hochzeiten 4 Mark 8 ß,
von halben Hochzeiten 3 Mark, und von kleinen
2 Mark.

13. Wer auch einen Tapper haben will, ſoll
demſelben geben von groſſen Hochzeiten 4 Mark,
von halben oder kleinen Hochzeiten 3 Mark.

14. Jede Schüſſel-Waſcherſche, wenn man
ſie zu Bedienung der Hochzeiten will nehmen und
gebrau-

gebrauchen, ſoll haben von groſſen Hochzeiten 1650.
6 Mark, von halben 4 Mark, von kleinen 2 Mark.

15. Gerichte und andere Verehrung, ſo nicht
in dieſer Ordnung und Schragen geſetzet, und doch
von ein und andern Bedienten bißhero gefordert
oder genommen, ſollen hiermit ganz caßiret und
abgeſchaffet ſeyn.

16. Da iemand, nach Publication dieſes, wider
dieſe Ordnung oder Schragen etwas thun, handeln oder empfangen, und darüber betreten, oder
deſſen überführet werden ſollte, derſelbe ſoll reſpective obſpecificirte Pœne, oder das gedoppelte
deſſen, ſo er zuviel empfangen; derjenige aber,
ſo über dieſe Ordnung etwan gegeben, 10 Rthlr.
dem gemeinen Gute zur Strafe erlegen, und
darauf von den Herren der Wette ohne allen
Proceß oder Rechtfertigung exequiret werden.
Actum & decretum in Senatu publicatumque
ſub ſigneto 11 Septembris Anno 1650.

XXXVI.
Mandat gegen die Werbung.

1650.
12ten
Sept.

Nachdeme in Zeit währenden teutſchen Krieges
allhier in dieſer guten Stadt zuweilen einige
Werbung vorgangen, woraus iedoch oftmalen
dieſer Stadt Bürgern und Einwohnern allerhand
Unluſt und Weitläuftigkeit cauſiret worden, nunmehr aber durch Gottes gnädige Verleihung der
lang gewünſchte Friede unſerm lieben Vaterlande

teut-

1650. teutfcher Nation wiedergebracht; dannenhero bil=
lig, daß, fo viel möglich, auch in diefer guten
Stadt und dero Gebiete alle Veranlaffung zu be=
forgender Unruhe abgefchaffet, und bürgerlicher
Friede und ftilles Leben darinn befördert werde:

Diefemnach thut E. Ehrb. Rath hiermit alle
fremde Werbung in diefer guten Stadt und dero
Gebiete allerdings und bey ernfter willkührlicher
Strafe verbieten, caßiren und aufheben, auch
allen Wirthen und Gaftgebern darauf gebieten,
daß keiner einige Werber, groß oder kleinen, hau=
fen oder herbergen, vielweniger das geworbene
Volk einnehmen oder bewirthen, fondern alle
Werbung, fo bald fie eine allhier in der Stadt
oder dero Gebiete vermerken, Einem Ehrb. Rathe
entdecken und anmelden follen, bey ernfter will=
kührlicher Strafe.   Wornach fich ein ieder zu
richten und für Schaden zu hüten.   Publicatum
12 Septemb. 1650.

XXXVII.

1650.
16ten
Sept.

Leichen=Ordnung und Schragen.*

Nachdem bey den Leichenbegängniffen zuweilen
groffe Unordnung wird verfpühret, die Be=
diente auch, fo dazu gebraucht werden, oftermals
ein

---

* Diefes ift die ältefte Leichen=Ordnung, welche man hat
auffinden können.   Es muß aber iedoch der Schra=
gen fchon älter feyn, weil in der Verfammlung E.
Hochedl.

ein übermäßiges fordern, und zu beſorgen, daß, 1650.
wann demſelben nicht bey Zeiten gewehret werden
ſollte, ſolches mehr einreiſſen möchte: Als hat
E. E. Rath nachfolgende Ordnung und Schragen, was ein ieder Bediener haben und nehmen
ſoll, placidiret, wornach ſich ein ieder zu richten,
und darüber nicht geben noch empfangen ſoll.

1. Weil viel Zeit verloren gehet, daß der Sorgemann mit denen in das Trauer-Haus getretenen
Freunden zu ſpäte austritt; als iſt ein gewiſſer
Mann beſtellet,* welcher in iedem Trauer-Hauſe,
wann

Hochedl. Raths und Erbgeſ. Bürgerſchaft vom 15
Aug. des beregten Jahres Klage darüber geführet
worden, daß die Leichen-Bitter über den Hochzeit-
Schragen beſchwerten, und hieher rührt es vermuth-
lich auch, daß nach dem Windisgrätziſchen Receſſe
vom 3 Apr. 1674. Art. 70. niemand die Leichen- und
Hochzeit-Bitter, welche damals ihre Dienſte annoch
umſonſt erhielten, zu nehmen gezwungen, ſondern
ein ieder alles durch ſeine eigene Leute verrichten zu
laſſen, befugt wurde. Hierinn aber hat es ſich, nach
der Verkaufung der Dienſte, wieder geändert, und
iſt auch der Schragen wieder revidiret. Was aber
ſonſt, wegen der Leichen-Beſtatt- und Begleitung zu
Tage in dem 17ten Seculo an der Ordnung von 1650
geändert, oder derſelben noch hinzugefüget worden,
das wird bey den folgenden Jahren 1654 und 1664
hier eingerücket werden.

* Dieſe Anmeldung thut noch itzo bey Tage-Leichen der
Leichen-Bitter, iedoch nicht eher, als wenn die Schule
vor dem Hauſe iſt.

1650. wann es Zeit ist, und ehe die Schüler kommen, im Namen E. E. Raths dem Sorgemann selbst anmelden soll auszutreten, wofür er von grossen Leichen 6 ß, von den mittelmäßigen 4 ß, und von den geringen 3 ß, so ein ieder nebst dem Schulmeister=Gelde in die Schule schicken soll, haben, und soll nach beschehener Anmeldung der Austritt darauf unverweilet, und ehe die Schüler vor das Trauer=Haus kommen, geschehen und erfolgen, oder in Ermangelung dessen, und daferne bey Ankunft der Schulmeister noch kein Anfang mit dem Austritt gemacht, sollen dieselbe von der Leiche weg zur andern gehen, und nicht ehe zu derjenigen Leiche wieder kommen, bis die andere Leiche des Tages begraben.

2. So bald der Austritt geschehen, sollen die Träger, es seyn Reiten=Diener oder andere, unverweilet in das Trauer=Haus gehen, und kurz darauf die Leiche heraustragen, bey Strafe ihres Träger=Lohns.

3. Es sollen zu keiner Leiche Carmina gedruckt oder ausgetheilet werden, es geschehe dann mit Special=Vorwissen und Consens des Sorgemanns.

4. Jedem Leichen=Bitter, wann sie nicht mit Schleyern bitten, sollen 7 Mark 8 ß, wann sie mit Schleyern bitten, 9 Mark gegeben werden. Der Reiten=Diener, so die Herren bittet, soll haben 3 Mark.

5. Die

5. Die Reiten-Diener, so die Leiche tragen, 1650. sollen ieder 3 Mark 12 ß haben, und wann vier oder mehrere tragen, 9 Mark zur Tonne Bier.

6. Die Leichen-Bittersche, wann sie nicht mit bittet, 3 Mark; wann sie bittet, soll ihr 2 Rthlr. gegeben werden.

7. Andere, so Leichen tragen, es seyn viel oder wenig, soll ieder 3 Mark haben.

8. Der Stall-Knecht, wann ein oder zwey Reiten-Diener tragen, 6 ß; wann vier oder mehrere tragen, 12 ß.

9. Die Pracher-Voigte sollen bey den Leichen, woselbst einem Schul-Knaben 2 ß oder darüber gegeben werden, erscheinen, dem Gedränge und anderer Unordnung wehren, dafür 8 ß haben; die Laterne mag ein ieder selbst abnehmen lassen, sie aber deswegen, wie auch von keiner andern Leiche, die unter 2 ß iedem Schul-Knaben giebet, nichts zu fordern haben.

10. Der Kuhlen-Gräber, wegen der Leichen-Böhre zu bringen, soll haben von der grossen 1 Mark, von der mittelmäßigen 12 ß, und von den geringen 6 ß.

11. Jedem Jungen, so Carmina austheilet, sollen 6 ß gegeben werden.

12. Alle

1650. 12. Alle andere Accidentien, so eingeriſſen ſeyn, oder gefordert werden möchten, ſollen hiermit allerdings abgeſchaffet ſeyn, und ein ieder, nach Publication dieſer Ordnung und Schragens, ſich præciſe darnach zu richten haben, mit dem Anhange, daß, wer dawider thut und mehr nimmt, derſelbe in dieſer Stadt zu dem Officio nicht mehr zugelaſſen und gebrauchet, der aber, ſo mehr giebet, in 5 Rthlr. Strafe der Wette verfallen ſeyn ſoll. Wornach ſich ein ieder zu richten und für Schaden zu hüten. Actum & decretum in Senatu publicatumque ſub ſigneto d. 16 Septembr. Anno 1650.

XXXVIII.

1650. 28 Oct. **Bört-Ordnung der nach Amſterdam fahrenden Schiffer.**

Nachdem E. E. Rathe viele Klagen vorkommen, wasmaaſſen die allhier auf Amſterdam in der Ladung liegenden Schiffe langſam vollgeladen werden und zur Stelle kommen, ſolches aber mit groſſer Hinderung und Verſäumniß der Kaufmannſchaft geſchiehet, und fürnehmlich daher rühret, daß auf einmal und zugleich unterſchiedene Schiffe dorthin in der Ladung liegen: Als hat E. E. Rath, ſolchen Unordnungen vorzukommen, nachfolgende Artikeln, welche bevorſtehenden 4ten November ihren Anfang nehmen ſollen, beliebet und publiciren laſſen, wornach die Kaufleute und auf Amſterdam fahrende Schiffe ſich zu richten haben werden.

I. Es

1. Es soll niemand von dieser Stadt admitti- 1650.
ret oder zugelassen werden auf Amsterdam zu fahren, er sey dann allhier zwey Jahre Bürger gewesen, und daß er versehen sey mit einem guten,
bequemen, vesten und dichten Schiff oder Kagen,
mit dessen Zubehör, auf daß der Kaufleute Güter
trucken und wohlgeconditioniret übergeführet werden mögen.

2. Es sollen auch inskünftig allezeit 4 Schiffe
in der Ladung auf Amsterdam liegen, als zwey
Bört-Leute und zwey Bög-Ligger, iedoch also,
daß die Bört-Leute vor allen andern in der Ladung und Einnehmung präferiret werden, und
soll niemand in die Bög-Ligger etwas laden, es
sey dann, daß er an beide Bört-Leute auch so viel
geladen habe.

3. Nachdem die Bört-Leute acht Tage nach
einander in der Ladung gelegen, sollen sie verobli-
giret und gehalten seyn, präcise und gewiß abzufahren, sie seyn ganz oder halb geladen, und
sollen alsdann die Bög-Liggers alsofort in ihre
Plätze sich legen und Kaufmanns-Güter einnehmen.   Im Fall sich auch begebe, daß etwa
ein Ruß-Frachter dem Börtmann einige Güter
entführet, soll derselbe dem Börtmann die Fracht
zu bezahlen schuldig, und überdem in der Schif-
fer-Oberalten willkührliche Strafe verfallen seyn.

4. Würde es sich begeben, daß die beiden
Bög-Liggers oder einer von ihnen vollgeladen
wäre,

1650. wäre, so sollen sie beide, oder der vollgeladen ist, eben auch gehalten seyn, präcise abzufahren und keine Zeit zu versäumen, und sollen in solchem Fall die nächsten, denen es gebühret, in ihren Lade-Plätzen succediren, und an die Ladung liegen.

5. Da auch die Bört-Leute innerhalb vorgedachter Zeit der acht Tage ihre volle Ladung einkrigten, sollen sie gehalten seyn, binnen der Zeit und alsofort abzufahren, und wann gleich der Wind nicht gut, dennoch kein Gut mehr einnehmen, und sollen alsobald andere, die ihnen folgen, an die Ladung liegen, welche Liege-Tage aber nicht eher gerechnet werden sollen oder angehen, dann bis die ordinaire Liege-Tage der abgefahrnen Bört-Leute expiriret und verflossen seyn.

6. Die Ruß-Frachte, ausserhalb Korn, Holz und Salz, sollen ganz abgeschaffet seyn. Sollte aber iemand zum Korn, Holz oder Salz ein Schiff oder Kagen allein zu befrachten oder zu häuern begehren, soll ihm solches frey stehen, iedoch daß er sich deswegen bey den gemeinen Schifferen und Bört-Leuten addreßire und angebe, worauf denn dieselben gehalten seyn, ihm alsofort ein vestes, bequemes Schiff zu beschaffen, um billigen Lohn.

7. Ausserhalb den vorgeschriebenen Bört-Leuten und Bög-Liggern, allermaassen in dem andern Artikel expreß ausgedrucket und gespecificiret, soll niemand Macht haben oder mögen, einige Ladung auf Amsterdam anzunehmen, bey Strafe 20 Rthlr., und

und über das gehalten seyn, die eingenommenen 1650.
Güter oder Ladung an die in der Ladung liegende
Bört-Leute überzugeben.

8. Kein Börtmann soll dürfen Kaufmanns-
Waaren von Bordt abweisen, so lange er Raum
im Schiffe hat, um etwas einzuladen.   Und da
er die Güter also nicht annehmen will, solls seinem Turno vorbeygehen, und der nächstfolgende
Börtmann wieder in seine Stelle liegen.   Jedoch
daß der Kaufmann die behörliche Fracht nach
Einhalt des Schragens bezahle.   Die vorgedachte
Bört-Leute als auch Bög-Liggers sollen seyn ein
von unsern Bürgern und ein Amsterdammer,
iedoch im Fall kein Amsterdammer allhier seyn
würde, oder daß er seine ordinaire Bört- und
Bögligger-Zeit nicht abwarten oder wahrnehmen
wollte, so soll dessen Stelle oder Platz von iemand
von unsern Bürgern in acht genommen und bedienet werden.   Und behält sich ein Ehrb. Rath
bevor, diese Ordnung nach Befindung aufzuheben,
zu mindern und zu vermehren.

Wornach sich ein ieder zu richten und für
Schaden zu hüten.   Actum & decretum in Se-
natu publicatumque sub signeto d. 28 Octobr.
Anno 1650.*

* Zuerst ward diese Ordnung am 10 Jan. 1649 verkündiget. Jedoch ist sie in der abgedruckten vom 28 Oct.
 1650 in etwas geändert. Und so ist sie auch bey der
 dritten Publicirung am 29 Dec. 1660 geblieben, nur
 daß im 6ten Art. statt den gemeinen Schiffern und
 Bört-Leuten, gesetzt worden: dem Börtmeister,
 und statt dieselbe, es heisse: derselbe.

XXXIX.

1651.
11 Febr. Ordnung, wornach sich der Bibliothe-
carius richten soll.

Es soll unser zur Bibliothek verordneter Biblio-
thecarius zufoderst alle verhandene Bücher
und Instrumenta in eine gute richtige Ordnung
bringen, iedes Buch auf den Rücken, wovon es
handelt, beschreiben, darnach aufsetzen, zwey
Catalogos darüber verfertigen, den einen nach
Ordnung, wie die Bücher in den Borten stehen,
den andern nach Ordnung des Alphabets, worinn
die buchstäbliche Ordnung der Materie, wovon
iedes Buch handelt, und der Autorum, welche es
beschrieben, gefolget werden soll, selbige Ordnung
mit Aufsetzen der Bücher, Zurückbeschreiben
und gedoppelter Registratur in den künftig her=
beykommenden continuiren, auf gleiche Weise
die itzige und künftige Instrumenta Mathematica
in ein absonderlich Buch verzeichnen, in guter
Ordnung beysetzen, und daß iedes Buch und In=
strument auf seinen rechten Ort immerhin wieder
gesetzet und verbleiben möge, fleißige Aufsicht und
Achtung haben, keine Bücher oder Instrumenta
iemanden von der Bibliothek in sein Haus zu tragen
verstatten, er sey wer er und geschehe auf was Weise
es wolle, dann niemanden, unserer Bibliothek und
darinn befindlichen Instrumenten anderer Gestalt,
als in loco bibliothecæ sich zu bedienen, erlaubet
werden solle; dero Behuf er täglich, Feyer= und
Festtage, welche allhier gefeyert werden, ·ausge=
nom=

nommen, von 10 bis 12 Uhr Vormittags, und 1651.
von 2 bis 4 Uhr Nachmittags die Bibliothek öff-
nen, daselbst aufwarten, und einem ieden nach
Gelegenheit der anwesenden Personen mit Erlau-
bung der Inspection sich willfertig bezeigen, insonderheit nach aller Möglichkeit darauf Acht
haben soll, damit die verhandene Bücher und
Instrumenta unvermindert und unbeschädiget an
ihrem Ort wiederum verbleiben mögen.

Auch soll er ein absonderlich Buch halten, und
darinn diejenige verzeichnen, welche in die Bibliothek zu deren Vermehr- oder Unterhaltung etwas
verehren, verschaffen oder vermachen werden, es
sey an Büchern oder an Gelde verehret wird, solches nach Rath und Gutachten der Herren Scholarchen zur Vermehrung und Besten der Bibliothek anwenden, und davon alle Jahre, auf Erfordern ermeldter Herren Scholarchen, von Empfang und Ausgabe richtige Rechnung thun, auch
alsdann die Gebrechen, und was sonsten nützlich,
zu verordnen, wie auch zu allen Zeiten, wenn
Einsehens nöthig, denselben anmelden, und darüber gebührliche Verordnung gewarten und derselben nachkommen, auch was sonst nach Gelegenheit und Nothdurft der Bibliothek, und derjenigen, welche sich derselben bedienen wollen,
künftig ferner angeordnet, corrigiret und verbessert
werden möchte, solchen allen fleißig nachkommen,
sich darinn getreulich bezeigen, der Bibliothek
Bestes nach Vermögen befördern, und sich daran
nichts Liebes oder Leides verhindern lassen, und

G 2   son-

1651. ſonſten alles andere thun und verrichten, was
einem getreuen Bibliothecario gebühret und wohl
anſtehet. Actum & decretum in Senatu publicatumque ſub ſigneto den 11 Febr. Anno 1651.

XL.

1651. Mandat wegen verbotener Ausſchiffung
14ten
März. des Zimmer= und andern geſägten
Holzes, wie auch der Hering= und
Trahn=Tonnen und Piepen, ſo zu
Wagen, auf der Bille, der Alſter,
und von Bergedorf in die Stadt ge=
bracht werden.

Nachdem E. E. Rath viele Klagen vorgekom=
men, wasmaaſſen unterſchiedene dieſer Stadt
Bürger, Einwohner und Zugehörige viel Bau=
Holz in den Fürſtenthumbden Sachſen und Hol=
ſtein, wie auch Grafſchaft Schauenborg, zu Die=
len oder ſonſten ſägen und zerſchneiden laſſen, und
ſich nachgehends unterſtehen, all ſolch von ihnen
daſelbſt zerſchnittenes, wie auch ander Holz, ſo
zu Wagen, auf der Bille, der Alſter oder von Ber=
gedorf herab anhero gebracht wird, verbotener
Weiſe zur See auszuſchicken und zu verführen;
ſolch Ausſchiff= und Verſchicken des Holzes aber
durch öffentliche publicirte Mandata hiebevor ſchon
vielfältig verboten, und ſo deme alſo länger nach=
geſehen werden ſollte, nicht allein das nothwen=
dige

dige Zimmer-Holz zu unleiblicher Steigerung gerathen, ſondern auch endlich Abgang und Mangel deſſelbigen zu unwiederbringlichen Schaden
gemeiner Stadt und Bürgerſchaft entſtehen würde:
Als will E. E. Rath ſolche hiebevor publicirte
Mandata hiemit wiederholen, das Holz in fremder Jurisdiction ſägen zu laſſen, dieſer Stadt
Angehörigen verboten, und nochmalen ernſtlich
geboten haben, daß ein ieder Bürger, Einwohner
und Fremder ſolch Ausſchiffens des eichen Zimmer-
Holzes, auch alles andern, eichen Dielen, eichen Lat-
ten, Bodden, Band- oder Stab-Holz, mit der Sage
geſchnittenes klein oder grob eichen Holzes, in was
Form es ſeyn möchte, auch gemachte Herings-
oder Trahn-Tonnen, imgleichen gemachte Piepen
zu hiſpaniſchen Wein, ſo zu Wagen, auf der Bille,
der Alſter oder von Bergedorf anhero gebracht
wird, gänzlich enthalten ſolle. Und damit ſolches hochnothwendige Verbot deſtomehr gehand-
habet werden könne, ſoll niemand ſolche Dielen,
ſo zu Wagen, oder von der Alſter, der Bille oder
von Bergedorf kommen, nach der Vorſetung zu
führen Macht haben, ſondern es ſollen dieſelbige,
ſo zu Wagen gedachtes Holz hereinführen, ſolches
nirgend dann auf das Pferdemarkt und auf den
Barge führen, und daſelbſt den Bürgern bis
Mittage zu kaufen frey ſtellen; immittelſt auch
kein Vorhöcker ſich unterſtehen, es zu kaufen.
Was alsdann bis Mittag nicht verkauft iſt, mag
ein ieder auf der Kayen, ſo E. E. Rath hinter der
Mühren hinten an der Alſter anrichten laſſen, nie-
derlegen, und nach ſeiner Gelegenheit daſelbſt

ver-

1651. verkaufen; wie dann auch die Dielen und Holz, so auf der Alſter anhero kömmt, ein ieder auf der Kayen (ſo an der Alſter ebenmäßig hiezu angeord: net) niederzulegen Macht haben ſollen. Was von der Bille und von Bergedorf gebracht wird, deswegen ſoll vor dem Teich=Thor Anordnung ge: ſchehen, daß ſolches niedergeleget werden könne, alles mit der ernſtlichen Verwarnung, würde iemand dieſer Stadt Angehörigen in fremdem Ge: biete zu obberührtem Ende Holz ſägen laſſen, ſoll derſelbige dadurch in willführliche Strafe verfal: len ſeyn. Würde aber von Einheimiſchen oder Fremden in andere Wege mit Holz und Gut die: ſem Mandato zuwider gehandelt werden, ſoll ſolch Gut alſobald confiſciret und nach dem Bauhofe geführet, auch der Verbrecher darüber mit will: führlicher Strafe beleget werden. Wegen deſſel: bigen Holzes und Dielen aber, ſo von der Steke: nitz die Elbe herunter geführet wird, behält ſich E. E. Rath beſondere Verordnung zu machen, wie auch dieſe Ordnung zu verbeſſern oder zu mo: deriren, bevor. Publicatum ſub ſigneto d. 14 Martii 1651. und angeſchlagen an allen Thoren.

––––––––––––

1651. Wagen=Ordnung der Kutſchen, ſo zwiſchen Hamburg
11ten   und Lübeck fahren ſollen. ſ. 1707. 12 Jan.
May.

XLI.

XLI.

Mandat, daß niemand den Privilegien der Englischen Court zuwider Englische Güter unterschleifen, fürschieben oder fürsprechen solle.

Nachdeme E. E. Rath Anno 1618 mit der Engliſchen Court allhie einen gewiſſen Contract aufgerichtet, deſſen Punctis in allen und ieden wohlermeldte Court ihres Theils Folge zu leiſten und zu geleben ſich erbeut; hingegen aber graviret, daß ein und anders zu ihrem Beſten darin enthalten, nicht allerdings obſerviret werden wolle, inſonderheit aber, daß einige Waaren wider der Court Privilegien aus Engeland geführet anhero gebracht, oder unterweges ausgeſetzt, und in den Content= und Zoll=Zetteln verſchwiegen bleiben; imgleichen, daß dieſer Stadt Bürger und Einwohner fremden Engliſchen Kaufleuten ihre Waaren helfen verbergen, und in die Stadt einzuſchleichen, oder auch wol gar vergönnen, ihre Namen, Märkte und Zeichen auf denſelben zu ſetzen, und ſie alſo hie auf den Zollen vertuſchen und für die ihrige verbitten, zuweilen auch die Waaren, ſo ſie doch ſelbſt in Engeland eingekauft oder einkaufen laſſen, auf eines Engliſchen Mannes Namen auszollen laſſen, und dadurch, ob wären es Engliſche Güter und Waaren, ſo allhier ankämen, nicht wenigen Argwohn und Verdacht machen; ſolches alles aber dem 42ſten Ar-

G 4

tikel

1651. tifel des mit der Englischen Societät getroffenen
Contracts gar zuwidern, vermöge welchen ein
ieder, der mit rechtmäßigen Anzeigen beladen,
daß er einige Waaren wider die Privilegia der
Societät in einem Schiffe gehabt oder noch habe,
mittelst Eydes sich davon zu purgiren schuldig,
wer aber Englischer Kaufleute anhero gebrachte
Waaren verberget, oder für die seine verbittet,
oder, sie auf den Zollen zu vertuschen, seinen Namen, Mark oder Zeichen dazu leihet, willkührlich
gestrafet werden soll; dann auch beliebet, daß,
wenn beständiger Argwohn und Verdacht vorhanden, daß iemand einige Waaren oder Güter, En-
geländern zugehörig, unter seinem Namen verbittet, daß alsdann solche Waaren und Güter von
Uns in Arrest genommen, und darinn so lange
behalten werden sollen, bis derjenige, der sich der
Güter annimmt, gebührender maassen darthut
oder endlich bestärket, daß solche Güter und Waaren sein oder seiner Principalen eigene Güter seyn,
und daß dieselben keinem anders Englischer Nation zugehören, und daß solche Waaren ihme und
den Seinen zugestanden, wie sie in England erkauft, zu Schiffe gebracht und anhero geführet
worden seyn, in dessen Verbleibung, und wenn
befunden wird, daß solche Waaren Englischen
der Court anverwandten Unterthanen zugehören,
damit nach Einhalt des im angezogenen 42sten
Artikel bemeldten Contracts verfahren werden solle.

Wann dann E. E. Rath sich gänzlich versie-
het, es werde die Englische Court, was ihnen
ver-

vermöge des Contracts oblieget, würklich nachkom- 1651.
men, hingegen auch von Seiten der Stadt demſelben billig nachgelebet werden ſoll und muß:
Als will E. E. Rath alle dieſer Stadt Bürgere,
Einwohnere und Unterthanen, auch allermänniglich ernſtlich erinnert, vermahnet und denſelben geboten haben, daß ein ieder ſich hiernach richten,
der Court Privilegien zuwider keine Engliſche
Güter unterſchleifen, fürſchieben und fürſprechen
ſolle, mit der Verwarnung, wo iemand darwider
thun, und einige Güter, obangezogenermaaſſen, mit
Verdacht, ob gehörten ſie einigen zu der Court
nicht gehörenden Engliſchen Leuten, ſo allhier an-
kommen, und darüber Arreſt und Beweis, oder
endliche Atteſtation gefodert werden ſollte, daß
alsdann der Arreſt auf die verdächtigen Güter geleget, und dieſelben darinn verbleiben ſollen, bis
derjenige, der ſich ſolcher Güter anmaaſſet, den
Beweis oder den Eyd in obbeſchriebener maaſſen
geführet und abgeleget habe, worinn er denn von
E. Ehrb. Rathe nicht vertreten, ſondern mit den
Gütern, wann befunden wird, daß ſelbige Engliſchen Leuten auſſerhalb der Court zugehören, nach
Einhalt des vorbemeldten 42ſten Artikels des
Engliſchen Contracts unnachläßig verfahren werden ſoll. Wornach ſich ein ieder zu richten, und
für Schaden zu hüten. Publicatum d. 26 Sept.
Anno 1651.

G 5   XLII.

XLII.

1651. im Sept. Befehl, daß der Herr Senior R. Mini-
fterii ab= und zuziehende Armen an
die Kirchen und Armen=Häuſer ver=
weiſen ſoll.

Nachdem E. E. Rath gute Anordnung machen
laſſen bey den Kirchen und Armen=Häuſern,
wie und welcher Geſtalt iede allhie ankommende
Armen examiniret, und nach Befindung mit ei=
nem Viatico oder ſonſten nach Nothdurft verſehen
werden ſollen; nichts deſtoweniger viele Armen
ſolchem angewieſenen ordentlichen Weg nicht fol=
gen, ſondern Neben=Wege ſuchen, und da ſie
ſich E. E. Raths Verordnung gemäß bey den
Kirchen und Armen=Häuſern anmelden ſollten,
dieſelben vorbeygehen, und inſonderheit den Herrn
Seniorem des Ehrw. Miniſterii häufig anlaufen,
von demſelben Geld, Kleider, Zettel, Herberge
und andere Nothdurft begehren. Wann dann
ſolches alles der hiebevor gemachten Ordnung
E. E. Raths nicht gemäß, dazu die Erfahrung
bezeuget, daß, die ſolches thun, mehrentheils
muthwillige Bettler ſeyn, ſo der Allmoſen un=
werth, und ſolcher Geſtalt nur länger zu latitiren
ſuchen: Als thut E. E. Rath, der dabey mit
unterlaufenden Bosheit und Unordnung zu weh=
ren, vorwohlgedachtem Herrn Seniori hiemit an=
befehlen, ſich der alſo ab= und zuziehenden Armen
nicht anzunehmen, beſondern dieſelbe mit einan=
der

der an die Kirchen und Armen-Häuser der Ord= 1651.
nung nach zu verweisen. Decretum in Senatu
publicatumque sub signeto, d.   Sept. 1651.

XLIII.

Mandat, daß niemand in den Graben 1651. vor dem alten Millern-Thor Koth 28 Oct. oder andere Unreinigkeiten werfen soll.

Nachdem der Augenschein bezeuget, wasmaaßen
in den alten Stadt-Graben, insonderheit
dieses Orts, vom Millern-Thor an bis an die Elbe,
allerhand Koth und Unreinigkeit geworfen werde,
davon der Graben endlich mehr einem Stank=
Pfuhl als einem Stadt-Graben gleich, ja zuletzt
wol gar zugedammet werden dürfte; sich aber in
keinerley Weise gebühret, solcher Gestalt mit ge=
meinen Stadt-Werken, insonderheit Stadt-Gra=
ben, umzugehen, und dieselben verkleinerlich zu
zernichten, E. E. Rath auch derselben Ursachen
halber Anordnung gemachet, daß der Graben wie=
der ausgeräumet, und zu seinem Stand und We=
sen wiederum befördert werden soll: Als thut
E. E. Rath hiemit männiglichen, zumal denen
allhier längst dem Graben wohnenden Nachbarn,
alles Ernstes gebieten, daß nach Publication die=
ses keiner sich unterstehen soll, Koth, Unsaubrig=
keit oder einige andere Dinge, wodurch der Gra=
ben in seiner Reinlichkeit und Stande benachthei=
siget werden möchte, darinn zu werfen, oder auch
auf dessen Ufer so nahe abzulegen und zu tragen,

daß

1651. daß es nachgehends hineinfallen oder vom Regen eingespühlet werden könne, mit dem Anhange und Verwarnung, daß darauf inquiriret, und wer von dato an darwider gethan zu haben überwiesen werden wird, derselbe in ernste willkührliche Strafe unnachläßig genommen werden soll. Wornach sich ein ieder zu richten und für Schaden zu hüten. Publicatum 28 Octobr. 1651.

XLIV.

1651.
17 Nov.
Mandat, daß die Bürger-Capitains über die Wall-Ordnung, insonderheit im Aufziehen, Wachen und in Runden, fleißiger als bisher halten sollen.

Nachdem verspüret wird, daß der Wall-Ordnung, insonderheit im Aufziehen, Wachen und Runden, nicht gebührlich gehalten, dadurch allerhand Unordnung und Gefahr verursachet wird: Als will E. E. Rath allen Capitainen ernstlich erinnert, vermahnet und geboten haben, daß sie über die Wall-Ordnung fleißiger, als bishero geschehen, und insonderheit über nachfolgende Puncten, halten sollen.

1. Es soll bey ieder Compagnie entweder der Capitain oder auch der Lieutenant persönlich mit aufziehen und auf dem Walle verbleiben, es wäre denn, daß sie beyde zu einer Zeit krank und bettlägerig wären; so soll der nächste Officirer, der ihm folget,

folget, das Commando haben, sonsten beyde zugleich vom Wall nicht bleiben mögen.

2. Die andern Officirer, als Fähnbrich, Wacht-
Quartier- und Rottmeistere, sollen allemal persönlich mit zu Walle gehen, und ihres Ausblei-
bens keine andere Entschuldigung, als nothwen-
diger Abwesenheit und Krankheit, mit Vorwissen
des Capitains, geniessen.

3. Es sollen von ieder Corporalschaft so viele
Schildwachten ausgestellet werden, als bey ieder
Corps de Garde gebräuchlich, und niemand zu
schildern oder den andern abzulösen verweigern.

4. Es sollen die Schildwachten aus ieder Corporalschaft vom Abend bis an den lichten Morgen
schildern und einander ablösen, auf daß auf dem
Walle niemand einige Entschuldigung habe.

5. Die Ober-Befehlhabere sollen die ganze
Nacht durch und durch, bis der helle Tag ange-
brochen, die Runde thun.

6. Die Capitaine und alle Befehlhabere sollen
auch mit Fleiß daran seyn, daß ihre gesammte
Mannschaft, so viel immer möglich, zu Wall er-
scheine, gute Ordnung allenthalben, insonderheit
im Wachen, Runden, auch guter Bereitschaft,
Disciplin und Commando auf dem Walle, von
männiglichen fleißig nachgelebet, die Ueberfahrere
vermöge der Wall-Ordnung unversäumt gestrafet,
auch

1651. auch alle auf dem Walle befundene Fauten den Colonel-Herren zu schleuniger Remedirung zeitlich angemeldet werden; dagegen ihnen und gesammten Befehlhabern von der Colonelschaft gebührender Schutz gehalten werden soll. Wornach sich ein ieder zu richten. Actum & decretum in Senatu den 17 Novemb. Anno 1651.

XLV.

1651.
22 Dec.
Mandat, daß ein jeglicher dem dritten und letzten Artikel der Banco-Ordnung sich gemäß bezeigen soll.

Nachdem E. E. Rath in Erfahrung gekommen, daß von etzlichen Personen der Stadt Banco-Ordnung, und insonderheit den dritten und letzten Artikel, nicht nachgelebet werde, dannenhero allerhand Schaden und Nachtheil zu besorgen: Als thut E. E. Rath einem jeglichen hiemit gebieten, daß sie der Banco-Ordnung sich gemäß bezeigen, insonderheit nach Inhalt des dritten Artikels, wer aßigniren will, entweder selbst persönlich erscheinen, oder auch von den verordneten Buchhaltern eine Procuratie oder Vollmacht machen lassen, und wenn er etwas abschreiben oder aßigniren lassen will, soll über das der Gevollmächtigter allemal eine schriftliche Vollmacht, die sowohl mit der Banco gewöhnlichem Einsiegel, als auch des Principalen und Gevollmächtigern Hand untergezeichnet seyn soll, vorzeigen. Ebenmäßig soll ein ieder Creditor aufs Neu-Jahr, wenn die

Banco

Banco wieder aufgehet, vor dem Tische, da die 1652.
Banco-Herren und Bürger seyn, erscheinen, und
ihre Avanzo mit ihren Rechnungen accordiren,
ehe sie auf ihre Rechnung etwas abschreiben.
Woferne einer diesen oder andern nicht nach-
kömmt, und ihm daraus einiger Schade oder Ungelegenheit, es sey woher es wolle, künftig entstehen möchte, so will und soll die Banco, noch deren
Bediente damit ganz nichts zu thun haben, noch
dafür einigermaassen zu respondiren schuldig seyn,
besondern der, welcher diesem nicht nachlebet, ihm
selber zu imputiren und beyzumessen haben. Wornach sich ein ieder zu richten und für Schaden zu
hüten.   Actum & decretum in Senatu publicarumque sub signeto 22 Decembr. Anno 1651.

XLVI.

Zwey Mandate wider die Kleider-Pracht.*
1652.
21 Jan.

Nachdem die tägliche Erfahrung bezeuget, wel-
chergestalt die Hoffart und Ueppigkeit an
Kleidungen beginnet wieder einzureissen: Als will
E. E.

*. Die obrigkeitliche Sorge eines Hochedlen Raths,
für die Errichtung einer guten Policey, hat sich insonderheit auch mit einer Kleider-Ordnung von jeher
beschäftigt gehalten.   Um nur bey dem siebenzehnten
Jahr-Hundert zu bleiben, in welchem die Pracht und
Hoffart in den Kleidungen gar sehr die Oberhand gewonnen, und wozu im Verfolg die in der Stadt aufge-
nommene ansehnliche und begüterte Niederländer ein
vieles,

1652. E. Ehrb. Rath nachfolgende Artikel zu iedermanns Wissenschaft publiciret, und daß durch die verordnete Wette = Herren vest darüber gehalten werden solle, männiglichen angekündiget haben.

1. Erst=

vieles, aller Vermuthung nach, mit beygetragen; so ist schon im Jahre 1611 eine Kleider=Ordnung zwischen E. Hochedl. Rath und den dazu deputirten Bürgern bestimmet gewesen, und nebst einer freywilligen Vereinigung der Herren Bürgermeistere, Syndicorum, Raths=Verwandten und Secretariorum, worinn sie ein gutes Exempel zu deren Beobachtung gegeben, der Erbges. Bürgerschaft am 7 Nov. vorgeleget, die auch dafür sich verbunden, und zur Nachfolge bereit erkläret, gleichwohl aber den Sechzigern die Auswehlung weiterer Maaßregeln mit aufgetragen. Weil aber der Punkte sehr viele, und diese zum Theile beträchtlich gewesen, so hat die Ausübung die grössesten Schwierigkeiten dergestalt gefunden, daß auch die ferneren Berathschlagungen bis ins Jahr 1652 fruchtlos gewesen, in welchem endlich die hier abgedruckte beide Mandate zu Stande gekommen, die am 12 Sept. 1654 mit nachfolgenden Zusätzen abermals durch den Druck verkündiget sind: daß nemlich nach dem 1, 2, 3 u. 4ten Artikel, der fünfte den Frauen und Jungfrauen, so sich der Mäntelchen und Schürzen gebrauchen wollen, bey vorhin erwehnter Strafe anbefihlet, dieselben von keinem Sammit, Caffa, Brocaden oder Atlaß verfertigen, auch dieselben und die kleinen Röckschen mit keinen Zobeln oder anderen köstlichen Futter staffiren zu lassen, sondern dieselben ohne Bloßken und Favor=Banden, wie sie genannt werden, zu tragen, und daß, mit Beybehaltung des 6ten Artikels,

7. Die

1. Erstlich ist allen Bürgern, Einwohnern und 1652.
Unterthanen, Manns- und Frauens-Personen,
Jung und Alten, allerley gülden und silbern
Knüppels, wie auch Posamenten, Pometgen, Ga-
launen,

7. Die von Taffet, Borat, oder andere von Seiden, oder damit vermengten Regen-Kleider und Re-
gen-Schürzen, gänzlich bey Strafe 10 Rthlr.
verboten, und nur von Rasch, blosset Dinge umge-
säumet, ohne einige fernere Zierungen, bis auf fernere Verordnung, zu tragen zugelassen worden:

Endlich der 8, 9 u. 10te Artikel mit dem 3ten
Punkte des am 21 Januar 1652 publicirten zweyten
Mandats wörtlich überein kommen, und am Schlusse
hinzugefügt ist, daß, wer hierwider breche und betreten würde, auf 10 Rthlr. gestrafet und exquiret
werden solle, mit dem Beyfügen, daß die Execution
dieser Ordnung, wider Gold, Silber, Edelgesteine und
Zobeln alsofort, wider die übrigen verbotenen Stücke
aber nach zweyen Monaten angehen, auch die Wette-
Knechte und Haus-Dienere darauf zu sehen, und die
Verbrechere ohne einig Ansehen bey der Wette anzumelden schuldig seyn sollen.

Man hat diese Veränderung allhier anzumerken
für hinreichend geachtet, ohne beym Jahre 1654 die
Mandate nochmals abzudrucken, weil das neuere
sich in den nicht geänderten Artikeln nachher bloß auf
die vorigen beziehet. Allein auch diese wiederholte
Verfügung ist in Stecken gerathen, und eben so wenig
hat im Jahre 1668 der abermalige Vorgang sämmt-
licher Raths-Mitglieder, obgleich die Hundert vier
und Vierziger sich denselben zugesellet gehabt, und
die Vereinigung sogar unterm 6 May beregten Jahres im öffentlichen Drucke erschienen, und zu ieder-

Erster Theil.   H   manns

1652. launen, Bögewerk, Schläuffen und Knöpfe, oder wie es sonsten Namen haben oder bekommen mag, so von solchen Werken aus Gold, Silber, oder auch mit Seiden vermischet, gemachet wird, auf

manns Wissenschaft und verhofften gleich willigen Nachahmung gebracht worden, ausgerichtet. Und obgleich im Windischgrätzischen Recesse vom 3 April 1674 nochmals dieser wichtige Policey-Vorwurf zur endlichen Ausführung empfohlen, und eine neue Kleider-Ordnung am 6 Sept. 1677 der Erbges. Bürgerschaft vorgelegt, nicht weniger besonders wegen Abschaffung der Juwelen und kostbaren Spitzen am 31 Jan. 1678 a Senatu Anrege geschehen, so ist doch von einer Zeit zur andern die Sache ausgesetzet, bis im Jahre 1714 am 19 Febr. eine Präliminair-Ordnung wegen Abschaffung der Hoffart der Bürgerschaft vorgelegt worden, die aber gleichfalls wegen vorher nöthig erachteter Classification nicht zur Wirklichkeit gekommen, vielmehr die vorgängig in Vorschlag gebrachte Abschaffung der Juwelen und Perlen in der Versammlung vom 9 Febr. 1730, gegen die vormaligen Gesinnungen, wovon noch ferner unten wird gedacht werden, abgelehnet worden. Und also ist bis dahin keine Kleider-Ordnung, welche die Kraft eines beständigen Gesetzes hätte, vorhanden; inzwischen aber mit den Zeugen, welche Manns- und Frauens-Personen tragen, und die größtentheils in ausheimischen Ländern verfertiget werden, wie mit den Moden, im Haupt-Schmucke, in den Mänteln und in der ganzen Kleidung von Zeit zu Zeit eine solche und mannigfaltige Veränderung erfolgt, daß man schon eines grossen Theils der vorhin als verboten oder erlaubt geachteten Zeuge, dem Namen nach, nicht mehr sich zu entsinnen wissen, geschweige denn selbige in den Krämer-Buden wirklich antreffen würde.

auf Kleidung und Pferde-Gezeug zu tragen oder 1652.
zu gebrauchen, auch rein ſilbern Beſchlag und
Geſchmeide auf dem Pferde-Zeug zu haben, bey
Strafe 10 Rthlr. verboten. Jedoch iſt denenſelben Frauen, welche zwo oder drey güldene Ketten tragen, ihre Hüllen mit güldenen Knüppels
mäßiglich zu ſtaffiren erlaubet und nachgegeben,
aber die güldene Stiften bleiben gänzlich abgeſchaffet.

2. Zum andern iſt ihnen bey gleichmäßiger
Pön der Gebrauch des ſeidenen Knüppels, und
Schläuffen auf Knüppels-Art gemachet, wie auch
Poſamentmacher-Knüppels gänzlich verboten, ie-
doch den Frauen ihre Hüllen damit mäßig zu ſtaf-
firen vergönnet.

3. Drittens ſind Perlen um den Hals und die
Hände, imgleichen Diamanten und alle andere
koſtbare Edelgeſteine, in Ringen, Ketten, Arm-
Bänden, bey Strafe 100 Mark Lübiſch, zu tra-
gen verboten; iedoch denen Manns-Perſonen im
Petſchier-Ringe der Saphier und ſchlechtere
Steine erlaubet.

4. Viertens iſt das gülden und ſilbern Laken,
gülden Tobin, Pliand, gülden und ſilbern Moer,
und alles, darinnen Gold oder Silber gewirket
oder geſticket, iedermänniglich, Alt und Jungen,
zu gebrauchen, auch unter die Kleider zu tragen
oder ſtaffiren, bey Strafe 10 Rthlr. verboten.
Es mögen aber die Frauen, ſo zwo oder drey

H 2   gül-

1652. gülbene Ketten tragen, ihre Hüllen aus gülbenen und silbernen Laken, Tobin und Pliand machen laſſen.

5. Fünftens ſollen die Frauen und Jungfrauen, ſo ſich der Mäntelchen gebrauchen wollen, dieſelben von keinem Sammit, Caſſa, Brocad oder Atlaß verfertigen, auch dieſelben mit keinen Zobeln oder andern köſtlichem Futter ſtaffiren laſſen, bey gleich= mäßiger Strafe.

6. Sechstens iſt alles Stickwerk von Seiden, Gold und Silber gänzlich verboten, bey derſelbi= gen Strafe.

Die Execution dieſer Ordnung, wider Gold, Silber, Edelgeſteine und Zobeln, ſoll allſofort, wider die übrige verbotene Stücke zwey Monat nach Dato dieſes angehen, auch die Wette=Knechte und Haus=Dienere darauf zu ſehen, und die Ver= brechere ohne einig Anſehen der Perſonen bey der Wette anzumelden ſchuldig ſeyn. Wornach ſich ein ieder zu richten und für Schaden zu hüten. Actum & decretum in Senatu publicatumque ſub Signeto 21 Januarii Anno 1652.

Nachdem die Erfahrung bezeuget, daß mancher in dieſer guten Stadt, über ſeinen Stand und Amte, mit prächtiger Kleidung ſich hervor= thut, ſein Vermögen daburch ſchwächet, und durch ſein ſchädliches Exempel andere ſeines glei= chen, oder höhere Standes=Perſonen, die es noch
wohl

wohl gerne überhoben wären, zur Nachfolge 1652. reitzet, und dann E. Ehrb. Rath solche Unord- nung länger nicht dulden kann; so will derselbe männiglichen, welche mittelmäßigen und gerin- gern Standes seyn, hiemit angekündiget haben, daß nicht allein über vorige publicirte 6 Artikel, sondern auch über nachfolgende Artikel von den verordneten Wette-Herren steif und vest gehalten werden solle.

1. Erstlich sollen alle Schiffere, Brauere, die zur Brüderschaft gehören, Procuratores, Raths- Schreiber und andere Raths-Diener, Amts- Meistere, Handwerks-Leute, Höckere und ihres gleichen mittelmäßigen Standes Personen, zu ih- ren und ihrer Frauen Kleidungen keinen Sam- mit, Plüsch, Procade oder dergleichen kostbares Seiden-Gewand gebrauchen, auch keine seidene Strümpfe, ganze Atlaschen Kleider, Mäntel, die aus Seiden-Zeug gemachet, oder mit Seiden- Gezeug ganz untergefuttert seyn, tragen.

2. Zum andern, ihre Frauens sollen zu den Suecken nichts höhers als Türkischen Grobgrün, und den Sammitten Saum nicht breiter als von einem Quartier, und dazu einen mäßigen Schnur haben, aber zu ihren Hüllen ist ihnen Sammit, Procade und Atlasch erlaubt, und an Futter- werk unter die Mäntelchen die Marder und der- gleichen kostbares Futterwerk, auch die Schnüre mit Atlasch unterlegen zu lassen, gänzlich verboten.

H 3　　　3. Zum

1652.   3. Zum dritten, die Taglöhnere, Arbeits=
Leute, Knechte, Jungens, Mägde, Ammen,
und ihres gleichen geringern Standes Leute, sol=
len zu ihren und ihrer respective Frauen Klei=
dern, keinerley Seiden=Gezeug gebrauchen, alleine
seynd ihnen mäßige Seiden=Schnüre, und den
Frauen zu ihren Hüllen Caffar und desgleichen
Seiden=Gezeug erlaubt. Wer hierwider bricht
und betreten wird, der soll auf 10 Rthlr. gestraft
und exequiret werden, und die Execution dieser
Ordnung zwey Monat nach dato angehen, als=
dann die Wette=Knechte und Haus=Diener dar=
auf zu sehen, und die Verbrechere, ohne Unter=
scheid der Personen, bey der Wette anzumelden
schuldig seyn sollen. Wornach sich ein ieder zu
richten und für Schaden zu hüten. Actum &
decretum in Senatu publicatumque sub Signeto
21 Januarii Anno 1652.

XLVII.

1652.   Mandat gegen den Verkauf verschiede=
6 Febr.   ner Feilschaften und die Hand=Arbeit an
Sonn= und Feyertagen und unter den
Betstunden, mit der Ausnahme solchen
Verbots in Ansehung unentbehrlicher Le=
bens=Bedürfnisse, deren Verkauf gleich=
wohl auch an den ersten grossen Festtagen
nicht erlaubet.

Nachdeme E. E. Rath befindet, daß allerhand
Aemter, Kramer, Handwerker und Höckere,
so ihre Waaren und gemachte Arbeit in Laden,
Kel=

Kellern, in oder vor ihren Häusern, auf den Märk- 1652.
ten oder andern Oertern zu kaufe zu haben pflegen,
vornehmlich auch die Holz-Käufere mit Setzung
des Holzes, insonderheit in den Flethen, wie auch
die Brauere und Hausleute mit Lad- und Wegführung des Seyes und der Seywagen, der vorhin gemachten und öffentlich durch die Bursprake
zur gewöhnlichen Zeit stets abgelesenen Ordnung
zuwider, an Sonn- und Feyertagen, wie auch nicht
weniger unter den verordneten Betstunden, sothane
ihre Buden und Keller zu eröffnen, und daraus, oder
auch sonst in oder vor ihren Häusern oder andern
Oertern, wie auch in den Flethen zu verkaufen,
Holz zu setzen und Seye zu laden sich unterstehen,
solches aber wider das dritte Gebot Gottes, zu
merklicher Entheiligung der Sonn- und Feyertagen, dann auch der Betstunden, gereichet, und
als ein hochärgerliches Werk keinesweges zu gedulden: Als will derowegen E. E. Rath alle dieser Stadt Aemter, Kramer, Brauere und Handwerkere, Holz-Käufere und Höckere, auch sonsten
alle diejenigen, so in Häusern, Boden und Kellern,
oder auch auf dem Markte, in den Flethen und
andern Oertern zu verkaufen haben, hiemit erinnert, vermahnet und denenselben geboten haben,
daß niemand sothane Boden, Laden oder Kellere
an gemeldten Sonn- und Feyertagen und Betstunden eröffnen, noch auch sonst in Häusern, an
den Märkten oder andern Oertern ichts was aus-
steyen, feil bieten, aufladen oder setzen solle, mit
der ernsten Verwarnung, daß, woferne iemand
solchem zuwider zu handeln sich unterstehen würde,

H 4   dem-

1652. demselben nicht allein die ausgefliene und feil ge=
botene Waaren, wie auch das gesetzte Holz und
der geladene Sey soll abgenommen werden, son=
dern er auch noch darüber in die in obgedachter
Buersprache einverleibte Strafe der 5 Rthlr.
ohne alles Ansehen der Person unnachläßig ver=
fallen seyn, iedoch werden die Gewürz=Krämere,
Beckere, Knakenhauere, Garbradere, Fische=,
Butter= Milch= und Kraut= oder Kohlhöckere, um
der Armuth und zu tragender unvermeidlichen
Nothdurft willen, allein hierinn ausgenommen,
und denenselben an gemeldten Tagen von Mor=
gens frühe bis um halbeweg Achten, und ferner
nach der Predigt von halb Zehn bis um halbweg
Zwölfen, und endlich nach Drey Uhren bis auf
den Abend feil zu haben und zu verkaufen zuge=
lassen, zu andern Stunden aber an selbigen Sonn=
und Feyertagen solches bey obbemeldter Pön eben=
mäßig gänzlich einzustellen, hiemit ernstlich geboten;
wie dan auch gleichwol gedachte Gewürz=Kramere,
Becker, Knakenhauere, Garbrader, Fischer, But=
ter= Milch= und Kraut= oder Kohlhöckere, bey sel=
biger Strafe, den ersten Tag in den heil. Ostern,
Pfingsten und Weihenachten den ganzen Tag
über gedachten Feilhabens und Verkaufens sich
gänzlich enthalten, und zu ganz keiner Stunde
an sothanen itztgemeldten dreyen Tagen ihnen
dessen unterstehen sollen. Wornach sich ꝛc. Actum
& decretum in Senatu publicatumque sub signeto
d. 6 Febr. Anno 1652.

Erneu=

Erneuertes Mandat wider die Vorhöckerey, de 1648. 1652.
s. s. 20 Febr. 1666. 20 Feb.

XLVIII.

Verordnung, wie auf den Hochzeiten 1652.
gespeiset werden soll. * 17ten
                                    März.

Nachdem E. E. Rath verspüret, daß der Hochzeit-Ordnung in der Speisung wenig nachgelebet wird: Als werden nachfolgende Articuli
von neuem publiciret, und daß durch die verordnete Wette-Herren fleißig darüber gehalten werden solle, männiglich angezeiget.

1. Zu einer ganzen und Wein-Hochzeit sollen
nicht mehr als 4 Gerichte, iede Schüssel für ein
gerechnet, aufgesetzet und gespeiset werden, nemlich: Zum ersten Pasteyen, zum andern gesotten
H 5 Schafs-

* Die Vorschrift der Speisen in der Zahl und Gattung
ist von den ersten Hochzeit-Ordnungen an ein beson-
derer Artikel gewesen. Sie findet sich also schon in
der Ordnung von 1609. Und in der Vereinigung
der gesammten Raths-Mitglieder vom 6 Nov. 1611,
deren in der Note zu den Kleider-Verordnungen oben
S. 112 gedacht worden, ist auch die Beobachtung
dieses Punkts solchergestalt gefasset gewesen, daß man
für iedes Bey- und Neben-Gericht, welches über die
Zahl der Ordnung aufgetischet würde, 10 Rthlr. zu
bezahlen sich verglichen; und eben diese Strafe von
Confect- und andern Schalen und Schüsseln zu ver-
stehen gewesen. Obwohl nun an der Ausübung der
Verordnung sowohl, als des Vorganges, es gefehlet,
wenn

1652. Schafs= oder Ochſen=Fleiſch, zum dritten Man=
del=Muß, benebſt einem Bey=Gerichte von Wild
oder von Fiſchen, zum vierten Gebratenes, und
hernacher Butter und Käſe; wie dann auch, nach=
dem das Tiſch=Tuch aufgehoben, Krull=Kuchen,
Aepfel, Birne und dergleichen in dieſem Lande
gewachſene gemeine Früchte, ſonſten aber alle
Confecte, Marcipan, braune Kuchen und alle
andere Banqueten gänzlich verboten ſeyn und blei=
ben, bey unnachläßiger Strafe fünf Thaler für
iede Schüſſel, ſo viel deren mit mehrern Bey=
Eſſen und Banqueten aufgeſetzet werden.

2. Ebenmäßig ſoll es auch in halben Hochzei=
ten mit den Speiſen nach altem Herkommen un=
geändert bleiben; fürs erſte Gericht einen Och=
ſen=Braten, zum andern Schafs=Fleiſch, fürs
dritte Reis oder Reis=Mus, zum vierten Gebra=
tenes,

wenn die Hochzeiten in den Häuſern des Braut=
Paars oder ihrer Verwandten angeſetzt worden, und
da die ganze Einrichtung der Tafeln, Speiſen und
Auszierungen mit den Zeiten ſich öfters geändert, ſo
iſt doch die Spur der in denen älteren Mandaten
vorgeſchriebenen Gerichte annoch bey denen Hochzei=
ten, die auf dem Baum=Hauſe, und ſonſt in öffent=
lichen Gaſt=Häuſern, von Leuten mittleren Standes
gehalten werden, bis auf dieſen Tag geblieben, ſo
wie auch in Anſehung der Perſonen, welche die Auf=
wartung haben, noch verſchiedenes aus der Hoch=
zeit=Ordnung vom 11 Sept. 1650 beobachtet wird,
und beſonders niemand bey einer förmlichen Hochzeit
der Küchen=Meiſter ſeyn kann, der nicht zur Brü=
derſchaft der Haus=Schlachter gehöret.

tenes, dabey kein Wildwerk soll gespeiset werden, hernach Butter und Käse, auch, wann das Tisch= Tuch aufgehoben, Krull-Kuchen und etwa Aepfel, Birnen und Nüsse, und ein mehres oder anders nicht aufgesetzet werden, bey gleichmäßiger Strafe der 5 Rthlr. für iede Schüssel, darinn andere Gerichte aufgesetzet.

3. Zu den Abend= wie auch der Knechte und Mägde und geringen Standes=Personen Hoch= zeiten aber sollen nur drey Gerichte, als fürs erste gesotten Ochsen= oder Schafs=Fleisch, fürs andere Reis, zum dritten Gebratenes, und her= nacher Butter und Käse, und nach dem Essen Krull-Kuchen gespeiset werden, bey ebenmäßiger Strafe der 5 Rthlr. für iede verbotene Schüssel. Wornach sich ein ieder zu richten und für Scha= den zu hüten. Actum & decretum in Senatu publicatumque sub signeto d. 17 Martii Anno 1652.

XLIX.

Mandat, daß das Leichen=Bitten einem ieden ungehindert frey stehen, und keiner den andern davon ausschliessen soll.*

1652.
23 Jul.

Nachdem E. E. Rath Klagen vorkommen, ob sollten einige gewisse Leute sich der Gerech= tigkeit

* S. Windischgrätzischen Receß 1674. a. 70.

1652.

1652. tigkeit anmaaſſen, zu den Leichen allein zu bitten, und die ſich mit ihnen darüber nicht verglichen und beredet, dieſelben auszuſchlieſſen und davon abzubringen: Als thut E. E. Rath ſolche unzie= mende Anmaaſſung hiemit verbieten, und darauf männiglichen notificiren, daß, wie das Leichen= Bitten ieder Zeit von E. Ehrb. Rathe freyge= laſſen, alſo auch hinfüro ein ieder, ohne vorher= gehende Rückſprache mit iemand anders, ſich der Freyheit ſoll gebrauchen, und, wer nur will, frey und ungehindert zu kleinen und groſſen Leichen bitten möge, iedoch daß er ſich E. E. Raths Leichenbitter=Ordnung gemäß verhalte, und dar= über keinand beſchwere; mit angehängter ernſten Verwarnung, woferne ein oder ander ſich unter= ſtehen ſollte, einigen Menſchen, es ſey Manns= oder Frauens=Perſon, der zur Leiche bittet, zu be= einträchtigen, oder deswegen mit Worten zu be= kleinern, daß wider denſelben nach Befindung mit ernſter willkührlicher Strafe von den Herren der Wette verfahren werden ſoll. Wornach ſich ein ieder zu richten und für Schaden zu hüten. Angeſchlagen am Rathhauſe den 23ſten Jul. 1652.

L. Man=

L.

Mandat, daß die Schiffer keine andere
Connoßemente, Certepartien oder
briefliche Urkunden, als auf die Oerter, wohin sie befrachtet, zeichnen,
vielweniger unrichtige Documenta
vorzeigen sollen.

1652.
7 Sept.

Nachdem E. Hochw. Rathe Klagen vorkommen, ob sollen einige der hiesigen Schiffer,
unangesehen sie auf andere Oerter und nicht recht
zu anhero auf Hamburg befrachtet seyn, ihnen doch
Connoßemente, Certepartien und andere briefliche
Urkunden mitgeben laßen, als wären sie anhero auf
Hamburg befrachtet; und wenn sie von fremden
Schiffen in See, wohin sie gehen, befraget werden, alsdann dieselbigen Documenta produciren,
die auf Hamburg lauten, und die andern sup-
primiren; nachgehends doch auf andere Oerter
gehen, und nicht gerade zu anhero, wie sie in
See angegeben haben, kommen.   Dannenhero
in das künftige auch denen, die recta anhero be-
stiniret, und darauf wahrhafte Connoßemente
und Briefe haben, weniger Glaube beygemeßen,
und also der Schiffahrt und dem gemeinen Commercio allerhand Schade und Ungelegenheit zugezogen werden möchte:

Also

1652. Also thut E. E. Rath alle und iede Bürger und Einwohner, insonderheit auch die Schiffere, alles Ernstes hiemit vermahnen und denenselben gebieten, daß niemand andere Connossemente, Certepartien oder briefliche Urkunden, denn auf die Oerter, wohin sie wahrhaftig befrachtet, zeichnen und annehmen, weniger die Schiffer solche unrichtig gezeichnete und supponirte Documenta in See vorzeigen sollen, mit dem Anhange und ernster Verwarnung, woferne von Kaufleuten oder Schiffern hierwider gehandelt, und Ungelegenheit, Schaden oder Verantwortung daraus entstehen und verursachet werden sollte, daß ein ieder, sowohl Kaufmann als Schiffer, ohne allen Respect oder Einrede den dadurch verursachten Schaden aus seinen Haab und Gütern, soweit dieselben nur immer zureichen können, bessern und zahlen, oder in Ermangelung dessen mit Incarceration und gefänglicher Haft dafür büssen soll. Wornach sich ein ieder zu richten und für Schaden zu hüten. Affixum aus Rathhaus, Börse und in der Schiffer-Gesellschaft, den 7 Septemb. Anno 1652.

LI. Man-

LI.

Mandat, worinn Zank und Schläge- 1652.
rey aus Partheylichkeit für den einen im Sept.
oder andern im Kriege begriffenen
Staat, als Engeland und Holland,
durchaus verboten.

Nachdem E. E. Rathe Klagen vorgekommen, wasmaaßen in dieser guten Stadt allerhand Zank und Schlägereyen vorgehen, indeme bey diesen unruhigen Zeiten der eine diese, der andere die andere streitende Parthey hält; und aber E. E. Rathe, tragenden obrigkeitlichen Amts halber, oblieget, einem ieden in dieser guten Stadt und dero Gebiete Sicherheit und Ruhe zu verschaffen: Als thut E. E. Rath alle und iede Bürgere, Einwohnere und männiglichen hiemit vermahnen und gebieten, daß ein ieder sich in dieser guten Stadt und dero Gebiete, wie sich in einem freyen neutralen Orte geziemet, friedsam und geruhiglich bezeigen, und alles Haders, Zankes, schimpflichen Reden und Schlägerey durchaus enthalten soll, mit dem Anhange und ernster Verwarnung, woferne iemand diesem Mandato zuwider handeln, und aus angenommener Partheylichkeit des ein- oder andern streitenden oder im Kriege begriffenen Theils Zank und Schlägerey verursachen sollte, daß wider denselben alles Ernstes verfahren, und er nach Befindung mit schwerer willkührlicher Strafe beleget werden soll. Wornach ꝛc.

Befehl,

1653.
30 Jul.
Befehl, daß niemand Prisen an sich erhandeln soll, findet sich in sel. Herrn Senatoris Langenbeck, D. Anmerkungen über das Hamburgische Schiff- und See-Recht, S. 309. s. 1665. 16 Jun.

1653.
10 Aug.
Mandat, daß die Schiffer ohne vorgängige Angabe ihrer Ladung auf den Zollen zu löschen sich nicht unterstehen, noch ohne Anmelden beym Zolle einige Güter einnehmen sollen. s. 1675.

1653.
16 Aug.
Befehl, daß die Notarii keine Citationes fremder Obrigkeiten, (ausgenommen die Röm. Kayserl. Majestät und das Kammer-Gericht) ohne Vorbewust E. Hochweisen Raths, iemanden allhier insinuiren, fremde aber sich dessen überall enthalten sollen. s. 1676. 16 Sept.

1653.
17 Aug.
Befehl, daß niemand Hampf und Flachs in seinem Hause ungebunden liegen lassen solle, siehe in der Sammlung der Feuer-Veranstaltungen und Ordnungen von 1760, den 17ten Art. des ersten Capitels der unter Nummer 1. eingerückten neu revidirten Feuer-Ordnung vom 10 Sept. 1750.

1653.
Mandat, worinn fremde Münze auf öffentlichen Märkten und Plätzen, wie auch in Privat-Zahlungen zu gebrauchen, verboten. s. 1659. 24 Jul.

Man-

Mandat, daß die Schiffer den Ballast ohne Vorwissen 1653.
und Erlaubniß des Havemeisters nicht auswerfen, 16ten
ihre Schiffe im Fahrwasser nicht legen lassen, und Sept.
wenn sie zwischen oder nahe an den Bäumen liegen,
kein Pulver, Feuer oder Licht auf den Schiffen halten
sollen, ist in sel. Herrn Senatoris Langenbeck, D.
Schiff- und See-Rechte S. 477 zu finden. s. f. 1659.
8 Jul. wegen des ersteren, und die Havenmeister-
Ordnung von 1636. 10 Oct. in dieser Sammlung
unter der Xten Nummer, S. 33. und folgenden.
Wegen des letzteren s. 1659. 1 Jun.

Mandat, daß die Boots-Leute ihren Schilling oder 1653.
Sechsling von der Mark Hauer sowohl in der Hin- 21sten
als Herreise zu der Sklaven-Casse erlegen sollen. Die- Sept.
ses Mandat ist vom sel. Herrn Langenbeck, D. im
See-Rechte S. 361 u. f. einverleibet, woselbst auch
die Sklaven-Ordnung S. 356 u. f. sich findet.

LII.

Mandat, daß man zu den Hochzeiten, 1653.
wovon der Wette 10 und 5 Rthlr. ge- 7 Nov.
geben wird, zum Bitten sowohl als
Aufwarten niemand anders als die
Reiten-Diener gebrauchen, diese aber
sich auch nach dem Hochzeit-Schra-
gen verhalten sollen.

Demnach in jüngstgehaltener Zusammenkunft
der Erbgesessenen Bürgerschaft beliebet wor-
Erster Theil.   J   den,

1653. den, daß hinfüro zu den Hochzeiten, wovon der
Wette 10 und 5 Rthlr. entrichtet wird, sowohl
zum Bitten als auch zum Aufwarten niemand
anders als die Reiten-Diener gebraucht werden,
dieselben auch dem publicirten Schragen sich ge=
mäß verhalten sollen: Als will E. Ehrb. Rath
zu männigliches Wissenschaft solches hiermit ver=
kündigen und geboten haben, daß ein ieder dem=
selben sich gemäß bezeigen, und zu Hochzeiten,
wovon der Wette 10 und 5 Rthlr. gegeben wird,
sowohl zum Bitten als auch zum Aufwarten, nie=
mand anders als die Reiten-Diener gebrauchen,
dieselbigen auch gegen einen ieden sich willfährig
und diensthaft bezeigen, und dem Hochzeit-Schra=
gen gemäß verhalten sollen, mit der Verwarnung,
wo iemand darwider handeln und iemand anders
gebrauchen würde, derselbe den Reiten-Dienern
ihre Gebühr auf gleiche Weise, als wäre er von
ihnen wirklich bedienet worden, entrichten solle,
und da iemand anfänglich eine Gasterey würde
schreiben lassen, hernacher aber eine halbe Hochzeit,
der soll nichts desto weniger die Reiten-Diener
zu gebrauchen, oder auch denselben ihre Gebühr zu
bezahlen, sowohl für das Bitten als Aufwarten,
gleich als hätte er sie wirklich gebrauchet,
schuldig seyn, und damit niemand mit der
Unwissenheit sich zu entschuldigen, als hat E. E.
Rath diesen Schragen darüber verfertigen lassen,
und bey dem Kuchen-Becker aufzuhenken befohlen.
Wornach sich ein ieder zu richten.   Actum &
decretum in Senatu publicarumque sub signeto
den 7 Novembr. 1653.

LIII.

LIII.

Befehl, daß die Hamm- und Hörner und 1654.
daherum wohnenden sich zu keiner andern, als der St. Jürgens Kirche,
halten, noch ihre Todten anderswo
begraben sollen.

Nachdem E. E. Rath in Erfahrung gebracht,
was maaßen verschiedene zu Ham, Horn und
da herum auf Unserm Gebiete wohnende Leute,
welche sich zu St. Jürgens Kirche zu halten schuldig, nicht allein zu selbiger Kirchen sich nicht halten, besondern auch ihre Todten in fremder Jurisdiction begraben lassen; solches aber sich nicht
geziemet, auch forthin nicht mehr ungestraft geduldet werden soll.

Demnach thut E. E. Rath alle zu Ham, Horn
und sonsten auf dieser Stadt Gebiete wohnende
und nach St. Jürgens Kirche gehörende Leute
hiemit erinnern, vermahnen und ernstlich gebieten,
daß keiner ihme unterstehen soll, sich zu einer andern, denn der St. Jürgens Kirche, zu halten, weniger seine Todten in einer fremden, als ausserhalb dieser Stadt Gebiete liegenden Kirchen oder
Kirchhöfen, begraben zu lassen; mit der ernsten
Verwarnunge, woferne iemand diesem Mandate
zuwider handeln, und dessen überführet werden
sollte, daß wider denselben mit ernster willkührlicher Strafe verfahren werden soll. Wornach ꝛc.

J 2   LIV.

LIV.

Leichen=Ordnung und Schragen.

Demnach die tägliche Erfahrung bezeuget, daß bey den Leichbegängnissen und Begräbnissen viel Mißbräuche und Unordnungen vorgehen und einreissen, die männiglichen sehr beschwerlich; und dann in jüngstgehaltener Zusammenkunft der Bürgerschaft, wie solche Mängel remediiret, hingegen gute Ordnung angerichtet und zum Stande gebracht werden möge, nebenst E. E. Rathe denen Ehrb. Ober=Alten zu deliberiren Vollmacht aufgetragen worden: Als hat wohlermeldeter Rath voriger Ordnung de 1650 nachfolgende Artikel hinzuthun, und zu iedermänniglicher Nachricht publiciren lassen wollen.

Erstlich ist bekannt, daß die todten Körper insgemein 6, 7, 8 und mehr Tage unbegraben liegen, und bisweilen bösen Geruch, wodurch leichtlich, welches Gott gnädiglich verhüten wolle, eine Infection entstehen könnte, von sich geben, welches denen Leuten im Sterbhause, und vielen andern, so der Leichbegängniß beywohnen, sehr beschwerlich; als soll hinfüro keine Leiche länger als 4 Tage über der Erde bestehen bleiben, und den fünften Tag begraben werden, es wäre dann, daß der fünfte Tag auf einen Montag, Sonnabend oder sonst eines Feyertags Abend einfallen thäte, auf welchem Fall am folgenden Sonn= oder Feyertag unnachläßig damit verfahren werden soll.

2. Zum

2. Zum andern erinnert man sich, wasgestalt 1654. grosse und weitläuftige Complimente und Unord- nungen im Sterbhause geschehen, deren vielfältige Wiederholung nicht alleine dem Trauermann, be- sondern auch den umstehenden Freunden und An- verwandten zu Zeiten sehr verdrießlich, auch bis- weilen die Leichbegängniß dadurch verspätet wird; als will man solche Unordnungen und Ce- remonien hinfüro hiemit gänzlich abgestellet ha- ben, und sollen dieselbigen, welche ins Haus für Freunde gebeten und erscheinen, allda ihren Sitz oder Stand nehmen, welche aber auf die Stube gehen, durch den Leichenbitter ohne alle Ceremo- nien dahin gewiesen werden, und sich ein ieder, sowohl auf der Stube als im Hause bey dem Trauermann und dessen Verwandten, alles Anre- dens und Leidklagens, auch nach Wiederbegleitung des Trauermanns aller mündlichen Ansprache und Beredung, die Verwandten auch bey den ankom- menden Herren und Freunden, gänzlich enthalten.

Weil dann drittens zum öftern verspüret wird, daß der vorigen publicirten Ordnung zuwider der Trauermann nicht alsofort, wann es ihme durch den Leichenbitter angemeldet wird, austreten thut, die Leichträger auch nicht allemal zeitig genug bey der Hand seyn, dadurch dann die Leichbegängniß verzögert, und deswegen unter denen Leuten, so derselbigen nachfolgen wollen, grosser Unwill und Ungeduld zu Zeiten verursachet wird; als sollen hinfüro die Träger bey oder in dem nächsten Hause aufwarten, und so bald der letzte der Trauerleute

J 3　　　　　　aus-

1654. austritt, sich alsofort wieder ins Sterbhaus be=
geben, und dafern einer oder mehr derselben sich
alsdann nicht einfinden würden, der oder diesel=
bigen sollen deswegen soviel als sie zu Trage=Lohn
empfangen, wie imgleichen die Leichenbittersche,
im Fall sie die Träger zur rechten Zeit ins Sterb=
haus nicht fordert, ebenmäßig ihr Lohn der Wette
zur Strafe zu geben schuldig seyn; der Trauer=
mann aber soll, so bald es ihme durch den hierzu
verordneten Leichenbitter angesaget wird, nebst
allen denen Anverwandten und Freunden, so im
Hause gewesen, nach einander austreten, und
wenn die letzten aus dem Hause seyn, sollen die
Trägere mit der Leiche alsobald nachfolgen und
heraustreten.

4. Wie man dann vor das vierte des Wein=
schenkens, sowohl auf der Stube als im Hause,
vor und nach Begängniß der Leiche, hiermit
gänzlich abgeschaffet haben will.

5. Zum fünften befindet sich auch, daß die
Kränze auf den Leichen zu männiglichen grossen
Unkosten mit Favor=Bänden und dergleichen neu=
en Zierrathen ausstaffiret, und grosser Pracht
damit getrieben wird; als sollen hiemit solche
Zierrathen auf den Kränzen ganz und gar abge=
schaffet, auch den Trägern Kränze um den Arm
zu geben verboten seyn.

6. Imgleichen soll den Diensten zu ihren Pel=
zen und Schürzen kein Tuch oder andere kostbare
Stof=

fen, besondern nur allein von Rasch dieselbige ge- 1654.
geben werden.

7. Wie dann auch die Trauer-Mahlzeiten so
viel möglich eingekürzet, und alle Weitläuftigkeiten und Kostbarkeiten dabey eingestellet werden
sollen.

8. Weil dann auch zum achten die Trauer-
Mäntel insgemein gemacht werden, daß sie zu
männigliches grossen Verdruß, Unkosten und Beschwerung hinten auf der Gasse nachschleppen
müssen; als sollen solche hinführo nicht länger bis
an die Schuhe zu tragen vergönnet seyn.

9. Letztlich und zum neunten soll auch weder
das Sterbhaus noch die Stube, noch andere Ge-
mächere, oder die Kronen darinnen, mit Tuch,
Boye, oder dergleichen schwarzem Stoff zu bezie-
hen und zu bekleiden erlaubet, sondern solches
gänzlich abgestellet und verboten seyn.

Und soll am bevorstehenden 18ten Sonntage
nach Trinitatis, wird seyn der 24ste September,
der Anfang gemacht werden, daß ein ieder dieser
Ordnung wirklich nachleben solle; wer aber nach
dem darwider handelt, soll nach Ermäßigung der
Wette-Herren um 10 und 20 Rthlr., und nach
Befinden höher gestrafet werden. Wornach sich
ein ieder zu richten und für Schaden zu hüten.
Publicatum d. 12 Septembr. Anno 1654.

J 4

Man-

1654.
12ten
Sept.
Mandat wider die Kleider-Pracht, und worinn die Kleider-Ordnung von 1652. 21 Jan. erneuert und noch genauer bestimmet ist. f. die Anmerkung bey den Mandaten solchen Jahres, S. 112. u. f.

1654.
12Nov.
Mandat, daß niemand, der sich hier niederzulassen gesinnet, sich anderswo, als allhier, und von keinem andern, als von einem von E. Ehrw. Ministerio ordinirten Priester, copuliren lassen soll. f. die vorhergehenden Mandate 1640. 19 Jan. unter Num. XVI. 1645. 14Jun. Num. XXII. und unten 1691. 12Aug.

1654.
Mandat, worinn fremd Brod herein zu bringen, zu behausen oder wieder zu verkaufen, wie auch die darauf Achtgebenden zu beleidigen, verboten. f. 1664. 4 Apr.

1655.
16Feb.
Erneuertes Mandat wider fremde Werbung. f. 1661. 6 May.

LV.

1655.
27Apr.
Ordnung des Lüneburger Salzes.

Nachdem E. E. Rathe sowohl von dieser guten Stadt Bürgern und Einwohnern, als auch von fremden Orten viel Klagen vorgekommen, was maassen wegen anhero geführten Lüneburger Sömmer-Salzes, wie auch wegen Unvollheit und Unrichtigkeit der Tonnen des Lüneburger Winter-Sal-

Salzes, viel Schade und Nachtheil der Kauf- 1655. mannschaft und den Kaufleuten zugefüget werde: Als hat E. E. Rath zu männigliches Nachricht und Verwarnung folgende Ordnung placidiret und publiciren lassen.

1. Das Lüneburger Sommer-Salz soll durch- aus nicht anhero, es sey dann, daß genugsamer Be- weis und Schein beygebracht werde, daß es nur blos- ser Dinge durch und nach der Ost-See gehen soll, geführet werde; was deme zuwider anhero kömmt, soll damit verfallen seyn, und sobald es angetrof- fen wird, ungesäumt und ohne Unterscheid in die Armen-Häuser gebracht werden.

2. Das Winter-Salz soll, bey Vermeidung ernstlicher willkührlicher Strafe den Herren der Wette zu erlegen, Tonne vor Tonne, ehe es allhier in das Packhaus oder Schiff gebracht wird, unangesehen es allhier bleibet, oder zur See ausgehet, von E. E. Raths Pfunder ge- pfundet werden, und seine richtige Pfündung, als iede Tonne 19 L℔ und darüber halten, wel- che Tonne darunter hält, deren Abschlag soll auf des Verkäufers Kosten ergänzet, und ehe und bevor solches geschehen, dieselbige nicht angenom- men, weniger ausgestattet werden; die Tonnen nun, welche also nach dem Gewichte gut befun- den oder gemacht worden seyn, dieselben sollen gezirkelt, ein Schein davon unter des Pfunders Hand davon gegeben, und ohne all solchen Schein des Pfunders das Zoll-Zettel auf den Zollen nicht

J 5   ange-

1655. angenommen werden, dafür soll dem Pfunder für iede Last von deme, der es liefert, 2 ß Hebe-Geld, von deme aber, so es empfängt, 4 ß Pfunde-Geld gegeben werden.

3. Es sollen auch alle Lüneburger Schiffer schuldig und gehalten seyn, allemal bey ihrer Ankunft E. E. Raths Pfunder ein Verzeichniß, wie viel Salzes sie in ihren Schiffen bringen, zu übergeben, und soll auch keine einzige Tonne Salzes aus dieser Stadt Thore oder Bäumen, ohne Vorzeigung eines Scheins unter des Pfunders Hand, daß sie ihre richtige Pfündung bekommen, wiederum ausgelassen noch paßiret werden.

4. Es soll auch kein Lüneburger Schiffer oder Schiff-Knecht mit Salz, es sey in Tonnen oder Säcken, handeln, wer dawider thut, dessen Salz soll damit verfallen seyn, und sobald es betreten, in die Armen-Häuser gebracht werden.

5. Kein Krahnträger, Bierführer oder deren Knechte sollen einig in vorigen Artikeln verbotenes Lüneburger Salz zu führen sich unternehmen, bey ernstlicher willkührlicher Strafe.

6. Es soll niemand, er sey Bürger oder Fremder, anders denn gepfundetes und gezirkeltes Salz empfangen, und kein Käufer oder Verkäufer über Tonnen, so nicht voll oder zu leichte seyn, einige Verträge und Abkürzung unter sich machen, oder unge=

ungepfundete und ungezirkelte Tonnen liefern 1655.
oder annehmen, bey Vermeidung ernster willkührlicher Strafe.

7. Damit dann dieser Salz-Ordnung um desto
mehr wirklich nachgelebet, und sowohl Bürger
und Einwohner, als auch Fremde, so viel möglich, deswegen klaglos gestellet werden mögen; so
werden die verordneten Herren der Wette die Wette-
Knechte zum öftern aussenden, und denenselben anbefehlen, das Salz in den Schiffen fleißig zu vi-
sitiren, und, was dieser Ordnung nicht gemäß gebracht oder verhandelt wird, zu verwürkter Strafe
anzumelden. Wornach sich ein ieder zu achten
und für Schaden zu hüten. Actum & decretum
in Senatu publicatumque sub signeto d. 27 Apr.
Anno 1655.

Mandat, daß die Fuhrleute ihre Wagen und Karren, 1655.
  so bald sie abgeladen oder völlig wieder beladen, auf 30 Apr.
  den ledigen Platz zwischen dem Stein- und Spitaler-
  Thore führen sollen. s. 1661. 18 Apr.

Mandat, daß sich ein ieder mit Proviant und Munition, 1655.
  der Wall- und Korn-Ordnung gemäß, versorgen soll. 6 Jul.
  s. 23 Mätz 1657.

LVI.

LVI.

1655.
6 Jul. Mandat, die fremden Leute, so sich bey
Bürgern und Einwohnern einlogiren,
zu verzeichnen, und keine fremde Werber zu beherbergen.

Ein Ehrb. Rath thut hiermit allen Wirthen und
Gastgebern hiesiger Stadt, auch allen Bürgern und Einwohnern, welche fremde Leute einnehmen und beherbergen, ernstlich befehlen, daß
sie, vermöge der in Anno 1626 bereits publicirten
Wall-Ordnung, wöchentlich zum wenigsten zweymal, nemlich Mittewochens und Sonnabends,
ein richtiges Verzeichniß aller bey ihnen logirenden Personen, mit Benennung derselben Condition, Namen und Zunamen, dem pro tempore
worthaltenden Bürgermeister sollen einhändigen,
und selbigen Zettel mit ihren Namen, Benennung
der Gassen und Schildes ihrer Herberge, auch
dari, Tages und Jahres unterzeichnen; auch, wann
sie ein neu Zettel übergeben, allemal diejenigen, so
noch bey ihnen wirklich seyn, ob sie gleich in vorigem Zettel bereits ernennet, wieder mit aufsetzen,
und solches so lange, als die Personen bey ihnen
in ihren Logimenten und Herbergen verbleiben,
continuiren sollen.

Es wird auch ebenergestalt allen Wirthen in
den Gesellschaften, und so auf der Handwerker
und Aemter Krügen wohnen, oder sonsten Wein-
oder

oder Bierschenk halten, und fremde Leute beher= 1655.
bergen, geboten, daß sie keine fremde Werbung, in
und ausserhalb der Stadt, in ihren Häusern ver=
statten; sondern, da sich einiger sünde, er sey auch
wer er wolle, der solche Werbung unternehmen
wollte, denselben davon abmahnen, abhalten und
ausschaffen, oder auch, woferne der Werber wi=
der der Wirthe Willen dennoch werben wollte,
denselben alsofort denen zur Zeit verordneten Her=
ren Gerichtsverwaltern anmelden und namkündig
machen, welche dann, daß solches ein= und abge=
stellet werde, ernstliche Versehung thun sollen.
Würde nun unter den Wirthen, Gastgebern,
Wein= und Bierschenken, oder sonsten iemand
anders, diesem allen also nicht nachkommen, der
soll, so oft er dagegen gehandelt, mit 10 Rthlr.
unnachläßig gestrafet, und darauf von den Her=
ren Gerichtsverwaltern exquiret werden. Wor=
nach sich ein ieder zu richten und für Schaden zu
hüten. Actum & decretum in Senatu publica=
tumque sub signeto 6 Julii Anno 1655.

———————

Verkündigung des Jubel=Festes zum Andenken des vor 1655.
100 Jahren zu Stande gebrachten Religions=Frie= 23sten
dens, ist in des sel. Herrn D. Fabricii Memor. Sept.
Hamb. Vol. VI. p. 1. zu lesen.

LVII.

LVII.

1655.
5 Dec.

Befehl, daß die Banco-Bediente keine Rechnung in Banco haben, auch keine Handlung und Factorey treiben sollen.

Nachdeme durch fleißige Aufsicht angemerket und befunden, daß einige Officianten und Bedienten der Banco sich unterstanden, nicht allein in Banco Rechnung zu haben, besondern auch dabenebenst einige Handlung und Factorey zu treiben, welches gemeldter Banco nicht zu geringer Ungelegenheit leichtlich gereichen könnte: Als haben zu Verhütung dessen die Herren und dazu gehörige Bürger der Banco sich hierüber zusammen gethan, die Sache ponderiret, und, in Ansehung der vorigen Zeiten, es für einen hochschädlichen Mißbrauch der Banco-Ordnung geachtet und gehalten, auch einhellig dahin geschlossen, daß keinesweges diesem länger nachzusehen, besondern alsofort abzuschaffen sey. Derohalben die Bedienten der Banco sind vorgefordert, ihnen solches gebührlich verwiesen, und dabenebenst ernstlich geboten, daß sie alsofort von diesem Tage an, beides ihr in Banco habende Rechnung und die Handlung und Factorey, so lieb ihnen ihr Dienst, einstellen sollen. Im Fall aber ein oder der ander so schleunig aus der Handlung nicht scheiden könnte, ist denenselben einmal für allemal Zeit bis Ostern, bevorstehenden, geliebts Gott, 1655sten Jahres gegönnet und angesetzet, doch mit dem Anhange, daferne nach

ver=

verflossener bestimmter Zeit von iemand solchen 1655.
nicht nachgelebet wäre, daß derselbe, so wider
vorbemeldtes Verbot thut, und nach wie vor Handel und Factorey, es sey für sich alleine oder in
Compagnie mit iemand anders, treibet, oder durch
andere treiben lässet, seines Dienstes gänzlich hiemit verlustigt seyn soll. Auch sollen hinfüro alle
Buchhalter und Cassirer der Banco in specie darauf mit beendiget werden, daß sie nemlich keinen
Handel oder Factorey weder für sich allein, noch
in Compagnie mit iemand anders, treiben, oder
durch andere treiben lassen wollen. Und damit
hinfüro und zu allen Zeiten steif und vest hierüber
gehalten werden, und diese Anordnung in steter
Observanz, der Banco zum Besten, bleiben möge,
so haben einmüthig die Herren und Bürger diese
Anordnunge in der Banco-Bürger Buch zu verzeichnen beliebet und gut gefunden; deme dann
auch ferners zu annotiren sey, zu mehrer Nachricht:

1. Daß die zwey jüngsten Buchhalter, so die
Haupt-Bücher schreiben, die Rechnung zugleich
aufsummiren, die Summen darunter setzen, und
alsdenn den Ueberrest auf eine neue Folio tragen.

2. Da auch Erreurs begangen würden, sollen
die Buchhalter solche abzuschreiben und nicht zu
radiren, den Bürgern auch solches anzumelden,
schuldig und gehalten seyn.

3. Es sollen auch die zwey Cassirer bey der
Kaufmanns-Banco hinfüro kein Geld in Cassa
haben,

1655. haben, auch allerley Wechselen, wie es Namen hat, sich gänzlich enthalten, und kein ander Geld, als Reichs-Münze, zu empfangen und auszugeben bemächtiget seyn, bey willkührlicher Strafe. Actum den 8 Novemb. Anno 1654.

E. E. Rath hat obgesetzte, von denen zur Zeit verordneten Herren und Bürgern der Banco gut gefundene, und zu der Banco Besten beliebte Anordnung confirmiret und bestätiget. Actum den 5 Decemb. Anno 1655.

Ex speciali commissione spectabilis
Senatus subscripsi

Henricus Schrötteringk,
Lt. & Secretarius.

1655. Münz-Mandat, s. Münz-Nachricht Lit. Q.

1656. Münz-Mandat, s. Münz-Nachricht Lit. R.
30 Apr.

LVIII.

1656. Befehl, wann und wie über Rente-Arti-
9 Jun. kel Stadtbuchs im Niedern-Gerichte Proclamata ausgebeten werden sollen.

Nachdem zu Zeiten von den Eigenthümern der Erben Proclamata im Niedern-Gericht über Rente-Artikel Stadtbuchs, denen Rentenirern zum merklichen Präjudiß, ausgebeten, ferner zu Cassation all solcher Artikel prociret werden wollen; welchem unziemenden Vornehmen billig der Gebühr zu begegnen: Als thut E. E. Rath hiemit verordnen und gebieten, daß

1. Ueber

1. Ueber Rente-Artikel, welche zugeschrieben 1656.
stehen Kirchen, Hospitalen, Testamenten und
dergleichen Armen-Häusern und Verfassungen,
wie auch

2. Personen, so entweder selbst im Leben und
auszufragen seyn, oder deren Erben und Familie
auszufragen stehen, keine Proclamata ausgebeten
oder erkannt, sondern die verordnete und zur
Zeit verwaltende Geschworne, Vorstehere und Te-
stamentarien, imgleichen erwehnte Personen selbst,
so im Leben und auszufragen stehen, citiret werden sollen, und daß

3. Die Ausbittung und respective Concebirung
des Proclamatis nicht anders, dann auf den Namen des letzten Besitzers des Articuli quæstionis
geschehen soll, dero Behuf dann bey Ausbittung
allsolcher Proclamatum allemal eine neulich aus-
gezogene Beschwerung des Erbes, worinn der
Rente-Artikel stehet, unter einer der Herren Secretariorum Hand, im Gerichte produciret werden soll. Würde ein Eigenthümer oder Procurator diesem Mandato zuwider etwas suchen und
vortragen, so soll derselbe in ernste willkührliche
Strafe des Niedern-Gerichts verfallen seyn.
Wornach sich ein ieder zu richten und für Schaden zu hüten. Actum & decretum in Senatu
publicatumque sub signeto d. 9 Jun. 1656.

LIX.

Mandat, daß ſich ein ieder ſowohl auf bedungenen als unbedungenen, auch alſo genannten Niederländiſchen Hochzeiten,* der Hochzeit-Ordnung von 1634 und 1652 gemäß bezeigen ſoll.

Nachdem E. Ehrb. Rath in Anno 1634 und 1652 eine gewiſſe Hochzeit-Ordnung publiciret, wie mit Speiſung auf den Hochzeiten verfahren werden ſolle, dawider aber eine Zeithero viele ſtrafbare Mißbräuche und Unordnungen eingeriſſen, hingegen in jüngſt den 17 Septemb. gehaltener Zuſammenkunft der Erbgeſ. Bügerſchaft über erwehnte Hochzeit-Ordnung ernſtlich zu halten nochmalen beliebet. Demnach thut E. E. Rath männiglichen hiemit erinnern, vermahnen und gebieten, daß ein ieder nach Verlauf 8 Tage von publicato dieſes, ſowohl auf bedungenen als unbedungenen, auch alſo genannten Niederländiſchen Hochzeiten, ſich vorberührter und in Annis 1634 & 52 publicirter Hochzeit-Ordnung allerdings gemäß verhalten ſoll, als lieb ihm iſt, die ungeſäumte Execution der in der Ordnung enthaltenen Strafe zu vermeiden. Wornach ſich ein ieder, ſowohl Hochzeiter ſelbſt, als Wirth, der ſie ausrichtet, zu achten und für Schaden zu hüten. Publicatum ſub ſigneto d. 26 Sept. Anno 1656.

Man

---

* Darunter werden die Hochzeiten in den Niederländiſchen Geſchlechtern verſtanden, die immer etwas vorzügliches geſuchet. S. oben die Anmerkung S. 111.

Mandat, daß ein ieder sich am Sonntage alles Kaufens 1656.
und Verkaufens, Treckens und Besichtigens der
Schweine enthalten soll. s. 1664. 13 Nov.

LX.
Wiederholtes Mandat von 1655. 6 Jul. 1657.
wegen Versorgung mit Proviant und 23sten
Ammunition. März.

Ein Ehrb. Rath will allen hiesiger Stadt Bürgern und Einwohnern hiemit geboten haben,
daß, vermöge der in Anno 1626 publicirten Wall-
und Korn-Ordnung, ein ieder sich von dato innerhalb 4 Wochen mit dem in der Wall- und
Korn-Ordnung beliebten Gewehr, Munition und
Korn-Vorrath versehen soll, nemlich alle und iede,
welche Brau-Erben in dieser Stadt, wie auch, die
grosse Wohnhäuser, so auf 8000 Mark und darüber taxiret seyn, bewohnen, sollen haben einen
guten wohlformirten Harnisch und langen Spieß,
eine gute Musquete mit ihrer Zugehör, ein un-
sträfliches Seitengewehr, und darzu 3 Pfund
Pulver, 9 Pfund Kugeln, und 2 Bund guter
kohliger Lunten, wie auch 6 lederne Eimer und 2
Wasser-Sprützen; welche aber die andern Häuser
bewohnen, sollen haben eine Musquete und was
darzu gehöret, 3 Pfund Pulver, 9 Pfund Kugeln, 2 Bund Lunten, 2 lederne Eimer und eine
Wasser-Sprütze. Sonsten an Korn-Vorrath
sollen die Bürgere, so ziemlichen Vermögens, als
Kaufleute, Rentenirer, Brauere, wie auch alle

K 2   Hand-

1657. Handwerkere, ſo viel Geſindes halten, iedes Jahr
zum wenigſten mit einem Wiſpel Rocken oder
Mehls, die aber, ſo mittelmäßige Haushaltung
führen, nach Ermeßigung mit einem halben Wi‐
ſpel, das Jahr durch und durch verſehen ſeyn.
Mit der Vermahnung, daß, daferne von dato
über 4 Wochen, bey der darauf angeordneten
Viſitation durch die Capitainſchaft, einiger Man‐
gel an Munition und Korn-Vorrath bey iemand
befunden werden ſollte, gegen denſelben mit der
Execution und Pfandung, auf die in der Wall‐
Ordnung benannten 5 Mark Strafe, wegen er‐
mangelnden Gewehr und Munition, und in der
Korn-Ordnung wegen ermangelnden Korn-Vor‐
raths beſtimmten 2 Rthlr. Strafe, reſpective
verfahren werden ſolle.

Damit auch zu allen Zeiten dieſes alſo gehal‐
ten und in acht genommen werde, ſo ſoll jährlich
zweymal in allen Capitainſchaften, von den Ca‐
pitainen und ihren nachgeſetzten Officiern, wann
den Capitainen ſolches von ihren Herren Colo‐
nellen angemeldet wird, ſolche Viſitation geſche‐
hen, als 8 Tage nach Oſtern und 8 Tage nach
Michaelis, und wider die Mangelhafte mit Exe‐
cution der Strafe, wie vorgemeldet, verfahren
werden. Wornach ſich ein ieder zu richten und
für Schaden zu hüten. Actum & decretum in
Senatu publicatumque ſub ſigneto d. 23 Martii
Anno 1657.

LXI.

LXI.

Mandat, worinn die Injurien auf öf- 1657.
fentlichen Plätzen und Gassen scharf 23 Apr.
verboten.

Nachdem E. E. Rath viele Klagen sind vorkommen, wasmaaßen zu verschiedenen malen geschehen, daß einer dem andern auf öffentlichen Plätzen und Gassen dieser Stadt, auch wohl
gar auf dem Rathhause und der Börse, mit Worten und Werken unjuriiret und gröblich verunglimpfet, solches aber zu grosser Unordnung ge-
reicht und keinesweges zu gedulden: Als thut
E. E. Rath männiglich, sowohl Fremden als Einheimischen, hiemit ernstlich gebieten, daß ein ieder, der auf einen andern Zuspruch zu haben vermeinet, solches gebührendermaassen vor Richter
und Recht thun, und sich auf öffentlichen Plätzen
und Gassen, insonderheit auf und vor dem Rathhause und der Börse, alles Injuriirens mit Worten oder Werken enthalten solle, als lieb ihm ist,
die Pön 200 Rthlr., und nach Befindung Ge-
fängniß- und harte Leibes-Strafe zu vermeiden.
Wornach sich ein ieder zu richten und für Schaden zu hüten. Actum & decretum in Senatu
publicatumque sub signeto d. 23 April. Anno
1657.

LXII.

LXII.

1657.
27 Jul.

Mandat, daß niemand Fenster= Haus=
Geräth rc. oder andere lebendige und
fahrende Haab und Mobilien von
den Soldaten kaufen soll.

Ein Ehrb. Rath will deme unlängst publicirten
Mandate zufolge nochmalen hiermit alle und
iede dieser Stadt Bürgere, Einwohner und Un=
terthanen, welche inn= und ausserhalb der Stadt
in dero Gebiete wohnen, ernstlich erinnert, ver=
mahnet, und denenselben geboten haben, daß nie=
mand Fenster, Zimmeraste von Häusern und Plan=
ken, Hausgeräth, oder andere lebendige und fah=
rende Haab und Mobilien von denen Soldaten
zu Roß und Fuß kaufen solle. Mit der Ver=
warnung, woferne iemand diesem Mandate zu=
wider handeln, und dessen überführet werden sollte,
daß derselbe nicht allein all solches Gut ohne Ent=
gelb wieder von sich geben, sondern auch noch dazu
mit ernster willkührlicher Strafe beleget werden
soll. Wornach sich ein ieder zu richten und für
Schaden zu hüten. Actum & decretum in Senatu publicatumque sub signeto den 27 Julii
Anno 1657.

LXIII.

LXIII.

Befehl, daß die Reuter und Knechte, 1657.
welche in die Stadt oder dero Gebiete 31 Jul.
kommen, sich still und friedsam verhalten sollen ꝛc.

Nachdeme verspüret wird, daß von gemeinen
Reutern allerhand Muthwill und Insolen-
cen in der Stadt und dero Gebiete verübet worden, welches nicht zu gedulden:

Als befiehlt Ein Ehrbarer Rath, daß alle
Reuter und Knechte, welche in die Stadt oder
dero Gebiete kommen, sich still und friedsam verhalten, niemand vergewältigen, oder auf andere
Weise beleidigen sollen. Mit der Verwarnung,
soferne iemand darwider thut, der- oder dieselbe
alsofort angegriffen, in gefängliche Haft gebracht,
und nach Gelegenheit ihres Verbrechens ernstlich
gestrafet werden sollen. Wornach sich ein ieder
zu richten und für Schaden zu hüten. Actum &
decretum in Senatu publicatumque sub signeto
den 31 Jul. 1657.

Mandat, daß niemand nach 9 Uhr des Abends ohne 1657.
Leuchte mit brennendem Licht auf der Gasse sich finden 11 Dec.
lassen, oder einig Ober- und Schieß-Gewehr tragen
soll. s. 1664.

Jn:

1657. Instruction für den Loots-Inspector, und revidirter
2 Oct. Schragen des Loots-Geldes; ferner der Befehl, daß
die Pilotage von dem Admiralitäts-Schreiber repar-
tiret, und ohne deſſen Schein von den Schiffern
nicht eingefordert werden ſollen. ſ. 1668. 23 Apr.

LXIV.

1658. **Mandat, daß die beharrlichen Wieder-**
12 Apr. **täufer und Sacramentirer nach den**
Reichs-Conſtitutionen ernſtlich ge-
ſtraft, auch von niemanden gehauſet,
noch in Dienſt oder Arbeit genommen,
ſondern den Herren Gerichts-Ver-
waltern angemeldet werden ſollen.

Nachdeme hiebevor von den Ehrbaren Wendiſchen Städten ein Mandat der verführiſchen
Secten der Wiedertäufer und Sacramentſchwer-
mer halber in Druck ausgegangen, und in den
ſechs Wendiſchen Städten publiciret worden, als
iſt zu dieſer Zeit für gut angeſehen und nöthig erachtet, deſſelbigen publicirten Mandats Einhalt
wiederum zu verneuen und zu renoviren, und
alle viertel Jahr von den Kanzeln ableſen zu laſſen; deshalben iſt Eines Ehrb. Raths ernſter
Wille und Meinung, als hiernach folget: Nemlich alle diejenigen, welche den Irrthum der Wie-
dertäuferey lehren, predigen, wiedertaufen und
ſich wiedertaufen laſſen, wie auch ihre Kinder zu
behör-

behörlicher rechten Zeit nach christlicher Ordnung 1658.
nicht ordnen lassen wollen, desgleichen die Sacramentirer, die von dem heil. hochwürdigen Sa-
crament unserer seligen Taufe und des wahren
Leibes und Blutes unsers Herrn Jesu Christi lä-
sterlich und calumniose reden, solchen greulichen
Irrthum heimlich und öffentlich predigen, ausbreiten und vertheidigen, darauf halten und glauben, und andere damit verführen, Manns- und
Frauens-Personen verständigen Alters, und die
nach gebräuchlichem Unterricht und Ermahnens
vorsetzlich darauf verharren und davon nicht abstehen wollen, sollen nach Einhalt Kaiserl. und
des Heil. Römischen Reichs Constitution, wie
sich gebühret, ernstlich und unnachläßig gestrafet werden; welche Personen aber ihren Irrthum
vor sich selbst, oder auf gütliche Unterrichtung und
Vermahnung, erkennen und ungesäumt wiederru-
fen, um Gnade bitten und davon abtreten, und
sich nach unserer wahren christlichen Religion halten, dieselben sollen nach Gelegenheit ihres Standes, Wesens, Jugend und anderer Umstände be-
gnadiget werden.   Und wird demnach einem ieden dieser Stadt Bürgern, Einwohnern und
Unterthanen, Dienern und Verwandten, wes
Standes sie sind, hiermit ernstlich geboten und
auferleget, daß ein ieder auf die vorgeschriebene
Wiedertäufer, Sacramentirer und ihre Anhän-
ger, so aus verdächtigen Ländern und Orten herkommen, gute fleißige Achtung haben, dieselben
nicht hausen, herbergen, noch aufhalten oder fodern, auch in keinen Diensten oder Arbeit nicht

K 5   nehmen

1658. nehmen noch unterhalten sollen, bey ernstlicher
Leibes=Strafe, und daferne iemand solche Leute
in dieser Stadt und dero Gebiete vermerken und
erfahren wird, dieselben dem Gerichts=Befehl=
haber ungesäumt angeben und vermelden soll.
Würde aber iemand hier entgegen handeln, und
die Wiedertäufer und Sacramentirer, oder ande=
rer Secten verdächtige Personen, wissentlich hau=
sen, herbergen, fodern oder unterhalten, derselbe
soll nach Erkenntniß des Ehrbaren Raths, andern
zum Exempel, ernstlich gestrafet werden. Wornach
sich ein ieder zu richten. Publicatum e suggestu
Anno 1658 den 12 April.

LXV.

1658.
15 Oct. Revidirte Ordnung von 1635. 1 Jun.
wegen der einheimischen und fremden
Armen in Hamburg.

Demnach sich befindet, daß die Betteley, sowohl
von nothdürftigen Armen, als muthwilligen
Vaganten, Landstreichern und Müßiggängern, in
dieser guten Stadt von Tagen zu Tagen sehr über=
hand nimmt, und all solche Bettler iedermännig=
lichen mit ihrem Betteln vor den Häusern, Kirchen,
Thoren und auf den Gassen hin und wieder viel
Anlaufens und Beschwerung machen, auch da=
durch den nothleidenden und dürftigen Armen die
Allmosen entzogen, die Kinder und Jugend zu
keiner Gottesfurcht, Tugend und ehrlicher Hand=
tierung, besondern frühzeitig zu dem Müßiggang
und

und Bettelstab gewöhnet werden, auch darüber 1658.
leicht in Diebstahl und andere schwere Laster und
Schande gerathen. Solches aber, weilen es auch
dem göttlichen Worte zuwider, in keiner wohlbestallten Policey zu gedulden stehet, und derowegen
billig darauf bedacht werden müssen, wie solche
hochbeschwerliche Betteley abzuschaffen, und dennoch die nothleidenden Armen zu unterhalten seyn:
Als hat Ein Ehrb. Rath deßhalber nachfolgende
Ordnung wohlmeinentlich abfassen, und zu iedermänniglicher Nachricht publiciren lassen.

Zum ersten, alle Arme und dero Kinder, klein
und grosse, so in den Gotteskasten geschrieben, und
in dem heiligen Geiste und andern Gotteshäusern,
Wohnungen und Gängen ihre freye Wohnung
und Unterhalt haben, sollen sich der Betteley in
dieser guten Stadt und dero Botmäßigkeit, inn-
und ausserhalb den Thoren, in der Vorstadt, vor
den Kirchen, in den Häusern und auf den Gassen
ganz und gar enthalten, und da einiger der obgemeldten Armen auf solche Betteley, es sey an was
Ort es wolle, befunden würde, derselbe soll alsobald von den Pracher-Voigten, oder denen dazu
bestellten Dienern, nach dem Werkhause gebracht,
und dagegen die Monat-Gelder, so allsolche Personen aus dem Gotteskasten oder sonsten andern
Armen-Häusern zu empfangen haben sollten, dem
Werkhause, so lange sie da seynd, unweigerlich
gereichet werden.

Zum andern, die Armen, so in den Gotteskasten geschrieben, und mit Schwach- oder Krankheit
befal-

1658. befallen, und dannenhero ihre Koſt (zu den Geldern, ſo ſie empfangen) nicht verdienen können, ſollen nach Befindung nach dem Gaſt= oder Armenhauſe auſſerhalb Millern=Thores gebracht, und allda curiret, auch, bis ſie wiederum zu voriger Geſundheit gerathen, alimentiret werden. Immittelſt ſoll das Armenhaus ſolches Kranken Gelder wöchent= oder monatlich zu empfangen haben, denen Kranken aber, ſo nach dem fremden Armenhauſe nicht füglich können gebracht werden, oder auch lieber in ihren Wohnungen verbleiben wollen, ſoll man nach Gelegenheit der Noth und Krankheit eine Zuſteuer von den Gotteskaſten geben und zukehren.

Und damit vors dritte die Allmoſen nicht unnützlich mögen angewendet, auch die nothleidenden Armen der Gebühr nach unterhalten werden, wollen die Diaconi, nemlich derjenige, ſo pro tempore den Gotteskaſten verwaltet, nebenſt dem jüngſt abgetretenen Antecessore und nächſtfolgenden Successore, alle halbe Jahr, oder des Jahres zweymal, zu dero ihnen bequemen Zeit, ſowohl in der alten als neuen Stadt herum gehen, alle eingeſchriebene Kranken beſuchen und deren Zuſtand erkundigen, auch nach befundener Gelegenheit denenſelben Handreichung thun laſſen. Wie dann auch ferners in allen vier Kirchſpielen man ſich dahin verglichen, daß alle vierzehen Tage in iedem Kirchſpiele die Allmoſen ſollen ausgetheilet, und alle viertel Jahr die Armen eingeſchrieben werden.

Zum

Zum vierten, weil man erfähret, daß unter den 1658.
Soldaten zu Zeiten sich Arme befinden, die nicht
allein ihre Weiber und Kinder, sondern auch wol
Fremde, haufenweise dazu halten, daß sie allhier
in und auffer dieser Stadt betteln gehen: Als soll
ihnen solches hinfüro einzustellen von den Kriegs=
Officirern und ihren Commendanten ernstlich ge=
boten werden. Sollten sie aber solchem Verbot
zuwider nichtsdestoweniger die Bettelen nicht
unterlassen, sollen dieselbe, so man darauf befindet,
alsofort caßiret und ihres Dienstes entsetzet werden.

Ebenergestalt und vors fünfte sollen auch die
Meistere in den Aemtern, als Triep= und Bom=
seyden=, Sayen= und Posamentmacher und der=
gleichen, ihre Jungens mit allem Ernst vermah=
nen, daß sie sich des Bettelns auf den Gassen
enthalten, und woferne iemand auf solcher Bette=
len begriffen wird, soll er alsofort nach dem Werk=
hause gebracht werden.

Zum sechsten giebt es die tägliche Erfahrung,
daß viele fremde und muthwillige Armen, so auf
den herumliegenden Dörfern ihre Wohnung ha=
ben, täglich allhier vor den Thoren liegen, auch
zu der Stadt herein kommen und Bettelen an
allen Orten anstellen, selbige, wann sie in dieser
Stadt und dero Gebiete betroffen werden, soll
man nach dem Gasthause verweisen, und nach
Examinirung derselben entweder mit einer Ver=
ehrung begaben und aus der Stadt leiten, oder
nach dem Armenhause bringen lassen, allda sie
mit

mit nothdürftiger Speise und Trank sollen versorget
werden, so lange dieses betrübte und beschwerliche
Kriegswesen währen wird, oder der Sachen Befindung nach ins Werkhaus bringen lassen. Und
wann sie dann einmal wieder aus dem Werkhause
gelassen, und folgends wiederum auf der Betteley
betreten, alsdann abermals herein gebracht, und
nach Befindung willkührlich bestrafet werden.

Ebenmäßig soll es zum siebenden mit den Weibern, so betteln, und saugende Kinder bey sich haben, auch gehalten, und allsolche, nebenst den Kindern, nach dem Armenhause oder Werkhause, bis
auf weitere Verordnung, gebracht werden, welche
aber Kinder, so nicht mehr saugen, bey sich herum
führen, selbige Kinder soll man alsbald nach dem
Waysenhause, und die Eltern, es seyn Weiber
oder Männer, nach dem Armenhause oder Werkhause bringen, woran dann niemand den Voigten
oder andern dazu bestellten Dienern hinderlich
seyn soll, bey ernster willkührlicher Strafe. Sothane Kinder aber sollen (so lange die Eltern in
dem Armenhause oder Werkhause verbleiben) in
dem Waysenhause unterhalten werden.

Weilen zum achten die pro tempore regierenden
Vorsteher des Gast= und Krankenhauses unter sich
beliebet, daß sie täglich zwey Stunden von 2 bis
zu 4 Schlägen zusammen kommen, und der lieben
Armuth aufwärtig seyn wollen: Als sollen alle
Fremde nach itztgemeldtem Gast= und Kranken=
hause von den Herren des Raths, Herren Predi=
gern,

gern, und männiglichen zuforderst verwiesen werden, da man dann einem ieden nach seinen Qua-
litäten, Stande und Gelegenheit ein Viaticum
oder gebührliche Unterhaltung auf eine Zeitlang
darreichen und geben soll. Woferne aber seine
Leute befunden würden, denen etwan ein mehrers
und ansehnlichers zuzukehren sich gebühren würde, dieselben soll man an die Leichnams-Geschworne
der vier Kirchspiel-Kirchen verweisen.

Deme nun zufolge, werden zum neunten die
Zetteln, so vor diesem die Herren Prediger mitge-
theilet, gänzlich abgeschaffet.

Zum zehenden, alle Vaganten sollen sich hinfüro des Singens vor den Thüren, auch der
Stammbücher, so sie um des Bettlns willen
herum tragen, gänzlich enthalten; im widrigen
will man sie alsobald nach dem Werkhause bringen lassen.

Zum eilften sollen die Bettler vor dem Millern-
Stein- und Deich-Thore gänzlich weggeschaffet
werden, und mit denenselben eine gleiche Ordnung, wie mit den Bettlern in der Stadt, observi-
ret und gehalten werden; wie dann auch hiermit
allen Wirthen und sonst iedermänniglich ernstlich
verboten wird, keine Bettler auf- und anzunehmen, zu hausen und herbergen. Wer dagegen
handelt, soll das erste mal mit zehen Mark Lübsch,
das andere mal mit zwanzig Mark Lübsch, und
das dritte mal mit dem Zuchthause gestrafet werden,

1658. den, immaaſſen auch ſchon hiebevor ſolches heil-
ſamlich verordnet und verboten iſt.

Zum zwölften, nachdemmale fromme Chriſten
in dieſer guten Stadt gefunden werden, welche
der Armuth wöchentlich oder monatlich Geld,
Brod und ſonſten in ihren Häuſern und vor ihren
Thüren austheilen, und den Armen täglich mit
milden Gaben beytreten; als wird für gut angeſehen, und männiglich freundlich erſuchet und ermahnet, daß er ſolche Allmoſen an Gelde, Brod,
oder was es ſeyn mag, ſo er den Armen vor dieſem
ausgetheilet, oder künftig auszutheilen geneigt,
(dieweil niemand von denſelben hinfüro mehr ſoll
überlaufen und beſchweret werden) denen beyden
pro tempore regierenden Vorſtehern des Armen-
hauſes auſſerhalb Millern Thores iedesmal einſchicken, auch daneben die Armen nach dem Gaſt-
hauſe verweiſen wolle. Und damit ſolche gutherzige Leute darinnen nicht träg und nachläßig,
beſondern zu fernerer milder Ausreich- und Schi-
ckung ſothaner freywilligen Allmoſen ins Armenhaus deſto mehr aufgemuntert werden, wird ein
Hochweiſer Rath bey den Herren Paſtoren und
Predigern Anordnung thun, daß dieſelben zu gewiſſen Zeiten von den Kanzeln männiglichen dazu
beweglich erinnern und vermahnen. Lectum &
decretum in Senatu 15 Octobris Anno 1658.

LXVI.

LXVI.

Mandat, worinn die Vergadderung und 1659. Zusammenlauf, besonders auch das 5 Jan. Steinwerfen und Verunglimpfung fremder Nationen verboten.

Nachdeme E. E. Rathe viele Klagen vorgekommen, wasmaaßen mit Steinwerfen und andern höchststrafbaren Vornehmen große Excesse von zusammengelaufenen Knaben, Dienst-Jungen und andern ledigen Leuten und Knechten in dieser guten Stadt verübet worden seyn: Als thut E. E. Rath hiemit vermahnen und ernstlich gebieten, daß ein ieder für sich selbst sich von aller Vergadderung und Zusammenlauf, insonderheit auch von Steinwerfen, Vergewaltigung und Verunglimpfung fremder Nationen enthalten, und seine Kinder, Dienst-Jungen und Knechte davon abmahnen und wirklich abhalten soll, mit ernster Verwarnung, so iemand in all solchen verbotenen Stücken betreten, oder dabey gewest zu seyn überführet werden sollte, daß derselbe mit ernster willkührlicher Strafe, auch nach Befindung mit Halßeisen, gefänglicher Haft und schwerer Leibes-Strafe belegt werden soll. Wornach rc. Publ. d. 5 Januar. 1659.

Mandat, daß niemand bey Executionen armer Sünder 1659. den Frohn, die Gerichts- und andere Diener E. Hochw. 16 Jan. Raths behindern noch beleidigen soll. s. 1720. 6 Sept.

LXVII.

1659.
16ten
Mårz.

Mandat, daß das Pilotage-Geld der Helgelander den Schiffern nicht eher bezahlet werden soll, bis sie solches vor den Zoll-Herren endlich certificiret.

Nachdem verspühret wird, daß einige Schiffer, unterm Prätext eingehabter Helgelander Lootsen, dem Kaufmann ein hohes und unbilliges Loots-Geld abfordern; So thut E. E. Rath hiemit verordnen und gebieten, daß kein Kaufmann, Bürger oder Einwohner allsolchen Schiffern solch ungebührlich berechnetes Loots-Geld bezahlen soll, es habe dann der Schiffer vorhero solches vor den p. t. verordneten Zoll-Herren endlich certificiret, und durch gebührende Repartition von dem Admiralitäts-Schreiber dem Kaufmann zurechnen lassen. Wornach ꝛc. Affixum am Rathhause, Börse und Zoll den 16 Mårz 1659.

1659.
1 Jun.

Mandat, daß niemand auf den Schiffen zwischen den Bäumen Licht und Feuer halte ꝛc. s. 8 Aug. d. J.

LXVIII.

1659.
6 Jun.

Mandat, daß niemand auf den Zollen von dem Eigenthum der Güter und deren Verschickung anders attestiren soll, als es sich würklich verhält.

Nachdem von andern Orten Beschuldigungen einkommen, ob sollte ein und ander Bürger und

und Einwohner dieser guten Stadt allhier auf den 1659. Zollen vom Eigenthum der Güter und deren Verschickung attestiret haben, so der Wahrheit nicht gemäß; solches aber in keine Wege zu gedulden, überdem auch dem freyen Lauf der Commercien viele Hinderung verursachet, den Credit der hiesigen Certificationen schwächet, und unschuldige Leute in Nachtheil und Schaden führet: Demnach thut E. E. Rath hiemit männiglichen verwarnen und ernstlich gebieten, daß keiner anders, als es sich im Grunde der Wahrheit verhält, allhier auf den Zollen vom Eigenthum der Güter und deren Verschickung attestiren soll, wer dawider handelt, soll die Güter, davon er unrichtig attestiret, verbrochen haben, und zudem als ein meineydiger Mann bestraft werden. Wornach sich ein ieder zu richten und für Schimpf und Schaden zu hüten. Affixum auf dem Zoll und an der Börse den 6 Junii Anno 1659.

Befehl, daß die muthwilligen Buben von den Kirchhöfen 1659. abgetrieben werden sollen. s. 1664. 16 Jan.   14 Jun.

LXIX.

Mandat, daß niemand den Ballast anderswo, als an den ihm von dem Hafenmeister angewiesenen Oertern, werfen soll. 1659. 8 Jul.

Nachdem E. E. Rath in Erfahrung kommen, wasmaassen zu verschiedenen malen Ballast

L 2   aus

1659. aus den Schiffen in die Elbe an Orten, ſo der Havenmeiſter ihnen nicht angewieſen, geworfen worden, ſolches aber der Tiefe der Elbe ſehr ſchädlich, auch wider das Stadt-Buch und hiebevor vielfältig publicirte Mandate geſchehen: Als thut E. E. Rath nochmalen männiglichen hiemit verwarnen und ernſtlich gebieten, daß keiner ihme unterſtehen ſoll, einig Ballaſt, es ſey von Sand, Steinen oder anders, aus den Schiffen heimlich oder öffentlich in die Elbe an Orten, ſo ihme nicht ſpecialiter vom Havenmeiſter angewieſen, zu werfen, mit dem Anhange und ernſter Verwarnung, woferne iemand dieſem Mandate zuwider handeln ſollte, daß derſelbe, beſage Stadt-Buchs, ſolches mit 20 Goldgulden unnachläßig zu büſſen ſchuldig ſeyn ſoll. Wornach ꝛc. Affixum auf dem Niedern- Baum den 8 Julii 1659.

1659. Mandat, daß niemand Dreck und Unflath längſt dem
8 Jul. Deiche abwerfen ſolle, ſ. in des ſel. Herrn Langen- becks See-Rechte S. 474.

1659. Münz-Mandat, ſ. Münz-Nachricht Lit. S.
24 Jul.

1659. Mandat, daß man an den Sonn- und Feyertagen keine
31 Jul. Arbeits- und Handels-Sachen, noch andere unnöthige und ärgerliche Dinge vornehmen ſoll. ſ. 1663. Pal- marum.

Gemit-

Gemildertes Mandat vom 1 Junii 1659. wegen Lichtes 1659.
und Feuers auf den Schiffen, bevorab in Ansehung 8 Aug.
der Schiffe, die ausserhalb Baums liegen. f. Mandat
vom 3 Jul. 1748, so am 4 März 1754 erneuert
worden, in der Note zum 23sten Artikel des ersten
Theils der neuen Feuer-Ordnung, in der Sammlung
Nr. 1. vom Jahre 1760.

Mandat, worinn fremde Münze auf öffentlichen Märkten 1659.
und Plätzen, wie auch in Privat-Zahlungen, zu ge- 2 Oct.
brauchen verboten. f. Münz-Nachricht Lit. T.

Mandat, daß niemand Korn zollfrey ausverkaufen soll. 1659.
f. 25 May 1666.   im Oct.

LXX.

Befehl, daß binnen und zwischen den 1659.
Bäumen keine Flöße liegen sollen. 14 Nov.

Nachdeme die tägliche Erfahrung bezeuget,
welchermaassen die Flöße, so binnen und
zwischen den Bäumen liegen, der freyen Ab- und
Zufuhr der Schiffe, auch dem Strohm und der
Tiefe, viel Nachtheil causiren, solches aber in
keine Wege ferner zu gedulden: Als thut E. E.
Rath hiemit ernstlich gebieten, daß hinfüro keiner binnen oder zwischen die Bäume einige Flöße
mehr bringen, diejenigen aber, so bereits einige
daselbst liegen haben, dieselben innerhalb 14 Ta-
L 3   gen

1659. gen von dannen wegschaffen sollen, mit dem An=
hange und ernster Verwarnung, daß, welche
Flösse nach publicato dieses dahin gelegt werden,
oder von dannen, so bereits da liegen, innerhalb
14 Tagen nicht weggeschafft werden, dieselben ohn=
gesäumt nach dem Bauhof gebracht und confiscirt
werden sollen. Wornach ꝛc. Affixum bey den
Bäumen den 14 Novemb. 1659.

1659. Mandat, daß niemand Reichs=Münze ausserhalb Reichs
20 Nov. führen, auch keine verbotene kleine fremde Münze
herein bringen soll. s. 1660. 6 Jul.

LXXI.

1660. Schragen der Herren Secretariorum.

10 Jan. Demnach die tägliche Erfahrung bezeuget, daß
vielen Leuten, welche auf der Schreiberey
etwas schreiben, tilgen, oder aufsuchen lassen, der
Herren Secretariorum Gebühr unbekannt, zu=
weilen auch von der einen Parthey der andern,
welcher es doch ordinair zu geben nicht gebühret,
will aufgedrungen werden, daher zu Zeiten Un=
lust und ungleiche Reden entstehen; als hat E. E.
Rath, auf Anhalten der Herren Secretariorum,
gegenwärtiges Verzeichniß des Schreib=Gebührs,
wie dasselbe von langen Jahren her von iedem Po=
sten ist ausgegeben und bezahlet worden, aufsetzen
und zu männiglicher Nachricht publiciren lassen.
Nemlich, es giebet

Ein

Ein Brau-Erbe.	3 Rthlr. 1660.
Ein ander Haus	1 —
Eine Achterfolgungs-Gerechtigkeit	1 —
Eine Beschwerung	1 —
Einen Artikel einzuschreiben	½ —
Einen Artikel zu tilgen	½ —
Einen Artikel einem zu tilgen, und einem andern wieder zuzuschreiben	1 —
Einen Artikel im Stadt-Buche nachzuschlagen und zu extrahiren	½ —
Einen Artikel nachzuschlagen, davon kein Extract genommen wird	¼ —
Eine Impugnation	¼ —
Einschreibung einer Vormundschaft	½ —
Tilgung einer Vormundschaft	½ —
Ein Extract aus dem Vormünder-Buch	½ —
Ein Bürger-Zettel	¼ —
Ein Abkündigungs-Zettel	¼ —

Solch Gebühr gehöret demjenigen zu geben, der die Zuschreibung, Tilgung oder andere Verrichtung thun lässet. Confirmatum in Senatu publicatumque sub signeto, den 10 Januar Anno 1660.

LXXII.

Mandat wider die Zögerung und den Umweg bey Leichen-Begängnissen. 1660. 20 Jan.

Nachdem im Zutragen der Leichen auch die Unordnung wieder eingerissen, daß die Schüler eine Weile auf der Gasse vor dem Sterb-Hause

L 4 bestehen

1660. beſtehen bleiben, ehe ſie fortſingen, nachmals
nicht den nächſten Weg zur Kirche, ſondern Um-
gaſſen nehmen, und obgleich das Sterb-Haus
nicht gar nahe beym Kirchhofe iſt, dennoch zu
Zeiten wohl mehr als einmal um die Kirche gehen; ſolches aber denen hiebevor publicirten Verordnungen und Mandaten gar zuwider, und
aus bewegenden Urſachen ferner nicht zu geduld-
den: Dieſemnach thut E. E. Rath hiemit verordnen und gebieten, daß, ſobald die Schüler aus
der Schule gehen, der Anſager dem Sorgemann
der erſten Leiche anmelden ſoll auszutreten; ſobald
die erſte Leiche zugetragen wird, ſoll der Anſager
nach der andern Leiche gehen, und dem Sorge-
mann den Austritt anſagen, und ſich darinn von
niemand weder inn- noch auſſerhalb des Trauer-
Hauſes aufhalten oder hindern laſſen. Der
Trauermann ſoll darauf, ſo bald es ihm von dem
Anſager angemeldet iſt, ohne Verzug austreten,
und ſobald die letzten Trauerleute heraus ſeyn,
ſollen die Träger in das Sterb-Haus gehen, und
darinn nicht geſchenket werden, ſondern, wann
nur die Schüler da ſeyn, ſollen ſie die Leiche ohne
Verzug oder Aufenthalt heraus tragen, iedes bey
10 Rthlr. Strafe, reſpective von dem Anſager,
Trauermann und den Trägern zu erlegen, ſo dawider handeln möchte. Es ſollen auch die Schulmeiſter
bey Strafe 10 Rthlr. von iedem zu erlegen, mit
der Leiche im Zuſingen keine Umwege, ſondern
den geraden bequemen Weg vom Sterb-Hauſe
zur Kirche nehmen, und nur mit denen Leichen,
ſo auf dem Kirchhofe oder 10 à 20 Häuſer davon,

zwey-

zweymal, mit denen aber, ſo aus andern Kirch- **1660.**
ſpielen kommen, oder ſonſten weit von der Kirche
belegen, allgar nicht um die Kirche gehen, und
bleibet im übrigen die hiebevor publicirte Leichen-
Ordnung alles ihres Einhalts bey Würden.
Wornach ſich ein ieder zu richten und für Schaden zu hüten. Actum & decretum in Senatu
publicatumque ſub ſigneto 20 Jan. Anno 1660.
Abgekündiget in den Haupt-Kirchen den 22ſten
Januar 1660.

LXXIII.

Mandat, daß keine, zu einigen Zünften **1660.** Handwerkern oder Brüderſchaften ge- **22 Jan.** hörige, Perſonen zum Faſtelabend einig Geld ſammlen ſollen.

Alsdann auch die Erfahrung bezeuget, wasmaaſſen verſchiedene zu gewiſſen Zünften,
Handwerkern oder Brüderſchaften gehörige Leute
in der Stadt herum gehen, und zum Opfer-
Pfenning und Faſtlavent ſammlen, einem ieden
Hausvater in ſeinem Hauſe damit beſchwerlich
fallen, und gröſſeſten Theils all ſolch geſammle-
tes Geld nur zur Vollerey und Unordnung mißbrauchen, und derowegen ferner nicht zu gedulden:
Als thut E. E. Rath hiemit verordnen und gebieten, daß hinfüro keine zu einigen Zünften,
Handwerken oder Brüderſchaften gehörige Perſonen in der Stadt herumgehen, und zum Opfer-
Pfenning oder Faſtlavent einig Geld ſammlen

ſollen,

1660. ſollen, mit der Verwarnung, daferne iemand dieſem zuwider betreten werden ſollte, daß derſelbe von den Herren des Gerichts in willkührliche Strafe genommen werden ſoll. Wornach ꝛc. Publicatum in primariis templis d. 22 Jan. Anno 1660.

LXXIV.

1660. 29 Feb. **Mandat, daß niemand zu Duellen aus-fodern, noch ſich dazu ausfodern laſſen ſoll.**

Nachdem die Duelle in keinem Rechte zuläßig, und bey allen ein Vorſatz von Entleibung und Ertödtung iſt, dahero auch chriſtliche Poten-taten und Republiken dieſelben in ihren Herrſchaf-ten und Gebieten nicht verſtatten, ſondern, wenn ſie ja unvermerkt vorgegangen, ſelbige an den Ueberlebenden höheſt ſtrafen, ihrer viel auch den entleibten Körper allgar nicht zur Erde verſtat-ten, auch wol ſonſten andere ſchwere Beſchim-pfung anthun laſſen; all ſolche unzuläßige höchſt-ſtrafbare Duellen aber eine Zeit hero dieſes Orts faſt öffentlich vorgenommen, ja der Aus- und Eintritt dazu wol gar mit Pomp und Comitat geſchehen, welches dann ſo ärgerliche böſe Con-ſequenzen nach ſich gezogen, daß gemeinen Stan-des Leute, ad exemplum der Gröſſeren, dieſelben vielmal vorzunehmen und zu begehen angefangen, darum auch dem einreiſſenden Uebel mit mehrer Schärfe und Ernſt zu begegnen.

Die=

Diesemnach thut E. E. Rath hiemit erinnern, 1660.
vermahnen und ernstlich gebieten, daß keiner, wes
Standes, Würden oder Condition er seyn mag,
in dieser Stadt und dero Gebiete zu einigem Duell
iemand ausfodern, oder sich dazu hinausfodern
lassen, weniger selbige vornehmen oder sich dazu
einlassen soll. Mit dem Anhange und Verwarnung, daß, welche diesem Mandate zuwider zu handeln tentiren, oder gar dawider thun werden, selbigen der Aus- und Eintritt und Gang im Thore
verwehret, die davon Ueberlebenden ferner in dieser Stadt und dero Gebiete nicht geduldet, und
da sie darinn betreten werden, ernstlich abgestrafet
werden sollen; sollte aber einige Entleibung
dabey vorgegangen seyn, alsdann wider den Ueberlebenden nach Verordnung der Rechte und
Reichs-Constitutionen gerichtlich verfahren, und
der entleibete Körper nicht mit christlichen Ceremonien zur Erde gelassen werden soll. Wornach
sich ein ieder zu richten und für Schaden zu hüten.
Actum & decretum in Senatu publicatumque
sub signeto den 29 Febr. Anno 1660.

LXXV.

Mandat, daß das Silber nicht anders als 13löthig bearbeitet werden soll.

1660.
23sten
May.

Obzwar E. E. Rath es allerdings dabey bewenden lässet, daß von dem Amte der Goldschmiede keinem verarbeiteten Silber das Zeichen
gegeben werden soll, so nicht 13löthig ist; weil
aber

1660. aber in dieſer Stadt hin und wieder viel Sil=
ber verarbeitet, und darüber das Amt=Zeichen
nicht gefodert, weniger darauf geſetzet wird,
ſolches indeſſen oftermalen nicht 13löthig, ſon=
dern weit darunter iſt, daraus dann allerhand
Nachtheil und unleidſamer Betrug entſtehet, und
derhalben in keine Weiſe weiter zu gedulden:
Als thut E. E. Rath allen und ieden, ſo in
Silber arbeiten, hiemit gebieten, daß keiner ihme
unterſtehen ſoll, anders als 13löthig Silber in
dieſer guten Stadt hinfüro zu bearbeiten, mit
dem Anhange und Verwarnung, woferne iemand
dieſem zuwider geringer Silber zu verarbeiten
oder verarbeitet zu haben betreten werden ſollte,
daß wider denſelben mit Confiscation des Silbers
und andern willkührlichen ſchweren, auch nach
Befindung Leibes=Strafen, verfahren werden
ſoll. Wornach ꝛc. Affixum am Rathhauſe
den 23 May Anno 1660.

LXXVI.

1660.
24 Jun.
Mandat, daß die Sectarii, vulgo Quä=
cker, ſich von hier fortmachen, niemand
dieſelben hauſen, vielmehr ſie nebſt ih=
ren Zuſammenkünften den Herren Præ=
toribus anzeigen ſoll.

Nachdem ſich gewiſſe Sectarii, insgemein die
Quäcker genannt, hin und wieder in dieſer
guten Stadt verſpühren laſſen, ſo eine ganz irrige,
dem

dem heil. seligmachenden Worte Gottes, der ordentlichen Obrigkeit und guter christlichen Policey
zuwider laufende Lehre führen, und dazu noch
andere vielfältige fromme Christen zu ihrem Irrthum mit verleiten und vom rechten Wege abziehen, daraus dann nicht anders als Gottes heil.
Worts Verachtung, Verwirrung im Glauben,
Unruhe im Regiment, und aller Orten Unsegen
und Gottes Strafe erfolgen kann; darum auch
all solche Leute und Lehre in keinem wohlbestallten
christlichen Regiment zu gedulden:

Diesemnach thut E. E. Rath allen und ieden
allsolcher Secte Zugethanen hiemit ernstlich gebieten, sich samt den Ihrigen innerhalb 4 Tagen
nach dem Publicato dieses aus dieser guten Stadt
und dero Gebiete zu machen; thut auch alle und
iede dieser Stadt Bürgere, Einwohnere und Unterthanen hiemit ernstlich verwarnen und gebieten, daß ein ieder sich und die Seinen für allsol-
chem Seelen-Gift und hochschädlichen Secte fleißig
hüten, diejenigen, so derselben zugethan, nicht an
sich halten, weniger sie hausen und herbergen, vielmehr E. E. Rathe dieselben fördersamst anmelden, und insonderheit ihre Zusammenkünfte, daferne sie einige verspühren, ungesäumt entdecken
soll. Mit dem Anhange und ernster Verwarnung, daß nach Verlauf 4 Tagen a publicato dieses fleißige Nachforschung geschehen soll, und woferne alsdann iemand solcher Sectarien in dieser
guten Stadt und dero Gebiete annoch betreten
werden sollte, daß derselbe durch Stadt-Dienere
mit

1660. mit Befchimpfung öffentlich ausgewiefen, und
wider diejenigen, fo folche Sectarien, fie feyn be=
reits ausgewiefen oder nicht, haufen und herber=
gen, mit ernfter willführlicher Strafe verfahren
werden foll. Wornach fich ein ieder zu richten.
Publ. in den Kirchen Anno 1660. den 24 Junii.

LXXVII.

1660.
6 Jul.
**Erneuertes Mandat vom 20 Novemb.
1659, gegen die Ausführung der
Reichs=Münzen, und die Herein=
bringung verbotener fremden Münzen.**

Nachdem die Erfahrung bezeuget, wasmaaffen
gute vollgültige Rthlr. vielfältig aus diefer
guten Stadt und Gebiete verführet, hingegen al=
lerhand in Anno 1659 publicirten Mandaten
verbotene fremde Münze hereingeführet, und
in diefer guten Stadt in Bezahlung ausgeboten
und angenommen werde; felbigem aber billig al=
les Ernftes zu wehren:

Demnach thut E. E. Rath vorgemeldte in
Anno 1659 publicirte Mandate hiemit renoviren,
und felbigen zufolge nochmalen ernftlich und bey
Pön der Confifcation gebieten, daß keiner ihme
unterftehen foll, ganze oder halbe Reichsthaler
von hier aufferhalb Reichs zu führen, infonder=
heit auch keine in jüngft publicirten Mandaten
verbotene fremde Münze, um fie allhier zu ver=
wechfeln und unter die Leute zu bringen, hereinzu=
führen, oder diefelben allhier weder auszugeben
noch zu empfangen: Mit dem Anhange und Ver=
war=

warnung, daß über diesen publicirten Mandaten 1660.
alles Ernstes gehalten, und die Verbrechere durch
die dazu angenommene Aufmerkere denen dazu deputirten Herren zur verkündeten Strafe angezeiget werden sollen. Wornach ꝛc. Publ. in Templis d. 6 Jul. 1660.

LXXVIII.

Mandat, worinn fremde oder auch sonst 1660.
nach Reichs Schroot und Korn nicht 23sten
geprägte Münzen zu empfangen oder Sept.
auszugeben verboten.

Nachdem E. E. Rath durch verschiedene publicirte Mandate alle Einnahme und Ausgabe
fremder kleinen und anderer nicht nach Reichs
Schroot und Korn geprägter Münze in dieser guten Stadt und dero Gebiete verbieten, dagegen
aber ganze und halbe Rthlr. auch ganze und halbe
Reichs-Orte in Zahlung, zu gemeiner täglichen
Ausgabe aber nichts als Stadt-Geld und dieser
Stadt eigene kleine Münze zu gebrauchen, gebieten laffen; selbigem aber nicht allerdings, wie sich
wol gehöret hätte, auch nöthig und dienlich gewest
wäre, nachgelebet worden ist; welchem iedoch
ohne merklichen Nachtheil dieser guten Stadt
nicht länger nachgesehen werden kann, die Abschaffung auch in jüngstgehaltener Bürgerschaft
erneuert, beliebet und beschlossen worden ist: Als
thut E. E. Rath männiglichen hiemit erinnern
und gebieten, sich aller fremden kleinen, auch sonsten

1660. ſten nach Reichs Schroot und Korn nicht geprägter Münze im Empfang und Ausgabe gänzlich zu
enthalten, mit dem Anhange und Verwarnung,
woferne iemand dieſem zuwider handeln ſollte, daß
derſelbe durch die dazu verordnete Herren willkührlich, auch ernſtlich geſtraft werden ſoll. Wornach ꝛc. Publ. in 7 Kirchen Feſto Mich. Arch.
Anno 1660.

LXXIX.

1660.
2 Octob.
Mandat, worinn der 15te Artikel des
von der Taxa Salarii der Procuratoren 1632 publicirten Schragens, der
alleinig den geſchwornen Advocaten
und Procuratoren zukommenden
Handlung auf dem Land-Gerichte,
auf den Weinbuden, oder Admiralität
u. ſ. f. erneuert wird.

Nachdemmalen in dem 15ten Artikel des von
der Taxa Salarii der Procuratoren vor Jahren publicirten Schragens klärlich enthalten, daß
auſſerhalb den geſchwornen Advocaten und Procuratoren keiner einigen Actum Judicialem auf
dem Land-Gerichte, auf den Weinbuden oder Admiralität begehen, auch keiner in Sachen über
100 Mark ſich erſtreckende auf der Herren Bürgermeiſter oder Gerichts-Verwalter Diele bedienet ſeyn; iedoch aber der eine Bürger dem andern
aus

aus Freundschaft wol aßistiren und der Partheyen 1660.
Nothdurft reden, ein ieder auch einen Rechts-
Gelahrten hierinnen wol gebrauchen mag; all
solcher wohlbedächtlichen Ordnung aber nicht ohne
vieler Partheyen Nachtheil und der Sachen Confusion eine Zeithero nicht nachgelebet, sondern
derselben in viele Wege zuwidern gehandelt worden: Demnach thut E. E. Rath allsolche wohlgemeinte Verordnung renoviren, und dieselbe
männiglich hiemit nochmalen vor Augen stellen.
Wornach sich ein ieder, so andere zu bedienen sich
anmaasset, bey willkührlicher Strafe zu richten
haben wird. Publ. d. 2 Octobr. 1660.

Befehl, daß niemand Mäkelen verrichten soll, der nicht 1660.
daju angenommen und beeydiget ist, ist in den Mäkler- 16 Nov.
Ordnungen näher bestimmet.

LXXX.

Mandat gegen das Duelliren, und daß 1660. niemand geladene Carabiner, Mous- 19 Dec. quetons u. andere Feuer-Röhre in und auf den Gassen mit sich führen soll ꝛc.

Obzwar Ein Ehrb. Rath am 29sten Februar
jüngsthin das Ausfodern, Compariren und
Schlagen im Duell alles Ernstes verbieten lassen,
so verspühret man doch, daß nicht allein zu Zeiten
selbigen zuwidern gehandelt sey, sondern daß auch
geladene Carabiner, Mousquetons und andere

Erster Theil.   M   Feuer-

1660. Feuer=Röhre in Wagen, auf Pferden und zu Fuß in dieser guten Stadt und dero Gassen herum getragen worden, und sich der eine zu dem andern damit auf den Gassen und in Wirthshäusern genöthiget habe; wann aber solches dieser guten Stadt Recessen, Mandaten und desiderirten geruhigen Zustande gar zuwidern, und ferner keineswegs zu gedulden:

Als thut E. Ehrb. Rath vorberührtes Mandat von verbotenen Duellen und Ausfodern alles seines Inhalts anhero wiederholen, auch ferner ermahnen und ernstlich gebieten, daß keine, sie seyn hohe oder niedrige Standespersonen, hohe oder niedrige Officiers, oder wes Standes sie sonst seyn mögen, ihnen unterstehen sollen, entweder vor sich selbst, oder auf Herrn Gebot, in Wagen, zu Pferde oder zu Fuß geladene Carabiner, Mousquetons und andere Feuer=Röhre in und auf den Gassen dieser Stadt mit sich zu führen, weniger sich damit zu iemand in Häusern und Gassen zu nöthigen, mit dem Anhange und ernster Verwarnung, woferne iemand diesem zugegen mit so geladenen Gewehr auf den Gassen der Stadt, oder durch Zunöthigung in einigen Häusern betreten werden sollte, daß demselben, unangesehen wes Standes, Condition oder Würden er seyn möchte, das Gewehr von der Wache abgenommen, und er damit nicht paßiret, auch die Person nach Befindung zu gefängliche Haft gebracht, diesem Stadt=Rechte nach an Leib und Leben gestrafet werden, und in specie keines Herrn Gebot darinn zu ge-
. niessen,

nieſſen, oder ſich damit zu ſchützen haben ſoll. 1660.
Wornach ſich ein ieder zu richten und für Schaden zu hüten.   Actum & decretum in Senatu
publicatumque ſub ſigneto 19 Decemb. Anno
1660.

LXXXI.

Mandat, daß ein ieder der publicirten 1660.
Armen-Ordnung nachkommen, und imDec.
ſeine gewöhnliche Allmoſen den Vorſtehern des Peſthofes einſchicken, die
Pracher-Vöigte aber in Hinwegneh-
mung muthwilliger Bettler nicht verhindern ſoll.

Demnach ſich befindet, daß die Betteley ſowol
von nothdürftigen Armen, als muthwilligen
Vaganten, Landſtreichern und Müßiggängern in
dieſer guten Stadt von Tagen zu Tagen ſehr Ue-
berhand nimmt, und allſolche Bettler iedermänniglichen mit ihrem Betteln vor den Häuſern, Kirchen, Thören und auf den Gaſſen hin und wieder
viel Anlaufens und Beſchwerung machen, auch
dadurch den nothleidenden und dürftigen Armen
die Allmoſen entzogen, die Kinder und Jugend zu
keiner Gottesfurcht, Tugend und ehrlicher Handthierung, beſondern frühzeitig zum Müßiggang
und Bettelſtab gewöhnet werden, auch darüber
leicht in Diebſtahl und andere ſchwere Laſter und

Schande

1660. Schande gerathen; solches aber, weilen es auch dem göttlichen Worte zuwider, in keiner wohlbestellten Policey-Ordnung zu gedulden stehet, und derwegen billig darauf bedacht werden müssen, wie solche hochbeschwerliche Betteley abzuschaffen, und dennoch die nothleidenden Armen zu unterhalten seyn: Als hat E. E. Rath sich deßhalber einer gewissen Ordnung vereiniget, und dieselbe zu männiglicher Nachricht in Druck gehen lassen, worinnen dann gute dienliche Vorsehung gethan, daß die hiesigen einheimischen Armen nach Nothdurft sollen versorget, die ausheimischen aber nach Befindung eines ieden Beschaffenheit auf eine Zeit lang unterhalten, oder mit einem Viatico und Almosen begabet, und hernacher ieder wiederum an seinen Ort verwiesen werde, welcher wohlgemeinten nützlichen Verordnung ein ieder vestiglich nachzukommen hiemit ernstlich erinnert und vermahnet wird.

Wann dann auch fromme Christen die Gewohnheit halten, daß sie der Armuth wöchentlich oder monatlich in ihren Häusern oder vor ihren Thüren Geld, Brod, und sonsten austheilen, und den Armen täglich mit milden Gaben beytreten, und zwar Zweifels ohne aus guter Andacht und christlichem Herzen geschiehet, gleichwol aber dadurch die fremden Landstreicher und muthwilligen Bettler überaus häufig in diese gute Stadt gelocket, Huren und Buben in ihrer Bosheit und Lediggang gestärket werden: So will E. E. Rath männiglichen hiemit erinnern und ermahnen, daß

es

er solche Almosen an Gelde, Brod, oder was es 1660. seyn mag, so er den Armen vor diesem ausgetheilet, oder künftig auszutheilen geneigt, (dieweil niemand von denenselben hinfüro mehr soll überlaufen und beschweret werden) denen beiden pro tempore regierenden Vorstehern des Armen-Hauses ausserhalb Millern-Thors, sonst Pest-Haus genannt, iedesmal einschicken wolle.

Schließlich thut E. E. Rath iedermänniglichen erinnern und ermahnen, und bey willkührlicher Strafe ernstlich gebieten, den Pracher-Vögten in ihrem Amte, wann sie die muthwilligen Bettler nach dem Werk- und Zucht- Gast- oder Pest-Hause bringen, nicht hinderlich zu seyn, oder dieselben deswegen mit Schmähe- und Läster-Worten und sonsten anzufahren und zu überfallen. Wornach sich ein ieder zu richten. Publicatum in Templis mens. Dec. 1660.

Billwärder Land- und Teich-Ordnung; und Mandat 1660. wegen Heraussetzung der Planken und Zäune im 21Dec. Billwärder u. s. w. sind beide dem Hamb. Stadt-Buche der neuesten Ausgabe beygedruckt.

Wört-Ordnung. s. die Note zu 1650. 28 Octob. 1660. 29Dec.

M 3 LXXXII.

LXXXII.

1661.
3 Märj. Anzeige, daß ein grosser Fast= und Buß=
Tag in der Stadt und dero Gebiete
gehalten werden soll.

Nachdeme, leider! dies ungewöhnliche Winter=
Wetter, die ausgestandenen langen und grossen
Sturmwinde, auch lange und grosse Wasserflu=
then, in dieser guten Stadt und Gebiete viel Scha=
den gethan, insonderheit aber in umliegenden
Oertern grosse Noth, Jammer und Elend verur=
sachet, und zu besorgen, daß allsolch ungewöhnli=
ches Wetter, langwierige hohe Wasserfluthen,
und grausame Sturmwinde, von Gott dem All=
mächtigen, theils gegenwärtige Strafe auszurich=
ten, theils noch zu erfolgende anzudeuten, verhän=
get worden seyn, daß dannenhero ein iedweder
grosse Ursachen hat, dem allmächtigen Gott in
seine väterlichen Arme zu fallen, und durch recht=
schaffene Busse im brünstigen Gebet und wahrer
Besserung seines Lebens die besorgten Strafen ab=
wenden zu helfen:

Als thut E. Ehrb. Rath obrigkeitlichen Amts
wegen männiglichen hiemit erinnern, vermahnen
und gebieten, daß ein iedweder vom bösen, sünd=
lichen Wesen abstehen, sich mit innigem Gebete
und bußfertigem Herzen zu Gott kehren, und ei=
nes frommen christlichen Lebens und Wandels
sich hinfüro befleißigen soll.

Damit

Damit auch der grundgütige Gott zu gnädig- 1661.
ster Milderung und Abwendung wohlverdienter
Strafe mit desto mehr zusammengesetzter und einmüthiger Herzens-Andacht angerufen, und zu
gnädigster Erhörung beweget werden möge; so
hat E. Ehrb. Rath die Verordnung gethan, daß
am bevorstehenden Donnerstage ein grosser Fast-
und Buß-Tag in dieser guten Stadt und deroselben Gebiete gehalten werden soll.

Und sollen an selbigem Tage die Stadt-Thöre
unter währendem Gottes-Dienst verschlossen gehalten, kein Gespiel oder Freuden-Zeichen bey iemand verspühret, auch in Wirths- und allen andern
Häusern insgemein vor Abend nicht gespeiset, sondern an selbigem Tage zu Gottes Ehren, bey Beybehaltung besserer Andacht, und zu Bezeigung einer
christlichen Demuth und Gehorsams, in dieser
Stadt und dero Gebiete von allermänniglich, die
es ihrer Gesundheit und Leibes-Kräfte halber vermögen, gefastet und gebetet, keinerley Hand-Arbeit verrichtet, sondern alles, auch die Mühlen,
Roß und Wagen, in stiller Ruhe gelassen, und denselbigen Tag über keine Leichen begraben, und keine
Buden, Kauf- und Krahm-Laden geöffnet werden.

Und will darauf E. Ehrb. Rath allen dieser
Stadt Bürgern, Einwohnern und Unterthanen,
männlichen und weiblichen Geschlechts, ernstlich
hiemit erinnert, vermahnet und denenselben geboten haben, daß ein ieder selbigen Fast- und Buß-
Tag mit Fasten und Beten, wie vorgemeldet,

M 4 feyer-

1661. feyerlich begehen und halten, insonderheit aber
dem Gottesdienst und der öffentlichen Andacht in
den Kirchen fleißig beywohnen, und verbotener
Stücken keines treiben soll, als lieb ihm ist, Gottes schwere Ungnade, zeitlichen Unsegen und der
Obrigkeit ernste harte Strafe zu vermeiden. Wornach rc. Publicatum in omnibus Templis d. 3
Martii Anno 1661.

LXXXIII.

1661.
10ten
Märj.

**Anzeige, daß das neue Kirchen-Gebäude
zu St. Michaelis eingeweihet werden
soll.**

Demnach das vor Jahren allhier angefangene
Kirchen-Gebäude zu St. Michaelis, vermittelst göttlichen Beystandes und Hülfe, wie auch
freygebiger und milden Beysteuer der sowohl gesammten löblichen Bürgerschaft, als auch vieler
andern frommen Herzen, nunmehro so weit aufge-
bracht und vollführet worden, daß in demselben,
gleich in andern Kirchen, der Gottesdienst verrichtet und die heiligen Sacramente administriret und
dargereichet werden können; und dann E. Ehrb.
Rath mit Beliebung der verordneten Bürger zu
wirklicher Vollziehung dessen die Einweihung und
Consecration sothanes neuen Kirchen-Gebäudes
den nächstkünftigen Donnerstag, wird seyn der
14te dieses, im Namen des allerhöchsten Gottes
vorzunehmen berahmet und beschlossen: Als will
E. E. Rath solches hiermit allen und ieden dieser
Stadt

Stadt Bürgern, Einwohnern, auch männiglichen 1661. intimiret und zu wissen gethan, dieselben auch da-beneben erinnert, vermahnet und ernstlich geboten haben, daß ein ieglicher mit bußfertigem Herzen sich dazu bereiten, Gott dem HErrn, als welchem allein zu Ehren solches Haus erbauet, für seine hierbey erwiesene Gnade und Wohlthat inniglich danken, auch mit gebührender Andacht, Ruhe, Friede und stillem Wesen all solcher Einweihung beywohnen solle.   Wornach sich ein ieder zu richten.

Abgekündiget am Sonntage Reminiscere in der alten St. Michaelis Kirche den 10ten März Anno 1661.*

Wiederholtes Mandat von 1655. 30 April, wegen der 1661. beladenen Wagen Zurückführung von den Gassen. 18 Apr. f. 1665. 5 Jul.

Erneuertes Mandat vom 16 Februar 1655 gegen die 1661. fremden Werbungen. f. 1665. 24 Nov.   6 May.

Befehl, daß nur die Bürger allein, so weit ein Mann 1661. waden kann, sonst aber niemand, auf der Alster fischen May. dürfe. f. 12 Jun. 1664.

* Dieser für die Stadt damals so gesegnete 10te März ward im Jahre 1750 durch die Einäscherung der Kirche ein sehr unglücklicher Denk-Tag. f. übrigens die Einweihungs-Feyer vom 10ten März 1661. aus sel. Hrn. Pasmans denkwürdigen Dingen in sel. Hrn. Fabricii Mem. Hamb. Vol. VII. S. 249 und fol-genden. Vorher S. 242 u. f. ist die Grundlegungs-Ceremonie beschrieben.

M 5   LXXXIV.

LXXXIV.

1661. Anzeige, daß zur Reparation der Eppendorfer Kirche die Becken vor den Kirch-Thüren ausgesetzet werden sollen.

Es ist, leider! vor Augen, wasmaaßen die dieser Stadt Jurisdiction angehörige Kirche zu Eppendorf im vorgewesenen verderblichen Kriegswesen dermaaßen vernichtet, daß wegen ihres schlechten Zustandes die Gemeine, so Gottesdienstes halben darinn zusammen kömmt, fast nicht ohne Gefahr und Ungemach denselben abwarten kann. Wann aber Gott und seinem heil. Worte zu Ehren solches billig zu bessern, immittelst die dazu gehörige Gemeine von verschiedenen militarischen Durchzügen, beschehenen Einquartirungen und Nachtlägern, wobey auch die Kirche nicht verschonet, sondern abgeplündert worden, dermaaßen erschöpfet, daß sie die benöthigte Reparation aus ihren Mitteln nicht vollstrecken können: Als hat E. E. Rath auf ihr flehentliches Anhalten ihnen, zur Hülfe vorhabender Kirchen-Reparation, die Becken vor den Kirch-Thüren auszusetzen erlaubet; erinnert darauf und vermahnet männiglichen, nach seinem Vermögen in die Becken, so zur Sammlung der gemeldten Kirche zu Eppendorf heute über 8 Tage, geliebts Gott, ausgesetzet werden sollen, mildiglich zu geben, dabey die Dürftigkeit der Gemeine, und daß es eine dieser

Stadt

Stadt angehörige Kirche ist, christlich zu erwe= 1661.
gen, und den Lohn dafür von Gott dem Allmäch=
tigen wieder zu erwarten. Abgekündiget in den
4 Kirchspiel-Kirchen und zu St. Michaelis Dom.
1 post Trinit. Anno 1661.

Mandat, daß man a) die Ochsen zu Kaufmanns=Tha= 1661.
lern kaufen; b) kein Knochenhauer, Schlachter und 2 Oct.
Viehschreiber vor 10 Uhr sie ein, noch nach 10 Uhr,
um sie wieder zu Markte zu bringen, aufkaufen; auch,
c) wenn er um die Bezahlung besprochen wird, sich
deren nicht entlegen solle.

    Wegen a) s. oben Nr. XIX.　b) s. 1720. 14 October.
      c) s. 1712. 7 October.

LXXXV.

Mandat, daß die Kutscher und Fuhrleute 1662.
der Zoll=Ordnung in Uebergebung der 4 Febr.
Güter und Waaren, wie auch Vor=
zeigung der Fracht=Briefe, gebührlich
nachleben sollen.

Nachdem in der in Anno 1636 publicirten Zoll=
Ordnung ausdrücklich enthalten, daß alle
Kutscher, Fuhrleute, Bothen und sonst iedermän=
niglichen mit allen Gütern und Waaren, die sie
in und aus dieser Stadt bringen, vor den Zoll=
Buden zu halten, und ihre Namen und Waaren
                     richtig

1662. richtig anzugeben, schuldig, damit dieselben von
den Verordneten vor den Thören mit Fleiß be=
sichtiget, und in ihr Buch ordentlich bey Stück=
thalen mit den Marken und deren Namen, daran
es geliefert werden soll, richtig verzeichnen kön=
nen: Und aber verschiedene Klagen einkommen,
daß die Kutscher und Fuhrleute demselben nicht
gebührlich nachleben wollen, besondern sich auch
den Verordneten vor den Thoren mit groben un=
gestühmen Worten zu widersetzen unterstehen dür=
fen, welches zu merklichem Unterschleif und Ab=
bruch des Zollens gereichet, und dann solches
keinesweges länger geduldet werden kann: Als
will E. E. Rath hiermit allen Kutschern, Fuhr=
leuten und sonsten iedermänniglichen ganz ernstlich
erinnert und geboten haben, daß sie sich der ge=
dachten Zoll=Ordnung in Uebergebung der Güter
und Waaren, wie auch Vorzeigung der Fracht=
Briefe, in allem gemäß verhalten und gebührlich
nachleben sollen, mit dem Anhange und Verwar=
nung, woferne iemand sich hinfüro diesem Man=
date ungebührlich oder mit trotzigen Worten wi=
dersetzen würde, daß gegen denselben mit ernster
willkührlicher Strafe verfahren werden soll.
Wornach sich ein ieder zu richten und für Scha=
den zu hüten. Actum & decretum in Senatu
publicatumque sub signeto den 4 Febr. Anno
1662.

1662. Befehl, daß alle fremde herrenlose Knechte sich hinaus
20 Feb.   begeben sollen. s. 1672. 30 Aug.

LXXXVI.

LXXXVI.

Anerinnerung, daß die angeordneten wö- 1662.
chentlichen Betstunden fleißiger besu- 2 Mrtz.
chet, und während der Zeit alle
Krahmbuden verschlossen gehalten,
auch aller Handel und Wandel und
Handarbeit vermieden werden soll.

Nachdeme Gott der Allmächtige in verschiedenen Jahren vielfältige ungewöhnliche
Sturmwinde, auch grosse Wasserfluthen in dieser
guten Stadt und dero Gebiete ergehen lassen, so
ausser Zweifel zu harter Bestrafung der begange-
nen Sünden angesehen: Als hat E. E. Rath mit
Beliebung der Erbges. Bürgerschaft zu dem Ende
ohnlängst in dieser Stadt verordnet, daß wöchentlich alle Donnerstage von 9 bis 10 Uhr eine Betstunde gehalten und verrichtet werden solle. Weilen aber, leider! die Erfahrung bezeuget, daß allsolche wöchentliche Betstunden von wenigen besuchet, und der liebe Gott um Abwendung der angedräueten Strafen angerufen werde; und dann
bekannt, daß Gott der Allmächtige kurz verrückter
Tagen abermal seinen feuerbrennenden Zorn durch
Erregung grausamer Sturmwinde und Ergiessung
der Wasser verspühren lassen; dannenhero ein ieder grosse Ursache hat, den allmächtigen Gott um
Abwendung der angedräueten Strafen herzgründlich anzurufen, und eines bußfertigen Lebens sich
zu befleißigen: Als thut E. E. Rath obrigkeitlichen

1662. lichen Amts wegen männiglichen hiemit erinnern, vermahnen und gebieten, daß sie allsolchen wöchentlichen Betstunden fleißiger, als bishero geschehen, beywohnen, und sich mit inbrünstigem Gebet und bußfertigen Herzen zu Gott kehren, um Abwendung der gleichsam vor Augen schwebenden Stadt- und Landstrafen den lieben Gott herzgründlich anrufen, und eines christlichen Lebens und Wandels sich befleißigen sollen.

Es thut auch E. E. Rath hiemit allen und ieden Kauf- und Handels-Leuten, wie auch allen Handwerks-Leuten und Tagelöhnern ernstlich gebieten, unter währender Betstunde alle Krahm-Buden zu verschliessen, auch alles Handels und Wandels, Kaufens und Verkaufens auf öffentlichem Markte und in Krahm-Buden und Laden, wie auch aller Hand-Arbeit sich gänzlich zu enthalten, und der Betstunde beyzuwohnen, als lieb ihme ist, Gottes schwere Strafe und Ungnade, auch zeitlichen Unsegen und der Obrigkeit ernstliche Bestrafung zu vermeiden. Wornach sich ein ieder zu richten. Abgekündiget in den 5 Kirchspiel-Kirchen Dom. Oculi d. 2 Mart. Anno 1662.

1662.
12ten
März.
Befehl, daß die auf der Elbe herabkommenden Korn-Schiffe von den Stadt-Bedienten mit Bibalien oder sonst nicht beschweret werden sollen. s. 1664. 14 März.

LXXXVII.

LXXXVII.

Mandat, daß man sich beym Mehl- Kauf auf der Mühle alles Dringens und Muthwillens, und insonderheit des Wiederverkaufens der Mehl- Zettel, enthalten soll.

1662.
23 Jun.

Nachdem E. E. Rath Anordnung gemachet, daß ein ieder dieses Orts zur Nothdurft Mehl bekommen kann; und aber dabey grosse Unordnung und Mißbrauch vorgehet, so keines- weges zu gedulden: Als thut E. E. Rath män- niglichen hiemit vermahnen und ernstlich gebieten, daß ein ieder seine Zeit abwarten, hingegen sich des Dringens und andern Muthwillens, inson- derheit auch des Wiederverkaufens der Mehl- Zettel, durchaus enthalten soll. Mit dem Anhange und ernster Verwarnung, woferne iemand auf solch verbotenes Drängen, Muthwillen oder Ver- kaufen der Mehl-Zettel betreten, oder dessen über- führet werden sollte, daß derselbe von den Herren Gerichts-Verwaltern ernstlich, und nach Befin- dung mit Gefängniß, gestrafet werden soll. Wor- nach sich ein ieder zu richten und für Schaden zu hüten. Actum & decretum in Senatu publica- rumque sub signeto d. 23 Junii Anno 1662.

Münz

1662. Münz-Mandat, insonderheit, daß die Reichs-Münze le-
03 Jun. diglich zum Abtrag der Capitalien, Wechsel-Gelder,
Zinse und Hauer; im Kauf und Verkauf aber nur
die beliebte fremde Münze mit gebraucht werden, und
grob Silber-Geld gegen fremde kleine Münze auszuwechseln verboten seyn soll, in den Haupt-Kirchen den
30 Jun. abgekündiget. s. 8 Jun. 1663.

1662. Befehl, daß durch die Thor-Wachten nicht mehr als
28 Jun. aufs höchste 20 Personen zu Pferde auf einmal paßiren sollen. s. 1663. 8 Jun.

LXXXVIII.

1662. Münz-Mandat gegen die Ausführung
1 Jul. der Reichs-Münze.

Nachdem die Erfahrung bezeuget, wasmaaßen
gute vollgültige Rthlr. vielfältig aus dieser
guten Stadt und Gebiete in fremde Herrschaften
ausserhalb Römischen Reichs verführet werden,
selbiges aber wider des Heil. Röm. Reichs Constitution laufet, viel Ungelegenheit nach sich ziehet, und darum billig mit allem Fleiße zu wehren:
Demnach thut E. E. Rath ernstlich und bey Pön
der Confiscation hiemit gebieten, daß keiner ihme
unterstehen soll, ganze oder halbe Rthlr. von hier
ausserhalb Reichs zu verführen, mit dem Anhange und Verwarnung, daß hierüber scharfe
Aufsicht bestellet, und die Verbrechere durch die
angenommenen Aufmerker denen dazu deputirten
Herren

Herren zu ernster Bestrafung angezeiget werden 1662.
sollen. Wornach sich ein ieder zu richten und für
Schaden zu hüten. Actum & decretum in Senatu publicatumque sub signeto 1 Julii Anno
1662. Affixum d. 3 ejusd.

LXXXIX.

Mandat, daß kein Vorkäufer zu einiger 1662.
  Zeit, und kein Branntwein-Brenner 12ten
  vor 12 Uhr, das zu Markt gebrachte Sept.
  Korn an sich erhandeln soll.

Demnach die tägliche Erfahrung bezeuget, wasmaaßen die Vorkäufer und Branntwein-
Brenner das Korn, wenn es in die Stadt zu
Markte gebracht wird, alsobald aufkaufen und
an sich erhandeln, solches aber dem jüngst gemachten Bürger-Schluß zuwider, auch sonsten
keinesweges zu gedulden: Als thut E. E. Rath
alle Vorkäufere und Branntwein-Brenner hiemit
erinnern, auch denenselben ernstlich gebieten, daß
kein Vorkäufer zu einiger Zeit zum Vorkauf, auch
kein Branntwein-Brenner vor 12 Uhr, einig
Korn, wenn es in die Stadt zu Markte gebracht
wird, an sich erhandeln, sondern sich desselben,
bey Vermeidung ernster willkührlicher Strafe,
gänzlich enthalten, und besagtem jüngsten Bürger-
Schlusse allerdings gemäß bezeigen sollen. Wornach sich ein ieder zu richten und für Schaden zu

  Erster Theil.   N   hüten.

1662. hüten.   Actum & decretum in Senatu publica-
tuinque sub signeto d. 12 Septembr. 1662.

Affixum d. 17 ejusd. vor den Thören und auf
den Märkten.

XC.

1662.   Mandat, daß die Kaufmanns-Güter,
19ten   so mit Evern an benachbarte Oerter
Sept.   zu bringen, durch hiesige Krahn-Ever-
führer übergeführet werden sollen.

Nachdem die Erfahrung bezeuget, wasmaassen
fremden Everführern aus umliegenden Or=
ten allerhand Kaufmanns-Waaren, auf ihre Oer=
ter mit sich zurück zu führen, in dieser guten Stadt
eingethan werden, dergleichen Zurückführen doch
an selbigen fremden Orten den hiesigen Everfüh=
rern nicht gestattet, immittelst aber den hiesigen
dadurch dieses Orts ihre Nahrung entzogen, wi=
der das Herkommen gehandelt, auch viel Gezänk
und Unlust zwischen den hiesigen und fremden
Everführern verursachet wird, so billig zu verhü=
ten: Als thut E. E. Rath allen Bürgern, Ein=
wohnern und männiglichen hiemit ermahnen und
bey willkührlicher Strafe gebieten, daß ein ieder
sein Gut, so er an benachbarte Oerter mit Evern
zu führen hat, durch hiesige Krahn-Everführer,
die sich dann auch wegen des Lohns gerne zur Bil=
ligkeit schicken wollen, überführen lassen soll.
Wornach sich ein ieder zu richten und für Unlust
und

und Schaden zu hüten.   Actum & decretum in 1662.
Senatu publicatumque sub signeto d. 19 Septembris 1662.

XCI.

Anerinnerung, daß man das Pest-Haus 1662. 16 Nov.
vor dem Millern-Thore mit milden
Gaben soll unterhalten helfen.

Nachdem unterschiedene heilsame Anordnungen
in dieser guten Stadt gemachet worden, daß
die starken, gesunden und muthwilligen Bettler zur
Arbeit und Gottesfurcht angewiesen, die kranken
und untauglichen aber durch andere Mittel versor=
get werden sollen; und aber sich befindet, daß
itziger Zeit viel starke, muthwillige Bettler nicht
allein die Bürgerschaft mit ihrem Ueberlaufen und
Betteln sehr beschweren, sondern auch den wah=
ren Armen und Unvermögenden ihr Brod und
gutherziger Leute Allmosen entziehen thun: Als
hat E. E. Rath angeordnet und schon einen An=
fang machen lassen, daß alle auf den Gassen her=
umgehende Bettler ohne Unterscheid nach dem
Gast= und Kranken=Hause ausserhalb Millern=
Thors, sonst Pest=Haus genannt, gebracht, da=
selbst die muthwilligen und starken von den wahr=
haften Armen geschieden, und ieder nach der hie=
bevor gemachten Ordnung entweder zur Arbeit
und von hier weggewiesen, oder mit nothdürftigem
Unterhalt versehen werden soll. Wann dann

N 2   durch

1662. durch solche wohlgemeinte christliche Anstalt die
Menge der Armen in gemeldtem Gast= und Kran=
ken= oder Pest=Hause sich sehr häufet, so daß be=
reits über 400 solcher Armen darinn sind, deren
Anzahl sich immer mehret, so doch alle und iede
täglich mit nothdürftigen Lebens=Mitteln versehen
werden müssen, wozu ein grosses erfodert wird;
dieses Haus aber ganz kein Capital, auch keine
Sammlung durch die Stadt hat, und nur aus
freyen milden Particular=Gaben gutherziger Chri=
sten unterhalten werden muß, daher die verordne=
ten Jahrs=verwaltenden Provisores bey so grosser
Anzahl armer Leute fast kein Auskommen und
zureichende Mittel zu so vieler Armen nothdürfti=
gen Unterhalt, wie sehr und fleißig sie sich auch
darum bemühen, beschaffen können: Als thut
E. E. Rath männiglich erinnern und vermahnen,
daß ein ieder die Nothwendigkeit, zugleich auch
die Nothdürftigkeit dieses Hauses christlich beher=
zigen, es mit milden Gaben mitleidentlich unter=
halten helfen, und seine Zusteuer und Gabe, die
dann auch nach eines ieden Vermögen reichlich
seyn möge, denen zur Zeit Jahr=verwaltenden
Provisoren gemeldten Gast= und Kanken=Hauses
zuschicken wolle, damit den wahren Armen ihr
Brod und Unterhalt daselbst ferner davon gerei=
chet, und ihnen also behülfliche Lebens=Mittel
verschaffet werden können. Solches wird Gott
der Allmächtige, der auch einen kalten Trunk
Wassers, seinen Armen gegeben, nicht unbeloh=
net lassen will, einem ieden reichlich vergelten,
und werden die so unterhaltenen Armen es mit inni=
gem

gem Gebete zu Gott dem Allmächtigen gerne ver- **1662.**
ſchulden.

Abgekündiget von allen Kanzeln den 16 November Anno 1662.

XCII.

Wiederholter Befehl von 1662. 28 Jun. wegen der Paßirung der Reuter durch die Thöre.

1663.
8 Jun.

Ein Ehrb. Rath thut hiermit allen und ieden
hohen und niedrigen dieſer Stadt Officierern
Befehlen, daß ſie mehr denn 10, 15, und aufs
höchſte 20 Perſonen zu Pferde, auf einmal nicht
ſollen bey den Thören durch die Wache ein- oder
auspaßiren laſſen, beſondern, da mehr auf einmal ſich finden ſollten, ſolche abtheilen laſſen, daß
aufs höchſte nicht mehr auf einmal als 20 paßiren,
und dabey keinen Reſpect auf irgend eine Perſon,
ſie ſey hohen oder niedrigen Standes, tragen,
beſondern, da einmal es von ihnen angewieſen
würde, ſich auf ihre Ordre berufen, und zuforderſt an E. E. Rath zu verweiſen. Wornach ſie
ſich zu richten. Actum & decretum in Senatu
publicatumque ſub ſigneto d. 8 Junii 1663.

XCIII.

XCIII.

Erneuertes Mandat von 1659. 31 Jul.
daß man an den Sonn= und Feyerta=
gen keine Arbeits= und Handels-Sa=
chen, noch andere unnöthige und är=
gerliche Dinge vornehmen solle.

Demnach einem ieden gläubigen Christen be=
kannt, daß die Sonntage zum Gottes=
dienste gewidmet, und derselbe mit Anhörung und
Betrachtung Gottes allein seligmachenden Worts
und mit andächtigem Gebete zugebracht, und an
demselben alles, was einem Christ-Menschen
daran verhinderlich, billig abgestellet werden solle;
und dann E. E. Rath glaubwürdig hinterbracht,
auch theils die Erfahrung selbst an die Hand ge=
geben, daß in dieser guten Stadt am heil. Sonn=
tage allerhand Arbeits=, Handels=Sachen und
andere unnöthige und ärgerliche Dinge verrichtet
werden, indeme sich viele unternehmen, am heil.
Sonntage zu kaufen und zu verkaufen, Kaufmanns=
Waaren auf= und abzuladen, auch zu verführen,
wie auch Holz aus den Schiffen zu bringen, Heu
herein zu führen, Sey und Träber auf öffentli=
chen Gassen aufzuladen, Mist auszuführen, im=
maassen sich dann auch Zimmer= und Mauer-Leute,
Schiffbauere, Tuchmachere, Färber und Schlach=
ter ihre Handwerke am Sonntage zu treiben un=
ternehmen, auch diejenige, so ihre Wohnung ver=
ändern wollen, ihr Haus-Geräth umführen, die
Brauer auch Tonnen binden lassen, imgleichen
die

die Wein= und Bier=Schenken in ihren Häusern 1663.
und Wohnungen vor, unter und nach der Pre=
digt sitzende Gäste halten, die sich in Toback,
Branntewein, Wein und Bier übersaufen, und
mit Tanzen, Singen und Springen fast den gan=
zen Tag vertreiben, auch sonsten der Sonntag
überall in Wollust in und ausserhalb der Stadt
zugebracht wird; solches alles aber Gottes Wort
zuwider, und schwere Strafe über diese Stadt
und Gemeine endlich unfehlbar verursachet wird:
Als will E. E. Rath alle und iede dieser Stadt
Bürger, Einwohner, wie auch männiglich hiemit
ernstlich vermahnet und geboten haben, daß ein
ieder allsolcher vorgedachten strafbaren Dinge und
Fürnehmen an Sonntagen sich hinfüro gänzlich
enthalte, den Sonntag mit Anhörung Gottes
Wortes, nüchtern und mäßigen Leben und an=
dächtigem Gebete zubringe, auch alle Haus=Vä=
tere und Haus=Müttere ihre Kinder und Gesinde
ernstlich dazu vermahnen und halten sollen, damit
Gottes Zorn und Ungnade über diese Stadt nicht
erwecket werden möge; mit dem Anhange, so ferne
sich iemand gelüsten lassen würde, dawider zu han=
deln, und dadurch den Sonntag zu entheiligen,
daß derselbe durch die Herren der Wette und des
Gerichts ernstlich und unnachläßig bestrafet wer=
den solle. Wornach sich ein ieder zu richten und
vor Gottes Zorn und der Obrigkeit Strafe zu
hüten wissen wird. Hamburg, am Palm=Sonn=
tage des 1663sten Jahres in den 4 Kirchspiel=
Kirchen, wie auch zu St. Michaelis, Thum und
St. Jürgen abgekündiget.

N 4   XCIV.

XCIV.

Erneuertes Münz=Mandat von 1662.
23 Junii.

Nachdem in jüngst am 27sten September abge=
wichenen Jahres gehaltenen Zusammenkunft
der Erbges. Bürgerschaft beliebet, daß Capital,
Wechsel=Geld, Zinse und Hauer nur in guten
Reichsthalern bezahlet werden, im Kaufen und
Verkaufen aber man sich der alten Dänischen
Mark=Stücke, zehen und fünf Schilling-Stücke,
wie auch der alten Dänischen und Holsteinischen
Dütgens, ungleichen der beyden Städte Lübeck
und Lüneburg Geld, das nicht falsch ist, in Be=
zahlung gebrauchen möchte; alle andere fremde
Münze aber, als Groschen, Doppel=Schilling,
Schilling und Sechsling, gänzlich verboten seyn
und bleiben, und wenn neue Münze einschliche,
derselben alsofort gewehret werden sollte: Und aber
die tägliche Erfahrung bezeuget, wasmaassen insonderheit allerhand Groschen, andere als Lü-
beckische Doppel=Schillinge, Schillinge und
Sechslinge, in dieser guten Stadt dergestalt häufig
ausgegeben und verwechselt werden, daß man fast
damit überfüllet, hingegen gute silberne Münze
ausgeführet wird; all solchem schädlichen Werke
aber nicht länger zuzusehen ist, woferne nicht männiglich um das Seine grossen Theils gebracht
werden, und der jüngste Bürger-Schluß seine
Kraft verlieren soll: Als thut E. E. Rath jüng-
stem Bürger-Schluß zufolge hiermit erinnern und
gebie=

gebieten, daß in Abtrag Capitalien, Wechsel- 1663.
Geldern, Zinsen und Hauer nur gute Reichs-
Münze, im Kaufen und Verkaufen aber nur die
beliebte fremde Münze mitgebrauchet, alle Groschen aber und fremde Doppel-Schillinge, (Lü-
beckische ausgenommen) Schillinge, Sechslinge
und andere fremde kleine Münze gänzlich abgeschaffet seyn, und ein ieder sich darinn vorgemeldtem Bürger-Schluß conform verhalten soll.

Wann dann auch verspühret wird, daß sich
einige finden, welche Reichsthaler und andere
grobe Silber-Münze gegen verbotene kleine Münze
mit Aufgelde einwechseln; solches aber billig höch-
stens zu strafen: Als thut E. E. Rath solches
Aufwechseln der Reichsthaler und groben Silber-
Geldes gegen fremde kleine Münze alles Ernstes
verbieten, mit dem Anhange, daß gewisse Ob-
servatores und Aufmerkere wiederum bestellet,
welche erwehnte Aufwechseler denen dazu verordneten Herren zu willkührlicher Bestrafung anmelden sollen. Wornach sich ein ieder zu richten
und für Schaden zu hüten. Actum & decretum
in Senatu d. 23 Junii 1662.

Abgekündiget in den Haupt-Kirchen den 29sten
Junii, und affigirt sub ligneto d. 30 Junii 1662.

Nachdem in der darauf den 27 August e. a. gehaltenen Zusammenkunft der Erbges. Bürgerschaft der Membro I. obigen Mandati angeführte

Schluß

1663. Schluß wegen der allhier gangbaren fremden Münze nochmalen beliebet und bestätiget worden, so ward gedachtes Membrum mutatis mutandis von E. Hochw. Rathe den 26 September vorgemeldten Jahres von neuem separatim publiciret, und den 4 Octob. auf den Märkten affigiret.

Beide Membra aber wurden den 8 Junii 1663 m. m. in den Haupt-Kirchen und zu St. Jürgen von neuem abgekündiget.

———

1663. Mandat, daß niemand, der nicht zur Schlachter-Brü-
14 Aug.   derschaft gehöret, Schafe und Schweine allhie schlach-
           ten soll. s. 1690. 8 Sept.

XCV.

1663. Anerinnerung, daß man, wenn die Bet-
30 Aug.   Glocke gezogen wird, Gott um Ab-
           wendung bevorstehender Türken-Ge-
           fahr anrufen soll.

Nachdem E. Ehrb. Rath angeordnet, daß zu Mittage um 12 Uhr, und Abends um 5 Uhr die Bet-Glocke gezogen werden soll, um einem ieden der aus dem Türken-Kriege der gesammten Christenheit, insonderheit Ungarn und unserm lieben Vaterlande, deutscher Nation, entstehenden
Gefahr

Gefahr zu erinnern, und zum Gebete anzumah= 1663.
nen: Als wird männiglich hiemit geboten, dessen
eingedenk zu seyn, und wenn gemeldete Glocke zu
Mittage oder Abends gezogen wird, Gott den
Allmächtigen um Abwendung bevorstehender Ge=
fahr inniglich anzurufen, und den wehrten lieben
Frieden aus Gnaden wieder zu beschehren. Wor=
nach rc.

Den 30 August 1663 von den Kanzeln abge=
lesen.

XCVI.

Anerinnerung, daß ein ieder die Bet= 1663.
stunden, um Abwendung der Türken= 6Sept.
Gefahr, fleißiger besuchen, und wäh=
render Zeit sich aller Handlung und
Handthierung enthalten solle.

Nachdem, leider! die Gefahr vom Erb=Feinde
christlichen Namens, den Türken, und blut=
dürstigen Anschlägen je mehr und mehr zunimmt,
so hat man billig große Ursache, Gott dem All=
mächtigen um Abwendung wohlverdienter Strafe,
mit zusammengesetztem inbrünstigen Gebete, an=
zurufen: Als dann E. E. Rath, mit Beliebung
der Erbges. Bürgerschaft, zur Beförderung ein=
müthigen Gebetes, in dieser guten Stadt verord=
net, daß wöchentlich alle Donnerstage von 9 bis
10 Uhr eine Betstunde gehalten werden soll, und
aber, leider! die Erfahrung bezeuget, daß solch
wöchent=

1663. wöchentliche Betstunden nicht so fleißig, wie wol geschehen sollte, besuchet, und der liebe Gott um Abwendung angedräueter Strafen, mit zusammengesetztem Gebete, angerufen wird: Demnach thut E. Ehrb. Rath, obrigkeitlichen Amts halber, männiglichen hiemit erinnern, ermahnen und gebieten, daß ein ieder all solch wöchentlichen Betstunden fleißiger, als bisher geschehen, beywohne, sich mit inbrünstigem Gebete und bußfertigem Herzen zu Gott kehren, und um Abwendung für Augen schwebender Türken=Gefahr den lieben Gott herzlich anrufen wolle.*

> * Die Ermahnung ist wörtlich aus dem Schlusse des Mandats vom 2 März 1662 genommen.

Abgekündiget in den Haupt=Kirchen und zu St. Michaelis den 6 Septemb. Anno 1663.

1663. Mandat, daß niemand in der Stadt Schwein=Raven
9 Sept. halten soll. s. 1667. 4 Octob.

1663. Mandat, daß man den Bettel=Vögten in ihrem Werk
13 Dec. und habendem Befehl sich nicht widersetzen solle.
s. 1665. 12 Febr.

1664. Erneuertes und geschärftes Mandat von 1659. 14 Jun.
16 Jan. daß auf den Kirchhöfen kein Geschrey noch Muthwillen getrieben, noch in den Kirchen einiges Geräusch gemacht werden soll, ist im Jahre 1742 am 27 Jul. näher und genauer bestimmet.

XCVII.

XCVII.

Münz-Mandat, insonderheit gegen das Beschneiden, Schwächen u. s. f. der Reichs- und anderer groben Münze. 1664. 20 Jan.

Nachdem in des Heil. Römischen Reichs Constitutionen verschiedene heilsame Verordnungen geschehen, wasmaassen gute Rthlr. und andere grobe Reichs-Münze im Reiche conserviret und beybehalten bleiben möge; dahero auch darinn allerhand Gewinn und Handel, so mit und in den Münzen gesucht und getrieben werden möchte, es geschehe mit Verringern, Beschneiden, Schwächen, Waschen, Schmelzen, Brechen, Granaliren, Körnen, Seigern, Abgiessen, Auswiegen, Aufwechseln, Ausführen aus dem Reiche, oder in andere gefährliche Weise damit zu handeln, an Leib, Leben, Gut und Confiscation nach gestallten Sachen zu strafen, und niemand darinn durchaus zu verschonen, ernstlich geboten worden: Und aber, wo zu einiger Zeit Aufsicht nöthig gewest, Vorrath an guten Reichsthalern und Silber-Gelde im Röm. Reiche beyzubehalten, sie bey itzigen gefährlichen Zeiten höchst nöthig ist; nichts destoweniger aber Beysorge gemacht und fast in Erfahrung gebracht wird, daß von verschiedenen unrechtfertigen gewinnsüchtigen Leuten, unterm Schein der Unwissenheit, so doch desfalls nicht gelten noch entschuldigen mag, mit höchster ihrer Gefahr dagegen gehandelt wird; solches aber keinesweges zu gedulden, oder zu merklichem Präjudiz unsers
lieben

1664. lieben Vaterlandes, deutscher Nation, ungestraft
zu lassen: Diesemnach thut E. E. Rath männiglich hiemit verwarnen und ernstlich gebieten, daß
keiner, er sey wer oder wes Standes er wolle,
ihme unterstehen soll, in dieser guten Stadt und
dero Gebiete einige Reichsthaler, oder andere grobe
Reichs-Münze, zu ringern, beschneiden, schwächen, waschen, mehr denn zur Goldschmiede-Arbeit
gehöret, und wenn kein ander Silber zu bekommen, zu schmelzen, brechen, granaliren, körnen,
seigern, abzugiessen, aufzuwiegen, auszuziehen,
auszuwechseln, aus dem Reiche zu führen, oder in
andere Wege damit gefährlicher Weise zu handeln, als lieb ihm ist, die in den Reichs-Constitutionen verordnete schwere Strafe an Leib, Leben,
Confiscation und Gut zu vermeiden. Wornach
sich ein ieder zu richten und für Schaden zu hüten. Actum &c.

Affixum an dem Rathhause den 20 Jan. 1664.

XCVIII.

1664. Mandat, daß den Todtschlägern die Flucht
16 Feb. gehemmet, sie nicht gehauset, noch fort-
geholfen werden sollen, auch keiner des
Abends mit geladenem und blossem Gewehr und ohne habende Laterne sich
auf den Gassen finden lasse.

Demnach die tägliche Erfahrung bezeuget, daß,
leider! viel Mord und Todtschläge in dieser
guten Stadt begangen, die Thäter und Todtschlä-
ger aber selten ergriffen werden, sondern mehrentheils

theils entgehen und davon kommen, auch zu Zeiten ganz unverantwortlicher Weiſe, wider die allgemeine beſchriebene Rechte, des Heil. Römiſchen
Reichs Conſtitutionen, und dieſer Stadt Statuten und Receſſen, von Bürgern und Einwohnern
heimlich verſtecket und weggeholfen werden, oder
ſonſten ihre verborgene Unterſchleife haben, daß
alſo das Gerichte derſelben nicht mächtig werden
kann; und aber nicht zu zweifeln, daß durch ſolch
vielfältiges Blutvergieſſen Gottes Zorn über dieſer guten Stadt je mehr und mehr gehäufet werde:
Als will E. Ehrb. Rath allen dieſer Stadt Bürgern, Einwohnern, und ſonſt iedermänniglichen,
inſonderheit aber den Gaſtgebern und Wirthen,
ganz ernſtlich hiemit geboten haben, daß, wann ſie
befinden, daß in ihren Häuſern zwiſchen den Gä-
ſten oder Fremden einiger Zwietracht oder Zank
entſtehet, daß zu den Wehren gegriffen wird, und
deswegen Blutvergieſſen zu beſorgen, ſie alsdann
ohngeſäumt iemand der ihrigen zu der nächſten
Wache, die deswegen darauf befehliget, abſchi-
cken, und derſelbigen Hülfe erfodern, und alſo
Mord und Todtſchlag, ſo viel möglich, verhüten
helfen, auch zum wenigſten daran ſeyn ſollen,
daß, da ein Unglück vorgehen ſollte, die Thäter be-
hardet und angehalten werden mögen. Da auch
auf den Gaſſen, oder ſonſten in und auſſerhalb der
Stadt in dieſem Gebiete, einiger Niederſchlag ſich
begeben ſollte, ſo ſollen ſolche Miſſethäter von denen, ſo dabey ſeyn, oder ſonſten dazu kommen,
beſtes Vermögens gehemmet, angehalten, oder mit
allem Ernſt verfolget werden, damit ſie nicht
ent-

1664. entkommen, und alſo der gebührenden obrigkeitlichen Strafe entgehen mögen, welches dann
denjenigen, ſo mit wirklicher Verhinderung der
Miſſethäter Flucht ihren löblichen und chriſtlichen
Eifer, zu Handhabung der Gerechtigkeit, hiebey
gebrauchen, nicht allein an ihren Ehren unverweislich, ſondern auch zu ſonderbarer rühmlicher
Nachrede gereichen ſoll.

Gleicher Geſtalt will auch E. E. Rath iedermänniglich hiermit ernſtlich geboten haben, daß
niemand ſich unterſtehen ſoll, ſolche Miſſethäter
heimlich zu behauſen und zu herbergen, oder ſonſt
verborgener Weiſe wegzuhelfen, mit Verwarnung, da iemand hierwider handeln würde, derſelbe zu gefänglicher Haft gebracht, vor Gerichte
geſtellet, und ferner wider denſelben procediret
werden ſoll, wie ſich das den Rechten nach gebühret.

Da auch iemand Wiſſenſchaft hätte, wo ſich
etwan ſolche Mörder und Todtſchläger aufhalten
möchten, oder etwa aufgehalten hätten, und ſolches dem Gerichte anmelden würde, ſoll ihme
ſolches an ſeinen Ehren unnachtheilig ſeyn, deſſen
Name verſchwiegen bleiben, und dazu 50 Rthlr.
zur Verehrung gegeben werden.

Schließlich ſoll auch keiner ſich unterſtehen, des
Abends, wenn es finſter geworden, mit Piſtolen
und Röhren, bloſſem Degen, oder anderm Gewehr,
auf den Gaſſen zu gehen, oder auch ſonſten ſich,
ohne

ohne habende Laterne mit' brennenden Lichten, 1664.
auf den Gassen finden zu lassen, bey Consiscirung
allsolcher Gewehr, auch anderer ernstlicher, und
nach Gelegenheit Strafe der Gefängniß.   Wornach sich ein ieder zu richten und für Schaden zu
hüten.   Actum & decretum in Senatu publicatumque sub signeto den 16 Febr. Anno 1664.

XCIX.

Erneuertes Mandat vom 12 März 1662, 1664.
gegen die Bibalien von den Korn- 14ten
Schiffen, so in des Korn-Verwal- März.
ters Hause, wie auch an den Bäumen,
angeschlagen.

Nachdem Einem Ehrb. Rathe Klagen vorgekommen, wasmaassen die die Elbe herunter kom-
mender Korn-Schiffe von den Bedienten dieser
Stadt mit einigen Neuerungen und Bibalien belegt werden: Als thut E. E. Rath nicht allein
allen dazu gehörigen Bedienten an den Bäumen
und sonsten ernstlich gebieten, daß ein ieder nach
seiner Ordnung verfahren, und darüber keinand
mit Bibalien oder sonsten beschweren, besondern
hat auch selbiges zu der fremden ankommenden
Schiffer Nachricht hiemit publiciren, und so iemand mit Neuerungen oder Bibalien graviret zu
werden sich erachtet, selbigen an die p. r. verordnete Korn-Herren zu schleuniger Remedirung verweisen wollen. Wornach sich ein ieder zu richten.

C.

1664.
1 Apr.

Befehl, daß der Bört-Ordnung auf Amsterdam* von den Bört-Leuten nachgelebet werden soll, auch die Kaufleute die darwider eingeriſſenen Neuerungen einſtellen ſollen.

Nachdem E. E. Rath, auf gepflogene Unter-handlung mit E. E. Hochw. Rathe der Stadt Amſterdam, den Commercien zum Beſten, gewiſſe Bört-Ordnung für die zwiſchenfahrende Bört-Leute gemacht, welche in Amſterdam wol gehalten, allhier aber, wie die Bört-Leute ſehr klagen, in viele Wege gebrochen wird; inſonder-heit aber in dem, daß bald dieſer, bald jener, mit einem, der nicht in die Börte lieget, eine Rüſe-oder Haupt-Fracht bedungen zu haben ausgiebt, da ſich doch hernacher befindet, daß der ausgege-bene Rüſe-Befrachter unterſchiedliche Participan-ten zu ſich gezogen und noch ziehet, und ob er ſchon dem Börtmann ein und andere Stücke ein-giebt, dennoch deme zur Rüſe-Fracht beſprochenen weit mehr allerhand Stück-Güter, ihm und diver-ſen andern gehörig, zuführet und zuführen läſſet, dahero dem Börtmann das ſeinige entzogen, und derſelbe alſo gar ledig und unbeladen bleibet, daß er faſt mit Schaden davon fahren muß.

Wann aber ſolches in fraudem mehrgemeldter Bört-Ordnung, ſo doch mit gutem Vorbedacht und einmüthigem reifen Rath beyder Ehrb. Städte zum Stande gebracht, geſchiehet, auch zu merk-

* Siehe oben Nr. XXXVIII.   lichem

lichem Nachtheil der Schiffahrt dieser Stadt und 1664.
der Bört-Leute Nahrung eingeführet wird, und
also länger nicht zu gedulden: Als thut E. E. Rath
vorgemeldte Bört-Ordnung renoviren und hiemit
erneuern, und ferner darauf ernstlich vermahnen
und bey ernstlicher willkührlicher Strafe gebieten,
daß die Bört-Leute selbiger geleben, dann auch
die Kaufleute die dawider eingerissene schädliche
Neuerungen einstellen und nachlassen sollen. Mit
der Verwarnung, woferne iemand diesem zuwider
handelt, daß alsdann nach Anweisung der Bört-
Ordnung, und mit Vorbehalt der darinn gesetzten
Geld-Strafe, die mit Unrecht einem andern ein-
gethane Güter wieder ausgesetzet und dem Börtmann eingegeben werden sollen. Wornach sich
ein ieder zu richten und für Schaden zu hüten.
Actum & decretum in Senatu publicatumque
sub sigueto Anno 1664. I Aprilis.
An selbigem Tage auf dem Baum angeschlagen.

Erneuertes Mandat von 1654. gegen die Hereinbrin- 1664.
gung und Behausung des fremden Brodts. s. 1668. 4 Apr.

CI.

Befehl, daß die Armen-Häuser, Aemter 1664.
und vermögende Bürger der Korn- 24 Apr.
Ordnung und dem Rath und Bürger-Schluß zufolge auf 1 Jahr innerhalb 4 Wochen sich versehen sollen.

Nachdem in der hiebevor publicirten Korn-Ordnung versehen, auch in Anno 1662 gehaltener

1664. tener Zusammenkunft der Erbgeſ. Bürgerſchaft
wiederholet und gut befunden worden, daß die
in dieſer guten Stadt vorhandenen Armen-Häuſer,
Aemter, wie auch vermögende Bürger und Einwohner, ſich für ihr Haus auf ein Jahr mit Proviant und Korn verſehen, und darüber zweymal
im Jahr die Viſitation angeſtellet werden ſolle;
und aber das Korn anitzo in billigem leidſamen
Preiſe und wohl zu bekommen: Demnach thut
E. E. Rath hiemit alle Armen-Häuſer, Aemter,
wie auch vermögende Bürger und Einwohner erinnern und ermahnen, daß ſelbige alle und iede,
obangedeuteter Korn-Ordnung und Bürger-
Schluß zufolge, ſich mit behufigem und ihnen in
der Korn-Ordnung geſetzten Korn auf ein Jahr
innerhalb 4 Wochen verſehen ſollen, mit dem
Anhange und Verwarnung, daß darauf zweymal im Jahr viſitiret, und daferne von dato über
4 Wochen bey der darauf angeordneten Viſitation durch die Capitainſchaft einiger Mangel an
Korn-Vorrath bey iemand befunden werden ſollte,
daß wider denſelben, vermöge der Korn-Ordnung
und erwehnten Bürger-Schluſſes, verfahren werden ſoll. Wornach ꝛc.

Abgekündiget in den Haupt-Kirchen den 24
April 1664.

1664. Mandat, daß niemand in der Ring-Mauer, es ſey bey
25 Apr. Tage oder Nacht, alt Stroh verbrennen ſoll. ſ. 1717.
30 April.

CII. An-

CII.

Anzeige, daß ein grosser Bußtag in die-   1664.
ser Stadt und dero Gebiete gehalten   1 May.
werden solle.

Nachdem, leider! aus vielen Orten groß Krie-
ges-Geschrey vom Erb-Feinde christlichen
Namens, dem Türken, einkömmt, auch andere
Anzeigen göttlichen Zorns sich hin und wieder verspühren lassen; dannenhero ein iedweder ꝛc. *

* Das Uebrige kömmt mit der oben Nr. LXXXII eingerückten Anzeige, S. 182. u. 183, bis an die Worte,
beweget werden möge, wörtlich überein.

so hat E. E. Rath die Verordnung gethan, daß
am Donnerstage nach Cantate, wird seyn der 12te
laufenden Monats May, ein grosser Bußtag in
dieser guten Stadt und derselben Gebiete gehalten werden soll.*

* Der Schluß kömmt gleichfalls mit der vorigen Anzeige Nr. LXXXII. S. 183. überein.

Abgekündiget in allen Kirchen den 1sten May
Anno 1664.

CIII.

Mandat, 1) daß niemand die Schwäne   1664.
auf der Alster beleidigen soll, und 2)   12 Jun.
nur die Bürger auf derselben fischen,
und diese die Schranken der Freyheit
nicht übertreten sollen.

Nachdeme die auf der Alster sich befindenden
Schwäne für zahme und nicht wilde Vögel,

D 3   wie

1664. wie billig, zu achten, und das Halten derogleichen
Schwäne auf offenen freyen Wassern bey männiglichen unter Regalien gerechnet wird, daher
auch diejenigen, so sich daran vergreifen, als Vio-
latores iedes Orts Obrigkeit competirenden Regalien und Hoheit scharf gestrafet werden; und
aber E. E. Rathe Klagen vorkommen, daß ein
und ander Schwan unlängst auf dem freyen Al-
ster-Strohm und Gebiete dieser Stadt geschossen,
auch todtgeschlagen seyn soll; solches aber keinesweges zu gedulden, vielmehr der Verbrecher mit
geziemendem Ernst abzustrafen: Als thut E. E.
Rath männiglichen hiemit erinnern und vermahnen, daß keiner ihm unterstehen soll, vorgemeldte
dieser Stadt auf der Alster gehende Schwäne in
einiger Weise zu beleidigen, weniger dieselbigen
zu schiessen oder todtzuschlagen; mit dem Anhange
und Verwarnung, daß, so iemand diesem Mandate zuwidern handeln sollte, derselbe alles Ernstes willkührlich gestrafet werden soll.

Wann auch die Erfahrung bezeuget, daß, obgleich einem Bürger frey gelassen, in der Alster,
so weit ein Mann waden kann, zu seiner Ergetzung
zu fischen; solches aber in viele Wege gemißbrauchet wird, indeme ein und ander durch gemiethete
Leute oder seine eigene Knechte, weiter denn sich
geziemet, darinn fischen lässet, bey diesem niedrigen Wasser fast die ganze Alster überziehet, und
die junge kleine Brut wegfänget und vernichtet,
welches iedoch dieser guten Stadt Alster-Fischerey
höchstschädlich und ruinos ist, und ferner nicht
zu

zu gestatten: Als thut E. E. Rath iedwedem 1664.
Bürger hiemit gebieten und verwarnen, daß ein
ieder sich im Fischen auf der Alster moderiren, und
die Schranken habende Freyheit nicht übertreten
soll. Gebietet auch allen, so nicht Bürger, oder
denen Alster-Fischern nicht bedienet seyn, daß
keiner sich unterstehen soll, einiger Gestalt auf der
Alster zu fischen, als lieb ihm ist, ernste willkührliche Strafe zu vermeiden. Wornach rc.

Abgekündiget zu St. Jürgen den 12ten Junii
Anno 1664.

CIV.

Anweisung, wie man bey hitzigen an- 1664.
steckenden Krankheiten in gesunden 17 Jul.
und angesteckten Häusern, auch wie
die Kranken-Wärter und Todten-
Träger sich verhalten sollen.

Nachdem sich, leider! in dieser guten Stadt
hitzige Fieber und ansteckende Krankheiten
merken lassen, immittelst man doch, Gott sey
Dank! keine Infection, besondern die Luft annoch gut und gesund verspühret, auch allsolche
Krankheiten nicht also ansteckend seyn, noch sich
also ausbreiten, daß nicht nächst Gott derselben,
wann nur dabey durch gute Anstalt vigiliret wird,
sollte gewehret werden können, darum auch dienliche Verwehrung nicht aus der Acht zu lassen:
Als thut E. E. Rath hiemit vermahnen und ernstlich

1664. lich gebieten, daß ein ieder sich in seinem Hause der Reinlichkeit befleißigen, auch die Gassen durchgehends von allem Unflath und Unreinigkeit gesäubert und gereiniget werden sollen.   Dann ferner, daß, wann in einem Hause oder Wohnung iemand an ansteckende oder hitzige Krankheit gestorben, alsdann diejenigen, so mit darinn gewohnet, ihre Thüren und Fenster versperren, sich nebenst allen den Ihrigen 40 Tage lang einhalten, und nicht auf den Gassen, weniger auf den Märkten, Plätzen, oder in Kirchen und andern Zusammenkünften unter gesunden Leuten gehen und kommen sollen; oder aber, da ihnen solche Versperrung nicht anstehet, sich auf das Land begeben, und vor wohlbeschehener Auswitterung des Hauses, Kleider und Geräths nicht wieder anhero kommen; diejenigen aber, so über oder nächst an einem solchen inficirten Hause oder Keller wohnen, sich des Ausflexens und Feilhabens allerdings enthalten sollen, als lieb ihnen ist, ernste willkührliche Strafe zu vermeiden.

Es sollen auch insonderheit diejenigen Manns- und Frauens-Personen, so der Kranken warten, oder die todten Körper zur Erde tragen, sich von allen Zusammenkünften der Gesunden enthalten, und sich nirgends, als dazu sie verordnet, finden lassen, oder gewärtig seyn, daß sie sofort nach dem Pesthause gebracht, daselbsten mit Wasser und Brodt gespeiset, und sonsten der Gebühr nach angesehen und gestraft werden. Wornach sich ein ieder zu richten und für Schaden zu hüten. Actum

& de-

& decretum in Senatu publicatumque ſub ſigneto 1664. 17 Julii Anno 1664.

Abgekündiget in allen Kirchen 17 Julii 1664.

CV.

Leich- und Trauer- auch Regenkleider- Verordnung.

1664.
19 Aug.

Nachdem bey den Leich-Begängniſſen und was davon dependiret, auch nachgehends bey getragenen Trauer- und Regen-Kleidern, viel Unordnung und Mißbräuche vorgegangen, ſo billig zu ändern: Als thut E. E. Rath hiemit verordnen, wie folget:

1. Zum Volk aufſchreiben zur Leiche, wie auch zum Leichen-Fleyen ſoll keine Frau gefodert werden, als des Sorge-Manns und des Todten Eltern, Kinder, Schweſtern und Bruder-Frauens, oder, in Ermangelung deren, vier andere Frauens; iedoch ſollen in dieſer ſchwachen beſorglichen Zeit ganz keine Frauens, weder zum Volk aufſchreiben, noch zum Leichen-Fleyen, berufen werden.

2. Es ſoll zu keiner Leiche mehr als einen Tag, und zwar nur den Tag vorher, gebeten werden, und ſoll kein Reiten-Diener oder Leichen-Bitter mit einem langen Mantel oder langen Schleyer dazu bitten, auch keine Herren noch andere Freunde ins Sterb-Haus einzutreten fodern.

D 5   3. Wenn

1664.

3. Wenn in einem Hause iemand an vorwésender Seuche gestorben, alsdann soll keiner, der zuvor mit im Hause gewesen oder gewohnet, mit zur Leiche, weniger für Sorge-Mann gehen.

4. Es soll zur Leiche niemand mit einem langen Mantel gehen, denn nur allein der Sorge-Mann und des Verstorbenen Eltern, Kinder, Brüder und Schwester Männer; iedoch sollen dieselben Mäntel ohne Schleppe seyn. Auch soll niemand länger oder anders, denn zur Leich-Begängniß, lange Manteln tragen.

5. Es sey iemand an der Seuche gestorben oder nicht, so soll doch keiner mit dem Sorge-Mann austreten, als des Sorge-Manns und des Verstorbenen Eltern, Kinder, Brüder und Schwester Männer; oder, wenn so nahe Anverwandte nicht seyn, alsdann in deren Stelle nur vier andere gute Freunde.

6. Es soll auch keiner der Leich-Leute, dem nicht gebühret zwischen der Leiche und dem Trauer-Manne zu gehen, sich unterwegens vom Trauer-Hause bis zur Kirche auf der Gasse stellen, sondern ein ieder hinter dem Trauer-Hause bleiben, und nicht vor der Leiche auf der Gasse stehen.

7. Es soll keiner von denen, so den Sorge-Mann wieder zurück nach dem Trauer-Hause begleiten, mit in das Trauer-Haus gehen, sondern vor der Thüre abtreten, er sey denn von des Trauer-

Trauer-Manns oder Verstorbenen Eltern, Kinder, 1664.
Brüder oder Schwester Männer; in Ermangelung deren aber nur die vier, so zuvor mit ihm
ausgetreten seyn.

8. Wittwen und Kinder sollen nicht länger
denn ein Jahr lang in der Trauer gehen; sollte
aber ja eine Wittwe länger denn ein Jahr mit solchen Kleidern gehen wollen, soll sie doch keine
Magd mit Trauer-Kleidern folgen haben.

9. Kein Gesinde, es sey Manns- oder Weibs-
Person, soll länger denn 6 Monat in Trauer-
Kleidern gehen, auch soll ihrer keinem ein doppel-
tes, sondern iedem nur ein Trauer-Kleid, gegeben
werden.

10. Es sollen die Frauen, Jungfrauen, auch
sonst alle Frauens-Personen insgemein, in den
Kirchen ihr Regen-Kleid, wo nicht ganz ab, doch
vom Haupte herunter auf die Schulter thun, und
also, ohne daß sie das Haupt damit behanget haben, in der Kirche seyn.

Alles bey Vermeidung 2 Rthlr. Strafe, worüber den Herren der Wette ernstlich zu halten
committiret worden ist. Darnach sich ein ieder
zu richten und für Schaden zu hüten. Actum
& decretum in Senatu publicatumque sub signeto
19 Augusti 1664.

CVI.

CVI.

1664.
4 Sept. Erinnerung, daß ein ieder dem Pest= und Kranken=Hause vor dem Millern= Thore mildiglich unter die Arme greifen soll.

Nachdem männiglichen bekannt, wasmaassen bey dieser schwachen kränklichen Zeit sich in dem also genannten Pest= und Kranken=Hause ausserhalb Millern=Thors mehr Patienten finden, als man sonsten jährlich gewohnt ist, zu deren nothdürftigen christlichen Unterhalt ein grosses erfordert wird, wozu doch kein Capital noch Sammlung durch die Stadt ist, und dann die Provisores selbigen Armen=Hauses zu mildreichen Gaben diese bevorstehende Woche Anerinnerung zu thun und auszutheilen gemeinet: Als thut E. E. Rath hiemit männiglichen ermahnen, daß ein ieder nach Vermögen diesem Pest= und Kranken=Hause mildiglich unter die Arme greifen, und seine gutherzige milde Gaben mittheilen wolle. Solches wird Gott der Allmächtige, der auch einen kalten Trunk Wasser, seinen Armen gereichet, nicht will unbelohnet lassen, zu seiner Zeit einem ieden reichlich vergelten, und werden es gemeldte nothleidende Arme mit einigem Gebete zu Gott dem Allmächtigen, um ihre Wohlthäter zu verschulden, sich äusserst befleißigen. Dessen sich ein ieder zu erinnern, und darnach zu richten hat.

Abgekündiget in allen Kirchen den 4 Septemb. Anno 1664.

CVII.

CVII.

Erneuertes Mandat vom Jahre 1656, daß am Sonntage alles Kauf-Ge- werbe mit Schweinen verboten ſey.

1664. 13 Nov.

Nachdem die Erfahrung bezeuget, wasmaaſſen am Sonntage in der Stein-Straſſe und an- derswo die Schweine häufig verkauft werden, dar- über ſich aber viele Menſchen ärgern, und der Sonntag nicht genug gefeyert wird: Als thut E. E. Rath hiemit vermahnen und ernſtlich ge- bieten, daß ein ieder ſich am Sonntage alles Kaufens und Verkaufens der Schweine enthalten ſoll, inſonderheit ſollen auch die Schweintrecker und Kicker ſich alsdann alles Treckens und Be- ſichtigens der Schweine enthalten, bey ernſter willkührlicher Strafe. Wornach ꝛc.

Abgekündiget zu St. Jacobi und Michaelis den 13 November 1664.

CVIII.

Mandat, daß keine Leichen mit Fackeln beygeſetzet werden, und die Beſtat- tung überhaupt nur bey Tage geſche- hen ſolle.

1664. 22 Nov.

Nachdem eine Zeithero etliche Leichen mit Fa- ckeln und anderem Gepränge bey Abends- Zeit beygeſetzet worden; ſolches aber viel Unord- nung und Unluſt in der Stadt verurſachet, auch wegen

1664. wegen vieler Wagen und brennenden Fackeln nicht ohne Gefahr ist, und allerhand Confusion unterworfen, deme doch billig vorzukommen und zu begegnen: Als thut E. E. Rath hiemit männiglichen erinnern, vermahnen, und dieser Stadt Bürgern und Einwohnern bey willkührlicher Strafe ernstlich gebieten, daß ein ieder, der seine eigene oder ihme anbefohlne Todten zur Erde zu bestätigen oder beyzusetzen hat, solches bey Tage thun,* des Beysetzens aber bey Abends-Zeit, obbemeldter maaßen, wie auch sonsten des Fackeln-Gebrauchs sich gänzlich enthalten, auch des Raths Bediente sich bey all solcher Beysetzung nicht gebrauchen lassen sollen, bey ebenmäßiger willkührlicher Strafe. Wornach sich ein ieder zu richten und für Schaden zu hüten.

1664. Erneuertes Mandat von 1657. 11 Decemb. nicht ohne leuchte des Abends zu gehen u. s. f. s. oben Nr. XCVIII. S. 209. und unten s. f. 1669. 29 Octob.

CIX.

1665.
18 Jan. Befehl, daß die Schiffer keine doppelte Connossementen inn= oder ausserhalb Landes unterzeichnen, noch damit fahren sollen.

Nachdemmalen ohnedem unzuläßig, zumalen auch bey diesen schweren trubelhaften Zeiten gefährlich, mit doppelten Connossementen zu fahren: Als thut E. E. Rath allen und ieden Schiffern

* Siehe unten 1677. 2 Dec.

fern hiemit gebieten, daß keiner ihme unterstehen 1665.
soll, doppelte Connoscemente in oder ausserhalb
Landes zu zeichnen und damit zu fahren, bey ern=
ster willkührlicher, auch nach Befindung Leib= und
Lebens-Strafe, wie auch Erstattung alles Scha=
dens, so er andern Leuten dadurch einiger Gestalt
verursachet haben wird.   Wornach rc.

Affixum am Rathhause den 18 Jan. 1665.

CX.

Renovirtes Mandat von 1663. 13 Dec. 1665.
für die Bettel-Voigte.*   12 Feb.

Demnach die Betteley in dieser Stadt wiederum
häufig überhand genommen, davon die
Bürgerschaft sehr molestiret wird, und aber gute
Anstalt gemachet, daß wahren und Leibes-Unver=
mögenheit wegen nothleidenden Armen nothdürf=
tige Mittel ihres Unterhalts beschaffet, den Frem=
den auch ein Viaticum gereichet werden soll; als
ist bey den Kirchspiel-Kirchen die Verordnung ge=
schehen, daß die Pracher-Voigte, nebenst bey sich
habenden und dazu verordneten Personen, der
übermachten Betteley zu wehren, sich fleißig sol=
len angelegen seyn lassen, und sich darinn der hie=
bevor publicirten Bettel-Ordnung gemäß bezeigen:

Diesemnach will E. E. Rath männiglich hie=
mit erinnert, vermahnet, und denenselben ernstlich
geboten haben, sich ermeldten Pracher-Voigten
und

---

* Ist von allen Kanzeln beide male abgelesen.

1665. und andern ihnen zugegebenen Personen nicht zu
widersetzen, noch sie in solchem ihrem Werk und
Befehl zu molestiren, weniger zu hindern, bey
Vermeidung der in der Bettel-Ordnung enthaltenen Strafe. Wornach ꝛc.

1665. Befehl an die Loots- oder Piloten-Schiffer, wegen des
18 Apr. Orts, wo sie kreutzen und liegen sollen. s. 1666. 3 May.

1665. Mandat, daß niemand einig Caap-Schiff armiren, oder
11 Jun. Rath und That dazu geben solle ꝛc. s. 1700. 5 Jun.

1665. Mandat, daß niemand Priesen an sich erhandeln soll.
16 Jun. s. 1700. 7 Jun.

CXI.

1665. **Mandat, daß niemand Gewalt wider**
23 Jun. **den andern verüben, oder einige über**
Vermuthen anhero kommende Priesen
angreifen und deren eigenthätig sich
bemächtigen solle.

Ein E. Rath thut hiemit männiglichen alles
Ernstes gebieten, daß keiner ihme unterstehen soll, in dieser guten Stadt und deroselben Gebiete einige Gewalt wider einen andern zu verüben, oder einige Priese, so etwan über Vermuthen
an-

1665.

anhero kommen möchte, anzugreifen, weniger
ſich derſelben eigenthätig zu bemächtigen, bey ernſter willkührlicher, auch Leib- und Lebens-Strafe.
Wornach ſich ein ieder zu richten und für Schaden zu hüten. Actum & decretum in Senatu
publicatumque ſub ſigneto 23 Junii 1665.

Affixum an dem Rathhauſe, der Börſe und dem
Baum.

1665.
5 Jul.

Erneuertes Mandat von 1661. 18 Apr. wegen der ent-
und wieder beladenen Wagen Zurückführung von
den Gaſſen. ſ. 21 Märʒ 1688.

CXII.

1665.
7 Aug.

Mandat, daß keine Perſonen und Güter
von Glückſtadt und den herumliegenden Oertern wegen der Infection eingelaſſen werden ſollen.

Nachdem E. Rath in gewiſſe Erfahrung kommen, wasmaaſſen in der Glückſtadt, Krempe,
Kremper-Marſch und umliegenden Oertern ſich einige Infection verſpühren läſſet, welche eine Zeithero nicht ab-, ſondern zugenommen und um ſich
gefreſſen; und ʒwar ein ieder ſich aus ſeinem Chri-
ſtenthum zu erinnern, daß, wenn Gott der All-
Erſter Theil.   P   mächtige

1665. mächtige ein und andern Ort um ihrer Sünde willen mit dergleichen Strafen heimzusuchen entschlossen, niemand seiner Hand entgehen mag, E. E. Rath auch das freye Commercium mit den Benachbarten gerne befördert; männiglichen zu seiner Nahrung gerne verhilft, und dieselbe gönnet; dennoch aber auch unläugbar, daß in solchen Fällen christliche Obrigkeit auch billig sich vorzusehen und zuläßige Sorgfalt zu gebrauchen, dergleichen auch schon von anderer benachbarten Obrigkeit geschehen ist, ein ieder auch in solcher Zeit sich billig in seinen Gewerben moderiret, und dabey die ihme und seinem Hause besorgende Gefahr zu Herzen ziehet: Demnach thut E. E. Rath hiemit kund und verordnen, daß forthin keine Personen oder Güter von der Glückstadt, Krempe, Kremper-Marsch oder umliegenden Orten in dieser guten Stadt, bis auf fernere E. E. Raths Verordnung, und bis sich die Zeit und Läufte daselbst in etwas ändern, eingelassen werden, auch keiner der Orten hin zu Wasser oder Lande handeln oder reisen soll. Wornach sich ein ieder bey Vermeidung ernster willkührlicher Strafe zu richten. Publicatum 7 Aug. Anno 1665.

Affixum am Rathhause, der Börse, Millern-Thor und Niedern-Baum.

CXIII.

CXIII.

Mandat, daß zollbare Waaren gebüh-　1665.
rend verzollet, und keine Umwege zu 15 Aug.
Waſſer oder Lande geſuchet werden
ſollen.

E. E. Rath thut allen dieſer Stadt Bürgern
und Einwohnern, ſie ſeyn Kaufleute, Schiffere oder Factoren, hiemit ernſtlich gebieten, die
zollbaren Waaren gebührend zu verzollen, und
desfalls ſich alles Unterſchleifs gänzlich zu enthalten, auch dem Zoll zum Schaden und Nachtheil keine Umwege zu Waſſer und Lande zu ſuchen
oder zu befahren; mit der Verwarnung, da iemand
dagegen gehandelt zu haben betroffen werden ſollte,
daß er nichts deſtoweniger den verfahrnen See-
und Land-Zoll erlegen, auch noch dazu in ernſte
willkührliche Strafe genommen, und darauf gegen ihn prociret werden ſoll. Wornach ſich ein
ieder zu richten und für Schaden zu hüten.
Publicatum 15 Auguſt Anno 1665.

Affixum auf dem Zollen.

CXIV.

Mandat, daß die von England, Emden 1665.
und Norden kommenden Schiffe, wegen 7 Sept.
der allda eingeriſſenen Peſt, zwiſchen
dem Baum und Neumühlen die Quarantaine halten ſollen.

Nachdem die Erfahrung bezeuget, wasmaaſſen
im Königreich Engeland, inſonderheit der
P 2　　　　Stadt

1665. Stadt London, wie auch zu Emden und Norden, die Infection und Peſtilenz ſehr eingeriſſen, und doch von dannen viel Perſonen und Güter in bedeckten Schiffen, darinn keine freye Luft iſt, recht zu anhero kommen; dannenhero E. E. Rath billig bewogen, zu Verhütung beſorgter Gefahr die Verordnung zu machen, welche von chriſtlichen Potentaten und Obrigkeiten, ſich und die Ihrigen von klebenden Krankheiten nächſt göttlicher Hülfe in was zu präſerviren, gemacht zu werden pflegen; um je mehr, weil auch ſchon = = = = und Bedrohungen von andern Orten anhero kommen, daß, im Fall ſolche Verordnung allhier von E. E. Rathe nicht gemacht würde, dieſer guten Stadt Schiffe und Leute in ihre Häven nicht mehr eingelaſſen werden ſollten: Demnach thut E. E. Rath hiemit verordnen und ernſtlich gebieten, daß keines aus England oder von Emden und Norden kommendes Schiff ſich recta zur Stadt machen, ſondern zwiſchen dem Baum und E. E. Raths Tonnenboyer oder Neumühlen zuvor ſetzen, und daſelbſt Quarantaine, ehe Güter oder Menſchen daraus in die Stadt kommen, halten ſoll, als lieb ihm iſt, ſchwere willkührliche, auch nach Befindung Leib= und Lebens=Strafe zu vermeiden. Wornach ſich ein ieder zu richten und für Schaden zu hüten. Publicatum 7 Sept. 1665. Angeſchlagen auf dem Baum.

1665. Mandat, daß niemand Raketen oder einig ander Feuer=
10 Oct. werk innerhalb den Ringmauren anzünden, noch aufgehen laſſen ſoll. ſ. 28 Aug. 1667.

Man=

Abermals erneuertes Mandat gegen die fremden Wer- 1665.
bungen. ſ. 1666. 19 Oct.   24 Nov.

Mandat, daß niemand fremde allhier reſidirende Na- 1666.
tionen mit Worten und Werken beſchimpfen ſoll. 16 Jan.
ſ. 1670.

Erneuertes Vorhöckerey-Mandat von 1652. 20 Febr. 1666.
ſ. ſ. 1676. 15 Dec.   20 Feb.

Wiederholte Anerinnerung, daß man das Peſthaus vor 1666.
dem Millern-Thor mit milden Gaben unterhalten hel- 25ſten
fen ſoll. ſ. oben Nr. LXV. Art. 12. Nr. LXXXI. März.
XCI. CVI. und unten 1676.

CXV.

Wiederholter Befehl vom 18 April 1665, 1666.
an die Piloten-Schiffer, wegen des 3 May.
Orts, wo ſie kreuzen und liegen ſollen.

Ein Ehrb. Rath thut den beyden Piloten-Schif-
fern hiemit alles Ernſtes nochmals befehlen,
daß ſie den ankommenden Schiffen zu Dienſte vor
der Elbe und im Anfange der See fleißig kreuzen,
im Haven aber oder auf der Rehde des heiligen
Landes ohne Noth nicht ankehren noch liegen ſollen, bey ernſter willkührlicher Strafe. Wornach
ſie ſich zu richten. Actum Hamburg den 3 May
Anno 1666.

CXVI.

Erneuertes Mandat vom Octob. 1659.
daß niemand Getreide oder andre
Kaufmañſchaft zollfrey ausverkaufen
und für Bürger=Gut angeben ſolle.

Nachdem E. E. Rath in Anno 1659 im
October ein Mandat bey Pön der Conſiſcation publiciren laſſen, dahin gerichtet, daß dieſer
Stadt Bürgere und Kaufleute kein Getreide zollfrey ausverkaufen ſollen; und dann verſchiedene
Klagen eingekommen, daß nicht allein wider be-
ſchehenen Verbot das Getreide, beſondern auch
allerhand Kaufmannſchaft zollfrey ausverkaufet
und für Bürger=Gut angegeben wird, welches
den Zollen zum merklichen Nachtheil gereichet,
und dannenhero keinesweges weiter zu gedulden:
Als will E. E. Rath hiemit nochmals, bey Pön
der Confiſcation, dieſer Stadt Bürgere und Kaufleute erinnert und ihnen ernſtlich geboten haben, daß
hinfüro ſich keiner unterſtehen ſoll, nicht allein
kein Getreide, beſondern auch keine andere Güter
und Waaren, wie die immer Namen haben mögen, zollfrey auszuverkaufen, ſondern daß alle
Waaren von dem Verkäufer ſelbſten, oder auf
den Namen deſſen, deme ſie zugehören, wenn ſie
ausgehen, gebührlich verzollet und angegeben
werden ſollen. Wornach ſich ein ieder zu richten
und für Schaden zu hüten. Actum & decretum
in Senatu publicatumque ſub ſigneto d. 25 Maji
Anno 1666.

Affixum am Rathhauſe, Börſe, Baum und
Zollen.
                                          Man:

Mendat, daß niemand nach besetzter Wacht einig Feuer-   1666.
Rohr, auch Stücke, es sey groß oder klein, lösen   23 Jul.
oder abbrennen soll. s. 1667. 28 Aug.

CXVII.

Zwey Mandate wegen Herbeyschaffung 1666. der aus den verbrannten Schiffen bey 28 Aug. Neumühlen geborgenen Güter.

Demnach männiglichen bekannt, welchergestalt
neulicher Tagen einige Schiffe ohnfern dieser Stadt verunglücket, davon doch nachgehends
unterschiedliche Güter gesalviret und geborgen
worden, und man dann vermuthet, daß von selbigen Gütern einige anhero gebracht und verheeh-
let seyn möchten: Als will Ein Ehrb. Rath allen
und ieden dieser Stadt Bürgern, Einwohnern und
Unterthanen, auch männiglichen hiermit ernstlich
befohlen haben, daß ein ieder, so von sothanen aus
den verunglückten Schiffen geborgenen Gütern
etwas gesalviret, oder bey sich haben möchte, solches bey willkührlicher Strafe ohnverzüglich bey
dem Herrn Gerichts-Verwalter anmelden, und
von den Eigenthümern desselben gebührliches
Berglohn zu erwarten haben; derjenige aber, der
es nicht angiebet, seines Berglohns verlustig seyn,
und demjenigen, der es anmeldet und entdecket,
gegeben werden solle.   Wornach sich ein ieder zu
richten.   Actum & decretum in Senatu publicatumque sub signeto 28 Augusti Anno 1666.

Angeschlagen am Rathhause, der Börse, Millern-Thor, Niedern- und Obern-Baum.

Nach-

1666.
1 Sept.

Nachdem aus denen jüngsthin auf der Elbe verunglückten und in Brand gekommenen Schiffen unterschiedliche Güter, insonderheit auch Len-
wand, geborgen, weswegen E. Ehrb. Rathe von
den Eignern desselben Klagen vorgebracht, ob
würde verschiedenes Gut verschwiegen, solches
aber sich in keine Wege gebühret: Demnach thut
E. Ehrb. Rath männiglichen hiemit vermahnen
und ernstlich gebieten, daß ein ieder, so etwas
von solchen Gütern geberget, oder geborgen zu
seyn Wissenschaft hat, solches, sowol der es geberget, gegen ziemliches Berg=Geld ungesäumt
herausgeben, als der von gebergten Gütern Nach=
richt weiß, solches gleichfalls unverzüglich bey
dem Herrn Gerichts=Verwalter anmelden soll;
mit dem Anhange und Verwarnung, woferne iemand diesem Mandate nicht nachgekommen zu
seyn überwiesen werden sollte, daß wider denselben mit willkührlicher Strafe alles Ernstes ver=
fahren werden soll. Wornach sich ein ieder zu
achten und für Schaden zu hüten.

Abgekündiget in den Haupt=Kirchen, zum
Dohm und zu St. Jürgen, den 1 Sept. 1666.

CXVIII.

1666.
3 Sept.

Ordre für Capitain Marten Holste.

Es wird Capitain Marten Holste, und in dessen
Abwesenheit sein Lieutenant, Wolter Ton-
niessen, hiemit befehliget, fördersamst in seiner
Galliotte, nachdem er sie mit behufigen Matro-
sen versehen, 20 oder 25 Soldaten, so viel er
lassen

lassen kann, einzunehmen, und sich damit unge- 1666.
säumt die Elbe hinunter zu begeben; sollte sich
aber mit keinen andern Schiffen, von was Parthey
sie auch seyn, conjungiren.   Sollte er dann daselbst ein oder mehr bewehrte und von hier ausge-
rüstete Chaloupen auf dem Strom antreffen, soll
er von denselben anfänglich ihre Ordre fordern,
und sie vermahnen, keine Thätlichkeit auf der Elbe
vorzunehmen, sondern bey ihme zu bleiben und
herauf zu kommen, da sie aber solches nicht wollen, sich bey ihnen zu setzen, auf ihre Actiones
acht zu geben, und keine Gewalt auf der Elbe zu
gestatten, sollten sie aber sich nicht auf den Strom,
sondern etwa an Bremische oder Holsteinische
Seite geleget haben, soll er sich ohngefehr bey selbige setzen, und, da sie fortgingen, bis auf Cux-
haven folgen, und solches so lange continuiren,
bis er davon an E. E. Rath berichtet, und fernere
Ordre erhalten.   Signatum 3 Sept. Anno 1666.

CXIX.

Wiederum erneuertes Mandat gegen die 1666.
    fremden Werbungen, von 1655, 1661 19 Oct.
    und 1665.

Nachdem Ein Ehrb. Rath in Erfahrung ge-
    kommen, daß, dem zu Münster und Osna-
brück getroffenen Friedens-Schluß zuwider, einige
fremde Officiers sich unterstehen sollen, einige Werbung in dieser guten Stadt vorzunehmen, wodurch
dieser Stadt allerhand Unlust und Weitläuftigkeit

zu

1666. zu beforgen, deme vorzukommen, und daß, fo viel
möglich, in diefer guten Stadt und dero Gebiete
alle Veranlaffung zu beforgender Unruhe abgefchaffet, und bürgerlicher Friede und ftilles Leben
darinn befördert werden möge: Als will E. Ehrb.
Rath hiermit alle fremde Werbung in diefer guten Stadt und dero Gebiete allerdings und bey
ernfter willführlicher Strafe verboten, caßiret und
aufgehoben, wie auch allen Wirthen und Gaftgebern darauf ernftlich geboten haben, daß keiner
einige Werber, groß oder klein, haufen oder herbergen, viel weniger das geworbene Volk einnehmen oder bewirthen, fondern vielmehr alle Werbung, fo bald fie eine allhie in der Stadt oder dero
Gebiete vermerken, Einem Ehrb. Rathe entdecken
und anmelden, alle fremde Knechte auch fich innerhalb drey Tagen, nach Verkündigung diefes,
aus diefer Stadt und dero Gebiete begeben follen;
alles bey ernfter willführlicher Strafe. Wornach
fich ein ieder zu richten und für Schaden zu hüten.
Decretum in Senatu publicatumque fub figneto
16 Febr. Annp 1655. Renovatum d. 6 May
Ao. 1661 mutatis notatis. Item 24 Nov. 1665.
& 19 Octob. 1666. Publ. bey öffentlichem
Trommelfchlag.

Die Erneuerung diefes Mandats im Jahre 1661 lautet,
wie folget:

"Nachdem Ein Ehrb. Rath in Erfahrung gekommen,
"wasmaaffen fich in diefer guten Stadt viele fremde Of-
"ficiers und Soldaten befinden, auch einige Werbung,
"denen hiebevor publicirten Mandaten, infonderheit dem
"zu

"zu Münster und Osnabrück getroffenen allgemeinen 1666.
"Friedens-Schluß zuwidern, tentiret werde: Als will ꝛc. „

Im Jahre 1665 lautet es folgendergestalt:

"Nachdem denen hiebevor publicirten Mandaten zu-
"widern, fremde Werbungen in dieser Stadt vorgenom-
"men werden, so doch aus bewegenden Ursachen nicht zu
"gedulden: Als will ꝛc. „

Schoß-Mandat. s. 1670. 8 Dec.   1666.
                                                                 9 Dec.

Mandat, daß niemand an der Elbe liegendes Holz steh- 1666.
len soll. s. 1703. 13 Apr.   21 Dec.

CXX.

Mandat, daß niemand auf den Gassen 1666.
bey Abendzeit in Compagnie singen 23 Dec.
oder spielen, noch weniger mit dem
Stern herumgehen soll.

Nachdem das unnöthige Singen und Instru-
menten-Spielen in Compagnie auf den Gassen von muthwilligen Bettlern und Vaganten
sehr gemißbrauchet, auch daburch zu Zeiten allerhand Bosheit veranlasset wird, dann auch um
Weihnachten und das Fest der heil. drey Könige
sowol erwachsene Personen als kleine Knaben das
Christ-Kindlein bishero ausgekleidet, und sonsten
mit dem Stern auf den Gassen herum und in die
Häu-

1666. Häuſer gegangen, ſolches aber zu Zeiten gleich=
falls zu vielen Unordnungen, auch Aergerniß ge=
mißbrauchet worden iſt: Als thut E.E. Rath män=
niglichen hiemit gebieten, daß keiner hinfüro bey
Abends zeit auf den Gaſſen in Compagnie herum=
gehen und ſingen oder ſpielen ſoll, auch niemand,
er ſey groß oder klein, ihme unterſtehen ſoll, gegen
bevorſtehende Weihnachten und heil. drey Kö=
nige ſich auf den Gaſſen als ein gekleidetes Chriſt=
Kindlein, oder mit dem Stern, es geſchehe vor oder
nach dem Feſte, ſehen zu laſſen, mit dem Anhange
und Verwarnung, woferne iemand darwider han=
deln und darüber betreten werden ſollte, daß der=
ſelbe von der Nachtwache angegriffen, in die Corps
de Guarde gebracht, und ſonſten nach Befindung
mit willkührlicher Strafe beleget werden ſoll.
Wornach) ꝛc.

Abgekündiget in allen Kirchen den 23 Dec.
1666.

────────

1667. Erneuertes und extendirtes Mandat vom 23 Jul. 1666.
28 Aug. daß niemand Musqueten oder andere Feuerröhre in
der Stadt weder bey Tage noch Nacht löſen, noch
Raketten ſteigen laſſen ſolle. ſ. 1676. 24 Jun. und
1730. 9 Oct.

1667. Erneuertes Mandat gegen die Schwein=Kaven in der
4 Oct. Stadt. ſ. 1690. 23 April.

CXXI.

CXXI.

Mandat, daß niemand fremde Münzen 1667. 25 Oct.
pachten, fremde Schillinge herein
führen, solche in Bezahlung ausbieten
oder annehmen soll.

Nachdem die ausserhalb der Stadt geschlagene
Schillinge sich allhie in dieser guten Stadt
sehr häufen, hingegen die Reichsthaler, auch halbe
und Orts-Reichsthaler sich sehr verlieren; dann
auch E. E. Rath in Erfahrung kommen, daß einige dieser Stadt Bürgere und Einwohnere einige
Münzen in der Fremde verpachtet haben, dahin
sie gute Reichsthaler führen, und daß daraus allerhand kleine fremde Münze, insonderheit gemeldte Schillinge, haufenweise geschlagen und
wieder in diese gute Stadt einführen lassen;
solches aber einem Kipper-Wesen nicht ungleich
und nicht zu gedulden: Als thut Ein Ehrb. Rath
hiemit erinnern, vermahnen und ernstlich gebieten,
daß kein Bürger oder Einwohner einige fremde
Münzen verpachten, dann, daß keiner, er sey
Einheimisch oder Fremder, einige fremde Schillinge in die Stadt einführen soll. Mit dem Anhange und ernster Verwarnung, daß, wer solche
verbotene Verpachtung fremder Münzen thut, derselbe alles Ernstes willkührlich gestrafet, und daß
alle fremde Schillinge, so in diese gute Stadt
eingeführet werden wollen, und an Thören und
Bäumen ertappet werden, nebenst gebührender
Strafe,

1667. Strafe, confisciret werden sollen. Dann gebietet auch E. Ehrb. Rath, daß ein ieder, vermöge Rath= und Bürger=Schlusses vom 18 Septemb. sich gemeldter fremder Schillinge entschlagen, und niemand dieselben in Bezahlung entweder ausbieten oder annehmen soll. Wornach sich ein ieder zu richten und für Schaden zu hüten.

Abgekündiget in allen Kirchen, und angeschlagen in allen Thören und Bäumen den 25 Oct. Anno 1667.

CXXII.

1667. **Anzeige, daß zum Behuf der aufwerts**
15 Dec. **fahrenden Schiffer Armen in den**
Kirchspielen gesammlet werden soll.

Nachdeme von Alters her beliebet, daß für die Armen der aufwerts fahrenden Schiffer in denen Kirchspielen St. Petri, St. Nicolai, St. Catharinen und St. Jacobi, wie auch zu St. Jürgen, gesammlet werden soll, und dann die aus der Brüderschaft dazu erwehlte, dem Herkommen gemäß, die bevorstehende Woche allsolche Sammlung vornehmen und verrichten werden: Als thut E. Ehrb. Rath männiglichen hiemit vermahnen, sich nicht allein gegen diejenigen, so sich mit all solcher mühseligen Sammlung beladen lassen, bescheidentlich, sondern auch vornehmlich gegen die Armen mildiglich zu bezeigen; solches wird Gott der Allmächtige einem ieden reichlich wiederum vergelten, und werden es die nothleidenden Armen

mit

mit ihrem andächtigen Gebete zu Gott zu ver- 1667.
schulden sich befleissen ꝛc.

Abgekündiget in den Kirchspielen St. Petri,
St. Nicolai, St. Catharinen, St. Jacobi und
St. Jürgen den 15 Decemb. Anno 1667.*

CXXIII.

Mandat, daß niemand fremd Brod und 1668.
Mehl hereinbringen und hier verkau- 31sten
fen, auch gegen die zur Aufsicht dar- März.
über gesetzte Diener sich vergreifen solle.

Nachdem E. E. Rath viele Klagen vorgekommen, welchergestalt unterschiedliche, sowol
fremde als einheimische Personen, sich unterstehen
sollen, denen zu verschiedenen malen dißfalls publicirten Mandaten ungeachtet, fremd Brod, wie
auch Rocken- und Weitzen-Mehl in diese Stadt
hereinzubringen, solches in ihre Häuser auf- und
anzunehmen, und theils heimlich, theils auch öffentlich auf den Gassen auszufeilschen und zu verkaufen, wodurch sowol diese gute Stadt an dero
Matten-Intraden, als auch die Becker an ihrer
täglichen Nahrung und Unterhalt würklich geschmälert und gekürzet werden, und dann solches
nicht zu gedulden: Als will E. E. Rath hiermit
männiglich gewarnet und ernstlich geboten haben,
daß niemand einig fremd Brod oder Mehl in dieser

---

* Diese Sammlung geschiehet noch alljährlich.

1668. ſer Stadt Thöre oder Bäume zu Waſſer und
Lande hereinbringen, noch ſelbiges zu behauſen,
oder wieder zu verkaufen, wie auch gegen Eines
Ehrb. Raths Diener, oder den, weme ſonſten
von E. E. Rath hierauf Achtung zu geben erlau=
bet und anbefohlen worden, weder mit Worten
noch Werken zu beleidigen und zu vergreifen ſich
unterſtehen ſolle; mit der ernſtlichen Verwarnung,
woferne iemand dawider handeln, oder auch Eines
Ehrb. Raths Dienern in ihrer anbefohlnen Auf=
ſicht und Execution Hinderung thun würde, daß
alsdann von denenſelben ſolches Brod und Mehl
nicht allein confiſciret, ſondern auch gegen die
Verbrechere und Freveler mit ernſter willkührli=
cher Strafe verfahren werden ſoll. Imgleichen
wird auch hiemit allen und ieden E. E. Raths an
Thören und Bäumen beſtallten, wie auch denen
andern Bedienten, welchen die Aufſicht hierauf
zu haben zuſtehet und gebühret, ernſtlich unterſa=
get und befohlen, hierinn fleißige Aufſicht zu ha=
ben, mit der angehängten Comination und Be=
dräuung, daß, im Fall iemand desfalls nach=
läßig und ſäumig befunden werden möchte, der=
ſelbe alsdann mit ernſter willkührlicher Strafe
angeſehen und beleget, auch, nach Befindung, ſei=
nes Dienſtes entſetzet werden ſoll. Wornach ſich
ein ieder zu richten und für Schaden zu hüten.
Actum & decretum in Senatu publicatumque
ſub ſigneto d. 31 Martii Anno 1668.

_____

Revidirte Pilotage-Ordnung. f. 1719. 17 Febr.   1668.
23 Apr.

Mandat gegen die fremden Copulationes inn- und ausser-   1668.
halb der Stadt.*   31sten
May.

* Dieses Mandat kömmt wörtlichen Inhalts mit dem
Mandat von 1640. 19 Jan. (f. oben Nr. XVI.)
überein, so wie es auch am 12 Aug. 1691 u. f. ist
wiederholet worden.   Nur ist in diesem das Verbot
namhaft annoch mit eingerückt, "daß, nachdem E. E.
"Rath glaubwürdig hinterbracht worden, ob sollten
"einige fremde Prediger sich unternehmen, in dieser
"Stadt einige Personen, welche sich bey ihnen ange-
"ben, heimlich zu copuliren und zusammen zu geben,
"solches, weil es sowol der hiesigen Kirchen-Ord-
"nung zugegen läuft, als auch eine Unordnung nach
"sich ziehet, nicht zu gedulden sey rc.„

Reitendiener-Schragen. f. 1686. u. f. 1746. 29 Jun.   1668.
3 Jun.

Mandat, daß die Kaufmanns-Güter recht verzollet und   1668.
auf dem Zoll-Zettel richtig specificiret, auch gemachte   20 Jun.
Eisenwaaren, Ammunition und Gewehr allemal
angegeben werden, imgleichen auch die aufwärts
fahrenden Schiffer ihre Schiffs-Zettel von dem Schauenburgischen Zoll abfordern sollen. f. 1688. 20 Jun.

Mandat, daß niemand anhero destinirtes Korn unterwe-   1668.
gens auf der Elbe, oder, nachdem es hier angekommen,   24 Jul.
in den Fletßen aufkaufen solle. f. 1699. 15 May.

Erster Theil.   Ω   CXXIV.

CXXIV.

1668. Ordnung, wie es mit Verzoll= Meß= und
3 Aug. Tragung des Spaniſchen, Franzöſi=
ſchen und Schottiſchen Salzes gehal=
ten werden ſoll.

Nachdem E. E. Rath von denen ſämmtlichen mit
Salz handelnden Kaufleuten den 16 April
Anno 1668 klagend vorgebracht, wasgeſtalt in
Verzoll= Meß= und Tragung des in dieſer guten
Stadt ankommenden und ausgehenden Spaniſch=
Franſch= und Schottiſchen Salzes eine geraume
Zeithero groſſe Unordnung vermerket worden: Als
hat E. E. Rath durch die pro tempore deputirte
Herren der Wette folgende Ordnung deshalber
abfaſſen, dem verordneten Korn= Verwalter die
Aufſicht befohlen, und zu eines jedweden Nach=
richt publiciren laſſen wollen.

1. Es ſoll die Zahl der Meſſer des groben Sal=
zes nicht höher als drey, und der Träger nicht
über zwölf ſeyn.

2. Im Fall vorgeſetzte Zahl der Meſſer und
Träger zu ſchwach fallen, auch einige derſelben
verſterben würden, ſoll ſolches den p. t. deputirten
Herren wiſſend gemacht, und von ihnen, dem
Herkommen zufolge, die entweder ſich zu ſchwach
befindende Zahl vergröſſert, oder die ausgeſtor=
bene Stellen wieder beſetzet werden.

3. Die

3. Die von hochermeldten Herren eingesetzten 1668.
Messer oder Träger sollen bey Ablegung des Eydes
dem Verwalter seine Gebühr, als 3 Mark, unweigerlich entrichten.

4. Diejenigen, so die Ordnung treffen wird,
sollen sich zu rechter bestimmter Tages-Zeit vor
des Verwalters Thüre einfinden, oder im widrigen denen folgenden auf die Arbeit zu gehen befehliget, und die Säumigen oder gar Ausblei-
benden von denen deputirten Herren, auf Andeu-
tung des Verwalters, gebührendermaassen in
Strafe genommen werden.

5. Daferne sich iemand unterstehen würde, einen Tagelöhner ohne Consens des Verwalters an
seiner Stelle auf die Arbeit zu senden, soll er mit
Geldbusse willkührlich beleget werden.

6. Betreffend den Lohn der Messer, soll ihnen
für iede Last auf- und abzumessen, wie auch zu stür-
zen, es sey im Lüchter, Prahm oder Packraum, in
der Stadt 12 ß, in Altona und Neumühlen 14 ß,
zu Wittenbergen 16 ß, und dem Verwalter für
iede Last 2 ß gegeben werden.

7. Die Träger sollen kein Biergeld fodern,
sondern sich mit ihrem gesetzten Arbeits-Lohn vergnügen lassen, und da hierüber Klage vorfallen
sollte, nicht allein das übrig genommene wieder
herausgeben, sondern überdem gestrafet werden.

1668.   8. Wann eine kleine Hauer vorfallen ſollte,
ſollen die dazu gefoderten Meſſer und Träger, Strei-
tigkeit unter ihnen zu verhüten, ohne einige Widerrede nach ihrer Ordnung zur Arbeit gehen.

9. So ein Kaufmann ein, zwey, drey oder mehr
Prahmen mit Salz, oder ſonſt eine groſſe Parthey,
in eine Schute, Lüchter und dergleichen auftragen, und die geſammten Meſſer und Träger dazu
fodern lieſſe, ſollen ſelbige ſich ſtündlich von dem
Verwalter zur Arbeit ſich zu verfügen, befehliget
werden, bey Strafe.

10. Da ein Kaufmann die völlige Ladung des
Salzes nicht aufbringen, ſondern den Reſt im
Schiffe unverkauft liegen lieſſe, und denen Meſ-
ſern und Trägern ihren verdienten Lohn entrichten,
ſollen ſelbige dem Verwalter ſolches alſobald berichten, und nach Kauf- oder Verkaufung ermeldten Reſtes diejenigen, welche alsdann die
Ordnung treffen wird, aufzutragen gehalten ſeyn,
bey Strafe.

11. Täglich ſoll einer der Meſſer Relation von
ſelbigen Tages gethanen Arbeit thun, auch wohl
acht geben auf den rechten Namen des Lieferers
und Empfängers.

12. Nach verrichteter Arbeit ſollen die Stürz-
und Meß-Tonnen in des Verwalters Hauſe wieder geliefert, und ohne ſein Wiſſen nicht daraus
geholet werden.

13. Der

13. Der Rolle nach sollen sich die Träger ge= 1668.
mäß erzeigen, und da etwan einige neugesetzte
Packräume sich finden würden, sollen selbige von
den deputirten Bürgern und Verwalter besichti=
get und gehörigermaassen tarifet werden.

14. Es sollen auch die Messer und Träger ge=
gen die Kaufleute sich bescheidentlich erzeigen, auch
unter ihnen bey der Arbeit, oder wo sie sonsten
zusammen seyn, fein friedsam sich begehen, inson=
derheit aber gegen den p. r. Verwalter in allem,
was dieser Ordnung einverleibet und wörtlich ver=
meldet, sich iederzeit willig und gehorsamlich be=
zeigen, auch gegen ihn sich aller Schmäh= Schimpf=
und Scheltworte gänzlich enthalten, bey ernster
Strafe.

15. Alle einheimische und ausländische Schif=
fer sollen deß ein= und ausführenden Salzes hal=
ber gebührendermaassen den von dem Verwalter
abgefoderten Frey-Zettel auf den Baum zu liefern
gehalten seyn.   Actum & decretum in Senatu
publicatumque sub signeto d. 3 August. A. 1668.

CXXV.

Mandat wegen der Contagion zu 1668.
Rouan und in der Stadt Oldenburg. 14Aug.

Demnach E. Ehrb. Rath glaubwürdig berich=
tet, daß die leidige Seuche der Pestilenz
(dafür der allerhöchste Gott uns allerseits in

Gna=

1668. Gnaden behüten wolle!) zu Rouan in Frankreich,
wie auch in der Stadt Oldenburg und etzlichen
der benachbarten Dörfer ſich eräuget, und mehr
und mehr um ſich frißt, und dannenhero E. E.
Rath der Stadt Bremen die Verordnung gemacht,
daß keiner ohne Atteſtation, von geſunden Oertern
gekommen zu ſeyn, hineingelaſſen werden ſolle;
ſo hat E. Ehrb. Rath für nöthig erachtet, ſolches
dieſer Stadt Bürgern, Einwohnern und Unterthanen, auch männiglichen zu notificiren, auf daß
ein ieder, welcher nach Bremen und deren Orten
zu reiſen gemeinet, mit einem Geſundheits-Brief
unter hieſigem Stadt-Siegel ſich verſehe, und alſo
in ſeinen Reiſen nicht gehindert, und aus Bremen
und dero Gebiete gehalten werden möge. Damit
aber auch bey ſothaner Bewandniß dieſe gute
Stadt und dero Angehörige von ſolcher klebenden
Seuche und ſchweren Plage (ſoviel, nächſt einem
inbrünſtigen Gebet zu Gott, menſch- und möglich)
befreyet bleiben möge, ſo aber leicht, wie die Erfahrung bezeuget, durch fremde von ſolchen inficirten Orten hereinkommende, wie auch zu Waſſer und Lande zugeführte Güter cauſiret werden
kann: Als will E. Ehrb. Rath, aus obrigkeitlicher Vorſorge, deme vorzukommen, hiemit verordnet und ernſtlich geboten haben, daß kein Schiff,
von obbemeldten Oertern Rouan und Oldenburg
kommend, ſich recta zur Stadt machen, ſondern
zwiſchen den Bäumen und Eines Ehrb. Raths
Tonnenboyer oder Neumühlen zuvor ſetzen, und
daſelbſten Quarantaine, ehe Güter oder Menſch
davon in die Stadt kommen, halten ſoll, als lieb
ihme

ihme ist, schwere willkührliche, auch nach Befin=   1668.
dung Leib= und Lebens-Strafe zu vermeiden.
Wornach sich ein ieder zu richten und für Scha=
den zu hüten.

Affixum an den Bäumen, Rathhause und
Börse den 14 August Anno 1668.

CXXVI.

Münz-Mandat, besonders daß niemand   1668.
Reichs-Münzen aus dem Reich, oder 14 Aug.
auf fremde Münzen, zur Schmelz= und
Brechung führen, noch fremde Münze
hereinführen, weniger solche pachten
oder sie hier auswechseln soll.

Nachdeme E. E. Rath vielfältige Klagen vor=
gekommen, auch ohnedem die tägliche Er=
fahrung bezeuget, daß sich in dieser Stadt Leute
finden, welche die silberne Reichs-Münze, als
ganze und halbe Reichsthaler, theils von hier aus
dem Reiche, theils aus der Stadt auf fremde
Münzen führen, und daselbst schmelzen und bre=
chen lassen, die Münzung der fremden kleinen
Münz-Sorten anderswo verpachten, sothane kleine
Münz=Sorten häufig hereinführen, und als
Wechsler allhier wiederum auswechseln; solches
aber denen Reichs-Satzungen zuwidern, und dem
gemeinen Besten höchst präjudicirlich, auch der
Stadt und gesammter Bürgerschaft in der That
grössern Schaden zuziehet, als iemalen das ärgste

Q 4   Kipper=

1668. Kipper-Weſen mag gethan haben: Als will E. E. Rath ſothane unzuläßige höchſtſchädliche Dinge hiemit gänzlich verboten, und allen Bürgern und Einwohnern dieſer Stadt, auch männiglichen, ſich ſolcher Handel mit einander, und allen dahin zielenden Unterſchleif zu enthalten, ernſtlich geboten haben, mit der angehängten ſcharfen Verwarnung, da iemand, er ſey auch wer er wolle, darauf betreten würde, daß er die Reichs-Münze aus dem Reiche oder zur Schmelz- und Brechung auf fremde Münze führete, oder die Münze der fremden kleinen Münz-Sorten anderswo verpachtete, oder ſothane fremde kleine Münz-Sorten von der Münze in dieſe Stadt führen lieſſe, oder als Wechsler auswechſelte, daß ſowohl die zur Ausführung (es ſey gar auſſern Reiche, oder auf fremde Münze) deſtinirte Reichs-Münze, als die hereingeführte fremde kleine Münz-Sorten, ohne einige Gnade confiſciret, und überdeme die Verbrechere in ernſtliche willführliche Strafe genommen werden ſollen. Da auch iemand von ſolchen verbotenen höchſtſchädlichen Händeln Wiſſenſchaft hätte, oder erlangen, und dem pro tempore älteſten Herrn Gerichts-Verwalter Eröffnung davon thun würde, ſoll nicht allein ſein, des Angebers, Name verſchwiegen, ſondern auch auf die ſothane Anzeige überkommene, dem Fiſco verfallene, ſowol grobe Reichs- als fremde kleine Münze, dem Anzeiger zum halben Theil zugewandt werden. Wornach ſich ein ieder zu richten und für Schaden zu hüten ꝛc. Affixum an Thören, Märkten, Bäumen, Rathhaus, Börſe und andern Orten den 14 Aug. Ao. 1668.   Man-

Mandat, daß die Tonne Bier-Eßig, ſo von fremden 1668.
Orten herein gebracht wird, mit 8 ß vorhero verac- 10 Dec.
ciſet werden ſoll. ſ. 1680. 15 Oct.

CXXVII.

Mandat, daß ſich ein ieder der Bört- 1669.
Ordnung* in der Fracht, Ladung und im Jan.
Abführung der Waaren gemäß bezeigen, und dem Börtmeiſter die Gebühr unweigerlich entrichten ſoll.

Demnach E. Ehrb. Rath Hinrich Wever zum
Börtmeiſter und Aufſeher über die Bört-
Ordnung angenommen und beſtellet, und dann
von vielen Jahren Herkommens, daß dem Börtmeiſter von iedem Schiffe, ſo in der Bört zwiſchen hier und Amſterdam fahren, 3 Mark 12 ß,
wie auch von den Emdern, Groningern, Freſen,
Enkhuſen und andern, wann ſie geladen oder gekaufet von hier gehen, 2 Mark gegeben wird; als
wird einem iedweden geboten, in Entrichtung ſolcher reſpective 3 Mark 12 ß und 2 Mark ſich unweigerlich zu bezeigen. Als auch in der Fracht,
Ladung und Abführung der Waaren einige Unordnung eingeriſſen, ſo ſoll keiner ihm unterſtehen, der deswegen abgefaßten und öffentlich angehängten Bört-Ordnung zuwider, höher Fracht,
als darinnen enthalten, bey Verluſt ſeiner alsdann
habenden Reiſe, zu begehren, wie dann auch

Q 5 nicht

* S. oben Nr. XXXVIII. und C.

1669. nicht einige Kaufmannschaft oder Ladung an
Frachten zu nehmen, er habe sich dann zuvor
bey vorerwehntem unsern Börtmeister angemeldet,
und Bescheid, ob er zugelassen werden könne oder
nicht, erholet. Und so ein Schiffer einige Güter, so kein Rüse-Fracht ist, einnehme und wegführen wolle, wovon die Bört-Leute nichts geladen und einhaben, und solches die Bört-Leute erfahren, und bey dem Börtmeister sich deswegen
beschweren, soll der Börtmeister Macht haben
an dessen Schiff zu fahren, Wache darauf zu setzen,
und denselben dahin zu halten, daß er dem Börtmann oder Buchligger solches Gut überlasse, oder
die Fracht davon zustelle, und solches alles bey
willkührlicher Strafe. Wornach sich ein ieder zu
richten und für Schaden zu hüten. Im Januar
Anno 1669.

CXXVIII.

1669.
8 Jan.
Mandat, daß niemanden in der Banco
ein Folio gegeben werden soll, ehe er
Bürger geworden, oder mit den
Herren und Bürgern accordiret.

E. Ehrb. Rath thut hiermit Einem Ehrb. Kaufmann und männiglichen notificiren, daß
demjenigen, der kein Bürger, oder mit den Herren und Bürgern geaccordiret, hinführo kein Folio
in Banco soll gegeben werden, ehe sie entweder
Bürger geworden, oder mit den Herren und
Bür=

Bürgern geaccordiret. Affixum an der Börſe den 1669.
8 Januar Anno 1669.

Vereinigung zwiſchen E. E. Rath, den Ober-Alten, 1669.
Diaconis und Subdiaconis, die Abſchaffung einiger 18 Jan.
Hoffart und Ueppigkeit in Kleidung betreffend. ſ. die
Note S. 113.

Mandat, daß niemand Wagen oder Schlitten vergul- 1669.
den oder verſilbern, mit Sammit ausfuttern, und 20 Jan.
ſammitne Decken auf Schlitten und Pferde legen
laſſen ſoll. ſ. 1674. 13 Febr. und 1675. 17 Febr.

CXXIX.

Münz-Mandat, inſonderheit daß nie- 1669.
mand Reichs-Münzen aufwechſeln, 3 Febr.
ſchmelzen, auſſerhalb Reichs ausführen, und die verbannte fremde Münze
einführen ſoll; nebſt den Verhaltungs-
Befehlen für die Goldſchmiede u. ſ. f.

Nachdem die Erfahrung bezeuget, wasmaaſſen
die Reichs ganze und halbe, auch Orte und
halbe Orte, auf des Reichs Schroot und Korn
geprägte Thaler, und das gute Geld ſich immer
mehr und mehr verlieret, alſo, daß in vorfallender
Zahlung von Wechſeln und anderer contrahirten
Schuldfällen, ſelbe gegen hohe Lage aufgewechſelt
werden müſſen, ſolches aber daher vornehmlich entſtehet,

1569. ſtehet, daß ſolche gute grobe Reichs-Münze, wie
auch das ungemünzte rohe Silber, auſſer Reichs
in fremde Lande verführet, oder auch häufig aufgewechſelt, in den Tiegel geworfen, zu untauglichen, des Reichs Ordnungs-Gehalt nicht habenden
allerhand geringen Sorten vermünzet, auch von
auſſen ins Reich heimlich eingeführet, alle Lande
damit angefüllet, der gemeine Mann damit betrogen, und die Victualien geſteigert werden; ſolches
aber gerade wider das im Heil. Röm. Reiche
publicirte Münz-Edict de Anno 1559. zuſamt
deſſen Zuſatz und Verbeſſerungen de Anno 1566.
1.570. 1571. 1576. 1582. 1594. 1603. und folgenden ins Reich publicirten Conſtitutionen, auch
dieſer Stadt de Anno 1620. den 25 April publicirten, und nachhero zu mehrmalen renovirten und
publicirten Edicten zum Veracht ſchnurſtracks laufen thut: Dannenhero E. E. Rath ſowol dem
gemeinen Nutzen zum Beſten, als der Röm. Kaiſ.
Majeſt. ernſten Befehlen, in ſpecie de Anno
1576. §. Und inſonderheit mandiren und befehlen Wir ꝛc. auch 1695. §. Darneben ſollen ꝛc.
gehorſamſt nachzukommen, denen der ſäumigen
Obrigkeit darinn angedräueten ſcharfen Pönen
ſich zu entheben, auch dem der Kaufmannſchaft,
Handthierung und Gewerbe daraus bevorſtehen-
dem ferneren Unheil und Schaden zeitig vorzukommen, obrigkeitlichen Amts wegen für nothwendig erachtet, iedermänniglich ſolcher kundba-
ren Reichs- und Stadt-Edicten eindächtig zu
machen, dieſe zu erneuern und zu beſtatten: Als
will E. E. Rath allen dieſer Stadt Bürgern,

Ein-

Einwohnern, Einheimischen und Fremden, nie- 1669.
mand ausgenommen, wes Standes, Wesens,
Nation oder Condition er seyn möchte, absonderlich den Schiffern, Befrachtern, fahrenden Bothen, Fuhrleuten, Everführern, und männiglich,
bey denen in vorbemeldten Reichs-Edicten, Münz-
Ordnungen, Constitutionen, und dieser Stadt absonderlich sich darauf beziehender Edicten enthaltenen verschiedentlichen Pönen, nacherwehnt, untersaget und ernstlich verboten haben, sich alles
Aufwechselns des Reichs silbernen und güldenen
groben Münz-Sorten, Reichs ganzen und halben, auch Orts- und halben Orts-Thalern, imgleichen deren Schmelzungen, auch deren und des
rohen ungemünzten Silbers und Goldes Aus-
führens zu Wasser oder zu Lande, ausserhalb dem
Römischen Reiche, auch der verbotenen und verbanneten fremden Münzen und der geringen Sorten Einführung, es geschehe gleich in Gewerbs-
weise oder anderer Gestalt, bey Pön von Confiscation dessen, so erkundiget wird, auch Verlust
Leibes und Gutes, oder Strafe des Leibes allein,
oder des Gutes allein, ohne allen Respect der
Personen, nach gestalten Dingen unnachläßig
vorzunehmen, sich gänzlich zu enthalten, dafür
auch denenselben kein Sicherheit, Geleit, Schutz,
Schirm noch ichtes anders befriedigen oder sichern
soll, und da er flüchtig würde, an Leib und Gut,
nach Einhalt des Reichs Münz-Edict anzugreifen, iedermänniglich erlaubt seyn wird. Und,
damit solch höchstschädliches und hochstrafbares
Verbrechen um so mehr erkundet und zu gebühr-
licher

1669. licher Strafe kommen möge, wird, kraft obiger
Reichs-Edicte, männiglich, zu dessen Nachricht
und Wissenschaft solch Aufwechseln, Schmelzen
oder Ausführen der Reichs goldenen und silbernen
groben Münz-Sorten, und des rohen ungemünzten Silbers oder Goldes, oder der verbotenen und
verbanneten groben Münze und der geringen kleinen Sorten Aufwechseln, Schmelzen, Ein- und
Verführen kommen möchte, geboten, denen Gerichts-Verwaltern und deputirten Herren solches
alsbald zu regen, anzudeuten und zu vermelden,
da dann dem Ansager von dem Confiscirten der
dritte Theil, oder wenn er am Gute gestraft wird,
von der verwirkten Busse ein aufrechter Drittel
gefolget, und sein Name verschwiegen gehalten
werden soll. Im Fall aber iemand, nach erlangter
Nachricht und Wissenschaft, dieses Verbrechen
in Monats Frist nicht anzeigen, und des hernach
besaget und überwiesen würde, der soll in obbe-
stimmte Pön der zwey Mark löthiges Goldes gefallen, und selbe zu geben pflichtig seyn, daran soll
dem Besager gleichfalls ein drittel Theil gefolget
werden. Ob aber die Goldschmiede Gold oder
Silber zur Nothdurft ihres Handwerks nicht bekommen möchten, so sollen sie dennoch der güldenen und silbernen Münzen ein mehres nicht verbrechen, dann sie zu Verlag ihres Handwerks be-
dürftig, aber in keine Wege für sich oder andere
allhier schmelzen, verkaufen oder verführen, bey
Vermeidung vorgesetzter Pön, sie sollen auch einige güldene oder silberne Münzen nicht brechen,
ohne Vorwissen Unser, der Obrigkeit. Daferne
aber

aber iemand Gold oder **Silber** wollte verschmel= 1669.
zen laſſen, oder der verbotenen fremden und ein=
heimiſchen ungerechten Münzen ſich los machen,
wie dann ſelbe in Kaufen und Verkaufen oder an=
dern Handlungen und Bezahlungen für keine
Werthſchaft ausgegeben oder allhier genommen
werden ſollen, derſelbe ſoll ſolches Gold oder Sil=
ber in dieſer Stadt Münze zu bringen, und
ſchmelzen oder vermünzen zu laſſen, auch die an=
dere grobe ungerechte Sorten auf den Bruch all=
da zu liefern, oder nach ſeinem Werth und Ge=
halt verwechſeln zu laſſen, bey Pön der Confiſca=
tion und Leib= und Gutes ſchuldig und gehalten
ſeyn.   Gebieten darauf allen dieſer Stadt Bür=
gern und Einwohnern, abſonderlich aber allen
Unſeren Officianten, Zöllnern vor den Thören und
auf den Bäumen, auch Zoll-Knechten, Viſitirern,
Beſtätern, Packern, Fuhrleuten, Arbeitsleuten,
Litzenbrüdern, und denen abſonderlich dazu ange=
nommenen Obſervatoren, auch männiglichen, ge=
nauere Acht zu haben, daß kein rohes und gemün=
zetes Gold oder Silber in dieſer Stadt in Bal=
len gepacket, beſtätet oder aufgeladen werde, oder
da ihnen dergleichen verdächtige Packen, Ballen,
Kramfäſſer, Stücke, oder wie es Namen haben
mag, vorkämen, ſelbe ſofort dazu anzumelden,
nicht aufzuladen und zu verführen, ſondern vor
Bäumen und Thören bis auf fernere Verordnun=
gen anzuhalten, bey Verluſt ihrer Dienſten, und
nach obigen Reichs-Pönen an Leib oder Gut, oder
Leib oder Gut allein, ohne Nachſehen zu beſtra=
fen.   Daferne auch iemand Unſerer Bürger, Ein=
wohner,

1669. wohner, oder wer er wäre, einige Münze, Gewinn halber, bestehen würde, soll selbiger in die Reichs-Pön der zehn Mark löthigen Goldes verfallen seyn. Schließlich dann, und damit diesem allen um soviel mehr wirklich nachgesetzet, auch solchem verberblichen Unwesen, so viel möglich, gewehret werden möge, als seyn zu Executoren dieses Edicti und respective Mandati, neben den p. t. Gerichts-Verwaltern, zwey Raths-Personen, als Herr Diederich Moller, Lt. und Herr Diederich Bas-mer, insonderheit deputiret und verordnet, welche hierbey samt und sonders nicht allein gebührliche Nachforschung, Amts halber, anstellen, sondern auch die Personen, so diesfalls iemanden, welcher hierwider gehandelt, anzugeben gemeinet, hören, und denenselben ihre gebührende Recompens und Gewinn von solcher Münze, so betroffen und con-fisciret werden möchte, werden wiederfahren lassen. Wornach sich ein ieder zu richten und für Scha-den zu hüten. Actum & decretum in Senatu publicatumque sub signeto den 3 Februar Anno 1669.

1669.
19 Feb.
Mandat, daß die Brauer, nach aufgehobenem Reihe-Brauen, nach ihrer Bequemlichkeit und altem Ge-brauch brauen sollen, ist in den neuen Brau-Ord-nungen wiederholet, und die Freyheit immer weiter erstrecket.

Man

Mandat, daß niemand fremde heruntergesetzte Schillinge 1669.
und Sechslinge, die allhier vorhanden, höher als für 21 Feb.
6 und 3 ₰ ausgeben und in Bezahlung annehmen,
sie aber weiter nicht hereinzubringen sich unterstehen
soll. s. 23 Octob. d. J.

CXXX.

Mandat, daß niemand falsche Ducaten 1669.
weiter ausbringen, oder anderswo März.
verführen, und ein ieder die davon
vorhandenen den Herren Gerichts-
Verwaltern ausantworten soll.

Demnach Land- und Stadtkundig, wasmaaßen
einige falsche einzelne und doppelte Ducaten
von neben angehefteten Prägen eine Zeithero unter
die Leute gebracht, und zu besorgen, daß selbige
weiter verführet, und der Betrug einem ieden
nicht kund werden mögte: Als thut E. E. Rath
männiglichen verbieten, selbe nicht weiter auszu-
bringen, oder anderswo zu verführen, bey hoher
willkührlicher Strafe. Daferne aber iemand selbigen Schlages bey ihm hätte, derselbe soll schuldig seyn, innerhalb 48 Stunden den Herren
Gerichts-Verwaltern auszuantworten, und soll
selbigem hingegen auf eingenommenen Bericht an
Hand gegangen werden. Wornach rc.
    Affixum an der Börse und Rathhause im März
Anno 1669.

Erster Theil.   R   Man-

1669.
28ſten
May.

Mandat, daß die Kaufmanns-Güter, ſo nach Harburg verſendet werden ſollen, durch hieſige Krahn-Ever-führer überführet werden ſollen. ſ. oben Nr. XC. und unten 1701. 4 März.

CXXXI.

1669.
19 Jul.

Mandat, daß die Landleute in Ochſen-werder, Tatenberg, Spadenland und Mohrwerder keine Vorkäuferey mit Fiſchen treiben, und keine andere, als die ſie daſelbſt gefangen, in die Stadt bringen ſollen.

Demnach E. Ehrb. Rath klagend an- und vor-gebracht, wasgeſtalt die Landleute in Och-ſenwerder, Tatenberg, Spadenland und Mohr-werder ſich unternehmen, Vorkäufere zu agiren, und mit allerhand Fiſchen, ſonderlich aber mit Lachſen, Kaufmannſchaft zu treiben, alſo, daß ſie die Fiſche von andern an ſich handeln und kau-fen, und hernach dieſelben anhero in die Stadt zu Markte bringen und aufs theuerſte wieder verkau-fen, welches denn nicht allein den Fiſchern in ih-rem Amte ein groſſer Eingriff iſt, und ihren alten Gerechtigkeiten zuwidern läuft, ſondern auch der ganzen Bürgerſchaft zum Schaden und Nachtheil gereichet, indem die Fiſche durch ſolchen Vorkauf ſehr theuer werden: Als will E. E. Rath hiemit allen Landleuten ernſtlich und bey willkührlicher

Strafe

Strafe verboten haben, sich solcher Handlung und. 1669. derogleichen Vorkauf gänzlich zu enthalten, und keine andere Fische mehr in die Stadt zu bringen, als sie selbst gefangen haben. Wornach sich ein ieder zu richten und für Schaden zu hüten. Actum & decretum in Senatu d. 19 Jul. 1669.

Abgelesen in der Ochsenwerder Kirche den 24 Jul. e. a.

CXXXII.

Mandat, daß die Schiffe, Schmacken ꝛc. 1669. aus der Fahrt und also geleget werden 24sten sollen, daß der Strohm stets frey ge- Sept. lassen, und die Schiffe einander nicht zum Schaden liegen ꝛc.

Nachdem Ein Ehrb. Rath schon in Anno 1636 10 Octob. unter andern vorsichtiglich ver- ordnet,* daß die in dieser Stadt Haven unten und oben der Elbe sich befindenden Schiffe ordentlich und solchergestalt sollen geleget werden, daß sie, wenn etwa ein Sturm aufstehet, oder sonst einan- der nicht zum Schaden liegen, oder da die Schiffer und Schiffleute auf unsers bestallten und beey- digten Havenmeisters Anzeigung und Befehl die daran erscheinenden Mängel nicht ändern würden, er die Veränderung selbst zu verfügen bemächtiget seyn soll; und dann sich befunden, daß einige in sothaner Verrichtung seines Amts dem Haven-

R 2   meister

---

* S. oben die Havenmeister-Ordnung Nr. X. Art. 1 & 4.

1669. meiſter nicht allein ſich widerſetzet, ſondern auch mit
Beſchimpfungen, gefährlichen Dräuworten, ja
gar mit Ziehung der Meſſer zu behindern, ſich freventlich unterſtanden, gleichwol aber der Stadt
merklich daran gelegen, daß in Ab= und Zulegung
der Schiffe gute Ordnung gehalten, und unſers
darzu beſtallten Havenmeiſters Befehl ſchuldiger
Gehorſam geleiſtet werde: Als gebietet E. Ehrb.
Rath hiermit ernſtlich, und will, daß die Schiffe,
Schmacken, Schüten, Leuchtere, Evere, Prahmen
und dergleichen aus der Fahrt und alſo geleget
werden ſollen, daß nicht allein der Strohm ſtets
frey gelaſſen werde, ſondern auch die Schiffe einander nicht zum Schaden liegen, und wann der
Havenmeiſter hierbey einigen Mangel ſpüren
würde, ſoll er die Schiffere, altem Gebrauche
nach, warnen, daß ſie ihre Schiffe daſelbſt wegnehmen, und wie ſie beſt liegen können, anwei=
ſen, oder, woferne ſie darauf keine Folge leiſten,
noch ſeinem Befehl gehorſamen würden, ſothane
Mängel ſelbſt zu ändern, und die Taue, woran
ſolche Schiffe veſt gemachet ſeyn, abzuhauen bemächtiget ſeyn; würde ihm aber in ſothaner Ver=
richtung ſeines ihm anbefohlenen Amts iemand
der Schiffer, Schiffs=Volks, oder welche ſonſt ih=
nen anhangen möchten, behinderlich ſeyn, und ſich
ihm mit Worten oder Werken freventlich widerſetzen, ſo ſollen der oder die entweder von den Düp-
Herren willkührlich geſtrafet, oder, erheiſchender
Nothdurft nach), von der nächſten Wache oder E.
E. Raths Dienern in gefängliche Verhaftung ge=
nommen, und nach Befindung der Sachen auch
am

am Leibe geſtrafet werden.   Wornach ſich ein
ieder zu richten und für Schaden zu hüten. Actum
& decretum in Senatu publicatumque ſub ſigneto d. 24 Sept. Anno 1669.

Affixum am Niedern-Baum und andern Oertern.

1669.

Münz-Mandat. ſ. Münz-Nachricht Lit. U.   1669.
3 Oct.

Mandat, daß niemand Schmäh-Schriften verfertigen, 1669.
irgendwo anſchlagen oder ausſprengen ſolle. ſ. 1671. 19 Oct.
5 Apr.

CXXXIII.

Wiederholtes Mandat vom 21 Febr. 1669.
d. J. daß niemand fremde Schillinge 23 Oct.
und Sechslinge höher als zu 6 und
3 Pf. ausgeben oder annehmen, ſie
aber nicht hereinführen ſoll.

Nachdem E. E. Rath am 21 Februar und 20
März dieſes laufenden 1669ſten Jahres ein
ernſtlich Gebot dahin ergehen laſſen, daß ſich niemand unterſtehen ſolle, die an andern benachbarten Oertern heruntergeſetzte fremde Schillinge in
täglicher Bezahlung höher als zu 6 ß, noch die
Sechslinge höher als zu 3 ß auszugeben oder zu
entfangen.   Und dann E. E. Rath glaubwürdig in Erfahrung kommen, daß ſothane fremde
R 3   Schil-

1669. Schillinge, deren wir der Zeit zu groffem Nutzen diefer Stadt allgemach gänzlich entlediget worden, nunmehro wiederum einfchleichen und von einigen ausgegeben und empfangen werden follen: Als thut E. E. Rath folch Mandat hiermit confirmiren, wiederholen und dahin erklären, daß fich niemand erkühnen folle, einige fremde Schillinge ohne Unterfcheid höher als zu 6 ₰, die Sechslinge aber höher als zu 3 ₰ auszugeben oder anzunehmen. Da aber iemand dies Gebot verachten und darwider handeln würde, follen alle in höher Ausgebung betroffene fremde Schillinge und Sechslinge, ohne daß einiger Unterfcheid darunter gemachet werde, confifciret, dem Anfager der dritte Theil davon gereichet, und der Annehmer fowol als der Ausgeber mit ernftlicher Strafe angefehen werden. Im übrigen bleibet es wegen Einführung der abgefetzten Schillinge und Sechslinge in diefe Stadt gleichermaaffen bey der gemachten und am 21ften Februar verkündigten Verordnung, daß nemlich bey hoher willkührlicher Strafe allerdings verboten fey, obgemeldte fremde Schillinge oder Sechslinge in diefe Stadt zu bringen, noch anhero zu verführen, mit der Verwarnung, fo iemand darüber betreten würde, daß die anhero geführte und betroffene fremde Schillinge fofort confifciret, dem Anfager der dritte Theil gefolget, deffen Name verfchwiegen, und der daran fchuldig befunden wird, wie obgemeldt, beftrafet werden foll. Wornach fich ein ieder zu richten und für Schaden zu hüten.

Abgelefen in den 4 Haupt-Kirchen, wie auch
zu

zu St. Michael, zum Thum und zu St. Jürgen 1669.
den 23 October Anno 1669. Renov. den 12
Jun. und 11 Dec. 1670. den 12 Jun. und 19
Nov. 1671. wie auch 9 Jun. 1672.

Mandat, daß niemand brennender Fackeln, sondern der 1669.
leuchten auf den Gaffen sich bedienen solle. s. 1707. 29Oct.
10 Jan.

CXXXIV.

Befehle, daß fremde Zwey-Schillinge 1669.
nur 18 Pf. gelten, und nicht weiter 31Oct.
herein gebracht werden sollen. und 27Dec.

Nachdem der Augenschein und die tägliche Erfahrung bezeugen, daß diese gute Stadt nicht
allein mit fremden Doppel-Schillingen, Groschen
und dergleichen zwey Schilling geltenden kleinen
Münzen von verschiedenem Schlage sehr überhäufet, sondern auch von Tage zu Tage dieselben allhie
sich vermehren, und theils in grosser Quantität
hereingeführet werden, hingegen aber die noch
übrige Reichs ganze und halbe, auch Orte und
halbe Orte auf des Reichs Schrot und Korn geprägte Thaler sich mehr und mehr verlieren, und
entweder gar aus dem Reiche, oder in demselben
auf andere Münze geführet und allda umgeschmol-
zen werden, wodurch dann die Bürgerschaft in
ihrem Gewerb und Nahrung sehr verkürzet wird,
auch ferner und grosser Schade zu besorgen ist,

R 4 wann

1669. wann ſolchem Unheil nicht zeitlich ſollte gewehret werden: Alſo hat E. E. Rath aus tragender obrig=keitlichen Vorſorge hiermit befehlen wollen, ſotha-ner fremden Doppel=Schillinge, Groſchen und dergleichen zwey Schilling geltenden, in dieſer Stadt ſich ſchon befindenden fremden Münze, in-nerhalb 6 Wochen von dato dieſes ſich los zu ma-chen, auch alsdann dieſelbe höher nicht als für 18 ₰ auszugeben und in Bezahlung anzunehmen; mit dem Anhange, da nach verfloſſenen ſothanen 6 Wochen iemand betreten würde, der ſie höher in täglicher Bezahlung annehme oder ausgebe, daß die betroffenen confiſciret, dem Anſager der dritte Theil davon gefolget, und der Annehmer oder Ausgeber ernſtlich angeſehen werden ſoll.

Dann ſo wird männiglichen bey hoher will-kührlicher Strafe geboten, ſothane fremde Dop-pel=Schillinge, Groſchen und dergleichen zwey Schilling geltende fremde Münze, von dato an in dieſe Stadt nicht zu bringen, noch anhero zu ver-führen, mit der Verwarnung, ſo iemand darüber betreten würde, daß die anhero geführte und be-troffene fremde Doppel=Schillinge, Groſchen und dergleichen zwey Schilling geltende fremde Münze ſofort confiſciret, dem Anſager der dritte Theil gefolget, deſſen Name verſchwiegen, und der daran ſchuldig unnachläßig beſtrafet werden ſoll. Wornach ꝛc.

Abgekündiget in den 4 Haupt=Kirchen, wie auch zu St. Michaelis, zum Thum und zu St. Jürgen den 31 October, imgleichen an den Thö-ren,

ren, Bäumen, Rathhause und Börse affigiret sub 1669. dato den 1 Novemb. Anno 1669.

Nachdem die im obigen Mandate bestimmte Frist der 6 Wochen, worinn ein ieder von denen in der Stadt befindlichen fremden zwey Schilling geltenden kleinen Münzen sich los machen sollte, nun völlig verflossen waren; so ließ E. E. Rath von allen Kanzeln am 27 December iedermänniglich dessen nochmalen erinnern und ernstlich befehlen, daß von nun an sich niemand unterstehen sollte, sothane fremde Doppel-Schillinge, Groschen und dergleichen kleine Münze von unterschiedlichem fremden Schlage, so dabevor zwey Schillinge gegolten, in täglicher Bezahlung höher als zu 18 ₰ auszugeben, oder in Bezahlung zu entfangen. Da aber iemand dieses zum gemeinen Nutzen und Verhütung fernern Unheils im Münzwesen gemachte Verbot verachten und dawider handeln würde, sollen die obberührte oder obbedeutete in höher Ausgebung betroffene Doppel-Schillinge confisciret, dem Ansager davon der dritte Theil zugewandt, und überdem der Annehmer sowol als der Ausgeber mit willkührlicher Strafe beleget werden. Es sollte sich auch vielweniger künftig iemand unterfangen, die obgemeldte nunmehr allhie auf 18 ₰ heruntergesetzte fremde Münz-Sorten in diese gute Stadt zu führen; mit der Verwarnung, wo iemand dawider zu handeln ihm anmaassen und darauf betreten würde, daß sothane anhero geführte fremde Münz-Sorten sofort sollten confisciret, dem Ansager der

R 5 　　　　dritte

1669. dritte Theil davon gefolget, deſſen Name ver=
ſchwiegen, und alle die, ſo einigermaaſſen daran
ſchuldig, unnachläßig beſtrafet werden ꝛc.

1670. Mandat, daß die Mäkler ſich vor denen dazu deputirten
19 Jan. Herren und Bürgern ſiſtiren, und ihre Namen an=
zeichnen laſſen ſollen, iſt in der neuen Mäkler=Ord=
nung Art. I. zu leſen.

CXXXV.

1670. Mandat, daß die fremden Münz-Sor-
21 Jan. ten, als 2 Mark=, 1 Mark= und 8
Schilling-Stücke, die nach 1652 ge=
ſchlagen, nicht mehr als 28 ß, 14 ß
und 7 ß gelten ſollen.

Nachdem die tägliche Erfahrung bezeuget, daß
die auf des Heil. Römiſchen Reichs Schrot
und Korn geprägte grobe Reichs=Münze aus dieſer guten Stadt häufig hinweg, an deren Stelle
aber andere Land= oder Stadt-Münze, geringern
Gehalts, als unter andern auf 2 m₰, 1 m₰ und
8 ß gemünzete Sorten, eine Zeitlang her in groſſer
Quantität hereingeführet worden, und ſich täglich
mehr und mehr häufen, wodurch dann das Münz=
werk, wie auch Handel und Wandel ſchon in ſehr
ſchlechten Stand gerathen, und demſelben ferner
unwiederbringlicher Schade würde zugefüget werden, wann ſolchem Unheil nicht bey Zeiten vor-
gebeu=

gebeuget würde: Solchemnach gebeut E. E. Rath 1670. hiemit männiglichen ernstlich, daß ein ieglicher alle 2 Mark-, 1 Mark- und 8 Schilling-Stücke, so nach dem 1652sten Jahre geschlagen, innerhalb 4 Wochen, von dato an zu rechnen, sich los machen solle: Und verordnet ferner, daß nach Verlauf sothaner 4 Wochen die 2 Mark-, 1 Mark- und 8 Schilling-Stücke nicht höher, als respective für 28 ß, 14 ß und 7 ß ausgegeben und angenommen werden sollen; alles bey ernster willkührlicher Strafe. Wornach sich ein ieder zu richten und für Schaden zu hüten. Actum & decretum in Senatu publicatumque sub signeto 21 Januar. Anno 1670.

Mandat, daß die Itzehoer Fuhrleute nicht länger allhier 1670. auf Fracht liegen bleiben sollen, als den Unsrigen allda 24 Jan. zu verbleiben erlaubt wird. Die ganze Einrichtung dieses Fuhrwesens s. 1746. 13 Jul.

CXXXVI.

Mandat gegen die Verführung der Ju- 1670. gend durch leidige und listige Worte, 4 Märj. auch Vorschub an Gelde, oder nichts- würdigen Sachen, gegen Verschrei- bung von grössern Summen und Erb- schaften, wodurch junge Leute ihre Lehr-

1670.   Lehr-Jahre nicht auszuhalten, und zu
allerhand Thorheiten und Lastern, ge-
lenket werden.

Nachdem E. E. Rath nicht allein von guter
Hand klagend angebracht, sondern auch eines Theils die zu Recht darüber erwachsene Processe und die Erfahrung bezeugen, wasmaassen sich
lose leichtfertige Leute in dieser Stadt finden, die
guter Leute junge, an Jahren und Verstand annoch
unmündige, Kinder mit leidigen und listigen Worten an sich ziehen, ihr Gemüth unter allerhand
gefärbtem Schein, ob suchten sie ihr Bestes, ver-
langten grosse Kauf- und Handels-Leute aus ihnen
zu machen, und hätten dazu bequeme Mittel an
der Hand, allgemach gewinnen, strecken ihnen
baare Gelder vor, und lassen sich doppelt, ja drey-
fach soviel dafür in Handschriften verschreiben,
geben ihnen verschiedene nichtswürdige Sachen
von Schildereyen und verdorbene Waaren für
gute in Bezahlung, und lassen sich der Eltern und
Verwandten künftig anwartende Erbschaften dagegen verschreiben, führen sie in die Wein-Häu-
ser, Gesellschaften und Wirths-Häuser zum Saufen, Fressen und Spielen an, unterhalten sie mit
loser leichtfertiger Metzen und Weibs-Personen
glatten Reden zu allem Bösen, rathen und schaffen ihnen üppige, ihrer Condition, Stand und
Jahren nicht geziemende kostbare Kleidung, auch
Leinen und andere Galanterien an, und formiren
ihnen einen Staat über das Vermögen, und bringen

gen solche unverständige junge Leute dadurch in 1670.
ihrer Seelen Gefahr, um deren Gesundheit, Leib
und Lebens frühzeitigen Verderb, Abgang, und
endlich um ihr Vermögen, angestorbene und an-
geerbte oder erwartende Mittel, Erbschaften, For-
tun, Wohlfahrt, Ehre, Credit und guten Namen,
daß sie, ehe sie recht zur Blüthe kommen, als un-
fruchtbare unzeitige Früchte die Stadt räumen,
falliren, in Armuth verfallen, und ausserhalb der
Stadt ihnen und den Ihrigen zum Hohn und
Spott herumterminiren, und den Bettel-Orden
annehmen müssen.　Wann dann solches heilloses
und schändliches Unternehmen nicht allein wider
Gottes Wort, wider die gemeine Rechte und die
Policey-Ordnung schnurstracks laufen thut, besondern auch in einer wohlbestellten Republik und
Stadt solch Wesen und Verfahren der Jugend,
und Verschlucker deren Güter und Mitteln nicht
zu gedulden, sondern nach Verordnung der Rechte
mit der Schärfe gegen sie zu verfahren: Als will
E. E. Rath, vermöge obrigkeitlichen und Ober-
Vormünder-Amts, alle Junge zeitig erinnert, ermahnet und gewarnet haben, solchen sich an sie
henkenden losen Verführern und deren Einrath
nicht zu folgen, besondern sich ihrer Conversation,
Gesellschaft und betrüglichen Vorschubs gänzlich
zu enthalten, ihre Lehr-Jahre recht aushalten,
und was zu ihrer Profeßion und künftigen Handthierung gehöret, vollends auslernen, um hiernächst mit Verstand, Nutzen und Gedeyen seinem
Wohlstande und Handlung vorzustehen, mit dem
Anhang und Verwarnung, daß, wer solchen Verführern

1670. führern gefolget, und dem heillosen Wesen sich ergeben gehabt, und deshalber anrüchtig beschuldiget und überbracht, oder sonst E. E. Rath glaubhaft kund wird, zu künftigen Zeiten als infam
gehalten, zu keinen bürgerlichen Aemtern gezogen,
noch zu Ehrenstanden befördert werden soll. Dafern aber iemand seine Handlung frühzeitig anzu-
fangen sich bequem erachtete, und zu deren Anfang
und Fortsetzung Geld benöthiget, soll mit Vorwissen seiner zwey näheften Verwandten, und neben deren Unterschreibung, das benöthigte Geld
aufheben und verschreiben, und respective verschreiben lassen. Die Verführer aber und ihre
Helfere, wie auch die Gastgeber, Bierwirthe und
Weinzapfer, die diesen jungen Leuten auf einem
oder andern Weg Vorschub an Geld, Waaren
oder andern Sachen gethan, Credit gemachet, zu
Verstützung und unzeitigen Handlung und Gewerbe Einrath und Anleitung gegeben, oder sonst,
auf was Weise es seyn kann oder mag, zu ihrem
Verderb helfen und Beförderung gethan, sollen
nicht allein für unehrlich und infam von männiglich gehalten, zu keinen bürgerlichen Aemtern oder
Ehren-Stande befördert, sondern auch ihrer deshalber contractirten Forderungen verluftig seyn,
darauf weder Citation noch Gericht erlaubet, und
für nichtig gehalten und erkläret, besondern auch
durch den Fiscal gerichtlich belanget, verklaget, und
aus dieser Stadt und deren Botmäßigkeit zu ewi-
gen Tagen verwiesen und verveftet werden. Wornach sich ein ieder zu richten und für Schaden zu
hüten. Actum & decret. in Senatu publicat. sub
signeto 4 Martii A. 1670.   **CXXXVII.**

CXXXVII.

Mandat, daß der Lüneburger Kalk ohne ein Attestat von dem Bau-Amte zu Lüneburg nicht herein gelassen werden soll.

1670.
29 Aug.

Nachdem E. E. Rath in glaubhafte Erfahrung gekommen, daß einige von Bardowick sich unterfangen, von den alten Gebäuden allerhand Kalk zusammen zu lesen, selbigen nachgehends ein wenig zu brennen, mit grossen Hammern klein zu schlagen, und darauf allhie an gewisse Leute, die selbigen für guten Lüneburger Kalk aufs theureste hinwieder verhandeln, zu verkaufen, und dann hierunter ein schädlicher grosser Betrug vorgehet, indem solcher alter und keine Bindungs-Kraft habender Kalk für gut aufs theuerste verkaufet wird; dannenhero auch dieser Stadt Bürgern, Einwohnern und sonsten iedermänniglichen merklich daran gelegen, daß dieser betrieglicher Unterschleif offenbar gemachet, und demselben, so viel möglich, vorgebeuget werden möge: Als thut E. E. Rath dieser Stadt Bürgern, Einwohnern und sonsten iedermänniglichen solches zur Verwarnung und Nachricht hiermit notificiren, auch daneben gebieten, daß diejenigen, so hinfüro Kalk nach dieser Stadt bringen, und selbigen für Lüneburger Kalk angeben, von dem p. t. Administratore des Bau-Amtes zu Lüneburg ein beglaubtes Attestat, daß deme so sey, auf unseren Bäumen vorzeigen, widri-

1670. widrigenfalls nicht allein nicht durchgelassen, sondern auch mit sothanen untauglichem Kalk angehalten, und, wegen ihres darunter vorhabenden Betrugs, andern zum Abscheu, nach Befindung willkührlich gestrafet werden sollen. Wornach sich ein ieder zu richten und für Schaden zu hüten. Actum & decretum in Senatu publicarumque sub signeto d. 29 Aug. Anno 1670.

1670.
Lucid. Schoß-Mandat. f. 1732.

CXXXVIII.

1670.
14 Dec. Befehl, daß die Kaufleute, Assecuradors, Mäkler und andere, die von der, wegen des erlittenen Schadens der bey Neumühlen verbrannten und genommenen Englischen Schiffen, der Admiralität zu London übergebenen hohen Schaden-Rechnung einige Wissenschaft haben, zur Erkundigung der Wahrheit solche denen dazu deputirten Herren eröffnen sollen.

Nachdem die Interessenten der am 24sten Aug. Anno 1666 durch den Holländischen Commandeur Brederode auf des Reichs freyen Elb-Strohm respective verbrannten und weggenommenen

menen Englischen Schiffen in der Admiralität zu 1670.
London am 15ten nächstverwichenen Novembers
eine hohe Schaden-Rechnung übergeben laſſen,
und dann höchſt nothwendig, daß die Wahrheit
deſſen, ſo viel möglich, erkundiget werde; ſolchem=
nach hat E. E. Rath dienlich erachtet, die anher●
geſandte Deſignation des Schadens, ſo ein ieder
der Intereſſenten prätendiret, ins Teutſche über=
ſetzet hieben anſchlagen zu laſſen, damit ein ied=
weder ſich dadurch ſoviel deſto bequemer ſeiner ha=
benden Wiſſenſchaft erinnern, und zur beſtändigen
Eröffnung derſelben präpariren könne. Und thut
demnach E. E. Rath männigliche Bürger und
Einwohner, abſonderlich die Kaufleute, von wel=
chen die in gemeldten Schiffen geladen geweſene
Kaufmanns-Waaren gekaufet worden, die Aſſe=
curadores, ſo etwas darauf verſichert, und die
Mäckler, welche ſothane Partheyen, es ſey wegen
des Verkaufes der Güter, oder der Aſſecuranz,
behandelt haben, und alle andere, ſo einige Wiſ=
ſenſchaft davon haben möchten, ernſtlich, und
zwar bey ihrem Bürger-Eyd und handgegebener
Treue, hiermit ermahnen und gebieten, daß ſie ſich
bey Ihr. Ihr. Ihr. Wolw. Wolw. Wolw. Herrn
Philip Jacob Meurer, J. U. L. Herrn Matthias
Bartels, und Herrn David Otto, Rathmannen,
als von Uns hiezu verordneten Herren, auf der
alten Admiralität morgendes Tages um 8 Uhr
angeben, und ihre davon habende Wiſſenſchaft
eröffnen ſollen, mit der Verwarnung, da iemand
ſolches unterlaſſen, und hernach ſeine davon ha=
bende Wiſſenſchaft in Erfahrung gebracht würde,

Erſter Theil.   S   daß

1670. daß er, nach Anleitung reſpective ſeines Bürger=
Eydes und handgegebener Treue, ſcharf und exem=
plariter geſtrafet werden ſoll. Wornach ſich ein
ieder zu richten und für Schaden zu hüten. Actum
& decretum in Senatu publicatumque ſub ſigneto
d. 14 Decembr. Anno 1670.

Affixum an der Börſe eod. dato.

CXXXIX.

1670.
30 Dec.
**Mandat, daß ein ieder auf den Gaſſen
ſich gegen die Fremden friedlich ver=
halten ſoll ꝛc.**

Nachdem E. E. Rath glaubwürdig in Erfah=
rung gebracht, daß ſich in dieſer guten Stadt
boßhafte Freveler finden ſollen, welche nicht allein
bey Abends=Zeiten, ſondern auch wol bey hellem
Tage, die allhier ſich aufhaltende Perſonen, frem=
der Nation, auf offener Straſſe anfallen, und ſie
nicht allein mit Schelt=Worten, ſondern auch mit
Schlägen und ſonſt übel tractiren, und die als=
dann Vorbeygehende, und aus geziemender Mit=
leidenheit ſie davon abmahnende ebenmäßig be=
dräuen und verfolgen; ſothaner Frevel aber und
Straſſen=Gewalt von keiner Obrigkeit zu dulden,
ſondern die Vergewaltigte wider ſolche unrecht=
mäßige Gewalt billig und von rechtswegen be=
ſchirmet werden müſſen: Solchemnach gebeut
E. E. Rath hiemit männiglich, daß ein ieder auf
den Gaſſen ſich friedlich halten, und alle Vor=
beygehende weder mit Worten, noch mit der That
einiger=

einigermaaſſen beleidigen, ſondern einen iedweden 1670.
ſicher dahin gehen laſſen ſolle, mit der ernſtlichen
Verwarnung, da einige darwider handeln, und
entweder auf offener That betroffen, oder, nach
erfolgender ſcharfen Nachfrage, ſchuldhaft befunden
würden, daß der, oder die, zu Erhaltung des
höchſtnöthigen Stadt-Friedens, gefänglich einge=
zogen, vor Gericht geſtellet, und, nach befundener
Beſchaffenheit der Mißhandlung, ganz ernſtlich,
auch an Leib und Leben geſtrafet werden ſollen.
Wornach ſich ein ieder zu richten und für Scha=
den zu hüten.   Actum & decretum in Senatu
publicatumque ſub ſigneto 30 Dec. Anno 1670.

CXL.

Mandat, daß die wöchentlichen Betſtun= 1670.
den fleißiger beſuchet, und während inDec.
der Zeit alle Kram-Buden verſchloſſen
gehalten, auch aller Handel, Wandel
und Hand-Arbeit vermieden werden
ſollen.

Nachdem der gerechte Gott eine Zeithero bey
vielen Perſonen, auch ganzen Zünften, groſ=
ſen Abgang der Nahrung, und darauf erfolgenden
abſonderlichen und gemeinen Schaden geſchehen,
auch ungewöhnliche langwierige Sturm-Winde,
Blitz und Donner ergehen, und uns dadurch ohne
Zweifel ſeinen gefaſſeten Zorn wider die in dieſer
Stadt iederzeit vorgegangene vielfältige groſſe

Sünden,

1670. Sünden, denen in den nächsten Zeiten noch der
übermüthige Hoffart, und fast aller Orten eingerissene Uneinigkeit und Streit, wie auch Verachtung des göttlichen Worts und der Straf-Predigten, hinzugekommen, spüren und ankündigen
lassen, da doch ein ieglicher billig vernünftig betrachten sollen, daß durch gemeldte Pracht und
Hoffart nichtes anders zuwege gebracht wird, als
Haß und Mißgunst bey andern, Fremden und
Einheimischen, Verachtung aber und endliche Armuth derer Personen selbst, so dadurch vermeintlich
grösser Ansehen zu erjagen suchen, dann ferner,
daß durch Zank und Zwietracht die Einigkeit, als
das rechte Band aller Wohlfahrt, zerrissen, und
also zu allerhand Unordnung, Verringerung des
Wohlergehens, auch besorglichen gänzlichen Untergang, Thür und Fenster geöffnet; solchem Unheil aber nicht besser vorzukommen, als daß man
zu Erlangung der Erkenntniß solcher Gebrechen
und Sünden, deren wahren Bereuung und ernstlichem Vorsatze davon abzustehen, und sich hingegen der Demuth, der Einigkeit und allen anderen tugendhaften Wandels zu befleißigen, zu
Gott dem Allmächtigen sich wendet, und ihn um
gnädigen Beystand hierzu inbrünstig anrufet; so
hat zwar E. E. Rath, mit Beliebung der Erbges.
Bürgerschaft, zu dem Ende schon vor vielen Jahren in dieser Stadt angeordnet,* daß wöchentlich
alle

* Nemlich im Jahre 1628. Weil sie aber unfleißig
besucht worden, haben die ausserordentlichen Land-Pla-
gen und Zeit-Läufte deren Erinnerung verschiedentlich

alle Donnerstage, des Morgens von 9 bis 10 Uhr,   1670.
eine Betstunde soll gehalten werden.

Weil aber, leider! die Erfahrung bezeuget, daß
all solche wöchentliche Betstunden von wenigen
besuchet, und also der erzürnete Gott mit Zusam-
mensetzung des Gebets vieler zugleich versammle-
ter Personen nicht angerufen werde: 2c.

Der Schluß ist wie im Mandat vom 2 Märj 1662.
s. oben.

Mandat gegen die Pasquille. s. 1673. 20 Jan.   1671.
5 Apr.

CXLI.

Befehl, daß hiesige Bürger und Einwoh-   1671.
ner die den Englischen zugehandelte   17 Apr.
Actiones, der Stadt zur Last mit
ihnen gemachte Pacta, Umschläge und
Fraudes reclamiren sollen 2c.

E. E. Rath thut hiermit ernstlich gebieten, daß
dieser Stadt Bürgere und Einwohnere die

S 3   den

lich veranlasset. S. oben Nr. LXXXVI. und XCVI.
Und ist die itzige beständige Ordnung des Gottesdienstes bey den Betstunden in den im Jahre 1716 zu-
sammengedruckten: in der Kirche zu Hamburg
von Alters her gebräuchlichen Formularien und
öffentlichen Gebetern, nebst der Ordnung der
Vespern und des Gottes-Dienstes, S. 49 und
folgenden zu lesen.

1671. den Engliſchen zugehandelte Actiones, der Stadt
zur Laſt mit ihnen gemachte Pacta, Umſchläge und
Fraudes zu reclamiren, und die desfalls unter
Engliſchen Namen zu London geführte Prätenſiones und Forderungen zu revociren und der Stadt
abzunehmen, und dero Behuf bey den Herren
Gerichts-Verwaltern ſich anzugeben ſchuldig ſeyn
ſollen. In Verbleibung deſſen wird E. E. Rath
des der Stadt daraus zuwachſenden Schadens
und verurſachten Koſten ſich an ſie erholen. Wornach ſich ein ieder zu richten und für Schaden zu
hüten. Actum &c.

Affixum am Rathhauſe und der Börſe den 17
April Anno 1671.

1671. Befehl, daß ein ieder, der hier Bürger werden will, von
26 Jun. dem Drillmeiſter einen Schein vorzeigen, und ſich zur
geſetzten Zeit in der Schreiberey auf dem Rathhauſe
einfinden ſoll ꝛc.* ſ. 1734. 10 Nov.

* Damit nemlich die jungen Bürger einen Ort hätten,
woſelbſt ſie ſich im Gewehr üben könnten, ſo ward in
dieſem Jahr das Drill-Haus an der Alſter hinter
dem Holz-Damm erbauet. Und muß noch itzo der
Drillmeiſter Freytags, bey Annehmung der Bürger,
in der Schreiberey ſich einfinden, weil ein ieder angehender Bürger daſelbſt ſein Gewehr ihm vorzeigen
muß.

CXLII.

CXLII.

Verkündigung der viermal im Jahre zu
haltenden grossen Fast- und Buß-Täge,
samt der Erinnerung zur Feyerung derselben, und zu der Betstunden fleißigeren
Besuchung.

1671.
2 Jul.

Nachdem der gerechte Gott eine Zeithero bey
vielen Personen, auch ganzen Zünften, grossen
Abgang der Nahrung, und darauf erfolgenden
Privat- und gemeinen Schaden geschehen, auch
einige benachbarte Oerter mit Krieg überziehen,
und dadurch ohne Zweifel seinen gefaßten Zorn
wider die in dieser Stadt iederzeit vorgegangenen
vielfältigen grossen Sünden uns spühren und ankündigen lassen, denen in diesen nächsten Zeiten
noch der übermüthige Pracht und Hoffart, auch
fast aller Orten eingerissene Uneinigkeit und Streit,
wie auch Verachtung des göttlichen Wortes und
der Straf-Predigten, hinzugekommen, dannenhero
ein iedweder grosse Ursache hat, dem allmächtigen
Gott in seine väterliche Arme zu fallen, und durch
rechtschaffene Busse, im brünstigen Gebete und
wahrer Besserung seines Lebens, die besorgten
Strafen abwenden zu helfen: Als thut E. E.
Rath, obrigkeitlichen Amts wegen, männiglichen
hiemit erinnern, vermahnen und gebieten, daß ein
iedweder vom sündlichen bösen Wesen abstehen,
die übermüthige Pracht und Hoffart ablegen,
hergegen der Demuth in Kleidern und sonst sich

S 4   befleißi-

1671. befleißigen, versöhnlich mit seinem Nächsten leben, Gottes-Wort hochhalten, auch sich far den darinn angedräueten schweren Strafen christlich fürchten solle. Damit auch der grundgütige Gott zu gnädigster Milderung und Abwendung wohlverdienter Strafe mit destomehr zusammengesetzter und einmüthiger Herzens-Andacht angerufen, und zu gnädigster Erhörung beweget werden möge: So hat E. E. Rath die Verordnung gethan, daß viermal im Jahr ein grosser Fast- und Buß-Tag in dieser guten Stadt und deroselben Gebiete, und zwar der erste am nächstkünftigen Donnerstage, wird seyn der 6te Julii, gehalten werden sollen.

Und sollen auch am selbigen Tage die Stadt-Thöre unter währendem Gottesdienst verschlossen gehalten, kein Gespiel oder Freuden-Zeichen bey iemand verspühret, auch in Wirths- und allen andern Häusern insgemein vor Abends nicht gespeiset, sondern an selbigem Tage zu Gottes Ehren, zur Beybehaltung besserer Andacht, und zur Bezeigung einer christlichen Demuth und Gehorsams, in dieser Stadt und dero Gebiete von allermänniglichen, die es ihrer Gesundheit und Leibes-Kräfte halber vermögen, gefastet und gebetet, keinerley Hand-Arbeit verrichtet, sondern alles, auch die Mühlen, Roß und Wagen, in stiller Ruhe gelassen, und denselbigen Tag über keine Leichen begraben, und keine Böden, Kauf- und Krahm-Laden geöffnet werden: Und will darauf E. E. Rath allen dieser Stadt Bürgern, und Einwohnern und Unterthanen, Manns und weiblichen Ge=

Geschlechts, ernstlich hiemit erinnert, vermahnet 1671.
und denselben geboten haben, daß ein ieder selbigen Fast- und Buß-Tag mit Fasten und Beten,
wie vorgemeldet, feyerlichst begehen und halten,
insonderheit aber dem Gottesdienst und öffentlichen Andachten in denen Kirchen fleißig beywohnen, und verbotener Stücken keines treiben soll.
Weil auch, leider! die Erfahrung bezeuget, daß
die wöchentlichen Betstunden von wenigen besuchet
werden; solchemnach thut E. E. Rath gleicher-
maassen männiglichen hiemit erinnern, vermahnen
und gebieten, daß sie allsolchen wöchentlichen Betstunden fleißiger, als bishero geschehen, beywohnen, und auch in denselben den erzürneten Gott
um Abwendung der vor Augen schwebenden Stadt-
und Land = Strafen herzinniglich anrufen sollen,
und soll männiglich solchen Betstunden beywohnen, und, so lange dieselbe währen, wie obgeboten,
sich zu verhalten schuldig seyn, als lieb ihm ist,
Gottes schwere Strafe und Ungnade, auch zeitlichen Unsegen, und der Obrigkeit ernstliche Bestrafung zu vermeiden. Wornach sich ein ieder
zu richten und für Schaden zu hüten c.

Abgekündiget in allen Kirchen, wie auch in den
Vierlanden, Eppendorf, Bergedorf und Moht-
burg den 2 Julii 1671.

S 5 ·   CXLIII.

CXLIII.

1671.
im Jul. Befehl, daß die Notarii der Englischen
Schaden = Rechnung halber ihre Protocolla exhibiren, und die gemeldter
Schiffe und deren Ladung halber
darin verhandelte Actus aufrichtig
anweisen sollen ꝛc.

Nachdem E. E. Rath in glaubhafte Erfahrung
gebracht, wasmaaßen unter denen in dieser
Stadt wohnenden Notariis Publicis einige Actus
die in Anno 1666 den 24 August respective ver=
brannten und weggeführten Schiffe, deren einge=
habte Ladung und darüber gemachte Partheyen
von Rißico, Assuranzen, Attestationen und Depo=
sitionen, auch derenthalber herrührende Actionen,
darauf gegebene Ceßionen und Vollmachten be=
treffend, vorhanden und deren Protocollis einver=
leibet, an deren Exhibition der Stadt merklich ge=
legen; so E. E. Rath theils schon zu Händen kom=
men, theils aber erinnert seyn, wo und bey weme
sie zu finden, und aber selbigen gebühret hätte,
vermöge des den 14 Decemb. Anno 1670 ange=
schlagenen offenen Edicts, als Bürger davon be=
glaubte Copey denen damalen dazu deputirten
Herren zu geben, unerachtet ihrer als Notarien
eben darinn keine Erwehnung geschehen: Als will
E. E. Rath allen und ieden in dieser Stadt ihr
Officium Notariatus exercirenden Bürgern und
Einwohnern, in Ansehung es dieser Stadt gemei=
nen Nutzen concerniret, hiemit anderweit anbe=
fohlen und bey ernster hoher willkührlicher Strafe
ge=

geboten haben, vor denen in vorgemeldtem Man=
date benannten Herren innerhalb 8 Tagen, Mor=
gens um 8 Uhr, zu welcher Zeit gemeldte Herren
ihrer auf der alten Admiralität gewärtig ſeyn wol=
len, ihre Protocolla in Originali zu exhibiren, die
der verbrannten Schiffen und Ladung halber dar=
inn verhandene Actus, ſie mögen ſeyn Aſſecuran=
zen, Depoſitiones, Ceßiones, Contracten, Voll=
machten oder was Namen und Qualität ſie auch
haben mögen, ohne allen Reſervat anweiſen, copiam vidimatam unter ihrer Hand, Petrſchaft
und Signet davon herausgeben, und geſchehen
laſſen, daß von zweyen anderen dazu von E. E.
Rathe benannten Notariis ſelbe auſcultiret, concor-
diret und mit authoriſiret werden; mit dem An=
hange, daferne iemand darinn ſäumig, Unter=
ſchleif oder Gefährde gebrauchen würde, und ſol=
ches hernach ausbrechen ſollte, ſelbiges Notarii
Inſtrumento hinfürder kein Glaube in unſeren
Gerichten gegeben, und wegen deſſen dem gemei=
nen Nutzen der Verheelung und Verſchweigung
halber verurſachenden Schaden hinwieder gut
machen, oder mit ihrem Leibe dafür büſſen ſollen.
Wornach Notarii und männiglich ſich zu rich=
ten und für Schaden zu hüten rc.

Affixum an der Börſe im Julio Anno 1671.*
CXLIV.

* S. oben Nr. CXVII. CXVIII. CXXXVIII. und
die, auf obrigkeitlichen Befehl, gedruckte Documenta, ſo die Action der in Anno 1666 den 24
Aug. auf der Elbe unter Neu-Mühlen von den
Holländern verbrannter und weggeführter
Schiffe, ſamt ihrer umſtändlichen Beſchaffenheit, zu erkennen geben.

CXLIV.

1671. **Mandat, daß sowol die Zuseher, als**
22 Aug. **auch die Fechter auf der Fechtschule,**
sich nach der verordneten Vorschrift
betragen sollen.

Demnach E. E. Rath viele Klagen vorgekommen, und einige Unordnung sich sowol bey
gehaltener Fecht-Schule von denen Zusehern, als
auch denen Fechtern eine Zeithero vermerken lassen, indem nicht allein die anwesenden Zuschauer
mit allerhand groben und ehrenrührigen Worten
die Fechter beschimpfet und verunglimpfet, besondern auch einige derselben, aus gar hitzigem und
frevelmüthigem Gemüthe, sich gar zu den Fechtern
in den Platz begeben und Thätlichkeit verüben,
ja auch die Fechter selbsten die bishero observirte
Ordnung übertreten, indem sie einige Degen mit
in den Platz genommen, auch, wann schon Schutz
gehalten, verbotener Weise einigen Nachschlag gethan, und obzwar ihnen von den anwesenden
Dienern im Namen des präsidirenden Herrn Bürgermeisters solches untersaget und verboten worden,
die Freveler dennoch solchem allen Untersagen nicht
gehorsam nachgelebet; solches aber alles in keine
Weise zu gedulden: Als will E. E. Rath hiemit
allen und ieden der Fecht-Schule Zusehern, auch
die Fechter selbsten, hiemit vermahnet und ernstlich geboten haben, daß die Zuseher des Fechtens
aller schimpflichen Worte wider die Fechter und
aller

aller Thätlichkeit, auch der Hineinsteigung in den 1671.
Fecht-Platz, wie auch die Fechter keinen Degen
in dem Platz zu nehmen, auch, nachdem bereits
Schutz gehalten, keinen Nachschlag zu thun befugt seyn, sondern sich dessen allen hinfüro gänzlich enthalten sollen, mit der ausdrücklichen Verwarnung, daß, im Fall iemand, er sey Zuseher oder
Fechter, hierwider handeln und angegeben werden sollte, alsdann ohne einig Ansehung der Person mit ernster willkührlicher Strafe beleget und
angesehen werden soll. Wornach sich ein jeglicher
zu richten und für Schaden zu hüten. Publica-
rum sub signeto d. 22 Aug. 1671.

Affixum in der Fecht-Schule.

CXLV.

Befehl, worinn die Ehe-Einsegnungen 1671.
sowol fremder als einheimischer Perso-29 Aug.
nen, ohne Erlaubniß der Wette, R.
Ministerii Membris zu verrichten untersaget werden.

Nachdem E. E. Rath in glaubwürdige Erfahrung gebracht, daß wider dieser Stadt Verfassung etzliche Eines Ehrw. Ministerii Membra
sich unternehmen sollen, sowol einige fremde, ohne
Vorwissen der Herren der Wette, als allhie und
in dieser Stadt Gebiete wohnende Personen, ohne
Vorzeigung des gewöhnlichen von einem der Herren Secretariorum und dem Kuchen-Becker eigenhändig unterschriebenen Abkündigungs-Zettels,
eigenmächtig zu copuliren; solches aber allerhand
Unord-

1671. Unordnungen erwecket, und aber allerdings unzuläßig und deswegen von Uns hart verboten:
Solchemnach thut E. E. Rath solche clandeſtinas
copulationes denen Membris vorgemeldten Miniſterii hiermit ernſtlich unterſagen, und leben
der beſtändigen Zuverſicht, daß ſie hinfüro ſothanen, als wider dieſer Stadt Fundamental-Ver-
faſſung laufenden, und alſo deroſelben höchſtſchädlichen Vornehmens, aus obliegendem Eifer zum
gemeinen Beſten, ſich von ſelbſt enthalten werden,
damit E. E. Rath in unverhoffter Verbleibung
deſſen andere Verordnung hierinn zu machen nicht
genöthiget werde. Decretum in Senatu den 29 Aug.
Anno 1671.   Hinrich Schröder, Lt.
     R. Miniſterio inſinuiret durch den Schenken.

CXLVI.

1671. **Befehl, daß die Wagen nicht mit auf-**
23 Oct. **gezogenen Fenſtern und vorgezogenen**
Gardienen durch die Thor- und
Baum-Wachten paßiren ſollen ꝛc.

Nachdem E. E. Rath in glaubwürdige Erfahrung
gebracht, daß durch Occaſion der itzo gebräuchlichen Fenſter-Caroſſen viel Fleiſch, Mehl
und andere, auch zollbare Waaren, reſpective in
und aus dieſer Stadt geführet, die Fenſter aber,
wann ſie durch die Wachten fahren, damit man
nicht hinein ſehen könne, aufgezogen, oder die
Gardienen vorgezogen gehalten werden, hierdurch
aber dieſer Stadt Acciſe-, Matten- und Zoll-Ge-
                                    fälle

fälle merklich defraudiret und verringert, auch 1671.
sowol im Hinaus= als Hereinfahren allerhand ge=
fährliche und verbotene Dinge können vorgenom=
men und practiciret werden: Solchemnach gebeut
E. E. Rath hiermit bey ernstlicher willkührlicher
Strafe, daß künftig alle und iede Wagen nicht
mit aufgezogenen Fenstern, auch zurückgezogenen
Gardienen durch die sowol äusserlichen Wachten
beym Hammer und Lübeckischen Baum, wie auch
Kuhmühlen, als bey der Stadt Thören, sollen ge=
führet werden, auch die Kutscher zu halten schul=
dig seyn, wann die an den Stadt=Thören und
andern Wachten befindliche Zoll= oder andere Be=
diente solches aus geschöpftem Argwohn erfordern
werden. Wornach sich ein ieder zu richten und
für Schaden zu hüten. Actum & decretum in
Senatu publicatumque sub sigueto d. 23 Octobr.
Anno 1671.

Impressum & affixum an den Thören, Bäumen,
Rathhause, Börse und anderen Oertern.

CXLVII.

Erklärung, daß niemand, der unter der 1671.
Nachtwache dienen will, dadurch an 28Oct.
seiner Ehre verletzet werden solle. *

Demnach in dieser guten Stadt zu gemeiner
Sicherheit die Nachtwache angeordnet, und
künfti=

---

* Die Articuli der zu der Rättel = Wacht bestellten,
nebst Eintheilung der 50 Posten Rättel=Wachten,
sind als ein beständiger Rath= und Bürger=Schluß,
vom 27 Sept. 1671. der Sammlung solcher Gesetze
vorbehalten.

1671. künftigen Donnerstag dazu Völker angenommen werden sollen: Als wird männiglichen hiemit kund und zu wissen gethan, daß, wer E. E. Rath dienen will, gegen solche Zeit, wird seyn der 2te November, des Nachmittags gegen 1 Uhr, auf dem Zeughause sich einfinden möge, allwo sie angenommen, und durch solche Bedienung an ihrer Ehre nicht verletzet, sondern nach als vor für ehrlich und redlich gehalten, und von E. E. Rathe dabey iederzeit geschützet werden sollen.

Publicirt mit dem Trommelschlag den 28sten October Anno 1671.

1671. Mandat wider die fremden Werbungen und das Be-
31 Oct. herbergen der Werber und herrenlosen Knechte. f.
1679. 15 April.

1671. Mandat, worinnen die aufrührische Schmäh-Schrift:
7 Nov. Ohnvorgreifliches Gutachten in puncto der Veränderung des Wahl-Recesses ꝛc. zu divulgiren verboten, mit Befehl, daß ein ieder sich aller anzüglichen Schriften, sonderlich contra Senatum & Collegia, enthalten solle.*

* Da dieses Mandat hauptsächlich in die damalige einheimische Mißhelligkeiten und das Staats-Recht einschlägt, dergleichen noch verschiedene nachher erfodert worden; so hat man selbiges, und alle folgende dieser Samlung nicht gewidmet, indem man sich mit der Erneuerung der betrübten öffentlichen Geschichte

zu befaſſen, dem habenden Zwecke nicht gemäß geach= 1671.
tet. Inzwiſchen aber iſt jedoch die Urſache hie angezei=
get worden, um ſich wegen eines etwan daher zu erre=
genden Vorwurfs, daß dieſe Sammlung mangelhaft
ſey, zu rechtfertigen.

CXLVIII.
Mandat gegen die Ausführung der gro= 1671.
ben Reichs-Münze. 15 Nov.

Nachdem E. E. Rath in glaubhafte Erfahrung
gebracht, wasmaaſſen J. Kaiſ. Majeſt. und
des Heil. Römiſchen Reichs Münz-Edicten de
Anno 1559. 1566. 1570. und mehr andern, auch
dieſer Stadt der Ausfuhr der Reichs ganzer, hal=
ber, Orts= und halber Orts-Thaler halber publi=
cirten Edicten und ernſten Verboten ſchnurſtracks
zuwider, bemeldte Reichs grobe Sorten häufig zu
Waſſer und Lande in fremde Königreiche und
Lande durch Einheimiſche und fremde Schiffer
verführet, dadurch das Reich, inſonderheit dieſe
Stadt und dero Banco, erſchöpfet, die gute Zah=
lung mit der Zeit ausgeſchaffet, und das unent=
behrliche Commercium, die Seele und das Auf=
nehmen dieſer Stadt, ſamt den Wechſeln, in
Confuſion, Unordnung, Ruin, Schaden und Ver=
derb geſetzet werden, daferne ſelbigen nicht zeitig
und mit Ernſt begegnet und vorgebauet werden
ſollte: Als will E. E. Rath vorige Edicte, ab=
ſonderlich das den 3ten Februar des verwichenen
1669ſten Jahres der Ausfuhr halber unter an=
dern ausgelaſſene und öffentlich angeſchlagene
Verbot, hiemit erneuert, erwiedert, und kraft

Erſter Theil.　　　　T　　　　ſelbi-

1671. ſelbigen abſonderlich den Einheimiſchen und frem=
den Schiffern ernſtlich unterſaget und verboten
haben, von keinem, er ſey von was Nation er
wolle, Bürgern, Einwohnern oder Schutzver=
wandten, einige Reichs grobe Sorte an Reichs
ganzen, halben, Orts= oder halben Orts=Thalern,
verſiegelt oder unverſiegelt, gezahlet oder ungezahlet,
in oder auſſerhalb der Stadt an= oder übernehmen,
auſſer Reiches zu verführen; mit der Verwarnung
und ausgedruckten Strafe, daferne iemand des
überbracht, oder auf beſchehene Anzeige, vermittelſt
eines leiblichen Eydes, ſich deſſen nicht entbrechen
könnte, daß die Einheimiſche, als die wider das
gemeine Beſte, um ſchändlichen Eigennutzes willen,
wider ihren Bürger=Eyd gehandelt, für unehrlich
geachtet, der Bürgerſchaft verluſtig, und durch
den Fiſcal als ehrlos und auf die fernere Pön des
Reichs=Edicts in Unſerem jüngſten obangeregt
vermeldet, angeklaget, auch dieſer Stadt und dero
Gebiete ohne alle Gnade verveſtet werden ſollen.

Die ausheimiſchen Fremde aber, wann ſie dar=
über betreten, deſſen überbracht, oder auch deſſen
verdächtig, und ſich durch einen ihnen vorgehal=
tenen Eyd davon nicht entbrechen könnten, ſollen
Schiff und Gut dadurch verbeuret und verluſtig
ſeyn, zur Haft gebracht, und nach Einhalt des
Reichs Münz=Edicti mit der Schärfe gegen ihn
procediret, und an Leib und Ehr unnachläßig ge=
ſtrafet, auch in dieſer Stadt zu kommen oder zu
laden ferner nicht geduldet werden. Für ſo viel
aber den, der es dem Schiffer mit oder ohne ſein
Wiſſen

Wissen eingethan, bleibet es neben der Confisca- 1671,
tion bey denen im Reichs-Edicto und Unserem
jüngsten Verbot enthaltenen Pönen und Strafen.

Und weilen obbemeldte grobe Reichs-Sorten
nicht alleine zu Wasser, sondern auch zu Lande,
auf andere Städte verführet, und von dannen zur
See geschiffet werden; so bleibet es der Fuhrleute,
fahrenden Boten, und sonst männiglichen halber,
so sich zur Beförderung dieser verbotenen Ausfuhr
gebrauchen lässet oder verschweiget, und nicht den
verordneten Herren vermeldet, bey der im jüngst
publicirten Edict enthaltenen Strafe der Confiscation, und Verlust Ehre, Leibes und Gutes, auf
Maaß und Weise im Reichs Münz-Edict mit Unterscheid enthalten. Da auch einiger Everführer,
Packer oder anderer dieser verbotenen Handlung
oder Ausfuhr sich theilhaftig machen würde, soll
derselbe der Brüderschaft verlustig, der Ever confisciret, und der Fiscal nach Befindung, vermöge
Unsers vorigen Edicts, gegen selbe procediren.

Dann soll den angenommenen Aufmerkeren,
oder wer es sonst regen und den verordneten Herren anmelden wird, aus dem, so confisciret, und
durch den Fiscal neben zu eingebracht wird, der
halbe Theil sofort von dem Herrn gegeben, sein
Name beständig verschwiegen gehalten, und wegen seines dem gemeinen Besten dieser Stadt zu
Gute geleisteten nützlichen Dienstes, nach Bewandniß seiner Person und Tauglichkeit, durch
gemeldte Herren weiter recommendiret und be-
fodert werden. Darnach sich ein ieder, er sey
wes Standes, Condition, Qualität oder Nation

T 2   er

1671. er auch seyn möge, zu achten und für Schaden und Schimpf zu hüten wissen wird. Actum & decretum in Senatu publicatumque sub signeto 15 Novembr. Anno 1671.

CXLIX.
Mandat, daß niemand nach Holland allda verbotene Waaren überschicken solle.

1671.
5 Dec.

Nachdem E. E. Rath in glaubwürdige Erfahrung gebracht, daß einige Bürger und Einwohner dieser Stadt sich unternehmen sollen, nach Holland einige allda gar hoch, auch bey Verlust Gutes und Schiffes verbotene Waaren, unter dem Schein, als wann es freye Waaren wären, zu schicken, weswegen durch solch Vornehmen Schiffer und Rheder, auch andere Mit-Befrachter, als welche davon keine Wissenschaft haben möchten, unschuldig in grossen Schaden gebracht werden können. Solchemnach thut E. E. Rath allen Bürgern und Einwohnern dieser Stadt, auch männiglich hiermit ernstlich gebieten, daß sie sich sothaner Ueberschickung der verbotenen Waaren gänzlich enthalten sollen, mit der ernstlichen Verwarnung, im Fall iemand darwider handeln, und dadurch dem Schiffe, Schiffer, Rhedern und andern Mit-Befrachtern, oder sonst iemand einiger Schade zugefüget würde, daß die Verbrechere ihnen solchen Schaden, nebst allen dadurch verursachten Unkosten, wieder erstatten, im Fall aber einige solches zu bezahlen nicht genughaft wären,

diesel=

dieselben auch an Leib und Leben gestrafet wer= 1671.
den sollen. Wornach sich ein ieder zu richten und
für Schaden zu hüten rc.

   Affixum an den Bäumen, Rathhause und
Börse den 5 December Anno 1671.

CL.

Mandat gegen die Wegführung der 1671.
Reichs-Münze zum Schmelzen, und 13Dec.
zur Verwechselung derselben mit frem=
den Münzen.

Nachdem E. E. Rathe vielfältige Klagen vor=
   gekommen, auch ohnedem die tägliche Er=
fahrung bezeuget, daß sich in dieser Stadt Leute
finden, welche die silberne Reichs-Münze, als
ganze und halbe Reichs-Thaler, von hier theils
aus dem Reiche, theils auf fremde Münze, oder
sonst verbotener Weise wegführen, schmelzen und
brechen lassen, anstatt sothaner Reichs Silber-
Münze allerhand fremde Münze, als doppelte,
enkelte und halbe Markstücken, auch kleinere
Münz-Sorten, häufig herein führen, oder wol
gar deren Münzung anderswo verpachten, und
als Wechsler allhier wieder auswechseln; solches
alles aber denen Reichs-Satzungen gänzlich zu=
wider, und dem gemeinen Besten höchst präjudi=
cirlich, auch der Stadt, gesammter Bürgerschaft
und trafiquirenden Einwohnern in der That
grösseren Schaden zuziehet, als iemalen das är=
geste Kipper-Wesen mag gethan haben: Solchem=
nach will E. E. Rath sothane unzuläßige höchst=
            T 3   schäd=

1671. ſchädliche Dinge hiemit gänzlich verboten, und
allen Bürgern und Einwohnern dieſer Stadt, auch
männiglich, ſich ſolcher Händel mit einander und
allen dahin zielenden Unterſchleifs zu enthalten,
ernſtlich geboten haben, mit der angehängten
ſcharfen Verwarnung, da iemand, er ſey auch
wer er wolle, darauf betreten, oder ſonſt überführet würde, daß er die Reichs-Münze aus dem
Reiche, oder zur Verſchmelz- und Brechung auf
fremde Münze, oder ſonſt unzuläßiger Weiſe weg-
führete oder wegführen lieſſe, weggeführet oder
wegführen laſſen, oder die Münzung der obbe-
deuteten fremden Münz-Sorten anderswo verpachtete, oder ſothane fremde Münz-Sorten in
dieſe Stadt führen lieſſe, oder als Wechſler allhie
auswechſelte, oder ſonſt einigermaaſſen wider die
Intention dieſes Mandats handelte, oder denen,
die ſolches thun, mit Rath oder That, es ſey auf
was Weiſe es immer geſchehen möchte, behülflich
wäre, daß der oder die, wie auch die Mäkler,
welche ſolche Partheyen thun, für ehrliche Leute
nicht gehalten, gefänglich eingezogen, vor Gericht geſtellet, und nach Verordnung der Rechte
ſcharf beſtrafet, auch ſowol die zur obverbotenen
Ausführung deſtinirte Reichs-Münze, als die
hereingeführte obengemeldte fremde Münz-Sorten, ohne einige Gnade confiſciret werden ſollen.
Da auch iemand von ſolchen verbotenen höchſtſchädlichen Händeln Wiſſenſchaft hätte, oder erlangen, und denen hierzu verordneten Herren und
pro tempore älteſtem Herrn Gerichts-Verwalter
Eröffnung davon thun würde, ſoll nicht allein
sein,

ſein, des Angebers, Name verſchwiegen, ſondern 1671.
auch die, auf ſothane Anzeige überkommene, dem
Fiſco verfallene, ſowol grobe Reichs- als mehrob-
gemeldte fremde Münze, dem Anzeiger zum dritten Theil zugewandt werden.   Wornach ſich ein
ieder zu richten und für Schaden zu hüten. Actum
& decretum in Senatu publicatumque ſub ſigneto
13 Decembr. Anno 1671.

Mandat wider die Pasquillen. ſ. 1673. 30 Jan.   1671.
15 Dec.

CLI.

Mandat, daß niemand Fremde aufneh- 1671.
men ſoll, als mit der Caution, daß 17 Dec.
ſie ihre Kinder nicht verlaſſen wollen,
widrigenfalls die, welche ſolche Kinder übern Hals behalten, dieſelben
ſelbſt verſorgen, und ſie nicht ins
Wayſen-Haus aufgenommen werden
ſollen.

Nachdem E. E. Rath die Vorſteher des Way-
ſen-Hauſes klagend vorgebracht, wie daß in
Zeit von 11 Monaten mehr denn 190 Kinder in
das hieſige Wayſen-Haus auf- und angenommen
worden, darunter aber ſich viele fremde Kinder
befinden, deren Eltern aus andern Orten hieher
gekommen, etwa eine Zeitlang am Wall oder

T 4   Bau-

1671. Bauhof allhier gearbeitet, hernach sich heimlich
wieder davon gemachet, und ihre Kinder andern
Leuten, bey welchen sie sich ins Haus begeben,
über den Hals gelassen, wodurch dann dem
Waysen=Hause, als welches sonderlich zu Nutz
und Besten dieser Stadt armen Elternlosen Kin=
dern angeordnet, und dem die hiebevorigen milden
Gaben von Zeit zu Zeit mehr und mehr abgehen,
eine sothane unerträgliche Last aufgebürdet würde,
daß die Unterhaltung so vieler Waysen schon itzo
sehr schwer geworden, und bey Fortgang obbe=
deuteter Unordnung, und fernern Abgang besagter
milden Gaben, allerdings unmöglich fallen würde:
Solchemnach gebeut E. E. Rath hiemit allen und
ieden Bürgern und Einwohnern dieser Stadt,
welche dergleichen fremde Leute beherbergen, daß
sie sich, was sie für Leute in ihre Häuser, und von
welchen sie Kinder annehmen, wohl vorsehen, nach
deren Namen, von wannen sie kommen, was ihr
Vorhaben, und womit sie sich zu ernähren geden=
ken, umständlich fragen, auch von denenselben,
daß sie ihre Kinder, wann sie sich wieder von hin=
nen wegbegeben werden, ihnen nicht über den
Hals lassen, sondern wieder mit sich hinweg neh=
men wollen, Bürgschaft fodern und bestellen las=
sen sollen.　Mit der Verwarnung, da einige sich
hierinnen nicht genug vorsehen, und also solche
verlassene Kinder übern Hals behalten würden,
daß solche Kinder ins Waysen=Haus nicht aufge=
nommen werden, sondern sie selbst dieselbigen ver=
sorgen und ernähren sollen. Wornach sich ein ieder
zu richten und für Schaden zu hüten. Public. von
den Kanzeln den 17 Dec. A. 1671.　　　Rolle

Rolle des neuen Werks, wegen Strand- und See-
driftiger Güter. s. 1719. 1 Febr.
1672.
10 Jan.

CLII.

Anzeige, worinn alle Schiffer gewarnet werden, vor der Gefahr von Kriegs-Schiffen auf der Elbe sich zeitig vorzusehen.

1672.
29sten
Märt.

Demnach bey itziger Zeit gefährlichen Conjuncturen zu besorgen, nicht allein daß die West-See mit mächtigen Krieges-Schiffen werde angefüllet, sondern auch daß die daher entstehende Gefahr und feindliche Attake bis auf den Elb-Strohm und die außen dieser guten Stadt vor Anker setzenden Schiffe möge erstrecket werden: Solchemnach thut E. E. Rath allen anhero kommenden oder von hier wieder abgehenden Schiffern, sie seyn welcher Nation sie wollen, hiemit wohlmeinentlich erinnern, daß sie zeitlich vor all solcher Gefahr sich vorsehen, und derselben durch dienlich befindende Wege vorzukommen und zu entgehen suchen sollen; widrigenfalls, und da auf gemeldten Elb-Strohm nahe oder ferne ein oder ander Schiff angegriffen, beschossen, weggenommen, verbrannt, oder sonst solchen Schiffen, darauf befindlichen Personen, oder darinn geladenen Gütern, einiger Schade zugefüget werden sollte, denunciiret und erkläret E. E. Rath hiemit zu allem Ueberfluß öffentlich, wie Er an sich dazu zu antworten oder Repartition zu thun, nicht schuldig sey, daß Er auch keinesweges zu solchen

T 5

besor-

1672. beforgenben Schaden antworten, noch einige Erstattung deſſen thun wolle. Wornach ſich ein
ieder zu richten und für Schaden zu hüten. Actum
& decretum in Senatu publicatumque ſub ſigneto
29 Martii Anno 1672.

1672. Wiederholter Befehl vom 30 Aug. 1639. daß man
2 Apr. Haverie oder See-Schaden von dem Diſpacheur berechnen laſſen ſoll, ſ. oben Nr. XII. und des ſel. Hrn.
Senatoris Langenbeck, D. Schiff- und See-Recht,
S. 202. u. ſ.

CLIII.

1672. Mandat, daß niemand auf dem Wall mit
12 Apr. Kegeln ſpielen, und die Bruſtwehren
beſteigen, oder auch darauf ſpazieren
gehen ſoll.

Nachdem ſich befindet, daß hin und wieder auf
den Wällen dieſer Stadt faſt täglich mit
Kegeln geſpielet wird, und andere ſolchem Spiel
häufig zuſehen, die Bruſtwehr beſteigen und ſich
darauf niederſetzen, andere aber, Jung und Alt,
auf den Bruſtwehren, Luſt halber, ſpazieren gehen, durch welch vielfältig Auf- und Abſteigen,
und continuirliche Betretung der Bruſtwehren,
dieſelben ſehr ruiniret, und durch deren faſt jährliche Reparation dem gemeinen Guth gantz unnöthiger Weiſe groſſe Koſten aufgebürdet werden;
solches

solches aber keinesweges zu gedulden: Als gebeut 1672.
E. E. Rath hiemit männiglich, daß sie sich solchen
Spielens mit Kegeln auf den Wällen, und Be-
steigung der Brustwehren, auch allen Spatzierge-
hens auf denselben, gänzlich enthalten sollen; widrigenfalls sollen die hierwider handelnden Verbrechere von denen nächst daran wachthaltenden
Soldaten angehalten, in Hals-Eisen geschlossen,
und sonst nach Befindung ernstlich gestrafet werden. Wornach sich ein ieder zu richten und für
Schaden zu hüten. Actum & decretum in Senatu
publicatumque sub signeto 12 April. Anno 1672.

CLIV.

Mandat, daß die hiesigen Schiffer mit
freyen Schiffen und aufrichtigen See- 1672.
Briefen fahren, keine Contrebande   26 Apr.
führen, 3 Connossemente eines Inhalts zeichnen, und die Ladung nach
denselben liefern sollen.

Nachdem beyde Kronen, Frankreich und Engeland, mit den Herren Staaten General der
vereinigten Niederlande in einem offenen Krieg
begriffen seyn, und E. E. Rath von allen dreyen
kriegführenden hohen Partheyen die Neutralität
für dieser Stadt Bürger und Einwohner, Personen, Güter und Schiffe zu erlangen suchet, zu
deren

1672. deren Conservation und Beybehaltung aber höchst=
nöthig ist, das hergegen, was die Neutralität
erfodert, zu thun, und was derselben zuwider,
zu unterlassen: Solchemnach gebeut E. E. Rath
hiemit gebührendes Ernstes, daß die Schiffer mit
keinen andern als mit freyen und in der ausgege=
benen Liste verzeichneten Schiffen und aufrichti=
gen See=Briefen fahren, auch keine Kriegs=Am=
munition oder Waaren von Contrebande (ausser=
halb was der Schiffer zu Behuf seines Schiffes
bedarf) in ein Schiff, da andere freye Waaren
eingeladen worden, einnehmen sollen. Es sollen
auch die Kaufleute, Schiffer und Passagirer bey
allen Gütern, so sie in ein Schiff laden, aufrich=
tige endliche Attestation, wem dieselben zugehören
und an wem sie consigniret gehen, auch daneben
die Marken, Nummern und Sorten der Waaren
zu geben und zu specificiren schuldig seyn; und
soll kein Schiffer einige Güter einnehmen, ehe
und bevor daß er weiß, daß der Einlader die
nächstverordnete endliche Attestation mitgeben
will, und dieselbe mitzugeben versprochen. Es
sollen auch die Schiffer weder hier noch ausserhalb
Landes nicht mehr als drey Connoscementen eines
Lautes und Einhalts zeichnen und in ihrem Namen
zeichnen lassen, und genau darauf sehen, daß die
Connoscementen mit denen Attestationen überein
kommen, auch die von ihnen eingeladenen Waaren
an keinem andern Ort ausladen oder an iemand
anders liefern, als in gemeldten Connoscementen
enthalten; und soll im übrigen und insgemein
ein ieder alles Unterschleifs und Lurrendreyerey,

womit

womit die Neutralität dieser guten Stadt auf ei= 1672.
nigerley Weise violiret werden könnte, sich gänzlich
enthalten. Würde aber iemand hierwider han=
deln, und andere dadurch in Schaden gesetzet wer=
den, so soll derselbe nicht allein von E. E. Rathe
einiges Vorschreiben oder anderer Hülfe ferner
nicht geniessen, besondern auch allen verursachten
Schaden und Unkosten erstatten, und überdem
mit einer hohen willkührlichen Strafe beleget
werden. Wornach sich ein ieder zu richten und
für Schaden zu hüten. Actum & decretum
26 April. 1672.

CLV.

Erneuerter Befehl vom 20 Febr. 1662, 1672.
daß alle fremde herrenlose Knechte sich 30 Aug.
hinaus begeben sollen.

Nachdem E. E. Rath in Erfahrung kommen,
wasmaaßen sich in dieser guten Stadt viele
fremde Officiers, Soldaten und herrenlose Knechte
befinden: Als gebietet E. E. Rath hiemit bey ernster
willkührlicher Strafe, daß alle fremde herrenlose
Knechte sich innerhalb dreyen Tagen nach Ver=
kündigung dieses aus dieser Stadt und dero Ge=
biete begeben sollen. Wornach rc.

Abgekündiget beym Trommelschlage den 20
Febr. 1662, und von neuem publiciret den 30
August 1672.

CLVI.

CLVI.

1672.
11ten
Sept.

Mandat, worinn das heimliche und öf=
fentliche Curiren allen Empyricis,
Krämern, Quackſalbern, Weibern ꝛc.
verboten.

Nachdem die tägliche Erfahrung öffentlich be=
zeuget, daß wider E. E. Raths wohlbe=
dächtlich abgefaßte und in Anno 1638 zu eines
ieden Nachricht in Druck herausgegebene aus=
führliche Apotheker=Ordnung, unterſchiedene Per=
ſonen ſich leichtfertig und verwegentlich der Arze=
ney und innerlichen Curirens, ſo ſie nicht verſte=
hen und mit keinem Grunde gelernet haben, un=
ternehmen, auch kranke und ſchadhafte Leute, ihrer
vor andern ſich zu gebrauchen, durch liſtige und
unzuläßige Mittel zu bewegen ſuchen; ſolches aber
der gemeinen Bürgerſchaft und männiglich zu
merklichen Schaden gereichet, indem ſothane ver=
meinte Aerzte die Patienten, welche ſich ihnen
anvertrauen, insgemein ſolchergeſtalt curiren, daß
ſie in ſchwere Krankheiten gerathen, oder gar den
Geiſt darüber aufgeben müſſen, und alſo anſtatt der
verhofften Beſſerung, wann ſie ihre zeitliche Mit=
tel auf ſolche Verführer verwandt, zugleich ihr
Gut, Geſundheit und Leben verlieren: Solchem=
nach thut E. E. Rath allen Empyricis, Theriaks=
Krämern, Quackſalbern, Zahnbrechern, Deſtilla=
toren, Landſtreichern, verdorbenen Handwerkern,
verlaufenen Apotheker= und Barbier=Geſellen,

alten

alten Weibern, und welche sie sonst seyn, oder wie 1672.
sie auch Namen haben mögen, kranke Leute heim=
lich oder öffentlich zu curiren, hiemit gänzlich ver=
bieten. Es soll sich auch hinfüro niemand von
ihnen unterstehen, einige Zettel ferner drucken,
herum tragen, ausgeben, und in die Häuser oder
sonst auswerfen zu lassen. Wer nun hierwider
einigermaassen handeln wird, soll nicht allein in
10 Reichsthaler unnachläßiger Strafe verfallen
seyn, sondern auch überdem, nach Befindung sei=
ner Mißhandlung, gebührlich angesehen und
ernstlich bestrafet werden. Wornach sich ein ieder
zu richten und für Schaden zu hüten. Actum
& decretum in Senatu publicatumque sub signeto
11 Septembr. Anno 1672.

Befehl, daß auf den zwischen und binnen den Bäumen 1672.
liegenden Schiffen kein Feuer gemacht und gehalten 10 Dec.
werden soll, ist in des sel. Herrn Senatoris Langen=
beck, D Schiff=Recht S. 485 u. f. gedruckt. f. auch
oben die Havenmeister=Ordnung Nr. X. Art. 16. und
den 23sten Art. im 1sten Theil der neuen Feuer=Ord=
nung, in der Sammlung S. 23.

CLVII.
Mandat gegen die Pasquillen.*   1673.
Nachdem E. E. Rathe glaubwürdig vorgekom= 20 Jan.
men, welchergestalt in kurz entwichener Zeit
abermal

* Man hat dieses allgemeine Mandat allein hinreichend
gefunden, um es abzudrucken. Die vorhergegangenen
betreffen nur speciale Vorfälle.

1673. abermal einige Pasquillen oder Schmäh=Schrif=
ten in dieser guten Stadt an gewissen Oertern ange=
schlagen befunden, auch an einige Leute ausgege=
ben worden, solches aber allen geist= und weltlichen
Rechten, absonderlich denen Reichs=Abschieden,
peinl. Halsgerichts=Ordnung des Kaisers Caroli V.
und hiesiger Stadt Statuten allerdings zuwider,
als worinn heilsamlich verordnet, auch bey hohen
Pönen verboten, daß niemand einen andern an
seinem ehrlichen Namen angreifen, lästern noch
schmähen, vielweniger ehrenrührige Gedichte
verfertigen, famose Schriften und Pasquillen
zum Nachtheil eines andern machen, nachschrei=
ben, spargiren, oder öffentlich ausgeben, an=
schlagen, oder sonst einigerley Weise publiciren
solle; E. E. Rath auch zu Hintertreibung der=
gleichen Pasquillanten dabevor schon sonderlichen
Ernst gebrauchet, und verschiedene Mandate, die
Autores zu erkundigen und zur gebührenden Strafe
zu ziehen, unter gewissen, denen, so besagte Auto=
res kund machen würden, darinn versprochenen
Belohnungen, ergehen und öffentlich anhängen
lassen:

Als thut E. E. Rath hiemit männiglichen kund
und zu wissen, daß, wer den oder dieselben, die
obgedachte Schmäh=Schriften erdichtet, oder Rath
und That dazu gegeben, dem ältesten Herrn Ge=
richts=Verwalter namkündig machen und anzeigen
werde, dessen Name verschwiegen gehalten, und
ihm dabeneben 100 Rthlr. zur Belohnung gege=
ben werden sollen; auch will E. E. Rath alle und
iede dieser Stadt Bürgere und Einwohnere hiemit
                                                noch=

nochmalen ernſtlich ermahnet und ihnen geboten 1673.
haben, daß keiner ſich unterfangen ſoll, Paſ-
quillen und Schmäh-Schriften zu machen, noch
dieſelben auszuſprengen, in öffentlichen Druck gehen oder nachſchreiben zu laſſen, gedruckt oder
geſchrieben an einigem Ort anzuheften, oder einigerley Weiſe Rath und That darzu zu geben,
mit der ernſtlichen Verwarnung, daß, welcher
dagegen handeln und darauf betreten, oder deſſen
überführet würde, wider denſelben nicht allein
mit der in vorangezogenen Rechten verordneten,
ſondern auch nach Befindung anderer willkührlichen Strafe, andern zum Beyſpiel und Abſcheu,
mit allem Ernſt unausbleiblich verfahren werden
ſolle. Wornach ſich ein ieder zu richten und für
Schaden zu hüten. Actum & decretum in Senatu publicatumque ſub ſigneto 20 Januarii
Anno 1673.

Mandat, daß die Kaufleute und Schiffer, die ſich E. E. 1673.
Raths Tonnen und Baacken auf der Elbe bedienen, 3 Febr.
auch mit voller Ladung anhero fahren, und allhier
auslöſchen ſollen ꝛc. ſ. in des ſel. Hrn. Senatoris Langenbeck, D. See-Recht, S. 487. u. ſ.

Mandat gegen das Hereinſchleifen von Bier und Mehl 1673.
in Bäumen und Thören. ſ. die neuen Brau- und 4 März.
Matten-Mandate.

Erſter Theil. u CLVIII.

CLVIII.

1673.
21ſten
May. Münz = Mandat, ſamt beygefügter
Reduction der Münz-Sorten.

Wir, Bürgermeiſtere und Rath der Stadt Hamburg, fügen hiemit zu wiſſen, daß, nachdeme
männiglichen bekannt, wasmaaſſen einige Jahr
hero in dem Münzweſen hochſchädliche Mißbräuche eingeſchlichen, indeme die Reichsthaler
und das gute Silber an fremde Münze geführet,
und daraus andere grobe und kleine Münze, ganz
gering an Schrot und Korn, gemünzet worden iſt,
dergeſtalt, daß man faſt keinen Reichsthaler mehr
im Empfang und Ausgabe zu ſehen bekömmt,
und die Lagie und das Aufgeld ſchon auf 10 und
darüber zu Hunderten geſtiegen, auch ferner zu
beſorgen ſtehet, daß, im Fall ſolchem Land= und
Stadt=verderblichen Unweſen beyzeiten nicht
ſollte vorgebeuget werden, das neugemünzte Geld
noch immer ſchlechter und noch von geringerm
Werthe gemünzet werden, und alſo ein ieder um
einen guten Theil ſeiner Mittel kommen möchte.

Wann dann in mehrer Erwegung deſſen allen,
die benachbarten Potentaten und Fürſten, auch einige Städte dieſes löbl. Nieder-Sächſiſchen Kreiſes, dieſes hochwichtigen Werks halber, neulicher
Zeit eine Zuſammenkunft in dieſer guten Stadt
gehalten, und E. E. Rath mit zu ſich gezogen,
um auf Mittel zu gedenken, wie erwehntem Unheil, ſo viel möglich und bis auf eine allgemeine

Reichs=

Reichs-Satzung, gesteuert, und die Commercien 1673.
in gebührendem Lauf erhalten werden mögen, bey
solcher Handlung aber kein besser Mittel gefunden
worden, denn daß man dem Münz-Edict de Anno
1559, und anderen darauf erfolgten Reichs-
Satzungen, allerdings nachgehen, die in grosser
Menge eingeschobene geringhaltige Münz-Sorten
auf ihren rechten Werth herunter setzen, auch die
Aufwechselung und Umschmelzung der Reichsthaler und anderer guten Sorten gebührend strafen, und überdem, was in besagten Reichs-
Constitutionen wider dergleichen Mißbräuche
versehen, mit Ernst halten müste: Als haben
vorhochgedachte benachbarte Potentaten, Fürsten
und Städte sich vorerst wohlbedächtiglich dahin
verglichen, daß inskünftige nachbenannte grobe
und kleine Münze höher nicht, denn in untenge-
setztem Werth, angenommen oder ausgegeben
werden sollen.

Ferner hat man sich dahin vereiniget, daß alles
Aufwechseln und Ausführen, auch das Ausgiessen,
Ausschmelzen und Ausziehen guter Münze, nicht
weniger als Verfälschen, nach Inhalt der Reichs-
Constitutionen, unnachläßig, ohne Respect der
Personen, bey hoher willkührlicher, auch nach
Befindung Leibes-Strafe, gestrafet werden solle.

Da auch iemand in Erfahrung bringen sollte,
daß Reichs-Münze aus dieser Stadt und deren
Gebiete, oder untüchtiges Geld in die Stadt und
deren Gebiete geführet würde, und solches der

Obrig=

1673. Obrigkeit anzuzeigen unterließ, derſelbe ſoll, neben
denen, die es ausführen, ebenwol zur Strafe gezogen, ſonſten aber dem, ſo ſolches anſaget, mit
Verſchweigung ſeines Namens, und ohne deſſen
Gefahr, Verweis oder Schaden, der dritte Theil
verwirketer Strafe zugeſtellet werden. Dieſemnach ſetzet und verordnet E. E. Rath hiemit, daß
nach ultimo Maji, als 10 Tage auf Publication
dieſer Verordnung, obſpecificirte Münz-Sorten
von dieſer guten Stadt Bürgern und Einwohnern,
wie auch in dero Gebiete wohnenden Unterthanen,
und denen, ſo in dieſer Stadt und deren Gebiete
Handel und Wandel treiben, in keinem höhern
Werth ausgegeben oder angenommen werden,
ſich auch ein ieder des Aufwechſelns und Ausfüh-
rens guter Reichs-Münze, und obbemeldter verbotenen Dinge mehr, gänzlich enthalten ſolle, ſo
lieb ihm ſey, obgemeldte Strafen zu vermeiden.
Und damit iemand mit der Unwiſſenheit ſich zu
entſchuldigen um ſo viel weniger Anlaß gewinnen
möge; ſo hat E. E. Rath dieſe Verordnung in
Druck zu verfertigen, von den Kanzeln zu verkündigen, und gewöhnlicher Orten affigiren zu
laſſen befohlen. Wornach ſich ein ieder zu richten und für Schaden zu hüten. Actum & decretum in Senatu publicatumque ſub ſigneto
21 Maji Anno 1673.

Redu-

Reduction der Münz-Sorten.
Ducatons und Thaler.

Spanische und Holländische Ducatons zu   56 ß

Die französischen Louisen, und des Herzogs von
     Valenza Thaler, mit den Brust-Bildern und
     Wapen, zu   =   =   46 ß

Alle übrige Italiänische Thaler, die Spanischen
     Kreutz- und also genannten Alberts-Thaler, alle
     Schweitzerische, Bisantische und Holländische
     Thaler, wie auch die Cöllnischen Wechsel- oder
     Zahl-Thaler, zu   =   =   45 ß

Die Sächsischen Wechsel- oder Zahl-Thaler zu 44 ß

Die Mark- oder zwölf Groschen-Stücke.

Die Schwedischen, mit der Umschrift Christina
     Regina Sueciæ, nach dem Werth $14\frac{1}{2}$ ß

Sächsische gedoppelte Marke, mit dem Brust-
     Bilde und Wapen, imgleichen die Schwe-
     disch-Brem- und Verdischen, Hällischen mit der
     Umschrift Augustus D. G. P. A. A. M. &c.
     alle Holsteinische, Dänische und Gottorfische,
     wie auch die Mansfeldischen mit St. Georg und
     Wapen, und Magdeburgische, zu   28 ß
     und dergleichen einfache, zu   14 ß

Die Maynzischen gedoppelten Marke mit dem
     Brust-Bilde und Wapen, Mecklenburgische mit
     dem Kreuze und Lübeckische, zu   27 ß
     und dergleichen einfache, wie auch die Bremi-
     schen Marke, zu   =   = $13\frac{1}{2}$ ß

       Die

1673. Die Schwediſchen mit dem Bruſt-Bilde Regis Caroli und 3 Kronen, auch die Schwediſch-Pommerſchen, imgleichen alle Brandenburgiſche, Osnabrücker mit dem Helm und Pferde, Braunſchweigiſche mit dem Pferde und Calenbergiſche mit dem wilden Manne, zu 13⅓ ß

Die Mecklenburgiſche gedoppelte zu 26⅔ ß
und dergleichen einfache zu 13⅓ ß

Die Anhaltiſche mit dem Helm und Strauſſe, Stollbergiſche mit dem Hirſche, Tecklenburgiſche, Hannöverſche mit dem Klee-Blatt, wie auch Calenbergiſche mit dem Hirſche, zu 13⅓ ß

Die Wismarſche zu 　-　　-　 13 ß

Hannöverſche 6 Mar. Groſchen-Stücke zu 6⅔ ß

Und nach ſolchem Werth die doppelten Mark-Stücke um noch einmal, und die halben Mark- oder 6 Groſchen-Stücke um halb ſo viel.

Die Schilling-Stücke.

Holſtein- und Dännemarkiſche 10 Schilling-Stücke 　-　　-　 9 ß

Die Oldenburger 4 Schilling-Stücke, auf der einen Seite ¼ Mark, und auf der andern eine Krone und 3 Wapen 　-　 3 ß 9 ₰

Schwediſche 4 Schilling-Stücke mit dem C und drey Kronen 　-　　-　 3 ß

Die 3 Schilling-Stücke oder Dütgen, mit der Aufſchrift 16 ein Rthlr., imgleichen Holſteiniſche, Däniſche, Gottorfiſche und Stadiſche 2 ß 8 ₰

Mecklenburger und Lübecker 　-　 2½ ß

Alle

Alle doppelte Schilling-Stücke oder gute Gro- 1673.
schen, gestalten Umständen nach, zu   1½ß

Alle einfache Schilling-Stücke bis zum nächsten
Probations-Tage und fernerer Untersuchung
zu   =   =   =   9 ₰

Bis dahin auch die Sechslinge in ihrem bisherigen Werth zwar verbleiben sollen, als   6 ₰

Das Silber-Geld.

Die Lüneburgischen 4 Groschen-Stücke mit GW.
item die auf dem Harz mit dem Pferde und
dem wilden Mann gepräget, und der Städte
4 Groschen-Stücke   =   4½ ß

Die auf dem Harz bis Anno 1665 geschlagenen
Fürstl. Braunschweig-Lüneburgischen Münze,
als 4 Groschen-Stücke zu   =   5 ß 4 ₰
2 Groschen-Stücke zu   =   2 ß 8 ₰

Die hernachmalen aber geschlagenen, imgleichen
die Osnabrückischen mit Æ., auch die Han-
noverschen und anderer Städte 2 Groschen-
Stücke   :   =   2 ß 4 ₰

Und diesen gleich die grossen Flünderen mit dem
Adler, und auf der andern Seite ein Kreuz,
und die Bremer Flünderen mit dem Schlüssel,
zu   =   =   2 ß 4 ₰

Die Oldenburgischen Flünder aber mit der Aufschrift 18 ein Rthl. zu   :   2 ß

Groten und Mattier.

Die Bremer Groten und andere Mattier-Stücke
zu   :   •   =   6 ₰

Dreyer.

Alle und iede Dreyer zu   =   4 ₰

U 4   **Uebrige**

1673. Uebrige Münz-Sorten, ſo für dieſeßmal nicht haben beygeſchaffet werden können, ſollen annoch in dieſem Jahre bey nächſten Probations=Tagen auch aufgezogen, probiret, und ihrer alßdann befindlichen Gütigkeit nach geſchätzet und geſetzet werden; inzwiſchen wird ein ieglicher mit Aufnahme derſelben behutſamlich umgehen, und ſich ſelbſten für Schaden zu hüten wiſſen.

1673. Münz=Mandat. ſ. Münz=Nachricht Lit. W.
14 Jul.

CLIX.

1673. Nach allen vorigen wiederholtes, erwei=
25 Aug. tertes und geſchärftes Mandat, an Sonn= und Feyertagen, wie auch groſſen Buß= und Bettagen, aller nicht geziemenden Arbeit und Ver= richtungen, auch wollüſtigen Lebens ſich zu enthalten, und ſelbige Tage Sabbath=mäßig zu heiligen.

Demnach einem ieden gläubigen Chriſten be= kannt, daß der Sonntag zum Gottesdienſt einzig und allein gewidmet und verordnet, dan= nenhero derſelbe mit Anhörung der Predigten, Betrachtung Gottes allein ſeligmachenden Wor= tes, andächtigem Gebete und Uebung gottſeliger Werke durchgehends zugebracht, alles aber, was einem

einem Christen-Menschen daran verhinderlich, 1673.
und seinem Neben-Christen Aergerniß erwecken
kann, zu Beybehaltung eines guten ruhigen Ge-
wissens, abgestellet, unterlassen und vermeidet
werden solle:

Und dann E. E. Rathe glaubwürdig hinterbracht, auch theils die Erfahrung noch täglich,
leider! bezeuget, wie daß dem Anno 1659 von
allen Kanzeln öffentlich abgelesenen Edict und
ernstlichen Verbot von Entheiligung des Sonn-
tages, auch allen von den Herren Geistlichen beschehenen treuherzigen Ermahn- Warn- und Verkündigungen der unausbleiblichen Strafen des
gerechten Gottes unerachtet, allerhand Hand-
Arbeit, Handel und Gewerb, auch andere unnöthige und höchstärgerliche Werke und Dinge in
dieser Stadt getrieben und vorgenommen werden,
indem einige sich nicht entsehen, am heil. Sonntage ihre Waaren, Hände-Arbeit und Gewächs
zum Kauf und Verkauf öffentlich vorzubringen,
auszukramen und zu verhöckern; andere die Kaufmanns-Waaren auf- und abzuladen, und durch
dieser Stadt Thöre ohne Scheu ein- und auszuführen; andere Holz in den Schiffen setzen, oder
gar heraus bringen und aufladen; die Haus-Leute
ihr Heu herein führen, und hingegen Sey, Tre-
ber, Mist und andere Sachen zu Wagen bringen
und hinaus führen; andere Ochsen am Sonntage
aus den Weiden kaufen, annoch am selbigen
Tage in die Stadt, wie auch Schweine, herein
treiben, und öffentlich mit vielem Geschrey und

U 5   Unrust

1673. Unruſt verkaufen; wie dann auch Zimmer-Mauer-
Leute und Schiffbauer-Knechte ſich finden, die am
Sonntage heimlich und öffentlich, wie auch die
Tuchmacher, Färber, Schlachter und mehr andere
ihr Handwerk an ſelbigen hochheiligen Tagen treiben, die Bierführer am Sonntage Bier in die
Krüge und aus der Stadt, die Bleicher das Leinen ein- und aus der Stadt bringen, Haus-Geräth zur Fahrel-Zeit umführen, die Brauer den
Born einziehen und ihre Tonnen binden laſſen,
die Wein- Bierſchenke, Wirthe und Köche vor,
unter und nach den Früh- Morgen- und Nach-
mittags-Predigten, Knechte, Mägde, Lehr-Jun-
gen, Diener, und zu Zeiten, unwiſſend der Eltern,
dero Kinder an ſich ziehen, Branntwein, Toback,
Bier und Wein, bis ſie voll und trunken, ohne
Scheu ſchenken, und veranlaſſen, daß mit Tanzen, Springen, Singen, Trummeln und Pfeiffen
der Tag des HErrn ſchändlich profaniret und entheiliget werde.

Daneben ſich auch finden, die, wann andere
gottfürchtende Chriſten nach der Kirche zu gehen
auf dem Wege begriffen, mit Wagen und Pferden ihnen begegnen, in ihrem guten Vornehmen
aufhalten, hindern und ärgern, und gleich, wann
die Thore geſchloſſen werden, und die Haupt-
Predigten angehen ſollen, mit Verachtung alles
Wohlſtandes die Kirchen vorbey jagen, und
zum ärgerlichen Schau den Predigern und der
Gemeine ſich darweiſen; die Everführer und
Haurkutſcher Juden und andere Geſindel zur
Wolluſt

Wollust aus= und einführen; nicht weniger höret 1673.
man mit Aergerniß am Sonntage das Blasen
und Lärmen der Krug-Brüder und Zech=Gesellen,
das Geschrey der Aepfel= Birn= Nüsse=und ande=
rer Früchte Verkäufer; man siehet das Milch=
Tragen und Ausrufen, das Kaufen und Ver=
kaufen an den Märkten unter den Predigten, der
Gaukler und Tyriaks-Krämer Narrenpossen, und
das Getümmel allerhand Gesindels auf den Gas=
sen, so den Sonntag in Wollüsten und Ueppig=
keit, sowol in als ausserhalb der Stadt, zubringen,
und oft bis nach Mitternacht damit anhalten, bis
die Morgen=Röthe darüber anbricht, und solch
heilloses, unchristliches und unehrbares Wesen
und wüstes Leben bezeiget und an den Tag bringet.

Wann aber solch und dergleichen andere unzäh=
liche Werke der Sonntage=Verächter und ruchloser
Unchristen der allwaltende und gerechte Gott nicht
allein mit Unsegen der Arbeit, Krankheit und Ar=
muth an diesen Leuten geahndet und gerochen, und
ihnen zur wohlverdienten Strafe, andern zum
Exempel, hart geeifert, indem die Erfahrung,
leider! gegeben, daß Verschiedene bey solchem
Unwesen in Zank und Widerwillen gerathen, übel
zerschlagen und sich zerfallen, einige tödtlich ver=
wundet, und oft, ehe sie Reu und Busse bezeigen,
auch einen Seel-Sorger, der ihnen die Vergebung
ankündigte, erlangen können, frühzeitig von hin=
nen scheiden und sich dem strengen Gerichte Got=
tes ergeben müssen; besondern auch solche Verach=
tung Gottes seines Wortes und seiner Gebote
über

1673. über Land und grosse Städte schreckliche Strafen, als Krieg, Feuer, Verderb, Mißwachs und den gänzlichen Untergang, gebracht, bey längerem Nachsehen auch endlich dieser guten Stadt und Gemeinde den gerechten Eifer und Zorn Gottes unfehlbar erwecken und überführen würde:

Als will E. E. Rath alle und iede dieser Stadt Bürger, Einwohner, Fremde und Einheimische, auch männiglich hiemit ernstlich gewarnet, ermah-net und geboten haben, daß ein ieder allsolcher vorbenannter und anderer dergleichen am Sonn-tage, wie auch grossen Buß- und Bet-Tage sich nicht geziemenden Arbeiten, Werken, Verrichtungen, auch Unwesen und wollüstigem Leben sich hin-füro gänzlich enthalte, sondern den lieben Sonn-tag, wie auch Buß- und Bet-Tag, mit andächtiger Anhörung der Morgen- und Nachmittags-Pre-digten, Les- und Betrachtung des göttlichen Wor-tes, und christlichen Liebes-Diensten bey seinem Neben-Christen, in Ruhe und Stille zubringe, andern frommen Christen mit unzeitigem Fahr-werk, Rufen, Schreyen und Getümmel auf den Gassen kein Aergerniß gebe, und sonst mit nüch-term mäßigen Leben, vorsichtigem Wandel und eifrigem Gebete zu Gott, um Friede, Segen und Wolwesen für sich und diese Stadt, den Sonntag, wie auch Buß- und Bet-Tag, zubringe und feyere, auch daß ieder Vater und Haus-Mutter ihre Kinder, und die ihnen sonst anbetrauet, sodann Gesinde, und die sich in ihren Häusern aufhalten, dahin ernstlich anhalte, erinnere und vermahne,

damit

damit er fich und feine Seele retten, und bey gu- 1673.
tem ruhigen Gewiffen Gottes Gnade und Segen
zu gewarten haben möge.

Und damit E. E. Rath als Obrigkeit Ihren
Ernft hiebey möge verfpühren laffen; fo hat derfelbe Anftalt an den Thören und Bäumen gemacht, daß die am Sonntage, wie auch groffen
Buß- und Bet-Tage, aus und ein wollende Fracht-
Heu- Mift- Bleicher- und andere Laft-Wagen abgehalten, und nicht ein- noch ausgelaffen, fondern
ein Pferd ausgefpannet werden, und fo lange auf
des Verbrechers Koften ftehen foll, bis er fich mit
dem Herrn Gerichts-Verwalter gebührend abge-
funden, und das Pferd gelöfet; die Ever mit Laft
und Waaren am Sonntage, wie auch Buß- und
Bet-Tage ausgehend, angefchloffen werden follen,
bis der Everführer oder Eigener gleichfalls ihre
Buffe gebührend bezahlt; dann follen, die mit der
Hand-Arbeit den Sonntag oder Buß- und Bet-
Tag entheiliget, den Wette-Herren billigen Abtrag
zu machen, executive angehalten, und denen in
der Arbeit Betroffenen die beyhabende Geräth-
fchaft zum Zeugniß abgenommen werden, bis fie
felbe der Gebühr gelöfet; die Ochfen und Schweine
Sonntags, wie auch Buß- und Bet-Tags, in die
Land-Wehre nicht gelaffen, und die in der Stadt
betroffenen nach dem Zucht-Haufe gebracht, ge-
fchüttet und allda gelöfet; die Krüge, Wein- To-
back- und Bier-Häufer unter den Predigten Vor-
und Nachmittags vifitirt, die Wirthe von der
Wette beftrafet, und die Gäfte heimgewiefen;
den

1673. den Umrufenden ihre Waare abgenommen, und
die, fo keine haben, ins Hals=Eifen gefchloffen;
den Gauklern und den übrigen ihre Buden ge=
fperret, und die, fo am Sonntage oder Buß= und
Bet=Tage iemand verwundet, ohne Anfehen in
gefängliche Haft gebracht werden, und keiner
Bürgen zu genieffen haben; andere Verbrechen
am Sonntage oder Buß= und Bet=Tage aber, nach
Befindung, von den Herren der Wette und des
Gerichts alles Ernftes und ohne Gnade gebüffet
und geftrafet werden follen. Wornach fich ein
ieder zu richten und für Schaden zu hüten. Actum
& decretum in Senatu publicatumque fub figneto
den 25 Aug. 1673.

1673. Münz=Mandat. f. Münz=Nachricht Lit. X.
12Sept.

1673. Mandat, daß man Geld und Silber nirgends anders,
13Oct.   als bey E. E. Raths Münz=Meifter oder Wardein,
          fchmelzen und probiren laffen folle. f. 1692. 17Junii.

1673. Schoß=Mandat. f. 1732.
Luciä.

CLX.

1674. Erneuertes Mandat vom 20 Januar
13Feb. 1669, daß niemand in verguldeten,
verfilberten, oder mit Sammit gefut=
terten

terten Schlitten fahren, noch auch nach geschlossenen Thoren auf den Gassen mit Schlitten ohne Glocken herumjagen soll.

Obzwar E. E. Rath allen Bürgern und Einwohnern dieser Stadt in Schlitten, so vergulbet, versilbert, oder auch mit Sammit ausgefuttert seyn, zu fahren, ingleichen Sammitten Decken in Schlitten und auf Pferden zu gebrauchen, aus bewegenden Ursachen ernstlich verbieten lassen, anitzo aber zu grosser Aergerniß Fremder und Einheimischer wieder einreissen, und nach geschlossenen Thoren mit solchen und andern Schlitten, auch wol ohne Glocken, in denen Gassen der Stadt herum gefahren und gejaget werden will, wodurch ohnlängst verschiedene Leute, so hin und wieder ihrer Angelegenheit halber zu gehen gehabt, zu Schaden kommen seyn; allsolche Ueppigkeit und Pracht aber, wie auch besorgliche weitere Beschädigung anderer Leute, billig obrigkeitlichen Amts halber zu verhüten:

Als thut E. E. Rath allen Bürgern, Einwohnern, auch männiglichen hiemit nochmalen ernstlich ermahnen und gebieten, daß keiner ihme unterstehen soll, in Schlitten, daran etwas vergulbet, versilbert, oder die mit Sammit ausgefuttert seyn, zu fahren, oder auch Sammitten Decken in Schlitten oder auf Pferden zu gebrauchen, als lieb ihm ist, ernste willkührliche Strafe zu vermeiden.   Dann

1674. Dann wird auch einem ieden hiemit ernſtlich
verboten, ſich allerdings nach geſchloſſenen Thö=
ren des Jagens und Herumfahrens in der Stadt
Gaſſen mit Schlitten ohne Glocken zu enthalten,
mit dem Anhange und Verwarnung, daß die
Rättel=Wacht befehliget worden iſt, demjenigen,
ſo eine halbe Stunde nach geſchloſſenen Thören
in Schlitten ohne Glocken zu fahren betreten wer=
den wird, Schlitten und Pferde anzuhalten, und
in gewiſſe dazu verordnete Verwahrung zu brin=
gen, bis deswegen bey denen Herren Gerichts=
Verwaltern gebührender Abtrag gemachet wor=
den iſt.   Wornach ſich ein ieder zu richten ꝛc.

Abgeleſen von allen Kanzeln, auch affigiret an
allen Orten den 13 Febr. 1674.

1674. Mandat, daß die Vorhöcker nichts zu Markte bringen,
15 Apr.   noch vor 11 Uhr das geringſte einkaufen ſollen.
ſ. 1696. 22 May.

CLXI.

1674. Mandat, daß ein ieder, wenn der Abend
19 Aug.   einbricht, ſein Geſinde und Kinder im
Hauſe halten, niemand einige Ver=
gabberung machen ſoll ꝛc.

Nachdem neulicher Tagen und zuvor mehrma=
len ſich begeben, daß einige Leute, Männer,
Weiber,

Weiber, Boots-Leute, Handwerks-Bursche und 1674.
muthwillige Buben sich zusammen rottiret und
Tumult angerichtet; selbiges aber der Anfang eines gefährlichen und weit aussehenden Werks ist,
welchem billig muß vorgekommen werden: Solchemnach gebeut E. E. Rath männiglichen, Bürgern, Einwohnern und Schutzverwandten, daß ein
ieglicher, wann der Abend einbricht, sein Gesinde
und Kinder im Hause halten, und niemand sich
erkühnen solle, einige Vergadderung zu machen,
und mit Steinwerfen oder sonst einige Unlust zu
erwecken, widrigenfalls sollen die Verbrechere angegriffen, nach der Froneren gebracht, vor Gericht
gestellet, und nach Befindung scharf gestrafet werden. Wornach sich ein ieder zu richten und für
Schaden zu hüten. Actum & decretum in Senatu publicatumque sub Secreto 19 Aug. 1674.

Ex speciali commissione Spectabilis
Senatus Civitatis Hamburgensis
    (L. S.)   Henricus Schröder, J. U. Lt.
             ejusdemque Reipubl. Secretarius
             subscripsit.

———————

Ordnung vom Anstecken und Brennen der Lampen, nebst 1675.
    Instruction für den Versorger und Anstecker dersel-
    ben.* s. 1707.

    * Es sind nemlich im Jahre 1673 zuerst die Leuchten
      beliebet, zwey Jahre darnach zu Stande gebracht,
      und nachher immer vermehret und näher an einander
      gesetzet worden.

Erster Theil.   X   CLXII.

CLXII.

1675.
17 Feb.

Erneuertes Mandat vom 20 Januar 1669, gegen die Verguldung der Wagen und Ausfütterung mit Sammit.

Demnach schon vor diesem ernstlich verboten, daß keine Ueppigkeit und Hoffart mit Wagen von dieser Stadt Bürgern und Einwohnern getrieben werden, und in specie, daß niemand dieselben vergulden, oder versilbern, noch mit Sammit ausfüttern lassen solle, weil durch solchen und dergleichen Uebermuth nicht allein Gottes Zorn erwecket, sondern auch der Benachbarten Haß und Mißgunst auf diese gute Stadt geladen, und mancher um seine zeitliche Wohlfahrt gebracht wird; demselben aber zuwider einige nichts desto weniger ihre Wagen auswendig vergulden oder versilbern, und dieselben mit Sammit ausfüttern, andere aber, obiges Gebot zu eludiren und zu hintergehen, ihre Wagen mit goldenen, silbern oder metallenen Blättern belegen, und dieselben hernach mit allerhand Farben anstreichen, dann auch ihre Wagen mit Leinen- oder dergleichen Plüß ausfüttern, und ihre Pferde mit gestickten Decken belegen lassen; solches aber nicht zu dulden stehet:

Als will E. E. Rath, tragenden obrigkeitlichen Amts halber, hiemit männiglichen erinnert, ermahnet und geboten haben, daß keiner hinkünftig seinen Wagen auswendig ganz oder zum Theil vergulden, versilbern, oder mit metallenen Blättern bele=

belegen, noch mit Sammit, Leinen= oder derglei=
chen Plüß ausfüttern, noch die Pferde mit ge=
stickten Decken belegen lassen, auch der etwa schon
solchergestalt verguldete, versilberte, oder mit me=
tallenen Blättern belegte, oder mit Sammit oder
Leinen-Plüß ausgefütterte Wagen oder gestickte
Pferde=Decken hat, solches innerhalb den näch=
sten 14 Tagen abschaffen und ändern lassen solle,
mit der ernstlichen Verwarnung, da einige dawi=
der handeln, und mit obverbotenen verguldeten,
versilberten, oder mit metallenen Blättern belegten,
oder mit Sammit oder Leinen= oder dergleichen
Plüß ausgefütterten Wagen, oder gestickten
Pferde=Decken, nach Verlauf obgesetzter, von
heute an zu rechnender 14 Tage, daher zu fahren
sich unterfangen würden, daß dieselben, so oft sie
solches thun werden, mit 10 Rthlr. sollen bestra=
fet, und darauf unnachläßig ohne einigen Verzug
exequiret werden. Wornach sich ein ieder zu rich=
ten und für Schaden zu hüten. Actum & decretum in Senatu publicatumque sub signeto
den 17 Februar 1675.

CLXIII.

Erneuertes Mandat vom 10 August
1653, daß die Schiffer, ohne vor=
gängige Angabe ihrer Ladung auf den
Zollen, zu löschen sich nicht unterste=
hen, noch einige Güter einnehmen sollen.

Nachdeme E. E. Rath in glaubhafte Erfah=
rung bracht, wasmaassen einige Schiffer

ihnen

1675. ihnen unterſtehen, zur Neuen-Mühlen oder ſonſten auf der Elbe zu löſchen, ehe und bevor ſie ihre
Content-Zettel allhier auf den Zollen übergeben,
oder auch daſelbſt unverzollete Güter einzunehmen, ohne einige gebührliche Anmeldung; ſolches
aber wider dieſer Stadt Gerechtigkeit und vor
vielen Jahren publicirte Zoll-Ordnung läufet,
auch darunter Defraudation des Zollens zu befahren iſt:

Dieſemnach thut E. E. Rath allen dieſer Stadt
Bürgern, Einwohnern und männiglichen, inſonderheit aber allen Schiffern ernſtlich gebieten, daß
keiner ihme unterſtehen ſoll, zur Neuen-Mühlen
oder ſonſten auf der Elbe zu löſchen, er habe dann
zuvor ſeine Ladung allhier auf den Zollen angegeben, und ſeinen Content-Zettel überreichet, auch
keine oder einige Güter einnehmen ſoll, er habe
ſie dann bey den Zollen gebührlich angemeldet;
würde dieſem Mandate zuwider gehandelt, ſoll
ſowol der Kaufmann, der es thun läſſet, als der
Schiffer, in deſſen Schiff es geſchiehet, mit ernſter willführlicher Strafe, vermöge der Zoll-
Ordnung und vor dieſem publicirten Mandaten,
beleget, und darinn keiner überſehen werden.
Wornach ſich ein ieder zu richten und für Schaden zu hüten. Publicatum den 10 Aug. Anno
1653. Renovatum und auf die Holländiſchen
Schiffer extendiret Anno 1675.

Man-

Mandat, daß die hieſigen aus der See aufkommenden 1675.
  Schiffer die Schwinge vorbey gerade anhero auffegeln, 24ſten
  iedoch im Vorüberfahren an der Zoll-Stätte in Stade Mårz.
  den See-Paß und Content-Zettel produciren laſſen
  ſollen. ſ. 1692. 26 Aug.

———————

Mandat, daß lohgar oder getauet Leder nicht hereinge- 1675.
  bracht, noch roh Leder ausgeführet werden ſoll. 4 Jun.
  : ſ. 4 Jan. 1717.

CLXIV.

Mandat, daß man von Königen, Fürſten 1675.
  und Herren mit allem Reſpect reden, 15 Jun.
  auch den Ihrigen mit Worten oder Werken nicht zu nahe treten, und die Zei-
  tungs-Schreiber in ihrer Correſpondenz und Aviſen vorſichtig verfahren
  ſollen.

Demnach E. E. Rathe beſchwerlich angebracht,
  wasmaaſſen einige dieſer Stadt gemeine un-
verſtändige Leute in ihren Zuſammenkünften, Ze-
chen und Gelagen ſich vermeſſentlich unterfangen,
von groſſen Potentaten, Königen, Fürſten und
Herren, auch deren Vorhaben, Actionen und
Verrichtungen, mit Hintanſetzung allen ſolchen
hohen Perſonen gebührenden Reſpects, verkleinerlich zu reden, von Sachen, ſo über ihren Ver-
  X 3　　　　　　　ſtand,

1675. ſtand, vermeſſentlich zu urtheilen, und wol gar
gegen deren Verfahren unziemlich ſich vernehmen
laſſen; welches ausbrechendes und zu groſſer Herren Wiſſenſchaft kommendes unleidliches Verfahren allerhand widerliche Bezeigungen verurſachet,
gemeiner Stadt beygeleget, und daran unſchul-
digen vornehmen Bürgern, wann ſie drauſſen reiſen und trafiquiren, verdrießlich aufgerücket, und
zuletzt dieſer Stadt zu Unluſt und Unheil gereichen
möchte, wann ſolchem nicht zeitig geſteuret, verboten, und gegen die Verächter verfahren werden
ſollte.

Als will E. E. Rath männiglich hiemit erinnert, gewarnet und ernſtlich geboten haben, von
groſſen Potentaten, Königen, Fürſten und Herren
nicht anders, dann mit allem Reſpect, zu reden,
auch dero Vornehmen, Handlungen und Geſchäfte,
als ihnen zu hoch, unberühret, ungeurtheilet, zum
wenigſten ihnen gleiche viel gelten zu laſſen, und
die nach ihrem Gutdünken nicht ungleich zu deu-
ten, noch iemand der Ihrigen mit Worten zu nahe
zu treten, zu verunglimpfen oder zu verkleinern,
mit dem Anhange, im Fall ſein iemand hierinn
vergeſſen, mit Worten oder Werken ſich verlau-
fen und auſſer ſeiner Gebühr ſchreiten, darüber
geklaget, oder E. E. Rath ſolche Ungebühr ſonſten kund würde, Selbiger ſein ſich nicht annehmen noch vertreten, ſondern vielmehr unnachläßig
nach Befindung anſehen, beſtrafen, und hierinn
keiner Freyheit genieſſen laſſen wolle; auch der
Wirth, Gaſtgeber, Weinſchenke und der Mit-
zechende,

zehende, so dem Uebertreter nicht einreden und
steuren, wie sie schuldig seyn, diesem gleich gehalten, und, nach Gelegenheit der ausgestossenen Reden Herbigkeit und daraus zu erwachsenden Verbitterung, gegen sie procediret und verfahren werden soll, wie Rechtens seyn und geklaget werden wird.

Als auch aus denen von fremden Orten einkommenden Zeitungen sich befindet, daß von Unbesonnenen und der Sachen nicht genugsam Kundigen verschiedene Dinge unwahrhaft überschrieben und ausgebracht werden, darob Auswärtige und Eingesessene sich aufs höchste zu beschweren haben; so will E. E. Rath solche Corresponden-ten, Avisen- und neue Zeitungs-Schreibere gleichfalls hiemit erinnert und ihnen geboten haben, vorsichtiglich hierinn zu verfahren, und aller unzeitigen, unwahrhaften und empfindlichen Zeitungen, sie gehen an wen sie wollen, sich gänzlich zu enthalten, mit der Verwarnung, da iemand darunter verdächtig gemachet oder beschuldiget werden wollte, daß gegen denselbigen, wie gegen einen, so falsche und erdichtete Briefe ohne Zusetzung seines Namens ausgehen lässet, nach den Rechten verfahren werden soll. Wornach sich männiglich zu richten und für Schaden zu hüten. Actum & decretum in Senatu publicatumque sub signeto 15 Junii Anno 1675.

X 4 CLXV.

CLXV.

1675.
10 Dec. Befehl, daß die Böhnhasen sich nicht
zur Erlangung der Bürgerschaft auf
der Schreiberey präsentiren, noch
iemand ihnen dazu behülflich erscheinen soll.

Nachdem E. E. Rathe die Alten oder Werk-
meistere dieser Stadt Klagen geführet, daß
zu Zeiten einige ihrer Widerwärtigen zu Bürgern
angenommen würden, solches aber bisweilen auch
durch unziemliche Beförderung geschehe, und
weil hiedurch ihre Nahrung nicht wenig verringert würde, dessen Remedirung gesuchet haben:
Solchemnach gebeut E. Hochw. Rath hiermit
und will, daß keiner der Aemter Widerwärtigen,
Böhnhasen genannt, zu Erlangung der Bürgerschaft sich auf die Schreiberey präsentiren, weniger iemand ihnen dazu behülflich erscheinen solle,
mit der Verwarnung, da dem zuwider gehandelt
würde, daß nach Entdeckung dessen E. Hochw.
Rath denen Aemtern, soviel möglich, an die Hand
gehen und Vermittelung verfügen wolle. Wornach sich ein ieder zu richten und für Schaden zu
hüten. Actum & decretum in Senatu publicatumque sub signeto 10 Decembr. 1675.

1676. Mandat, daß niemand den Marsch einer Wache behin-
31 Jan. dern soll. f. 1707. 28 Sept.

CLXVI.

CLXVI.

Mandat gegen die damalige Vergadde- 1676.
rung gemeiner Leute, und gliederweise 1 Mårz.
durch die Stadt unternommene
Aufzüge.

Nachdem E. E. Rath dieser Tagen einiger gemeiner Leute unternommene Vergadderung,
Aufführung selbiger Gliederweise durch die Stadt,
und Verübung allerhand Insolentien und unziemlichen Reden höchst mißfällig vernehmen und ansehen müssen; solches Unwesen und Unordnung
aber in einer friedsamen Stadt weder zu geduld-
den noch nachzusehen, auch dieser Stadt Verfassung und eines ieden Bürgers Eyde zuwider
laufen thut, auch für sich höchststrafbar:

Als will E. E. Rath männiglichen, wer der
auch seyn würde, absonderlich die jüngst Ver-
gadderten, ermahnet, erinnert und ernstlich verboten haben, sich ferneren Zusammenlaufens,
Rottirens, Vergadderns, Aufziehens, verübender
Insolentien gegen ehrliche Leute mit unziemlichen
Worten oder Werken bey Tage und Nacht gänzlich zu enthalten, sondern sich friedlich und schied-
lich gegen iedermänniglich zu bezeigen, mit dem
Anhange, daferne dergleichen von anitzo an von
iemand unternommen, Frevel oder Gewalt verübet
werden sollte, daß solchem Unwesen sofort durch
die gemachte Anstalt mit Nachdruck gesteuret, die

X 5   auf

1676. auf der That befundene Freveler gefänglich angenommen, als Aufrührer nach dieser Stadt Rechten an Leib und Leben, andern zum Abscheu, ohne
Gnade gestrafet werden, und keiner Bürgen zu
geniessen haben solle. Dann werden alle fromme
Bürger bey ihren dieser Stadt geleisteten Pflichten erinnert und ermahnet, so bald sie einige Zu-
sammenlaufung gemeiner Leute bey Tage oder
Nacht anmerken werden, daß ein ieder seinem Capitain solches ungesäumt anmelde. Wornach
sich ein ieder zu richten und für Schaden zu hüten.
Actum & decretum in Senatu publicatumque sub
sigueto den 1 Märk 1676.

1676. Befehl, daß niemand den Aemtern in der Visitation der
26 Apr.   Böhnhasen in Thören und Bäumen sich widersetzen
soll, ist im Aemter-Reglement genauer bestimmet.

1676. Erneuertes Mandat vom 28 Aug. 1667. gegen das
24sten   Schiessen mit Schlüssel-Büchsen, Pistohlen und an-
May.   derm Gewehr, im Abziehen nach gehaltener Wacht,
aus den Wirths-Häusern und auf den Gassen. s. 1730.
9 October.

CLXVII.

1676. **Mandat, daß niemand zu den verbotenen**
16 Jun.   **Ehe-Beredungen junger Leute Rath**
noch That geben soll.

Nachdem eine Zeithero mit grössestem Leidwesen
männiglichs sich begeben, daß verschiedene
sowol

sowol junge Kinder als Jungfrauen, die annoch 1676.
Eltern und Vormünder haben, durch Verhelfung
loser Leute anfänglich in Kenntniß gebracht, hernach in deren Behausung frühe und späte sich ein-
gefunden, gehauset, geherberget und gezehret, darüber in Gemeinschaft und endlich unzuläßige in
dieser Stadt Bursprach verbotene Ehe-Händel verfallen, sich heimlich verlobet, durch Unterschleif
und Beyhülfe solcher leichtsinniger Buben und
Kuppler verstricket, ausser und in der Stadt ohne
Gebet und Fürbitte die Einsegnung erpractisiret;
solch unverantwortliches, ärgerliches, und unter
ehrbaren Christen verdammtes unordentliches
Wesen aber in einer wohlbestallten Stadt und Regiment ungestrafet und ungeahndet nicht zu gedulden noch nachzusehen:

Als will E. E. Rath iedermänniglich erinnert,
ermahnet, gewarnet und verboten haben, solche verdächtige Zusammenkünfte, obbedeuteter maassen,
in ihren Häusern und Wohnungen nicht zu gestatten, sie aufzunehmen, zu hausen, zu herbergen,
Vorschub und Unterschleif, Rath oder That, auf
was Weise es seyn könnte, hierinn beytragen und
verhelfen, daß die jungen Leute, Gesellen oder
Jungfrauen, sich mit einander verknüpfen, verbinden, und heimliche Beredung von künftiger
Ehe mit einander pflegen, sich verloben, oder diese
verbotene an sich nichtige Ehegelöbniß vollziehen;
mit dem Anhang, daferne iemand darunter verdächtig gemachet, oder von Eltern, Vormündern
oder Verwandten dem Gerichte angegeben würde,

daß

1676. daß selbe, ohne Ansehen der Person, Qualität,
als Hehler loser leichtfertiger Bubenstück und Un-
terhelfer der Kuppeley angegriffen, und da sie
dessen in einem oder mehrern Stücken überzeuget,
oder verdächtig, und mit genugsamen Grunde
dessen sich nicht entbrechen, oder vermittelst Eydes
entladen können, ohne Geniessung einiger Bürgen
zu gefänglicher Haft gebracht, vor Gericht gestellet,
und, nach Befindung der Umstände, an den Pran-
ger, anderen zum Abscheu, gestellet, mit Ruthen
gestrichen, dieser Stadt und dero Gebiete zu ewi-
gen Tagen verveßtet, auch auf Leib und Leben
klag= und strafbar geachtet, und darauf procediret
werden soll. Wornach sich ein ieder zu richten
und für Schaden zu hüten. Actum & decretum
in Senatu publicatumque sub signeto 16 Junii
Anno 1676.

CLXVIII.

1676.
8 Aug.
Mandat, daß niemand Victualien vor
den Thören auf= noch verkaufen, sondern die Verkäufer selbige in die Stadt
bringen sollen.

Als E. E. Rathe begründete Klagen vorgekommen, daß einige dieser Stadt Bürgere und
Einwohnere sich gelüsten lassen, ausserhalb den
Thören Korn und andere Victualien einzukaufen;
solches aber denen zwischen E. E. Rath und der
Erbgesessenen Bürgerschaft beliebten Recessen, und
darauf

darauf ergangenen ernstlichen Mandaten E. E. 1676.
Raths gänzlich zuwider ist, und zu Präjudiß der
sämmtlichen Bürgerschaft dieser Stadt eine Vertheurung der Victualien einführet: Solchemnach
gebeut E. E. Rath nochmalen ganz ernstlich, daß
keiner vor den Thören ichtwas an Korn oder andern Victualien weder verkaufen noch einkaufen,
sondern ein ieder, welcher etwas zu verkaufen in
die Stadt zu bringen vorgenommen, solches auch
wirklich dahin einbringen, und an gewöhnlichen
öffentlichen Orten feil bieten und verkaufen solle,
mit der Verwarnung, da iemand dawider handeln wird, daß sowol Käufer als Verkäufer mit
willkührlicher ernstlicher Strafe beleget werden
sollen. Wornach sich ein ieder zu richten und für
Schaden zu hüten. Actum & decretum in Senatu
publicatumque sub signeto d. 8 Aug. 1676.

Münz-Mandat, s. Münz-Nachricht Lit. Y.

CLXIX.

Erneuerter Befehl vom 16 Aug. 1653,
daß die einheimischen Notarii keine
Citationes rc. fremder Obrigkeiten
(ausgenommen der Reichs-Gerichten)
ohne Vorbewust E. Hochw. Raths
iemand allhier insinuiren oder verkündigen, fremde aber sich dessen überall
enthalten sollen.

Nachdem die Erfahrung bezeuget, welchergestalt
die

1675. die Notarii, sowol einheimische als frembe, sich
unterstehen, Citationes zu allerhand Actibus, wobey E. E. Rath, als dieses Orts ordentliche Obrigkeit, höchlich intereßiret, den Partheyen, ohne er-
haltene Erlaubniß, privatim für sich zu insinuiren,
und darüber Documenta factæ insinuationis, exe-
cutionis &c. als Notarii auszugeben; solches aber
eines Theils dieser Stadt Jurisdiction höchst präjudicirlich, andern Theils den citirten Bürgern
und Einwohnern, bevorab wenn sie ad forum
incompetens verabladet und gezogen werden wollen, sehr verfänglich, beschwerlich und hernach
mühselig zu redreßiren ist: Demnach thut E. E.
Rath allen einheimischen Notariis verbieten und
ernstlich untersagen, keine Citationes, Evocatio-
nes, Mandata, Commißiones, Denunciationes,
von was Ort und Eigenschaft jene auch seyn mögen, von was Autorität und Qualität der Re-
quirent auch einigen Bürgern, Einwohnern oder
Fremden, ohne Vorbewust und Willen E. E.
Raths, oder der p. t. präsidirenden Herren Bürgermeistere, ad domum oder unter Augen zu insinuiren, oder mündlich anzudeuten oder zu verkündigen, bey Verlust dieser Stadt Wohnung
und einer willkührlichen Geld-Busse, oder, da
derselbe nicht zu zahlen hätte, mit Gefängniß, auf
seine eigene Kosten, oder auf Wasser und Brodt,
sein Verbrechen vorhero zu büssen. Frembe auswärtige Notarien aber thut E. E. Rath hiemit
erinnern und verwarnen, dergleichen ohnbeur-
laubter Insinuationum, Evocationum und De-
nunciationum in dieser Stadt an Bürgern, Einwohnern

wohnern oder Fremden sich gänzlich zu enthalten, **1676.**
mit dem Anhange, daferne iemand darüber be=
treten oder angegeben würde, selbiger angenom=
men, aufgesucht, zur Custodie gebracht, vor Ge=
richt gestellet, und gegen ihn als violatorem ju-
risdictionis, nach Anleitung der Rechte, procediret
und bestrafet werden soll: Die Insinuation der
von Einem Hohen Kaiserl. Reichs=Hofrath oder
Cammer=Gerichte erkannten gewöhnlichen Appel-
lations=Processen von diesem Verbot ausgenom=
men. Wornach sich ein ieder zu richten und für
Schaden zu hüten wissen wird. Actum & decretum in Senatu publicatumque sub signeto die
6 Septembr. 1676.

CLXX.

Befehl, daß die Holz=Händler ihre zu **1676.**
versendende Waaren ungesäumt ver= **10ten Sept.**
zollen, auch keiner Holz in der Nach=
barschaft frey an Bord kaufen soll.

Demnach E. E. Rath in glaubwürdige Erfah=
rung gekommen, wie daß einige dieser Stadt
Bürger und Einwohner bishero, wann sie von
hinnen allerhand Holz, als Piepenstäbe, führne
und eichene Diehlen, Balken, Bäume, Posten,
Klappholz und dergleichen zur See abgeschiffet,
solche bisweilen gar nicht oder doch eine geraume
Zeit nach der Abladung und auf beschehene Erin=
nerung allererst verzollet, auch in der Nachbar=
schaft feurne Balken und ander Holz, vorigen

Man=

1676. Mandaten zuwider, frey an Bord gekauft, und selbiges in die auf dem Strohm in Ladung liegende Schiffe unter des Verkäufers Namen ohne Zoll einladen und wegführen lassen, welches dann dem Zollen zu merklichen Schaden und Nachtheil gereichet, und dahero keinesweges zu gedulden: Als will E. E. Rath allen dieser Stadt Bürgern und Einwohnern, welche mit Holz handeln, hiermit ernstlich und bey willkührlicher Strafe geboten haben, daß sie hinfüro alles Holz, was sie von hinnen abschicken werden, (ausgenommen Piepenstäbe und Klapp-Holz) sofort desselbigen Tages oder des nächsten Tages nach beschehener Einladung, die Piepenstäbe und Klapp-Holz aber, sobald die letzten, welche sie in ein Schiff laden wollen, an Bord gebracht, ungesäumt verzollen, auch vorigen Mandaten zuwider, kein Holz in der Nachbarschaft frey an Bord kaufen, und auf den Strohm unter des Verkäufers Namen an Bord bringen lassen, sondern auf ihren der Käufer eigenen Namen auf dem Zoll angeben, und bey Pön der Confiscation den gebührenden Zoll dafür entrichten sollen. Wornach sich ein ieder zu richten und für Schaden zu hüten. Actum & decretum in Senatu publicatumque sub signeto d. 10 Sept. Anno 1676.

1676.
21sten
Sept.　Edictum pœnale gegen die Verkuppelung und Entführung der Weiber, Jungfrauen und Unmündigen, wie auch Kuppler, Kupplerinnen, Hehler und Verhelfer, ist dem Stadt-Buche in der neuen Ausgabe beygefüget.

CLXXI.

CLXXI.

Die erſte Notification, die in Conv. Sen. & Civ. am 21 Sept. beſchloſſene zwo freywillige Sammlungen * für den Peſthof, und zur Abhelf- und Abſchaffung der Betteley, betreffend.

Nachdem in der den 21ſten Sept. 1676ſten Jahres gehaltenen Zuſammenkunft der Erb-geſeſſenen Bürgerſchaft beliebet, daß zu Abhelf- und Abſchaffung der beſchwerlichen Betteley, welche in dieſer guten Stadt eine Zeithero ſehr überhand genommen, zwo freywillige Samm-lungen im Jahre geſchehen mögen, und dann der nothdürftige Zuſtand des Peſthofs, welcher in-ſonderheit mit häufigen Bettlern, ſo von den Gaſ-ſen weggenommen werden, nicht allein ſchon an-gefüllet iſt,. ſondern noch täglich mehr und mehr angefüllet wird, erfodert, mit der beliebten Samm-lung, und zwar annoch dieſe Woche, zu verfahren:

Als thut E. E. Rath hiemit männiglichen er-mahnen, daß ein ieder nach Vermögen ſothanem

obge-

---

* Dem Werk- und Zucht-Hauſe ward über die erſte Sammlung die zwote durch Rath- und Bürger-Schluß am 18 und 19 Auguſt 1641 beſtimmet. Das Wayſen-Haus erhielte beyde Sammlungen ſchon in der Zuſammenkunft vom 27 Jul. 1629, und das Spinn-Haus am 4 März 1668. Und auſſer dieſen geſchiehet ſolche auch für das Gaſt- und Kran-ken-Haus.

Erſter Theil. Y

1676. obgedachten Peſthof mildiglich unter die Arme
greiffen, und ſeine gutherzige Gaben reichlich mittheilen wolle, damit es bey der guten gemachten
Verfaſſung, zur Abſchaffung der beſchwerlichen
Betteley, ſein Verbleiben habe, und das vielfältige mißfällige Ueberlaufen der Armen nicht wieder einreiſſen möge: Solches wird Gott der Allmächtige, der auch einen kalten Trunk Waſſers,
ſeinen Armen gereichet, nicht unbelohnet laſſen
will, zu ſeiner Zeit einem ieden reichlich wieder
vergelten, und werden es gemeldte nothleidende
Arme mit innigem Gebet zu Gott dem Allmächtigen, um ihre Wohlthäter zu verſchulden, ſich
äuſſerſt befleißigen. Deſſen ſich ein ieder zu gelaſſen und darnach zu richten.

CLXXII.

1676.
26 Nov. Anzeige, daß zu mehrer Heiligung der
Sonn- und Feſttäge die vierte Predigt
von 2 bis 3 Uhr Nachmittags angeordnet, dabey die Handwerks-Ge-
ſellen mit ihren Zuſammenkünften einhalten ſollen.*

Weil die offenbare Erfahrung an den Sonn-
und Feſttägen bezeuget, daß, leider! der
Sabbath allhie nicht gebührlich geheiliget und dem
Gottesdienſt ganz nachläßig beygewohnet wird,
wo-

* Die Ordnung des Gottesdienſtes ſ. in den oben 1670
im Dec. erwehnten Formularien, S. 146.

wodurch Gottes Zorn über diese gute Stadt mehr 1676.
und mehr entbrennet, und zu Remedirung solchen
Unheils unter andern vorgekommen, daß an gemeldten Sonn= und Festtägen, Nachmittags von
2 bis 3 Uhr, eine vierte Predigt, in welcher die
Epistel erkläret würde, könnte gehalten werden,
nunmehro auch man sich darüber völlig vereiniget:
Als thut E. E. Rath solches hiemit, wie auch,
daß heute über 8 Tage, wird seyn der erste Advent,
ob Gott will, der Anfang damit gemacht werden
soll, männiglich notificiren, und alle und iede
dieser Stadt Bürger und Einwohner treufleißig
erinnern und ermahnen, daß sie solche vierte Predigt fleißig besuchen, mit herzlicher Andacht dieselbe anhören und den übrigen dabey vorkommenden Gottesdienst verrichten, und die Handwerks=
Gesellen an den Sonn= und Festtägen mit ihren
Zusammenkünften, Trinken und dergleichen in ihren Gesellschaften einhalten sollen, damit durch
solche Heiligung des Sabbaths Gottes fast aus
allen Sachen hervorleuchtender Zorn wider diese
gute Stadt dermalen möge gestillet, und seine
Barmherzigkeit und Güte wieder erlanget werden.
Hamburg, den 26 Novemb. 1676.

CLXXIII.

Anzeige, daß die durch Rath= und Bür- 1676.
ger=Schluß beliebte Feuer=Cassa am 17 Dec.
letzten Februar 1677 ihren Anfang

Y 2   neh=

nehmen, und mitlerweile ein ieder Eigenthümer des Hauses sich zur gesetzten
Zeit bey den dazu deputirten Herren
und Bürgern anmelden, und mit ihnen
wegen der Taxation sich vergleichen soll.

Nachdem in der am 30 November gehaltenen
Zusammenkunft zwischen E. E. Rathe und
der Erbges. Bürgerschaft eine General-Feuer-Cassa
aufzurichten beliebet, die dazu deputirten Herren
und Bürgere auch ihres Ortes selbige gerne zur
Wirklichkeit befördern wollen: Als thut E. E.
Rath hiemit männiglichen verkündigen, daß gemeldte deputirte Herren und Bürgere dero Behuf
zu gewissen Tagen und Zeiten auf dem Rathhause
seyn, und solche Zeit, wann sie dazu kommen können und sitzen werden, in iedem Hause einer ieden
Colonellschaft durch die ordinairen Läuffer anmelden lassen wollen, und erinnert darauf ferner und ermahnet E. E. Rath, daß, wenn solche Ansage in
einem Hause durch der Colonellschaft Läuffer geschehen ist, alsdenn ieder Eigenthümer des Hauses, darinn die Ansage geschehen, sich zu der be-
rahmten und angesetzten Zeit auf dem Rathhause
bey den deputirten Herren und Bürgern anmelden, mit ihnen wegen der Taxation seines
Hauses gebührend sich vergleichen, und dabey von
iedem 1000 Mark, darauf es also taxiret, ein
Mark Lübisch für dies erste mal alsofort erlegen
soll. Und weil dies Werk, ehe es mit iedem Eigenthümer zum Ende, und also zum Stande gebracht

bracht werden kann, seine Zeit erfodern will: 1676.
Als thut E. E. Rath hiebey notificiren, daß die
alten Feuer-Ordnungen noch bis ultimo Februar,
wenn die Glocke zu Mittage 12 geschlagen, in ihrem Valor und Gange bleiben, und wann inzwischen, das Gott gnädiglich verhüte, Feuer-
Schade entstehen sollte, derselbe darnach gebessert
und gerichtet werden soll. Nach geschlagenen 12
Uhren aber, zu Mittage besagten ultimo Februar,
sollen alle alte Feuer-Ordnungen damit cassiret
und aufgehoben seyn, und die nach solcher Zeit
entstehenden Feuer-Schaden, so doch Gott in Gnaden verhüten wolle, nach der neuen General-
Feuer-Casse-Ordnung gebessert, und also den Noth-
gelittenen unter die Arme gegriffen werden.

Abgelesen den 17 Dec. (Dom. III. Adventus)
Anno 1676.

CLXXIV.

Mandat, daß niemand auf fremden 1676.
Münzen Sechslinge schlagen lassen 17 Dec.
noch herein bringen, und allhier in
Zahlung ausgeben oder annehmen soll.

Nachdeme E. E. Rathe klagend vorgebracht,
auch die tägliche Erfahrung bezeuget, daß
einige in dieser Stadt verbotener Weise sich unternehmen, auf fremder Münze Sechslinge von
geringem Gehalt häufig schlagen, und in grosser
Menge herein bringen und zu männiglichen merklichen Schaden und Nachtheil allhier auswechseln

Y 3   zu

1676. zu lassen, welches aber dem gemeinen Besten
höchst präjudicirlich, und, wo solchem Unheil zeitig
nicht vorgebeuget werden sollte, den Bürgern und
Einwohnern täglich grösserer Schade zuwachsen
würde:

Als thut E. E. Rath sothane unzuläßige schädliche Dinge hiemit gänzlich verbieten, auch allen
Bürgern und Einwohnern dieser Stadt ernstlich
gebieten, sich sofort nach Publicirung dieses keine
fremde Sechslinge mehr anzunehmen noch auszugeben, sondern sich deren allen gänzlich zu enthalten und zu entschlagen, und anstatt deren sich unserer kleinen Stadt-Münze zu bedienen, mit der
angehängten scharfen Verwarnung, da iemand
darauf betreten oder sonsten überführet würde, daß
er fremde Sechslinge auf fremder Münze schlagen
und in diese Stadt führen liesse, auch sothane
Sechslinge auf öffentlichem Markte oder in Pri-
vat-Zahlung ausgebe oder annehme, daß solches
Geld confisciret, und der Verbrecher, sowol Ge-
ber als Nehmer, nach Befinden mit hoher willkührlicher Strafe beleget werden soll. Wornach
sich ein ieder zu richten und für Schaden zu hüten.

Abgelesen am 3ten Advent-Sonntage, oder 17
December 1676.

CLXXV.

CLXXV.

Mandat wider der fremden Werber **1677.**
Zwang und Einsperrung in den Häu- **14Feb.**
sern der wider ihren Willen Ange-
worbenen.

Nachdem E. E. Räthe glaubwürdig hinterbracht, wasmaassen ein Theil Werber sich
unterstanden, in dieser Stadt und dero Gebiete
einige Manns-Personen in ihre Häuser und Stu-
ben mit List oder Gewalt und Frevel zu bringen,
sie daselbst wider ihren Willen aufzuhalten, und
Herren-Geld oder Herren-Dienste anzunehmen zu
zwingen, auch daß die Hauswirthe und andere,
sowol Manns- als Weibs-Personen, dazu Anlaß
geben, es mit verhehlen und befördern helfen; solches aber allem Recht und Reichs-Satzungen zuwider, und in einer wohlbestallten Stadt nicht
zu gedulden:

Demnach thut E. E. Rath allen und ieden
Werbern hiemit ernstlich gebieten, daß keiner
ihme unterstehen soll, einigen Menschen in seinem
Hause oder Zimmer zu versperren oder aufzuhalten, ihn zu nöthigen, Herren-Geld oder Herren-
Dienste wider seinen Willen anzunehmen; mit
der ernsten Verwarnung, daß, welcher Werber
solches in dieser Stadt und dero Gebiete gethan
zu haben überführet werden wird, demselben die
Knechte nicht abgefolget, und er, wie auch andere Manns- und Weibs-Personen, so dazu ge-

Y 4   holfen,

1677. holfen, in ſcharfe willkührliche, auch nach Befindung Leib- und Lebens-Strafe, die Wirthe aber,
ſo darum gewußt, und es nicht verwehret, oder
den Herren Gerichts-Verwaltern nicht in Zeiten entdecket und angemeldet, in 100 Rthlr.
Strafe unnachläßig genommen, und daferne ſie
dieſelbe zu bezahlen nicht vermögen, mit gefänglicher Haft beleget werden ſollen. Wornach ſich
ein ieder zu richten und für Schaden zu huten.
Actum & decretum in Senatu publicatumque
ſub ſigneto 14 Febr. 1677.

1677.
26 May
u. 9 Dec. Münz-Mandat. ſ. Münz-Nachricht Lit. Z.

1677.
2 Sept. Iſt für die abgebrannte Geeſthachter eine Collecte verkündiget.

CLXXVI.

1677.
2 Dec. Befehl, daß ein ieder die Todten öffentlich bey Tage zur Erde beſtätigen laſſen, und ſich der abendlichen Beyſetzung enthalten ſolle.*

Demnach E. E. Rath in beglaubte Erfahrung gekommen, wie daß in dieſer guten
Stadt

* Dieſes Verbot, ſo ſchon 1664. 22 Nov. ergangen,
iſt in folgenden Zeiten aufgehoben, und nur gegen
die Pracht bey Abend-Leichen das Augenmerk gerichtet worden, wie aus den von Zeit zu Zeit ergangenen hierunten folgenden Mandaten erhellet. ſ. 1692.
29 Januar.

Stadt faſt einreiſſen will, daß ein ieder ohne Noth 1677.
die Seinigen bey Abend-Zeit beerdigen läſſet,
welches denn länger nicht zu gedulden, und ſolcher
Unordnung, da den Kirchen, auch den Gemeinen,
das ihrige entzogen wird, nicht nach;zuſehen iſt:
Als thut E. E. Rath hiemit männiglichen ernſtlich vermahnen und gebieten, daß ein ieder mit
ſeinen Todten, dem Herkommen nach, gebührend
verfahren, dieſelben öffentlich, wie Herkommens
und gebräuchlich, am Tage in ihr Ruhe-Bett-
lein bringen und zur Erde beſtätigen laſſen, und
ſich der abendlichen Beyſetzung enthalten ſolle,
und ſolches bey ernſtlicher willkührlicher Strafe.
Wornach ſich ein ieder zu richten und für Schaden zu hüten.   Publicatum den 2 Dec. 1677.

────────

Iſt zum beſſern Aufkommen und zur Wieder-Erbauung 1677.
der größtentheils abgebrannten Stadt Roſtock in den 9 Dec.
Kirchen eine Collecte verkündiget.

CLXXVII.
Mandat wider das Tragen der Juwe- 1678.
len, Perlen und Spitzen u. ſ. f.* 25ſten
Mărz.

Nachdem durch Kleider-Pracht über Standes
Gebühr nur göttlicher Zorn, auch der Benachbarten Neid und Unhuld erwecket wird, und

Y 5   es

────────

* Es iſt ſchon oben in der Note zu den Kleider-Ord-
nungen, S. 114. erwehnet, daß gegen das Tragen
der

1678. es anitzo so betrübte nahrlose Zeiten seyn, daß ein
ieder das Seine wohl zu rathe halten mag: Als
hat nebst E. E. Rathe die Erbges. Bürgerschaft
in der am 31sten jüngstverwichenen Januar vorgewesenen Zusammenkunft beliebet, daß ieder
Bürger und Einwohner, Graduirter und nicht
Graduirter, der E. E. Rathe mit Eyde oder
Pflicht verwandt, wie auch deren Ehefrauen,
Söhne, Töchter und diejenigen, über welche sie
als Vormündere zu verordnen haben, der Edel-
Gesteine, Juwelen, Diamanten, Perlen und Klei-
nodien, ohne Unterscheid, echt oder unecht, sich
gänzlich enthalten, dieselben ablegen, und an keinem Orte des Leibes tragen sollen; den Manns-
Personen iedoch die blauen Saphier-Ringe an den
Fingern zu tragen vorbehältlich. Dann auch,
daß kein Bürger noch Einwohner sich des seidenen
Stickwerks und des schwarzen Knüppels auf den
Mänteln und Kleidern, imgleichen der weissen
Kanten und Spitzen, genehet, gewebet, gewirket
und geknüppelt, an und um die Kragen, Hals-
tücher, Handblätter und Hembde, zu ihrer Zierung
mehr

der Juwelen, Perlen und kostbaren Spitzen die Gesinnungen E. Hochedl. Raths und der Erbges. Bürgerschaft sich vereiniget. Dieses Mandat, welches
die Beschaffenheit der damaligen trübseligen Zeiten
veranlaßte, ist ein Beweis davon. In der Zusammenkunft vom 26 Aug. 1691 ist dieser Punkt abermals in starke Bewegung gekommen, und im folgenden ist die Berathschlagung fortgesetzt. Allein die
wirkliche Einführung ist nie standvest geworden. Und
also hat auch, wie am angezeigten Orte schon erwehnet ist, bis itzo dazu nicht können geschritten werden.

mehr zu gebrauchen sich unterstehen, sondern ein 1678.
ieder sich dessen allen, von selbigem dato an über
4 Wochen, gänzlich enthalten und ablegen, und
dabey den Herren der Wette committiret seyn soll,
hierüber zu halten und es zum Effect zu bringen.

Und dann sothane angesetzte 4 Wochen nun=
mehr schon längst verflossen: Als will E. E. Rath
allen dieser Stadt Bürgern und Einwohnern sol=
ches hiermit nochmalen kund gethan, und selbigen
daneben geboten haben, sich solchem obangeführten
Rath= und Bürger-Schluß gemäß zu bezeigen,
und von nun an innerhalb 14 Tagen obbemeldte
verbotene Dinge gänzlich abzulegen und sich der=
selben in allen zu enthalten; mit der angehängten
Verwarnung, daferne iemand hierwider handeln
und darüber betreten werden würde, derselbe von
den Herren der Wette ernstlich bestrafet werden
soll. Wornach sich ein ieder zu richten und für
Schaden zu hüten. Actum & decretum in Senatu publicatumque sub signeto 25 Martii 1678.

CLXXVIII.

Mandat, daß niemand Reichsfeindliche 1678.
Effecten in seine Verwahrung nehmen, 30 Apr.
**weniger mit contrebanden Waaren
und Wechsel-Geldern den Reichsfeind-
lichen Kriegs-Heeren und Befehlsha-
bern an die Hand gehen solle.**

Demnach der Römischen Kaiserlichen Majestät, Unserm allergnädigsten Kaiser und
Herrn,

1678. Herrn, höchstmißfällig vorgekommen, auch E. E.
Rath und dero zu Wien am Kaiserlichen Hofe sich
befindenden Herrn Deputirten ernstlich vorgehalten
worden, ob werde denen in dieser Stadt publicirten
und affigirten Inhibitoriis und Avocatoriis nicht
allerdings von hiesiger Stadt Bürgern und Einwohnern gelebet und nachgekommen, insonderheit
ob thäten einige zum Privat-Commercio nicht gehörige, sondern in denen Avocatorial- und Inhi-
bitorial-Mandaten verbotene und denen declarir-
ten Reichs-Feinden zuständige Effecten an Geld,
Juwelen und andern kostbaren Sachen allhier in
der Stadt sich befinden; und aber allerhöchstge-
meldete Ihro Kaiserl. Majestät dergleichen in der
Stadt nicht dulden können noch wollen: Als will
E. E. Rath dero hiebevor publicirte Verbote renoviret, wiederholet, und aus wohlgemeinter Vorsorge einen ieden Bürger, Einwohner, wie auch
alle sich allhier aufhaltende Fremde ernstlich,
bey hoher schwerer Strafe, ermahnet, erinnert
und geboten haben, oberwehnte verbotene Effecten künftig in ihre Verwahrung nicht zu nehmen, noch dieselben zu behausen, zu beherbergen oder
sonst zu behalten, weniger mit denen contraban-
den Waaren und Wechsel-Geldern für die Reichsfeindliche Armeen und Militair-Personen sich zu
belästigen, sondern vielmehr seine Schiffahrt,
Handlung, Correspondenzen, Wechsel und Gewerbe also vorsichtiglich einzurichten und zu treiben, damit bey gegenwärtigen gefährlichen Zeiten
er dißfalls nicht in Anspruch genommen, und seine
selbsteigene Wohlfahrt darüber gefährdet und in
Scha=

Schaden gerathen möge. Actum & decretum 1678.
in Senatu publicatumque sub signeto den 30sten
April 1678.

Münz-Mandat. s. Münz-Nachricht Lit. A a.   1678.
                                                  3 May.

Zur Wiederaufrichtung der abgebrannten Stettiner St. 1678.
    Jacobs-Kirche sind die Becken vor den Kirch-Thüren 18 Aug.
    zur Beysteuer ausgesetzet.

Münz-Mandat. s. Münz-Nachricht Lit. B b.   1678.
                                                  31 Dec.

CLXXIX.
Münz-Mandat.   1678.
                         31 Dec.

Nachdem die tägliche Erfahrung bezeuget, daß
    dem zu Beybehaltung des ungemünzten ro-
hen Silbers und der guten Reichsthaler, wie auch
zu sorgfältiger Vorkommung, daß die fremden
Münz-Sorten geringen Gehalts in diese gute
Stadt weiter nicht mögen gebracht werden, am
3ten Februar 1669 publicirten und hiebey nochmalen angehängtem Mandate E. E. Raths nicht
gelebet, sondern ungeachtet dessen, auch anderer
nach und nach erfolgter Verneuerungs-Manda-
ten, die guten Reichsthaler und andere Silber-
Sorten, wie auch das ungemünzte rohe Silber,
wider die in obgemeldtem hierbey affigirten Mandate angezogene Reichs-Constitutionen, aus die-
                                                  ser

1678. ſer Stadt hinaus geführet, und frembe noch geringern Gehalts Münz-Sorten, als dieſelben ſeyn,
welche in dem zwiſchen den benachbarten Potentaten und Fürſten, wie auch einigen Städten dieſes
löbl. Niederſächſiſchen Kreiſes, in Anno 1673 allhier in dieſer Stadt gehaltenen Convent, beſage
darüber am 21 May angeregten 1673ſten Jahrs
und nachgehends ferner publicirten Münz-Edicten,
zu einer gewiſſen Taxe devalviret worden, gar häufig und durch allerhand liſtige Practiken in dieſe
gute Stadt hereingeführet worden; ſolches aber
zu männigliches groſſen Schaden und Nachtheil
gereichet, weswegen in der am 7 Novemb. dieſes
1678ſten Jahres gehaltenen Zuſammenkunft E.E.
Raths und der Erbgeſ. Bürgerſchaft beliebet, daß
nach den Verpachtern, und welche die ſchlechte
Münze in dieſe Stadt bringen, und das Silber,
die Reichsthaler und andere grobe, auch andere
Silber-Münze hinaus führen, und die ſchlechte
Münze wieder einpracticiren, aufs ſchärffſte ſoll
inquiriret werden, damit diejenigen, ſo daran
ſchuldig befunden werden, ohne Anſehen der Perſon an Leib, Ehre und Gut exemplariſch geſtrafet,
und ſothane befundene ſchlechte Münz-Sorten confiſciret werden ſollen; und dann bey ſothaner In-
quiſition, in deren wirklicher Anſtellung E. E.
Rath itzo begriffen, ſich befindet, daß ohne Nachricht und Anzeige nicht wohl zu dem abgezielten
Zweck zu gelangen:

Solchemnach thut E. E. Rath allen dieſer
Stadt Bürgern und Einwohnern, abſonderlich
aber

aber den Mäklern, wie auch allen Officianten, 1678.
Zöllnern vor den Thören und Bäumen, auch
Zoll-Knechten, Visitirern, Bestätern, Packern,
Fuhr-Leuten, Arbeits-Leuten, Litzen-Brüdern, und
denen absonderlich dazu angenommenen Observa-
toren, auch männiglichen gebieten, daß sie von
habender oder erlangender Wissenschaft des obbe-
deuteten Hinausführens des rohen Silbers und
der guten Reichsthaler, wie auch der Herein-
practisirung der fremden Münz-Sorten geringen
Gehalts, denen p. r. Herren Gerichts-Verwaltern umständliche Anzeige thun sollen, von welchen
sie zugleich die in neben angehängtem Mandate
verordnete Belohnung zu gewarten haben. Da
aber einige, so obbedeutete Wissenschaft schon haben oder künftig erlangen möchten, mit deren Entdeckung zurück halten, und dessen künftig überzeuget würden, dieselben sollen nach Befindung mit
wirklicher Strafe beleget werden. Unterdessen
soll auch obberührtem am 3 Februar 1669 publicirten Münz-Edicte zu dessen Mitbeobachtung,
anstatt des sel. Herrn Diederich Vasmers, Herr
Johann Lemme verordnet, allerdings nachgegan-
gen werden.

Zugleich wird ein iedweder hiemit wohlmei-
neutlich erinnert und vermahnet, weil E. E. Rath,
zu Abwendung mehrern dem gemeinen Besten an-
wachsenden Schadens und Nachtheils, billig weiter darauf bedacht ist, wie auch denen über die bereits devalvirten Stücke von neuem nach und nach
fürters einschleichenden fremden geringern Gehalts
Münz-

1678. Münz-Sorten, mittelst gewisser Devalvation, am füglichsten zu begegnen, daß er sich in deren Annehmung wohl vorzusehen, und seines eigenen Interesse halber bey Zeiten solcher von neuem einschleichenden Münz-Sorten zu äussern und zu entschlagen habe. Wie dann auch sonsten sich ein ieder nach obigem richten und für Schaden hüten wird. Actum & decretum in Senatu publicatumque sub signeto den 31sten December 1678.

───────────

1679.
23sten
Märj.

Zur Collecte für das Aufkommen und den Wiederbau der abgebrannten Stralsunder sind die Becken vor den Kirch-Thüren ausgesetzet.

CLXXX.

1679.
15Apr.

Erneuertes und geschärftes Mandat von 1671. 31 Oct. wider die fremden Werber, und das Beherbergen derselben und herrenloser Knechte.

Nachdem E. E. Rath in glaubhafte Erfahrung gebracht, welchergestalt in dieser guten Stadt abermal fremde Werbungen sowol zu Wasser als zu Lande vorgehen sollen; solches aber denen jüngsterrichteten Friedens-Tractaten zuwider, und an sich unverantwortlich ist, zumalen dadurch der Kreis der tüchtigen Mannschaft priviret und entblösset wird: Solchemnach thut E. E. Rath bey hoher, auch Leib- und Lebens-Strafe hiemit

alle

alle fremde Werbungen allerdings, auch allen 1679.
Wirthen, fremde Werber und herrenlose Knechte
zu hausen oder zu herbergen, ernstlich verbieten,
auch Werbern und Geworbenen gebieten, daß sie
sich innerhalb 24 Stunden aus dieser Stadt und
deren Gebiete hinweg begeben sollen; in Verbleibung dessen, und da nach Ablauf obangesetzter
24 Stunden noch einige allhier betreten, oder auch
inskünftige dergleichen Werbungen von andern
unternommen und zu Werk gerichtet würden, soll
an den Geworbenen sowol als den Werbern, wie
auch an den Wirthen, und allen denen, so hierzu
einigen Vorschub mit Rath oder That gethan,
vorbedeutete Strafe unnachläßig exequiret werden.   Wornach sich ein ieder zu richten und für
Schaden zu hüten. Actum & decretum in Senatu
publicatumque sub signeto den 15 April 1679.

Impressum & affixum an den Thören, Bäumen,
Rathhause, Börse, Wirthshäusern und andern
publiken Oertern, auch an demselben Tage durch
den Trommelschlag publiciret.

CLXXXI.

Befehl, daß die Fremden bey gemachtem 1679.
  Lärm oder entstehendem Tumult sich 24sten
nicht auf den Gassen sehen lassen sollen, Sept.
und niemand solche, die sich bey ihm
befinden, aus dem Hause lassen solle.

Es thut E. E. Rath hiemit iedermänniglich zu
   wissen, daß, wann bey itzigen gefährlichen

Erster Theil.   3   Läuf-

1679. Läuften und Zeiten in dieser Stadt, aus bewegenden Ursachen, ein Lärmen sollte gemachet, oder sonst über Verhoffen irgend ein Tumult entstehen, alsdann kein Frembder, wer oder wes Standes der auch seyn möchte, sich auf den Gassen sehen lassen solle.

Und wird überdem allen Wirthen, Gastgebern, oder sonst Kost= und Schlafgäste=Herbergern alles Ernstes geboten, in solchem Fall keinen bey ihnen befindlichen Fremden aus seinem Hause zu lassen, alles bey Leib= und Lebens=Strafe. Wornach sich ein ieder zu richten und für Schaden zu hüten. Actum & decretum in Senatu publicatumque sub signeto den 24 September 1679.

1680. Befehl, daß die publicirten Münz=Edicte beobachtet wer=
12 Febr. den sollen. s. 1680. 23 Jul.

CLXXXII.

1680. Mandat, worinn die devalvirte zwey
25sten und ein Drittel=Stücke gänzlich ver=
März. boten, und nicht mehr für gangbare
Münze geachtet werden sollen.

Demnach die Römisch=Kaiserl. Majestät und die zu Regensburg versammleten des Heil. Reichs Stände im Werk begriffen sind, dem eingerissenen grossen Unwesen in der Münze Wandel zu schaffen, und die eine Zeit von Jahren her im

Reich

Reich hin und wieder geprägten und divulgirten ge- 1680.
ringhaltigen Münz-Sorten mit ehestem zu verrufen,
gänzlich zu verbieten und zu vertilgen; und dann
E. E. Rath in glaubwürdige Erfahrung kömmt,
daß immittelst dergleichen Münz-Sorten häufig in
diese Stadt gebracht werden, wodurch hernächst
bey erfolgender deren Abschaffung dieser Stadt
Bürger und Einwohner, welche dieselben in
Zahlung angenommen hätten, sich sehr verkürzt
und in Schaden gesetzet finden würden: Als thut
E. E. Rath hiermit männiglich zu wissen, daß
die Zwey-Drittel und Dritteln, welche nach der
Devalvation von 1673 respective zu 28 und 14
Schillingen und darunter bishero noch im Gange
in dieser Stadt gewesen sind, hinfüro gänzlich
verboten seyn und nicht mehr für gangbare Münze
geachtet werden, noch auch von aussen herein gebracht werden sollen, alles bey willkührlicher
Strafe, und nach Befindung bey Confiscation
desjenigen, so herein gebracht wird. Wornach
sich ein ieder zu richten und für Schaden zu hüten.
Publicatum den 25 Märß 1680.

Münz-Mandat. s. Münz-Nachricht Lit. Cc. 1680.
23 Jul.

Befehl, daß Bürger auf ihrem Eyde, Einwohner aber 1680.
an Eydesstatt das bewilligte halb pro Centum ent- 6 Aug.
richten sollen. s. die neuen Quartprocent-Mandate,
worinn in Ansehung der Einwohner eine Aenderung
längstens beliebet ist.

---

3 2 Erneu-

1680. Erneuertes Mandat vom 10 Dec. 1668, daß die Tonne
15 Oct. Bier-Eßig, so von fremden Orten herein gebracht wird,
mit 8 Schillingen vorhero veracciset werden soll.
s. 1696. 27 Märj.

CLXXXIII.

1680. Befehl, daß ein ieder die jährliche Zulage
zu der Feuer-Casse entrichten, die Vorsteher der alten Feuer-Ordnungen ihre
Rechnung ablegen, und den Ueberschuß in die itzige General-Feuer-Casse
bringen sollen.

Demnach in der den 30sten November 1676
gehaltenen Zusammenkunft der Erbgesessenen
Bürgerschaft eine Feuer-Casse-Ordnung beliebet,
worinn enthalten, daß die Interessenten alle Jahre
von iedem 1000 Mark, worauf ihre Häuser gesetzet und eingezeichnet, 4 ß zu Unterhaltung solcher gemeinen Casse zu entrichten schuldig seyn sol-
ten; und dann nunmehro die Zeit vorhanden, daß
solche jährliche Zulage entrichtet werden muß:
Als thut E. E. Rath hiemit männiglichen erinnern und gebieten, daß ein ieder solcher beliebten
Verordnung zufolge sothane 4 ß von iedem 1000
Mark, bey Vermeidung der der Feuer-Casse-Ordnung annectirten Strafe, den Colonell-Bedien-
ten, als welchen solche Gelder einzusammlen befohlen worden, unverzüglich entrichten und bezahlen
solle.

Wann

Wann auch in gemeldter Zusammenkunft der 1680.
Erbgesessenen Bürgerschaft beliebet, daß die Vorstehere der vorigen alten Feuer-Ordnungen ihre
Rechnung abzulegen, und den Ueberschuß in die
itzige General-Casse einzubringen schuldig seyn
sollen: Als wird hiemit allen und ieden Vorstehern und Alten der vorigen Feuer-Ordnungen
nochmals kund gethan, daß sie nach der Ordnung,
wie sie gefodert werden, wovon morgen über 8
Tage, geliebts Gott, der Anfang gemacht werden
soll, auf dem Rathhause vor denen dazu deputirten Herren und Bürgern erscheinen, ihrer Admi-
nistration Rechnung und Reliqua abstatten, anbey auch den bey ihnen annoch vorhandenen Ueberschuß zugleich aus- und einliefern sollen, mit
der ernstlichen Verwarnung, daß, daferne iemand, so dergleichen Gelder in Händen haben
möchte, hierinn säumig befunden werden sollte,
derselbe nicht allein ernstlich bestrafet, sondern
auch, nach Befindung, der Beneficien der neuen
Feuer-Casse sich dadurch verlustig gemachet haben
soll. Wornach sich ein ieder zu richten und für
Schaden zu hüten.

CLXXXIV.

Mandat, daß ein ieder die Zoll- und 1681.
    Frey-Zettel selbst schreiben, und dar-29Aug.
    inn die anzugebenden Waaren, imglei-
    chen, ob es fremd oder Bürger-Gut
    sey, allemal aufrichtig anzeige.

Nachdem E. E. Rath in glaubhafte Er-
            3 3   fah-

1681. fahrung gekommen, welchergeſtalt einige die=
ſer Stadt Bürgere und Handels=Leute ſich
unterfangen, die an Fremde von ihnen verkauften
Waaren, unter dem Vorwande, daß ſelbige von
ihnen frey ausverkauft, oder ihnen annoch nicht
bezahlet, auf hieſigen Werk=Zollen für ihr eigen,
als Bürger=Gut, anzugeben, und davon einen
Frey=Zettel zu holen: Andere, wann ſie einige
Güter, fremden Perſonen gehörig, angeben, nur
der Stücke Zahl, als: Packen, Fäſſer, ꝛc. und
nicht, worinn ſelbige beſtehen, vermelden: Dann
auch denen vor dieſem abgelaſſenen Mandaten zu=
wider ihr Zoll= und Frey=Zettel weder ſelbſt ſchrei=
ben noch unterſchreiben, wodurch dieſer Stadt
Zollen merklichen Abbruch geſchiehet, ſo in keine
Wege zu gedulden:

Als will E. E. Rath allen dieſer Stadt Bür=
gern, auch Einwohnern hiemit ernſtlich geboten
haben, daß hinfüro ein ieder ſeine Zoll= oder Frey=
Zettel entweder ſelbſt ſchreiben, oder unterſchrei=
ben, und in ſelbigen nicht allein die Waaren, ſo
in denen von ihme angebenden Packen, Fäſſern,
Kiſten, Körben ꝛc. ſich befinden, aufrichtig anzei=
gen, ſondern auch, ob es fremd oder Bürger=Gut
ſey, allemal, ſeinem Bürger=Eyde oder Gelübde
gemäß, ohnverfälſcht vermelden, und kein Bürger
einig fremd oder Commißions=Gut für ſein eigen
anzugeben ſich unterſtehen ſoll; mit der angehäng=
ten Verwarnung, daß, dafern iemand, er ſey Bür=
ger oder Einwohner, dagegen gehandelt zu haben
befunden würde, wider denſelben mit willkührli=
cher

cher exemplariſcher Strafe verfahren werden ſoll. 1681.
Wornach ſich ein ieder zu richten und für Scha=
den zu hüten hat. Actum & decretum in Senatu
publicatumque ſub ſigneto den 29 Auguſt 1681.

Mandat, daß ein ieder den Kehrels oder Unrath ſo lange 1681.
  in ſeinem Hauſe behalten ſoll, bis die Dreck-Wagens 2 Nov.
  anlangen, iſt in den nenen Gaſſen-Ordnungen ge=
  nauer beſtimmet. ſ. 1695. 12 May.

CLXXXV.

Mandat, daß das Mark zu Wegen und 1682. Stegen von Teſtamenten und Codi-14 Jan. cillen richtig eingeliefert werden ſoll.

Demnach die Erfahrung bezeuget, daß hieſiger
  Stadt Cämmerey das derſelben von einem
ieglichen Teſtament und Codicill laut Art. 21.
Part. 3. Tit. 1. hieſigen Stadt-Buchs gebührende
Mark-Stück zu Wegen und Stegen nicht allemal
richtig eingeliefert werde; ſo thut E. E. Rath hie=
mit iedweden, er ſey Bürger, Einwohner oder
Fremder, ſo ſeinen letzten Willen oder einig Co=
dicill in hieſiger Stadt und dero Botmäßigkeit
beſtändig und gültig aufgerichtet und gemachet
haben will, oder ſelbige gültig und bündig hinfüro
aufzurichten und zu machen gemeinet iſt, wie auch
denen zur Errichtung und Vollenziehung der
Teſtamenten und Codicillen erfordernden Nota=
rien ganz ernſtlich erinnern, ermahnen und gebie=

3 4   ten,

1682. ten, daß selbige verschaffen und befördern, daß von
einem iedweden Testament und Codicill, so bald
selbiges verfertiget, hiesiger Cämmerey das gebührende Mark-Stück zu Wegen und Stegen einge-
reichet, und darob die Person, so solch Testament
errichtet und obgedachtes Mark-Stück bezahlet,
in der Cämmerey verzeichnet, und da sothane Person etwa des Testaments und Codicills nicht bekannt seyn wolle, von selbiger ein Schein unter Zei-
gern dieses wegen entrichteten Mark-Stücks zu
Wegen und Stegen von der Cämmerey abgefodert, und dem Testament und Codicill beygefüget
werde, davon dann kein letzter Wille, Testament,
oder Codicill befreyet seyn soll, ausgenommen die
Verordnung, so etwan ein Vater unter seinen
Kindern verfertiget, oder zu verfertigen gemeinet
seyn möchte, mit der ganz ernstlichen Verwarnung,
da dieses sofort nach errichtetem Testament und
Codicill, wie vor diesem wol geschehen, noch weiter
hinfüro verabsäumet werden sollte, daß der Testa-
tor oder dessen Erben dieser Contravention wegen 50 Rthlr. Strafe dem Fisco zu erlegen schuldig, auch die Notarii, so bey Vollenziehung des
Testaments oder Codicills solches dem Testatori
nicht erinnert, noch die Abtragung des Mark-
Stückes zu Wegen und Stegen befördert, sondern
verabsäumet, nach Befindung mit willkührlicher
ernstlicher Strafe, auch wo selbige es zu bezahlen
haben, die im Testament eingesetzten Erben sowol
als auch diejenigen, so aus solchem Testament einige Vermachung zu fodern, ad interesse angehalten
werden sollen. Wornach ꝛc. Actum & decretum

in

in Senatu publicatumque sub signeto d. 14 Jan. 1682.
Anno 1682.

_____

Befehl, daß ein ieder die Namen der bey ihm logirenden   1682.
    Fremden täglich dem Colonell-Herrn seines Kirch-   31sten
    spiels einsenden soll. s. 1686. 1 Febr.   May.

CLXXXVI.

Befehl an die Colonell-Knechte und   1682.
Läufer, auch übrigen Stadt-Bedien-   5Sept.
ten, wegen richtiger Verzeichniß und
Zahlung der Accisen und Contributionen, sowol für sich als andere.

Auf eingebrachte Beschwerden der Verordneten
der Cämmerey wider die Colonell-Knechte
oder Löper, wird hiemit den Colonell-Knechten
und Löpern, wie auch insgesammt allen hiesiger
Stadt Bedienten, beydes hohen und niedrigen
Aemtern, anbefohlen, die Accisen, Matten, Zoll,
Graben-Geld, Hauer-Schilling, Schoß und Zulage, und was sonsten zwischen E. E. Rath und
der Erbges. Bürgerschaft beliebet und bewilliget
wird, iederzeit zu bezahlen, zu dem Ende dann
auch die Löper und Colonell-Knechte hiemit ernstlich angewiesen werden, sich selbst und alle oberwehnte dieser Stadt Bediente in Schoß- und andern Collecten-Registern einzeichnen zu lassen,
auch keinen derselben überzuhelfen, und da iieman-

1682. des Name etwa künftig darinn ausgelassen oder
verändert werden sollte, auch sonsten etwa iemand
zu bezahlen widerspenstig seyn oder retardiren sollte,
selbiges in der Cämmerey ohngesäumt anzumel=
den, wie auch hinfüro sich gänzlich zu enthalten,
einige Erben, so auf Bürgers oder Einwohners Na=
men im Stadt=Rente=Buch geschrieben stehen, aus
dem Schoß= und andern Collecten=Register aus=
zulassen, und, die nicht bezahlet haben, unter den
Restanten nicht mit anzumelden, mit der ernst=
lichen Verwarnung, daß, falls iemand der Lö=
pern und hiesiger Stadt Bedienten, sie haben
Aemter am Rathause, bey der Cämmerey, Banco,
Admiralität, Zoll, Matten, Accise, oder wie solche
Aemter in der Stadt auch genennet werden möch=
ten, diesem nicht nachkommen, und die Onera
gleich andern dieser Stadt Einwohnern nicht ent=
richten sollten, daß ein iedweder derselben eo ipso,
daß er es unterlassen, seines Dienstes erlassen, und
auf keine Gnade oder Fürbitte zu keiner Zeit wie=
der angenommen, noch unter dem Schein der
Unwissenheit entschuldiget werden solle. Zu dem
Ende dann, und damit keiner sich der Unwissenheit
halber zu entschuldigen haben mag, soll durch den
Colonell=Herrn einem iedweden der Colonell=
Knechten, und durch die gesammten Herren des
Raths auf ihren unterhabenden Aemtern einem
iedweden Bedienten solches angemeldet, und einem
iedweden, der ein gedruckt Exemplar begehret, sol=
ches abgefolget werden. Actum & decretum in
Senatu die 5 Septembr. 1682.

Mandat, daß ein ieder zu Verhütung der Feuers-Brünste 1682. auf Feuer und Licht gute Acht geben, und die Schor- 18 Oct. steine jährlich wohl säubern und nach Nothdurst ver-bessern lassen soll. s. 1692. 2 Dec.

CLXXXVII.

Mandat, daß ein ieder wegen der Vieh- 1682, Seuche in Ober-Deutschland Acht 1Nov. haben soll, gesund Vieh, Fleisch und Wildprett zu kaufen, Fleisch in Ton- nen aber und Würste niemand überall herein bringen soll.

Demnach sowol das gemeine, leider! wahrhaf-tige Gerücht, als auch die selbstredende Er-fahrung bezeuget, daß die an vielen Orten in Ober-Deutschland unter den Pferden und Rindvieh entstandene böse und contagiose Seuche, durch welche solches Vieh, wann dagegen nicht alsofort gehörige Gegen-Mittel gebrauchet werden, inner-halb wenig Stunden hinfällt und stirbt, sich auch in der Nachbarschaft dieser Stadt eräugen und spüren lassen soll; und also billig hohe dienliche Vorsorge zu tragen, daß in dieser Stadt von sol-chem Rind- und andern Vieh so wenig etwas ge-schlachtet, als daß ausserhalb der Stadt geschlach-tetes Vieh an Ochsen oder Schweinen, und die davon gemachten Würste, entweder in Tonnen ge-schlagen, oder sonst auf andere Art und Weise in die Stadt gebracht und verkauffet werden, dadurch
dann

1682. dann die in dieser guten Stadt durch Gottes Gnade obschwebende Gesundheit leicht in Gefahr gesetzet werden könnte: Als thut E. E. Rath iedweden Bürger und Einwohner, auch iedermänniglichen erinnern und ermahnen, gute Obacht zu haben, daß er gesund Vieh, Fleisch und Wildprett kaufe und geniesse, hiesiger Stadt Knochenhauern und Schlachtern aber ernstlich gebieten, daß sie besondere Acht haben, daß das Rind= und ander Vieh, so sie in hiesiger Stadt schlachten und verkaufen, gesund sey; für so viel aber das in Tonnen geschlagene Fleisch und die zu verkaufen hereingebrachte Würste betrifft, thut E. E. Rath selbige sowol allhier zu verkaufen als in die Stadt zu bringen, bis auf anderweitig gemachte Verordnung, allerdings ganz verbieten, mit der Verwarnung, daß, falls iemand diesem Gebot und Verbot zuwider, an geschlachtetem Fleisch oder gemachten Würsten etwas an oder in die Stadt oder dero Gebiet bringen oder verkaufen sollte, solches vor der Hand zwar innerhalb 14 Tagen nach Publication dieses vor den Thören und Bäumen zurück gewiesen, nach Verfliessung dessen aber nicht allein verbrannt, sondern auch der Eigenthümer ernstlich, auch nach Befindung mit Gefängniß und Staupen=Schlägen, hiesiger Stadt Schlachter und Knochenhauer aber, da sie über Schlachtung und Verkaufung ungesunden Viehes betreten und dessen überzeuget werden sollten, mit Verlust ihres Amts Gerechtigkeit und Bürger=Rechten, auch nach Befindung mit höherer und Leibes=Strafe bestrafet werden sollen.

Wor=

Wornach x.   Actum & decretum in Senatu 1682.
publicatumque sub signeto d. 1 Novembr. 1682.

CLXXXVIII.

Mandat, daß niemand Gold= und Sil= 1683.
ber=Drat, so nicht 15 a 16 Löthig ist, 9 Jan.
verfertigen, kaufen und verkaufen
soll x.*

Demnach E. E. Rath verschiedene Klagen vor=
gekommen, daß viel Silber= und Gold=Drat an
fremden Orten verfertiget und zubereitet, welches
dem äusserlichen Strich und Ansehen nach zwar
15 bis 16 Löthig zu seyn scheinet, dem innerlichen
Gehalt nach aber, wann es geschmolzen wird, nur
12 bis 13 Löthig befunden wird, allhier verkau=
fet werden solle; und, obgleich deswegen noch
jüngst iemand ernstlich bestrafet worden, besorglich
dennoch von einigen Gold=Drat=Ziehern, Knüp=
lern und Gallaunen=Wirkern, so wissend als un=
wissend, den feinen von hiesiger Stadt in und
ausserhalb Landes iederzeit renommiret gewesenen
Gold= und Silber=Manufacturen untermenget
und verarbeitet werden dürfte; dadurch dann beydes
der Kaufmann und Krämer, der solche mit diesem
dem äusserlichen Ansehen nach 15 a 16, seines in=
nerlichen Gehalts aber nur 12 a 13 Löthigen Sil=
ber= und Gold=Drat vermengte Silber= und Gold=
Manufacturen kaufet und wieder verhandelt, und
zwar oftmals unwissend in grosse Gefahr, Guths,
                                              Ehren,

* S. oben Nr. LXXV.

1683. Ehren, auch Leib und Lebens, beydes inn= und außer=
halb Landes gerathen, auch diejenigen, so solche
Silber= und Gold=Manufacturen zu ihrer Klei=
dung, Mundirung und sonsten sich bedienen, unter
dem Schein seines Goldes und Silbers, mit un=
feinen, falschen und inwendig mit Kupfer angefül=
leten Gold= und Silber=Drat, welches beym Aus=
schmelzen, dem von sich scheinenden äusserlichen
Gehalt, mit der inwendigen Güte auf viel Löthig
nicht gleichet, gar leichtlich betrogen werden dürf=
ten: Als thut E. E. Rath zu Vorkommung des
aus diesem sich aufthuenden Betrug und Verfäl=
schen des Silber= und Gold=Drats besorgenden
Unwesens, auch der, dem auch wol unschuldigen
Kaufmann beydes in und ausser Landes leichtlich
daher überkommenden Ungelegenheit, iedermännig=
lich, insonderheit dieser Stadt Kaufleuten, Gold=
treckern, Plättern, Spinnern, Knüplerinnen, Gold=
und Silber=Gallaunen=Wirkern und Arbeitern,
wie auch Knopfmachern hiemit erinnern, ermah=
nen und ernstlich gebieten, daß sie sich vor solchen
dem äusserlichen Strich nach 15 a 16, dem inner=
lichen Gehalt nach aber nur 12 a 13 Löthigen
Silber= und Gold=Drat, wohl vorsehen, solches so
wenig verfertigen als kaufen, verkaufen, ziehen,
verwirken, verarbeiten und verknüppelen, noch
auf einige Art und Weise unter die hiesige feine
Gold= und Silber=Manufacturen wirken, knüppe=
len oder vermengen; mit der ganz ernstlichen Ver=
warnung, falls iemand diesem Gebot und Verbot
zuwider handeln würde, daß nicht allein solch
verfälschetes Silber= und Gold=Drat, auch die mit
solchem

solchem falschen Drat vermengete, sonsten feine und 1683.
gute Silber- und Gold-Manufacturen sofort confisciret, sondern auch, nach Gelegenheit und Gestalt
der Ueberfahrung, die Verbrecher mit hoher willkührlicher, auch Leibes- und Lebens-Strafe unaus-
setzlich beleget werden sollen. Wornach sich ein
ieder zu richten und für Schaden und Strafe zu
hüten hat. Actum & decretum in Senatu publicatumque sub signeto d. 9 Jan. 1683.

Mandat, gegen die Holz-Dieberey, nach den vorherge- 1683.
  henden von 1646 und 1668. s. 1730. 15 Jan.

Ordnung, wornach sich die Auffeher, Deelen- und Holz- 1683.
  Träger, auch Schiffer, Holz-Händler und männiglich, 19 Febr.
  die Holz abladen und abführen lassen, richten sollen.
  s. Wracker-Ordnung vom 10 April 1715.

Befehl, daß Fremde bey entstehendem Feuer, oder sonsti- 1683.
  gem Lärmen sich nicht auf den Gassen finden lassen 11ten
  sollen. s. neue Feuer-Ordnung Art. 23. des ersten May.
  Theils in der Sammlung S. 48.

Münz-Mandat. s. Münz-Nachricht Lit. D d. 1683.
  22 Jun.

Mandat, worinn junge Fische zu fangen und zu Markte 1684.
  zu bringen verboten wird. s. 1737. 13 Dec. 13 Apr.

CLXXXIX.

CLXXXIX.

1684.
22 Jul. Befehl, daß in den Häuſern am Gras-
brock-Wall keine Ausgänge oder Fenſter an der Erde des Walles angeleget werden ſollen.

Demnach E. E. Rath in Erfahrung gebracht, wie
daß vor der jünſthin, leider! entſtandenen groſſen Feuers-Brunſt unterſchiedliche Leute, beym kleinen Fleth wohnhaft, vom Brock-Thor an bis nach
dem Sande, ſich eigenmächtig unterſtanden haben,
an der Erde Ausgänge und Fenſter zu bauen,
E. E. Rath aber nicht gedulden kann, daß bey
Wiedererbauung der Häuſer dergleichen wiederum ins Werk gerichtet werde: Als verbietet derſelbe hiermit männiglichen bey hoher willkührlicher Strafe, daß niemand ſich unternehmen ſoll,
Ausgänge oder Fenſter an der Erde des Walles
wieder anzulegen; es wird ihnen aber vergönnet,
acht Fuß hoch, von dem Walle anzurechnen, und
zwar ſtehende, aber keine aufſchlagende, Fenſtern
zu verfertigen. Wornach ſich ein ieder zu richten
und für Schaden zu hüten hat. Aċtum & decretum in Senatu publicatumque ſub ſigneto d.
22 Julii 1684.

1685.
28 Aug. Befehl, daß die Brauer ihr Malz in denen mit der ordentlichen Jahrzahl bemerkten Säcken in den Mühlen
aus- und einführen laſſen ſollen. ſ. Brau-Ordnung
und Matten-Mandate.

CXC.

CXC.

Verzeichniß, was allemal bey gehaltener 1685.
Kempe dem Schenken, wie auch dem
geschwornen Kemper und Brenner für
ihre Aufwartung und Arbeit von
einem ieden Faß, Himpten, Spint und
anderm Maaß zu entrichten und zu
bezahlen.

	Dem Schenken	Dem Kemper und Brenner
Für ein neu Faß	12 ß	4 ß
Für ein alt Faß, so unrichtig	12	4
Für ein alt Faß, so richtig	8	4
Für einen neuen Himpten	8	3
Für einen alten Himpt. so unricht.	8	3
Für einen dito, so richtig	6	3
Für ein neues Spint	6	3
Für ein altes Spint, so unrichtig	6	2
Für ein dito, so richtig	4	2
Für eine neue Maaß	4	1½
Für eine alte Maaß, so unrichtig	4	1½
Für eine dito, so richtig	3	1½
Für eine halbe Maaß, so neu	3	1½
Für eine dito, so alt u. unrichtig	3	1
Für eine dito, so alt und richtig	2	1
Für eine halbe Maaß halb, so neu	2	1
Für eine dito, so alt u. unrichtig	2	1
Für eine dito, so alt und richtig	2	1

Publicatum Anno 1685.

Erster Theil.　　　　Aa　　　　Des

1685. Des Schenken Schragen beym ersten Verkauf dieses
2 Sept. Dienstes. s. 1737. im März.

1686. Zwey Mandate, daß ein ieder die Namen und Verrich-
1 Febr. tung der bey ihm wohnenden oder eingekehrten Fremden seinem Bürger-Capitain alle Abend schriftlich
anzeigen, alle unconditionirte Leute aber sich wegbegeben sollen. Und

1686. Daß ein ieder, bey dem Fremde hohen und niedrigen,
23 Febr. bürgerlichen und Militair-Standes logiren, deren
Namen und Condition, wann sie angekommen und
wieder abgereiset 2c. alle Abend schriftlich dem Bürger-
Capitain anzeigen soll. s. 1686. 30 Jul.

CXCI.

1686. Anschlag und Schragen der zum ersten-
11ten male zum Verkauf gebrachten Reiten-
März. diener-Dienste.

1. Ist die freye Wohnung der Reiten-Diener
aufgehoben.

2. Es ist auch weiter kein frey Futter für das
Pferd, imgleichen kein Raum in dem Marstall
bestimmet, sondern ein ieder muß sowol das Futter, als das Pferd, neben dem Stall-Raum, auf
seine eigene Kosten verschaffen und unterhalten.

3. Sind nach erhöhetem Salario die vorhin
genossenen Accidentien von Herren-Gängen und
Rit-

Ritten eingeschränkt, und ein ieder muß sich auch 1686.
die Kleidung und Rüstung selbst anschaffen.*

4. Die Gebühr von Leichen und Hochzeiten
ist nach dem vorigen Schragen ihnen gelassen.

* Dieses sind die Haupt-Veränderungen, deren oben
hinter der ersten Nummer dieser Sammlung am Ende
gedacht worden. Was aber den Schragen anbetrifft,
ist selbiger in neueren Zeiten, und besonders bey
der unten folgenden Ordnung von 1746. den 29 Jun.
revidiret und erläutert worden.

Anschlag und Schragen der Leichen- und Hochzeit-Bitter, 1686.
beym Verkauf ihrer Dienste. s. 1716. 17 März, 19ten
und 1746. 29 Jun.   May.

Kohlen-Ordnung. s. oben 1640.   1686.
                                           11 Jun.

Mandat, daß die fremden und hiesigen Juden auf der 1686.
Börse sich des Degens-Steckens- und Gewehr-Tra- 14 Jun.
gens enthalten sollen. s. 1718. 29 Jun.

Erneuertes Mandat vom 1 u. 23 Febr. die Anzeige der 1686.
allhier ankommenden Fremden betreffend. s. 1693. 30 Jul.
12 Jul.

Anschlag und Schragen des Raths-Kuchenbeckers beym 1686.
Verkauf. s. 1757.   12 Aug.

Aa 2   Man

1686.　Mandat, daß niemand durch Einſchütten und Einwerfen
3 Dec.　allerley Unreinigkeiten der Tiefe der Elbe und Fle=
tzen Schaden zufügen ſoll.　Iſt eine Wiederholung
des 2ten Artikels der Havenmeiſter=Ordnung, 1636.
10ten Oct. ſ. oben Nr. X.　Das Mandat iſt in des=
ſel. Herrn Senatoris Langenbecks, D. Schiff=Recht
S. 477 u. ſ. zu leſen.

1687.　Mandat, betreffend die Sabbaths=Feyer.　ſ. 1700.
7 Märj.　8 December.

CXCII.

1687.　Mandat gegen die Duelle.
4 Jun.

Nachdem die unzuläßigen Duelle eine Zeithero
dieſes Orts ganz ungeſcheuet vorgenommen,
und der Aus= und Eintritt dazu wol gar mit Pomp
und Comitat geſchehen: Als thut E. E. Rath
hiemit ernſtlich gebieten, daß keiner, wes Stan=
des, Würden oder Condition er ſeyn mag, in die=
ſer Stadt und dero Gebiete zu einigem Duell ie=
mand ausfodern, oder ſich dazu einlaſſen ſoll;
mit dem Anhange und Verwarnung, daß, welche
dieſem Mandate zuwider handeln werden, ſelbi=
gen der Aus= und Eintritt im Thore verwehret,
und in dieſer Stadt und dero Gebiete, weniger in
einem Wirths=Hauſe, nicht geduldet, und da ſie
darinn betreten werden, ernſtlich abgeſtrafet; die=
jenigen aber, ſo ſie behauſet und wieder aufgenom=
men, mit 100 Reichsthaler Strafe beleget, und
geſtal-

gestalten Umständen nach noch schärfer angesehen, 1687. da aber einige Entleibung dabey vorgegangen seyn würde, alsdann wider den Ueberlebenden nach Verordnung der Rechte und Reichs-Constitutionen gerichtlich verfahren, und der entleibte Körper nicht mit christlichen Ceremonien zur Erde gelassen werden soll. Wie dann denen Barbierern ebenmäßig bey willkührlicher hoher Strafe verboten wird, sich hierunter nachtheilig nicht gebrauchen zu lassen. Wornach sich ein ieder zu richten und für Schaden und Strafe zu hüten hat. Actum & decretum in Senatu publicatumque sub signeto den 4 Junii 1687.

CXCIII.

Befehl, daß ein ieder Wirth ꝛc. bey dem Zank und Schlägereyen entstehen würden, solches sofort den Herren Gerichts-Verwaltern anzeigen soll.

1687. 8 Jun.

Demnach eine Zeithero viele Querellen und Schlägereyen in dieser Stadt, und absonderlich in den Wirths-Häusern, vorgegangen, worauf nachgehends wol öffentliche Duelle, und wol gar Mord und Todtschläge erfolget; solchem Unheil aber, so viel möglich, vorzubeugen, einer ieden Obrigkeit oblieget:

Als thut E. E. Rath allen Gast-Wirthen, Köchen und Herbergierern hiemit anbefehlen, daß, so bald sie vermerken, daß einige Querellen, Zank

Aa 3 und

1687. und Schlägereyen, entweder bey Tage oder Nacht, in ihren Häusern würden entstehen, sie solches sofort den Herren Gerichts-Verwaltern bey willkührlicher Strafe anzuzeigen und kund zu machen gehalten seyn sollen. Wornach sich ein ieder zu richten und für Schaden zu hüten hat. Actum & decretum in Senatu publicatumque sub signeto den 8 Junii 1687.

CXCIV.

1687. 19 Aug. Hamburgisches Dank-Gebet, welches dem grossen Gott zu Ehren, wegen der vielfältigen Wohlthaten, so er der Stadt Hamburg den 19ten August des 1686sten Jahres erwiesen, abgefasset, und welches an dem alljährlich zu haltenden Dank-Feste abgelesen worden.

HErr! höre unser Wort, merke auf unsere Rede, vernimm unser Schreyen, du König und unser Gott, denn wir wollen vor dir beten.

O Heiliger, Heiliger, Heiliger Gott Zebaoth, HErr von grosser Macht, Gnade und Barmherzigkeit, wir, deine Kinder, in deinem Namen an dem heutigen Tage versammlet, kommen itzo vor dein heiliges Angesicht, mit bußfertigem Herzen zu knien und niederzufallen, dich anzubeten, und

und dir ein Dank= Lob= und Gebet-Opfer zu brin= 1687.
gen für die unausprechliche groſſe Wohlthaten,
die du dieſer Stadt und deroſelben Landen von
Anbeginn her, inſonderheit aber in dem verwiche=
nen 1686ſten Jahre, nach der heilwärtigen Ge=
burt deines allerliebſten Sohnes Jeſu Chriſti, un=
ſers einigen Erlöſers und Seligmachers, und zwar
am merklichſten an dem heut= jährlich neunzehen=
den Tage Monats Auguſt, erwieſen haſt, welchen
wir auch darum nicht allein für uns, ſondern auch
für unſere Nachkommen, dir zu heiligen und dich
zu Ehren, jährlich mit Gebet und Dankſagung zu=
zubringen entſchloſſen haben. Wir müſſen aber
vorher bekennen, daß in unſern Kräften und Ver=
mögen nicht iſt, ſolch gutes Werk ſo wenig itzo, da
das Andenken ſolcher hohen Wohlthaten noch ſo
neu iſt, als künftig würdiglich zu vollbringen, wo
du nicht ſelbſt heilige Andacht in uns wirkeſt, dar=
um wir dich herzinniglich anrufen, du wolleſt in
Anſehen des vollkommenen Verdienſtes und der
theuren Vorbitte Jeſu Chriſti, durch deinen
werthen heiligen Geiſt, den Geiſt der Gnaden und
des Gebets, dies Rauch=Opfer unſers Gebets in
uns anzünden und dir angenehm ſeyn laſſen. Wir
erkennen daneben mit zerknirſchtem und zerſchla=
genem Herzen, daß wir alleſammt und in allen
Ständen, niemand unter uns ausgeſchloſſen, mit
überhäuften ſchweren Sünden und Miſſethaten
verſchuldet haben, daß du vor etzlichen Jahren das
Band des innerlichen Friedens und guter Ver=
ſtändniß in dieſer Stadt faſt abreiſſen, und uns
aus gerechtem Gerichte von einer Verwirrung in

die

1687. die andere haſt fallen laſſen, darüber denn nach
deinem gerechten Verhängniß eine Tiefe des
Elends der andern gerufen, und dein himmliſcher
Segen, von welchem allein doch wir unſer Leben
und Aufenthalt haben müſſen, eine Zeitlang faſt
von uns weichen wollen; ja wir müſſen geſtehen,
daß unſer Schade im gemeinen Weſen ſo groß
und verzweifelt böſe geworden, daß, wo du, Gott,
uns nicht geholfen, und aus dem augenſcheinli-
chen Verderben, welches uns das Garaus dräuete,
gnädigſt heraus geriſſen, alle menſchliche Mittel
ſtille geſtanden, und kein irdiſcher Rath, noch
Arm hätte mehr helfen mögen.   Alleine, HErr,
wie du von der Welt her geſtrafet, aber auch ge-
tröſtet haſt, und zur angenehmen Zeit denen, die
auf dich geharret haben, mit Hülfe und Rettung
erſchienen biſt, alſo haſt du auch ein ewiges Denk-
mal deiner Wunder an dem heut-jährigen Tage in dieſer Stadt geſtiftet, indem du nicht allein
innerhalb derſelben die vor dem getrennte Herzen
vieler Bürger und Einwohner in wenig Stunden
wie Waſſerwogen umgewandt, und zum gemeinen
Beſten in Einigkeit wieder verbunden haſt, ſondern auch ſofort darauf auſſerhalb dieſer Stadt
uns unverſehene hohe Freunde und Helfer erwecket, und, was zu unſerm Verderben zugerichtet
zu ſeyn geſchienen, zu unſerm Heil haſt laſſen aus-
ſchlagen.   Wir haben mit unſern Augen geſehen
Exempel, ſowol deiner groſſen Gedult und Langmuth, als deines gerechten Zorns und Gerichts;
durch dich ſind die Trotzigen, ſo ſich wider deine
Ordnung aufgelehnet, gedemüthiget worden, hingegen

gegen haſt du die dir bekannten Gläubigen wider
Frevel und Gewalt mächtiglich geſchützet, und in
Summa, in kurzer Friſt alles ſo wunderbarlich wieder zum erwünſchten Fried- und Ruheſtande kommen laſſen, daß wir die Höhe und Tiefe deiner
Weisheit und Gnaden in dieſem Werke nicht
genugſam betrachten, vielweniger ausſprechen können. Wir geben billig dir allein die Ehre alles
deſſen, und ob du gleich durch Mittel gehandelt,
ſo hat doch deine gnädige Fürſorge auch die Mittel ſelbſt ſo wunderbarlich gefüget, daß wir mit
einmüthigem Herzen und Munde ſagen müſſen:
Das hat Gott gethan! Das hat der HErr, groß
von Rath und That, allein gethan! Die rechte Hand
des HErrn iſt erhöhet, die rechte Hand des HErrn
hat den Sieg behalten! Der Name des HErrn ſey
gebenedeyet! Lob ſey dem Gnädigen, denn Er hat
an uns bewieſen, daß ſeine Gnade noch kein Ende
hat! Lob ſey dem Wunderthätigen, denn er hat zu
unſern Zeiten wieder erwieſen, daß ſeine Allmacht
kein Maaß noch Ziel hat! Lob ſey dem Wahrhaf-
tigen, denn Er hat an dieſer Stadt und Lande
ſehen laſſen, daß ſeine Hülfe nicht ausbleibet bey
denen, die nur in Gedult und Hoffnung ſeiner
erwarten! Lob ſey dem Herrſcher Himmels und der
Erden, denn Er hat bezeuget, daß Er Städte, Länder und Ordnungen ſchützet, und daß ſeine Seele
an unordentlichem Weſen kein Gefallen habe! So
ſage nun das Haus Iſrael: Seine Güte währet
ewiglich; Es ſage das Haus Aaron: Seine Güte
währet ewiglich; Es ſagen alle, die den HErrn
fürchten: Seine Güte währet ewiglich! Kommet

mit

1687. mit Freuden vor den HErrn alle seine Gläubigen, jauchzet vor seinem Angesichte, daß kein Rath wider ihn bestehen mag. Es müssen ihn loben alle, die itzo in dieser Stadt und Landen leben! Es müssen ihn Kind und Kindes-Kind, und so lange die Welt stehet, dafür erheben alle, die noch darinnen gebohren und leben werden, Halleluja! Halleluja!

Nun, HErr, wie dies alles ein lauter Gnadenwerk von dir gewesen ist, so müssen wir noch ferner vor deiner göttlichen Majestät bekennen, daß wir keinen Augenblick ohne dieselbe deine Gnade zu bestehen vermögen. Wir sehen und spüren wol, daß wir damit allem Ungewitter noch nicht entrunnen sind; Satan, die Welt, unser Fleisch und Blut, böse Menschen inner- und ausserhalb, mit verkehrten Rathen, Thaten, Schriften und Gedichten stellen uns und dieser Stadt noch ferner nach, und wollten gerne die dir gefällige Einigkeit und Ordnung wieder trennen. Wir sündigen auch, leider! noch täglich, da wir doch wissen, daß du so zornig werden kannst, als du gnädig gewesen bist. Aber, Abba, lieber Vater, wir bitten im Namen deines Sohnes Jesu Christi demütiglich, du wollest Geduld mit uns haben, und Gnade verleihen, daß wir itzt und hinfüro dir nicht allein mit dem Munde Lob und Dank sagen, sondern vornehmlich mit heiligem und unsträflichen Leben dich preisen, daß unser Wandel seyn möge in Heiligkeit und Gerechtigkeit, die dir gefällig ist. Verleihe, daß wir einander herzlich lieben, und dem heiligen Frieden mit allem Ernst nachjagen, damit du Lust

habest

habest immerdar bey uns zu wohnen, auch unsere 1687.
Wälle und Mauren, unsere Kirchen, Rath-Haus,
ja alle Wohn-Häuser dieser Stadt von dir, als einer
feurigen Mauer, noch ferner umgeben, und mit den
Flügeln deiner Gnade vor allem Unfall bedecket
bleiben. Mache zu nichte allen bösen Rath inner-
lich und äusserlich wider diese Stadt und wider
uns alle; treibe ferner von uns hinaus die mit
bösen Tücken umgehen, mache ihre Anschläge
offenbar. Verleihe, daß zu allen künftigen Zeiten
ihres Gleichen sich spiegeln mögen an den Zorn-
Gerichten, welche du in dieser Stadt ausgeübet
hast, damit sie und die Ihrigen nicht auch in dergleichen Strafen und Verderben verfallen mögen.
Schütze kräftiglich diejenigen, die es treulich mit
deinem heiligen Wort, mit Recht und Gerechtigkeit, mit dieser Stadt, als dem Vaterlande oder
Sitz zu ihrer Wohnung, meinen; Vergilt du der
Römischen Kayserl. Majest. unserm allergnädigsten Kayser und Herrn, auch andern Königen,
Chur- und Fürsten mit lautern Gnaden alle das
Gute, das sie dieser Stadt gethan haben, gönnen
und thun. Segne, HErr, diese deine Gesalbeten,
die uns segnen, erfreue sie mit den Freuden deines
Antlitzes, und laß es ihnen ergehen nach dem
Wunsch der Hohen in der Welt. Bewege ihrer
allesammt Herzen ferner zu gnädigem Wohlwol-
len. Erhalte unter uns, bis an den lieben jüngsten Tag, dein heilig reines Wort lauter und rein,
mit dem rechten Gebrauch der hochwürdigen Sa-
cramenten, damit unsere Sinne nicht verrücket
werden von der Einfalt des wahren evangelischen
Glau-

1687. Glaubens, wie sie durch deine Gnade in unsern simbolischen Büchern vorgetragen; behüte die ganze Christenheit, und darunter insonderheit auch diese Stadt und Länder für gemeinen Plagen, für Seuchen, für Krieg, Verheerung und Blutvergiessen, für verderblichen Wasser=Fluthen und Feuersbrünsten, für tobenden schrecklichen Winden, für Aufruhr, Zwietracht und Verräthereyen, für Miswachs und theurer Zeit.

Wende deinen gnädigen Segen wieder zu uns, segne die liebe Obrigkeit, sämmtliche Bürgerschaft und Einwohner. Laß E. E. Raths Consilia, laß der lieben Bürgerschaft Zusammenkünften allemal zur Beförderung deiner Ehre, zur Erhaltung Gerechtigkeit, Friedens und guter Policey gedeyen. Laß Unordnungen und unziemenden Affecten daselbst nimmermehr Platz. Gieb erleuchtete Sinnen, allda auszufinden und zu folgen, was zum gemeinen Besten dienet. Segne Lehrer und Hörer. Segne der Stadt Cammer=Gut, segne und bewahre die Handlung und Schiffahrt, die Kaufmanns=Börse und ehrliche Gewerbe, segne die Landfuhren, segne das liebe Back= und Brauerwerk, segne fleißige Handwerker, segne alle christliche Eheleute, Haushaltungen, Kinderzucht, Wittwen und Wäysen, segne Ackerbau und Fischereyen, und gieb einem iedweden zu seiner Nothdurft, nach dem Maaß deiner Barmherzigkeit, sein täglich Brodt und ehrliches Auskommen.

Und endlich verleihe, daß ein ieglicher unter uns nach vollendetem Lauf seines Christenthums zu dir in die ewige Freude möge aufgenommen wer=

werden, das verleihe uns, HErr, himmlischer Va- 1687.
ter, um des theuren Blutes und Verdienstes Jesu
Christi deines lieben Sohnes unsers einigen Er-
lösers willen, in Kraft des heiligen Geistes, Amen.

CXCV.

Mandat gegen das verkehrte Dank- 1687. Gebet.* 20 Aug.

Es ist der Löbl.Bürgerschaft und männiglichen in
dieser guten Stadt wissend, welchergestalt ge-
stern, durch Gottes des Allerhöchsten Gnade, ein
allgemeines Dank- Lob- und Gebet-Fest in dieser
Stadt und deren Lande gefeyert worden; und hat
E. E.

---

* Obwohl man nicht hat unterlassen können, dieses
Mandat, nebst dem vorhergehenden Dank-Gebete,
dieser Sammlung obrigkeitlicher Anordnungen, wor-
unter auch die Beliebung feyerlicher Tage gehöret,
mit einzuverleiben, zumalen, da mit diesem Erneue-
rungs-Feste, der am 31sten October 1686 gehaltenen
ersten Feyerlichkeit, (zu welcher in allen Kirchen geläutet, Dank-Predigten angestellet, und die Kanonen
rund um die Stadt abgefeuret gewesen) die vorhergegangenen Unruhen, nach der am 7ten April auf
den Grund einer allerhöchsten Kaiserl. Urkunde ge-
stifteten innerlichen Amnestie, glücklich beschlossen,
und dieses Dank-Fest 10 Jahre nach einander an
dem gesetzten Tage begangen worden; so hat man
iedoch eben deshalben, und aus der bey dem Mandate vom 7 Nov. 1671 angemerkten Ursache, alles,
was vorhergegangen ist, nicht als einen Vorwurf
dieser Sammlung ansehen können, mithin dessen
Abdrucke sich entzogen.

1687. E. E. Rath, der von vielen Gott-liebenden Bürgern, sowol im vorigen Jahre schon, als nachhero,
darum inständig ersuchet worden, dabey keinen
andern Zweck gehabt, als Gott dem HErrn allein
die gebührende Ehre zu geben, alles dessen, was
absonderlich vor einem Jahr von seiner unergründ-
lichen Barmherzigkeit dieser Stadt zu gute und
Liebe geschehen ist, mithin denselben um fernere
gnädigste Bewahrung und Benedeyung anzurufen; zu welchem Ende dann vorher ein beständi-
ges Jahr-Gebet von E. E. Rath und E. E. Ministerio allhier formiret und zum Druck gegeben
worden. Es kann aber E. E. Rath hiemit der
Löbl. Bürgerschaft und männigliche nicht verhalten, wie daß solche Ehre Gott dem HErrn zu
rauben, Satan, durch ein und ander seiner bisher kräftig befundenen Werkzeuge, das Formu-
lar des Gebets mit einer veränderten Aufschrift
zum Druck befördert hat, und anstatt der ersten
und rechten, so von dem Herrn Seniore E. Ehrw.
Ministerii allhie gemachet, dieses Inhalts:

Hamburgisches Dank-Gebet, welches dem
grossen Gott zu Ehren, wegen der vielfältigen Wohlthaten, so Er der Stadt Hamburg den 19ten August des 1686sten Jahres erwiesen, abgefasset worden, und wird
dasselbe in diesem Jahr den 19ten August
1687 und so ferner jährlich gehalten werden. Hamburg, bey Georg Rebenleins
Wittwe, M. DC. LXXXVII.

aus der Hölle diese hervorgebracht:

Ham-

Hamburgisches Danck-Gebet, welches, 1687.
Gott den Allerhöchsten zu betriegen, Bürgermeister Meurer und seine Creaturen
zum affectirten Dominat in Hamburg zu
befördern, und der Bürgerschaft daselbst
die Augen zu verkleistern, ja sie gar um
ihre Freyheit zu bringen, den 19ten August
in allen Kirchen nach gehaltener Predigt
von allen Kanzeln soll abgelesen werden.
Ach Gott! der theure Name dein muß
ihrer Schalckheit Deckel seyn.

Welcher Abdruck dann im benachbarten Territo-
rio denen allda durch und nach diese Stadt rei-
senden Personen, um allhie zu vertheilen und gemein zu machen, mitgegeben worden, wie auch
unter unbekannten Couverten hereingesandt ist.
Wie nun fürs erste eine offenbare Blasphemie ist,
zu setzen, daß Gott, die selbstständige Wahrheit,
Weisheit, Allwissenheit, ja das ewige Licht, könne
betrogen werden: als ist zuvoderst die satanische
Finsterniß und Ignoranz derjenigen, welche solcher Aufschrift Meister sind, zu erkennen, und
daher, was von allem ihrem Wesen und Thun zu
halten sey, leicht zu judiciren. Es ist aber nächst
deme eine Gott dem HErrn bewußte Wahrheit,
welche E. E. Rath sammt und sonders hiemit attestiret, daß der Herr Bürgermeister Meurer nicht
ein einziges Wort absonderlich, seines Interesse
oder seiner Meinung halber, dem Gebet hat anfü-
gen oder davon abthun lassen, sondern dasselbe,
wie es von einer andern im Rath committirten
Person, nach der Sachen wahren Bewandniß, mit

red-

1687. reblicher Conſcientz vor Gott aufgeſetzet, in
vollem Rathe gebracht, verleſen, und ohnverän=
dert per unanimia approbiret, nachhero mit wohl=
beſagtem Herrn Seniore darüber conferiret, und
mittelſt Zuthun des ganzen Ehrw. Miniſterii in
die Form gebracht iſt, wie der Druck Georg Re=
benleins Wittwe ausweiſet.

Nun iſt wol zu beklagen, daß der oder die Werk=
meiſtere (Gott Lob! nicht inner= ſondern, wie die
glaubliche Erfahrung giebet, auſſerhalb dieſer
Stadt) ſothaner gottesläſterlichen und von dem
Aufruhrs=Geiſte, von welchem ſie voll ſind, ihnen
eingegebener Auffſchrift, ſich noch nicht geſpiegelt
haben an dem Exempel ihrer Conſorten, die bey=
nahe vor einem Jahre ihren verdienten Lohn em=
pfangen; welche, obwol nach der Langmuth Got=
tes ihr Frevel ihnen eine geraume Zeit gelungen,
dennoch, als ihr Sünden=Maaß voll geweſen,
Gottes Hand rechtſchaffen empfunden haben;
welchem Gerichte Gottes dieſe Blaſpheme=Titel=
macher nun auch nahe zu ſeyn ſcheinen, weil ſie
bereits Gott den HErrn ſelbſt angreifen, und
andächtige Seelen von ſeinem Dienſt wendig zu
machen bemühet ſind. Ob nun wol dies Höllen=
Gebrühte meritirte dem Scharfrichter übergeben
zu werden, damit wenigſtens ein Exemplar anſtatt
aller durchs Feuer von der Erde, deren es nicht
werth iſt, vertilget würde. Weil iedoch ſolches,
wegen des angedruckten Gebets ſelbſt, nicht geſche=
hen kann, als will E. E. Rath dem Gerichte
Gottes ſelbſt, deſſen Sache es iſt, dieſes anheim
ſtel=

stellen, nicht zweifelnd, derselbe seine Ehre rächen, 1687.
und wie Er vor einem Jahr um diese Zeit in gar
vielen allhie sich gerecht und miraculös erwiesen
hat, also auch diesfalls zu seiner Zeit öffentlich
zeigen werde, daß Er sehe und richte; wobey
iedoch E. E. Rath, daß es in Gnaden zur Besserung solcher verstockten Menschen, auch Rettung
ihrer armen Seelen, geschehen möge, herzlich wün-
schet. Es will daneben E. E. Rath hoffen, Gott
der HErr werde auch demjenigen Potentaten, in
dessen Gebiet der bedeutete gotteslästerliche Abdruck formiret und ausgegeben worden, diesen
rechtmäßigen Eifer einflößen, daß Er der göttlichen Majestät die Ehre mit vindiciren, und solche
verdammliche Menschen, die ein Gespött aus Gott
und dessen Dienste machen, und mit solchen ihren
Unthaten eine Strafe über ein ganzes Land ziehen könnten, in seinen Landen nicht dulden noch
vertheidigen werde. Zu allen dieser Stadt christ-
und ehrliebenden Bürgern und Einwohnern trägt
daneben E. E. Rath diese Zuversicht, sie werden
neben E. E. Rath in diesem Fall für Gottes Ehre
einen Eifer, anbey für diese und dergleichen ver-
dammte aufrührische Schriften und deren Stif-
tere, welcher Orten auch dieselben seyn mögen,
einen Horreur und Abscheu haben, auch mit
Duldung sothaner Schriften in ihren Häusern,
oder mit Beyfall an solche Land-Calumnien, sich
der Sünde, benebst darob befahrenden göttlichen
Rache und Strafen, nicht theilhaft machen. Wie
dann auch E. E. Rath, da er in Erfahrung eines
widrigen käme, tragenden Amts halber solches

1687. gebührend zu ahnden nicht unterlaſſen könnte noch
würde.   Actum & publicatum ex Senatu den
20ſten Auguſt 1687.

CXCVI.

1687. **Mandat, daß niemand Contributionen ꝛc.**
11 Nov. **ſelbſt verkürzen, noch anderen dazu bey-**
räthig oder beförderlich ſeyn ſoll.

Demnach E. E. Rath eine Zeithero mehr und
mehr in Erfahrung gekommen, welchergeſtalt einige dieſer Stadt Bürger und Einwohner,
die Vieh- Bier- und Wein-Acciſe, Schoß, Zollen,
Matten, und andere an dieſe Stadt ſchuldige Contributionen zu verkürzen und umzugehen, allerhand Griffe theils für ſich ſelbſt gebrauchen, theils
andern dazu einräthig, behülflich und forderlich
ſind, dabey alſo nicht betrachten, daß ſie als
Bürger in ihrem geleiſteten Bürger-Eyd mit aufgehobenen Fingern zu Gott geſchworen, die mittelſt fremden Contract angenommene Einwohnere
anbey gleichergeſtalt an Eydes-Statt, durch ein
Hand-Gelübde, ſich verbindlich gemachet haben,
daß ſie die Acciſe, Zollen, Matten, Schoß, Zulage ꝛc. und was ſonſt zwiſchen E. E. Rath und
der Erbgeſ. Bürgerſchaft beliebet und bewilliget
wird, getreu und unwegerlich nach ihrer Wiſſenſchaft entrichten und bezahlen wollen; dadurch
alſo allemal, wenn ſie ſolches übertreten, und zu
dem Ende im fremden Gebiete ſchlachten laſſen,
das Fleiſch heimlich zu Lande oder zu Waſſer her-
ein-

einpractisiren, oder andern damit an Hand ge= 1687.
hen, auch sonsten zu Einbehaltung der Bier= oder
Wein-Accise, oder Ueberhelfung anderer, Ränke
gebrauchen, einen vorsetzlichen Eyd=Bruch bege=
hen, Gottes Strafe damit nicht nur auf solch ver=
meintlich erspartes, sondern auch auf ander ihr
wohlerworbenes Gut und Gewerb laden, nicht
weniger von ieden, der Wissenschaft solcher ihrer
Unterschleife bekommet, für Treulose, und die
auf einen geleisteten Eyd nichtes achten, erkannt
werden; solches aber hinfüro nach aller Möglich=
keit zu verhüten, E. E. Rath billige Sorge trä=
get: Als thut derselbe hiemit alle und iede dieser
Stadt Bürger und Einwohnere ihrer respective
geleisteten Eyde und Gelübde erinnern, für solche
Sünde treulich warnen, zugleich dieselbe ernstlich
verbieten und notificiren, daß, so iemand hinfüro
solches Verbrechens der verkürzten Vieh= Wein=
oder Bier-Accise, oder dergleichen Contributionen,
entweder selbst schuldig befunden, oder nur andern
mit Führen und Verstecken zu Lande oder Wasser,
oder anderer verbotener Herein= oder Hinauspra=
tisirung, es geschehe auf was Weise oder Art es
wolle, Hülfe und Beyschub gethan zu haben über=
wiesen würde, wider denselben nicht allein mit
gewöhnlicher Confiscirung des also verhehleten
oder durchgetriebenen Gutes, oder da man dessen
nicht mehr wieder habhaft werden könnte, mit
Erlegung dessen völligen Werths, sondern auch
mit der Strafe eines vorsetzlichen Mein=Eydes
exemplarisch, nach Beschaffenheit seiner Person
und Güter, oder so er deren nicht hat, mit Ge=

Bb 2   fäng=

1687. fängniß und anderer höheren Ahndung unausbleiblich verfahren, Fremde dabeneben, welche dieſer Stadt mit Eyde oder Gelübden nicht verwandt ſind, keine Entſchuldigung einiger Unwiſſenheit haben, ſondern, da ſie dieſfalls einigermaaſſen mitſchuldig betreten würden, angehalten, und nicht ehender dimittiret werden ſollen, bis ſie genugſamen Wandel und Abtrag ihres Verbrechens gethan, oder ſonſt die ihnen andictirte Strafe erlitten haben. Wornach ſich ein ieder zu richten und für Schaden zu hüten hat. Actum & decretum in Senatu publicatumque ſub ſigneto die 11 Nov. 1687.

1687. Befehl, daß ſich ein ieder der revidirten Wein-Acciſe-
16 Nov. Ordnung gemäß bezeigen ſoll ꝛc. ſ. 12 Dec. 1688.

CXCVII.

1687. Mandat, die Veracciſung des Korn-
6 Dec. Brannteweins betreffend.

Demnach E. E. Rath glaubwürdig vorgebracht, wasmaaſſen durch das Hereinführen des auf fremden oder hieſiger Stadt Gebiete gebrannten Korn-Branntweins dem gemeinen Gut, als Wein-Acciſe und Matten, ein merklicher Abbruch und groſſer Unterſchleif geſchehe: Als thut E. E. Rath hiemit ernſtlich gebieten, daß alle und iede, ſo Korn-Branntwein auſſerhalb dieſer Stadt Ringmauren brennen, es ſey auf fremder oder dieſer Stadt Juriſdiction, (ausgenommen diejenigen,

jenigen, welche im Neuen Werke wohnhaft sind) 1687. hereinzubringen gedenken, vermöge der Wein-Accise-Ordnung alle solche Branntweine in grossen und kleinern Fustagen, oder sonst an Kleinigkeiten in Gläsern oder Bouteillen, zu veraccisen sollen schuldig seyn, als von dem Ohm 8 Mark. Und dann denen Zöllnern und Aufsehern an Thören und Bäumen imgleichen ernstlich anbefehlen, sol= chen Branntewein nicht eher paßiren zu lassen, bis ein vollständiger Zettel von der Wein-Accise, daß solcher Branntewein richtig veracciset worden, vorgezeiget sey. Sollte aber einiger Brannte= wein als durchgehend angegeben werden, so soll iedennoch vorher das Geld am Werthe der Accise auf der Wein-Accise deponiret, und davon ein Schein dem Zöllner präsentiret werden, bis der Branntewein wieder zu den andern Thören oder Bäumen, nach abgeholtem ordentlichen Zoll-Zettel, hinausgesandt worden, und solcher Zettel von dem Aufseher unterschrieben wieder zurück nach der Accise gebracht wird; alsdann soll den Eigenern solcher Branntweine ihr deponirtes Geld wieder ausgeliefert und abgefolget werden, und solches alles bey Confiscation des verschweigenden oder heimlich hereinpracticirten Branntweins, mit Vorbehalt der von E. E. Rath ihnen darüber zu dictirenden Strafe. Wornach sich ein ieder zu richten und für Schaden zu hüten. Actum & decretum in Senatu publicatumque sub signeto den 6 December 1687.

Man=

1688. Mandat gegen das Hausiren mit Seiden= Wollen= und
24 Jan.   Kraam=Waaren ꝛc. ſ. 1701. 21 März.

1688. Erneuertes Mandat vom 8 Jul. 1665, wegen der ent=
21ſten   ladenen groſſen Wagen Zurückführung von den Gaſ=
März.   ſen. ſ. 1695. 10 May.

CXCVIII.

1688. **Befehl, daß ein ieder, der an dem in**
16ten   **dem Holz=Haven vor dem Deich=**
May.   **Thore verſunkenen Holze Theil hat,**
es zur beſtimmten Zeit wegnehmen
ſolle.

Demnach eine Zeithero durch Fahr= und Nach=
läßigkeit einiger Holz=Händler in dem vor
dem Teich=Thor mit groſſen Koſten verfertigten
Holz=Haven verſchiedenes Holz eingeſunken, und
erregter Haven dadurch zum Nachtheil der mit
Holz handelnden Negotianten unbequem und faſt
unbrauchbar gemachet werden wollen, und es
dannenhero höchſtnöthig, daß ſolches eingeſunke=
nes Holz forderſamſt weggeſchaffet, und der Haven
ſolchergeſtalt repariret werde: Als thut E. E. Rath
allen denen, welche an ſothanem im Grunde des
Havens liegenden Holze Antheil haben, ernſtlich
hiemit befehlen, daß ſie innerhalb 4 Wochen ſol=
ches wegnehmen, oder gewärtig ſeyn ſollen, daß
es als verfallen auf gemeine Koſten weggeführet,

zu

zu des Havens Reparirung angewandt, und da= **1688.**
durch derſelbe in vorigen guten Stand wieder ge=
bracht werde.   Wornach ſich ein ieder zu richten
und für Schaden zu hüten.   Actum & decretum
in Senatu publicatumque ſub ſigneto den 16ten
May 1688.

Befehl, daß kein Mäkler ſich unterſtehen ſoll, einige **1688.**
  Waaren allhier ſo zu vermäkeln, daß ſie auſſerhalb **16ten**
  dieſer Stadt und Baums geliefert werden ſollen, iſt **May.**
  in den neueſten Mäkler-Ordnungen genauer beſtimmet.

CXCIX.

Erneuertes Mandat vom 20 Jun. 1668, **1688.**
  gegen die Mißbräuche, daß das Ge= **20 Jun.**
  treide, allerhand Holz-Waaren, Salz
  und andere Kaufmanns-Waaren an
  fremde, und fürnehmlich an die Ame=
  lander und Schmacken-Schiffer für
  Bürger-Gut verkauffet und verzollet,
  wie auch, daß die in den Packen, Fäſ=
  ſern und Laden vorhandenen Waaren
  nicht richtig ſpecificiret, und alle ge=
  machte Eiſen-Waaren, Ammunition

Bb 4   und

und Gewehr faſt nicht mehr angegeben
werden, imgleichen auch, daß die auf=
werts fahrenden Schiffer ihre Schiff=
Zettel von dem Schauenburgiſchen
Zoll nicht mehr abfodern.

Demnach E. E. Rathe abermal klagend vorge=
tragen, waſmaaſſen dieſer Stadt Bürgere
und Kaufleute, denen vorhin bereits publicirten
Pönal=Mandaten zugegen, das Getreide, aller=
hand Holz=Waaren, Salz und andere Kauf=
manns=Waaren an fremde, und vornehmlich an die
Amelander und Schmacken=Schiffer, zollfrey aus
für Bürger=Gut verkaufen und verzollen, wie
auch, daß die in den Packen, Väſſern, Laden
und Kiſten verhandenen Waaren nicht richtig ſpe=
cificiret, und alle gemachte Eiſen=Waaren, Am=
munition und Gewehr faſt nicht mehr angegeben
werden; imgleichen auch, daß die aufwerts fah=
renden Schiffer, dem alten Herkommen nach), ihre
Schiff=Zettel von dem Schauenburgiſchen Zoll
nicht mehr abfodern, noch die Gebühr dafür er=
legen, welches alles dem Zollen zu merklichem
Schaden und Nachtheil gereichet, und dahero kei=
nesweges weiter zu gedulden: Als will E: E.
Rath hiemit nochmals allen und ieden dieſer Stadt
Bürgern und Kaufleuten alles Ernſtes und bey
Pön der Confiscation erinnert und geboten haben,
daß hinfüro ſich keiner unterſtehen ſoll, einig Ge=
treide oder andere Kaufmanns=Güter und Waa=
ren,

ren, wie die immer Namen haben mögen, zollfrey 1688.
auszuverkaufen, besondern daß alle Waaren von
dem Verkäufer selbsten, oder auf den Namen
dessen, dem sie zugehören, wann sie ausgehen,
gebührlich verzollet, wie auch, daß die in den Packen,
Fässern, Laden und Kisten vorhandenen Waaren
richtig specificiret, auch alle gemachte Eisen=Waa=
ren, Ammunition und Gewehr allemal angegeben
werden; imgleichen auch die aufwerts fahrenden
Schiffer, dem alten Herkommen nach, ihre Schiff=
Zettel von dem Schauenburgischen Zollen abfo=
dern und die Gebühr dafür erlegen sollen. Wor=
nach sich ein ieder zu richten und für Schaden zu
hüten. Actum & decretum in Senatu publicatumque sub signeto 20 Junii Anno 1688.

Mandat wider die Einpractisirung von Bier, Mehl, 1688.
Brodt und frisch geschlachtetem Fleische. s. 1699. 18ten
3 May.   Sept.

Erneuertes und erweitertes Mandat vom 16ten Nov. 1688.
1687, wegen der Wein=Accise, ist durch das Mandat 12 Dec.
von 1706. 4 Februar, wie die Ordnung selbst, ver=
ändert.

CC.

Mandat, daß sich ein ieder alles Unter=
schleifs und Lurrendreyereyen, dadurch
das freye Commercium gefährdet
werden könnte, enthalten, und keine
See= und Paß=Briefe an iemand
transportiren, auch keine aufgebrachte
und confiscirte Schiffe und Güter an
sich erhandeln soll rc.

Demnach E. E. Rath in Erfahrung gekommen, daß iemand aus dieser Stadt sich unterstanden, einen See= und Paß=Brief, so er
unter hiesiger Stadt Insiegel 1687 erhalten, anderwärts zu veräussern, womit nachgehends unter
fälschlich entlehntem Namen wohl gar mit einem
unfreyen Schiffe von einem See=Haven zum andern gefahren ist, solches aber auf einen öffentlichen Betrug und ein hochstrafbares Falsum hin-
ausläuft; deswegen auch E. E. Rath denjenigen
aus dieser Stadt, der sich dessen unterfangen hat,
zur gefänglichen Haftirung bereits hat suchen, und
da er den flüchtigen Fuß gesetzet, wider ihn als
einen flüchtigen Uebelthäter weiter rechtlich per
Fiscalem wird procediren lassen: Als thut E. E.
Rath hiemit alles Ernstes gebieten, daß zufoderst
ein iedweder alles Unterschleifs und Lurrendreyereyen, wodurch dieser Stadt freyes Commercium
auf einigerley Art und Weise gefährdet werden
könnte,

könnte, sich gänzlich zu enthalten, insonderheit 1689. mit aufrichtigen See-Briefen zu fahren, und die auf seinen Namen unter dieser Stadt Insiegel ihm ertheilte Paß- und See-Briefe auf niemand anders, er sey einheimisch oder fremd, von was Nation er auch seyn mag, zu transportiren, zu verkaufen, oder sonst zu veräussern, sondern desselben für sein Schiff und Gut sich zu bedienen haben. Es soll auch keiner bey diesen gefährlichen Kriegs-Läuften sich unterstehen, einig Schiff oder Gut, so von Capern genommen, oder irgends confisciret worden, an sich zu erhandeln, zu erkaufen, oder sonst auf einige Art und Weise an sich zu bringen, oder in Gewahrsam zu nehmen; mit der Verwarnung, daferne iemand diesem zuwider handeln würde, daß derselbe nicht allein demjenigen, den er dadurch in Schaden gebracht, allen verursachten Schaden und Unkosten erstatten, auch die erhandelten Schiffe und Güter, oder im Fall dieselben schon veräussert, den Werth dafür, ohne einige Entschuldigung restituiren, sondern auch von E. E. Rath einiges Vorschreibens oder anderer Hülfe nicht geniessen, und überdem mit hoher willkührlicher, auch, nach Befindung, Leib- und Lebens-Strafe beleget werden soll. Wornach sich ein ieder zu richten und für Schaden zu hüten hat. Actum & decretum in Senatu publicatumque sub signeto d. 26 Apr. 1689.

CCI.

CCI.

1689.
6 May.

**Mandat, daß von den zur See ausge=
henden zollbaren Kaufmanns=Gütern
drey Zoll=Zettel genommen werden,
und solche ohne diesen nicht an Bord
gebracht werden sollen.**

Demnach E. E. Rath für diensam befunden,
daß hinkünftig von allen zur See ausge=
henden zollbaren Gütern und Waaren drey Zoll=
Zettel genommen werden: Als thut derselbe sol=
ches dem Ehrb. Kaufmann nicht nur hiemit nach=
richtlich notificiren, sondern auch allen und ieden
Schiffern ernstlich gebieten, daß sie hinkünftig
weder selbst, noch durch die Jhrigen einige Güter
an Bord nehmen, noch unter den Deckel ihrer
Schiffe bringen lassen sollen, es sey ihnen denn
das dritte Zoll=Zettel vorhero im Schiffe einge=
reichet, damit sie vor ihrer Abfahrt solche auf
hiesigen Zollen wieder einliefern, und also alle
nachtheilige Unterschleife desto besser verhütet wer=
den können; mit dem Anhange, daß, wer dieser
Verordnung zuwider handeln wird, mit hoher
willkührlicher Strafe angesehen werden solle.
Publicatum Anno 1689. 6 Maii.

1689. Anschlag und Schragen des Gerichts=Vogts, beym
Verkauf dieses Dienstes. s. 1757.

E. Hoch=

E. Hochedl. Rath hat, wegen der zu Augspurg vollzoge- 1690.
nen Wahl und Krönung des Durchl. Erzherzogs 6 Febr.
Josephi zum Römischen Könige, ein Freuden-Fest
solchergestalt anstellen lassen, daß des Morgens von
9 bis 10 Uhr auf allen Kirch-Thürmen die Glocken
geläutet, um 11 Uhr in der St. Johannis-Kirche
von Herrn D. Mayer, Prof. und Pastor zu St. Jacob, eine lateinsche Rede gehalten, hierauf das Te
Deum laudamus unter Paucken- und Trompeten-
Schall abgesungen, die Kanonen auf den Wällen
in dreyen Salven abgefeuert, Abends eine Opera
aufgeführet, und ein Feuerwerk abgebrannt worden,
welches letztere in Kupfer gestochen ist.*

* Da die Verordnung E. Hochedl. Raths nicht hat auf-
gefunden werden mögen, so begnügt man sich, die
historische Nachricht nach einer glaubwürdigen Hand-
schrift hier einzuführen. Man wird es auch in ähnlichen Begebenheiten hiernächst thun, und sodann
beyläufig auch nachholen, was bisher von Freuden-
Festen des 17ten Jahrhunderts vergessen ist.

CCII.

Münz-Mandat, betreffend die Re- 1690.
duction der Zweydrittel-Stücke, nach 26sten
dem Reichs-Werth, nebst angefügter März.
Beschreibung einiger geringhaltigen
Zweydrittel-Stücke, und deren wahren innerlichen Werth.

Wir, Bürgermeistere und Rath der Stadt
Ham-

1690. Hamburg, fügen männiglichen, inſonderheit aber dieſer Stadt Bürgern und Einwohnern, hiemit zu wiſſen: Demnach Wir durch verſchiedene, abſonderlich vom Jahre 1669 her nach und nach publicirte, auch zuletzt unter dem 12ten April vorigen 1689ſten Jahres erneuerte Edicte und Verordnungen, den aus weltkündigermaaſſen hin und wieder eingeriſſenen und faſt überhand nehmenden Münz-Gebrechen, durch häufige Einſchleichung fremder untauglichen oder geringhaltigen Geld-Sorten in dieſe Stadt, derſelben und deren Commercio mit zuwachſenden Schaden äuſſerſten Vermögens abzuwenden, und ſchändlicher gewinnſüchtiger Leute dazu gebrauchenden Praktiken und Unterſchleifen, mittelſt angedroheter, auch wider die betretenen Verbrecher nach Befindung ernſtlich vollſtreckter Beſtrafung, zu ſteuren Uns angelegen ſeyn laſſen, nicht weniger männiglichen wohlmeinentlich vermahnet und gewarnet haben, im Handel und Wandel, Wechſeln und ſonſt vor Annehmung der geringhaltigen, theils ſchon bekannten doppelten, einfachen und halben Drittel, auch andern ſchlechten Geld-Sorten, ſich fleißig zu hüten, um bey deren forderſamſten Devalvirung oder Verrufung den unausbleiblichen Verluſt an deren ſchlechten Werth nicht zu empfinden: Und aber deſſen allen ungeachtet die Erfahrung bezeuget, daß dennoch ſothanem höchſtſchädlichen Unheil in dieſer Stadt nicht genugſam gewehret und ein Ende gemacht werden können, allermeiſt auch itziger Zeit zu beſorgen iſt, daß, da ſowol von einigen benachbarten

ten

ten Chur= und Fürsten, als auch anderen weiter
entlegenen Ständen des Reichs, verschiedene
Münz=Sorten in dero Gebiete und Ländern theils
schon devalvirt oder verrufen sind, oder doch ehe=
stens devalvirt und verboten werden sollen, solches
daselbst nicht mehr gang und gebige untüchtige Geld
um so viel mehr anhero geführet, und durch betrieg=
lichen Prätext, oder sonst unerforschliche Verheh=
lung, in diese Stadt praktisiret werden möchte:
Als haben Wir zufoderst kraft dieses alle und iede
von Jahren zu Jahren wider die Einführung und
Verwechselung der schlechten fremden Münz=Sor=
ten in dieser Stadt publicirte scharfverpönte Edicte
nochmals wiederholen und erneuern, und män=
niglichen vermahnen und erinnern wollen, denen=
selben in allen und ieden völlig und gebührend
nachzuleben, oder gewärtig und versichert zu seyn,
daß mit unausbleiblicher Execution der an Leib,
Ehr und Gut angedroheten Strafe, nebst Con=
fiscirung des geringhaltigen Geldes, so in diese
Stadt wirklich gebracht oder einpraktisiret werden
wollen, wider die Verbrecher, wann sie darauf
betreten, oder dessen sonst durch genugsamen Be=
weis überführet werden könnten, ohne einziges
Ansehen der Person verfahren werden soll; mit
diesem Anhange und ferneren Erklärung, daß
so wenig der Prätext, ob=kämen die Gelder von
hoher Hand, oder sollten nur durchgeführet wer=
den, (maassen ein ieder sich dergleichen Com=
mißionen bey vorbedeuteter Strafe zu entlegen
schuldig) als anderwärtiges Vorwenden, es habe
Namen wie es wolle, dagegen gehört noch zuge=
lassen

1690. laſſen werden ſoll, nur dieſes einige ausgenom=
men, wann etwann erweislich darzuthun, daß
das Geld aus unumgänglicher Noth in Zahlung
einer gehabten Schuldfoderung, da keine ander=
wärtige Satisfaction zu erlangen, noch das
ſchlechte Geld ſelbiger Orten auf Wechſel zu re=
mittiren, oder ſonſt umzuſetzen geweſen, ange=
nommen werden müſſen, da es iedoch vorgängig
auf hieſigen Zollen anzugeben, in Verbleibung
deſſen aber auch ſolche Ausflucht, wann ſie gleich
ſonſt erweislich wäre, nicht admittiret werden ſoll.

Und damit ferner ein ieder wiſſe, wie gut oder
ſchlecht die doppelten und einfachen fremden Drittel,
nach deren verſchiedenem Valor im innerlichen
Gehalt, und wie wenig oder viel dieſelben gegen
gute Reichsthaler gültig ſeyn, als haben Wir
nachfolgende Sorten durch Unſeren beendigten
Wardein ausziehen, und deren Abdruck, nebenſt
derſelben rechten Werth, wie ſolcher zugleich ge=
gen Courant=Geld reducirt, hieher ſetzen laſſen,
mit dieſer ausdrücklichen und ernſtlichen Verord=
nung, daß keiner diejenigen Sorten, ſo ihm etwan
nicht anſtändig, wider ſeinen Willen, vielwe=
niger zu höhern als dem hier bedeuteten Preiſe in
Bezahlung und ſonſt ſich andringen zu laſſen
ſchuldig ſeyn ſoll, Uns übrigens inskünftige der
allhier noch nicht benahmten, auch ſonſt nach Be=
findung weitere Verfügung, Devalvation oder
Verrufung vorbehaltend. Wornach ſich ein ie=
der zu achten, und für Schimpf und Schaden zu
hüten hat. Zu weſſen mehrer Nachricht, und
damit

damit niemand mit der Unwiſſenheit ſich entſchul- 1690.
digen könne, Wir dieſe erneuerte, erklärte und
extendirte Verordnung von den Kanzeln öffentlich
verkündigen, und gewöhnlicher Orten affigiren
laſſen. Actum & decretum in Senatu publicatumque ſub ſigneto den 26 März 1690.

Ein $\frac{2}{3}$ Stück mit der Umſchrift: FRIDER. D. G.
DUX SAX. I. V. L. C. L. ET MONET.
NACH DEM O. SACHSIS. CREYS-
SCHLUS 1681. davon gehen auf die Marf
12$\frac{11}{24}$ Stücker, hält die Mark fein 12 Loth
2 Grän, iſt nach dem Reichsthaler-Werth 26 ß
10$\frac{7}{16}$ ₰, thut in Cour. Geld mit 10 pC. Lagie
29 ß 6 ₰.

Ein $\frac{2}{3}$ Stück mit der Umſchrift: XVI GRO-
SCHEN FURST: ANH: GESAMBT
MUNTZ. 1686. NACH DEM OB. SACH-
SIS. CREYS-SCHLUS. 1686. davon gehen
auf die Mark 12$\frac{22}{125}$ Stücker, hält die Mark
fein 12 Loth 1 Grän, iſt nach dem Reichsthaler-Werth 26 ß 7$\frac{1}{2}$ ₰, thut in Courant-Geld
mit 10 pC. Lagie 29 ß 6 ₰.

Ein $\frac{2}{3}$ Stück mit der Umſchrift: CHRISTIAN9
WILHELM9. E. IV. COM. I. XXIIII. MA-
RIEN - GROSCHEN 1675. CO: DE
SCHWARTZ. E. HON. D. V. N. I. A. R. &c.
davon gehen auf die Mark 12$\frac{7}{32}$ Stücker, hält
die Mark fein 12 Loth 0 Grän, iſt nach dem
Reichsthaler-Werth 26 ß 6$\frac{1}{4}$ ₰, thut in cou-
ranten Gelde mit 10 pC. Lagie 29 ß 4$\frac{1}{4}$ ₰.

Erſter Theil.   C c   Ein

1690. Ein $\frac{2}{3}$ Stück mit der Umschrift: AUGUSTUS. D. G. P. A. A. M. D. S. I. C. E. M. MONETA NOVA ARGENTEA HHF. 1677. davon gehen auf die Mark 12$\frac{18}{128}$ Stücker, hält die Mark fein 12 Loth 1 Grän, ist nach dem Reichsthaler-Werth 26 ß 5$\frac{1}{2}$ ₰, thut in couranten Gelde mit 10 pC. Lagie 29 ß 4 ₰.

Ein $\frac{2}{3}$ Stück mit der Umschrift: JOHAN. GEORG. D. G. COM. AD. S. E. T. B. MONETA NOVA ARGENTEA 1675. davon gehen auf die Mark 12$\frac{1}{2}$ Stücker, hält die Mark fein 12 Loth, ist nach dem Reichsthaler-Werth 26 ß 2$\frac{1}{4}$ ₰, thut in couranten Gelde mit 10 pC. Lagie 28 ß 10 ₰.

Ein $\frac{2}{3}$ Stück mit der Umschrift: ANNA SOPH. P. B. R. H. I. B. A. Z. Q. G. Z. V. V. S. 1676. MONETA NOVA ARG. DIOCE. QVEDLINB., davon gehen auf die Mark 14$\frac{7}{128}$ Stücker, hält die Mark fein 13 Loth 9 Grän, ist nach dem Reichsthaler-Werth 25 ß 11$\frac{5}{16}$ ₰, thut in couranten Gelde mit 10 pC. Lagie 28 ß 6$\frac{1}{2}$ ₰.

Ein $\frac{2}{3}$ Stück mit der Umschrift: LVDWIGZ. G. S. H. Z. M. W. V. S. MONETA NOVA ARGENTEA 1676. davon gehen auf die Mark 12$\frac{22}{64}$ Stücker, hält die Mark fein 11 Loth 17 Grän, ist nach dem Reichsthaler-Werth 25 ß 0$\frac{1}{2}$ ₰, thut in couranten Gelde mit 10 pC. Lagie 28 ß 6 ₰.

Ein $\frac{2}{3}$ Stück mit der Umschrift: JOHANNES COMES DE MONTFORT. 1675. SPES NON CONFUNDIT. davon gehen auf die Mark

Mark 12$\frac{6\frac{1}{2}}{12}$ Stücker, hält die Mark fein 11 1690.
Loth 16 Grän, ist nach dem Reichsthaler-
Werth 25 ß 8$\frac{1}{2}$ Ꝟ, thut in Courant-Geld
mit 10 pC. Lagie 28 ß 5$\frac{1}{4}$ Ꝟ.

Ein $\frac{2}{3}$ Stück mit der Umschrift: MON. NOV.
ARG. DIOCE. QVEDLINB. 1676. BE-
SCHAU DAS ZIEL, SAGE NICHT VIEL.
davon gehen auf die Mark 14$\frac{4\frac{4}{5}}{5}$ Stücker,
hält die Mark fein 13 Loth 8 Grän, ist nach
dem Reichsthaler-Werth 25 ß 7$\frac{3}{4}$ Ꝟ, thut in
Courant-Geld mit 10 pC. Lagie 28 ß 2 Ꝟ.

Ein $\frac{2}{3}$ Stück mit der Umschrift: IN NOMINE
TUO. SALVA. NOS DEUS. MONETA
NOVA STRALSUNDENSIS 1687. davon
gehen auf die Mark 12$\frac{2\frac{2}{5}}{12}$ Stücker, hält die
Mark fein 11 Loth 15 Grän, ist nach dem
Reichsthaler-Werth 25 ß 0$\frac{1\frac{1}{2}}{3}$ Ꝟ, thut in
Courant-Geld mit 10 pC. Lagie 27 ß 7 Ꝟ.

Ein $\frac{2}{3}$ Stück mit der Umschrift: H. D. E. I. L.
R. G. V. H. V. P. H. Z. G. C. G. S. U. L.
REDDE CUIQUE SUUM 1678. davon ge-
hen auf die Mark 12$\frac{10}{12}\frac{7}{8}$ Stücker, hält die
Mark fein 11 Loth 17 Grän, ist nach dem
Reichsthaler-Werth 25 ß 1$\frac{7}{16}$ Ꝟ, thut in Cou-
rant-Geld mit 10 pC. Lagie 27 ß 7 Ꝟ.

Ein $\frac{2}{3}$ Stück mit der Umschrift: GEORG. WIL-
HELM. G. Z. S. W. H. Z. H. V. N. AD
INSTAR GRUIS. 1676 I. W. B. davon ge-
hen auf die Mark 13$\frac{1}{12}\frac{1}{8}$ Stücker, hält die
Mark fein 12 Loth 1 Grän, ist nach dem
Reichsthaler-Werth 24 ß 11$\frac{7}{8}$ Ꝟ, thut in Cou-
rant-Geld mit 10 pC. Lagie 27 ß 4$\frac{1}{4}$ Ꝟ.

Ein

1690. Ein ⅔ Stück mit der Umschrift: D. G. JOHAN ERNEST. D. S. I. C. ET MONT. PRU-DENTER ET CONSTANTER 1677. Davon gehen auf die Mark 13 $\frac{3}{128}$ Stücker, hält die Mark fein 12 Loth, ist nach dem Reichsthaler-Werth 24 ß 10½ ₰, thut in Courant-Geld mit 10 pC. Lagie 27 ß 4 ₰.

Ein ⅔ Stück mit der Umschrift: LEOPOLD. I. D. G. ROM. IMP. SEMP. AUG. MONETA NOVA CIVIT. EMBD. 1688. davon gehen auf die Mark 13 $\frac{1}{64}$ Stücker, hält die Mark fein 12 Loth 2 Grän, ist nach dem Reichsthaler-Werth 24 ß 2¼ ₰, thut in Courant-Geld mit 10 pC. Lagie 26 ß 7 ₰.

Ein ⅔ Stück mit der Umschrift: JUL. FRANC. SAX. ANG. VVESTP. DUX. 1678. THU RECHT, SCHEU NIEMANDT. davon gehen auf die Mark 15 $\frac{1}{78}$ Stücker, hält die Mark fein 13 Loth 10 Grän, ist nach dem Reichsthaler-Werth 24 ß 3¼ ₰, thut in Courant-Geld mit 10 pC. Lagie 26 ß 8 ₰.

Ein ⅔ Stück mit der Umschrift: JOHAN. GEORG. III. D. G. DUX SAX. I. C. & M. SAC. ROM. IMP. ARCHIM. ET ELECT. 1689. davon gehen auf die Mark 14 $\frac{127}{128}$ Stücker, hält die Mark fein 13 Loth 6 Grän, ist nach dem Reichsthaler-Werth 24 ß 3⅙ ₰, thut in Courant-Geld mit 10 pC. Lagie 26 ß 6 ₰.

Ein ⅔ Stück mit der Umschrift: FRIDER. III. D. G. M. B. S. R. I. AR. C. & EL. MONE-TA NOVA BRANDENB. 1689. davon gehen auf die Mark 13 $\frac{7}{18}$ Stücker, hält die Mark fein

fein 11 Loth 17 Grän, ist nach dem Reichs- 1690.
· thaler-Werth 23 ß 11$\frac{1\frac{1}{2}}{2}$ ₰, thut in Courant-
Geld mit 10 pC. Lagie 26 ß 4 ₰.

Ein $\frac{2}{3}$ Stück mit der Umschrift: LUDWIG. G.
Z. S. H. Z. M. W. V. S. auf der andern Seite
nur das Wapen, davon gehen auf die Mark
12$\frac{11\frac{1}{2}}{2\frac{1}{2}}$ Stücker, hält die Mark fein 11 Loth
8 Grän, ist nach dem Reichsthaler-Werth
23 ß 11$\frac{2\frac{1}{2}}{2}$ ₰, thut in Courant-Geld mit 10
pC. Lagie 26 ß 4 ₰.

Ein $\frac{2}{3}$ Stück mit der Umschrift: FRIDER. III.
D. G. M. B. S. R. I. AR. C. & EL. MO-
NETA NOVA BRANDENB. 1689. davon
gehen auf die Mark 13$\frac{5\frac{1}{2}}{1\frac{2}{2}}$ Stücker, hält die
Mark fein 11 Loth 16 Grän, ist nach dem
Reichsthaler-Werth 23 ß 10$\frac{1}{2}$ ₰, thut in
Courant-Geld mit 10 pC. Lagie 26 ß 3 ₰.

Ein $\frac{2}{3}$ Stück mit der Umschrift: CHRISTIAN.
LUDOV. D. G. DUX MECKLENBUR-
GENSIS. 1687. H. H. davon gehen auf die
Mark 13$\frac{1}{2}$ Stücker, hält die Mark fein 11 Loth
16 Grän, ist nach dem Reichsthaler-Werth
23 ß 9$\frac{1}{2}$ ₰, thut in Courant-Geld mit 10 pC.
Lagie 26 ß 2$\frac{1}{2}$ ₰.

Ein $\frac{2}{3}$ Stück mit der Umschrift: GEORG.WIL-
HELM. HERTZ. Z. B. V. LVN. 24 MA-
RIEN-GROSCHEN. 1675. R. D. QVO
FAS ET GLORIA DVCVNT. davon ge-
hen auf die Mark 14$\frac{1}{8}\frac{1}{4}$ Stücker, hält die Mark
fein 13 Loth 17 Grän, ist nach dem Reichs-
thaler-Werth 26 ß 8$\frac{7}{8}$ ₰, thut in Courant-
Geld mit 10 pC. Lagie 29 ß 4 ₰.

Ein

1690. Ein ⅔ Stück mit der Umſchrift: ERNEST. AV-
GVST. D. G. EPISC. OSN. D. B. & LV-
NEB. SOLA BONA QVÆ HONESTA.
MD. CLXXXVIII. FEIN SILBER. davon
gehen auf die Mark 15$\frac{7}{8}$ Stücker, hält die
Mark fein 15 Loth 15 Grän, iſt nach dem
Reichsthaler-Werth 26 ß 11$\frac{1}{4}$ ₰, thut in
Courant-Geld mit 10 pC. Lagie 29 ß 11$\frac{1}{4}$ ₰.

Ein ⅔ Stück mit der Umſchrift: ERNEST. AV-
GVST. B. Z. O. H. Z. B. V. L. XXIIII MA-
RIEN-GROS. 1675. R. D. SOLA BONA
QVÆ HONESTA. 1675. davon gehen auf
die Mark 14$\frac{5}{8}\frac{1}{4}$ Stücker, hält die Mark fein
13 Loth 17 Grän, iſt nach dem Reichstha-
ler-Werth 26 ß 4 ₰, thut in Courant-Geld
mit 10 pC. Lagie 29 ß 4 ₰.

Ein ⅔ Stück mit der Umſchrift: RVD. AVG.
D. B. E. LVNEB. MONETA ARGENT.
1676. davon gehen auf die Mark 14$\frac{5}{2}\frac{7}{8}$
Stücker, hält die Mark fein 13 Loth 17 Grän,
iſt nach dem Reichsthaler-Werth 26 ß 5$\frac{1}{4}$ ₰,
thut in Courant-Geld mit 10 pC. Lagie 29 ß
1 ₰.

Ein ⅔ Stück mit der Umſchrift: GEORG.
WILH. G. D. D. H. Z. W. D. H. R. R. S. F.
SOLI DEO GLORIA. 1676. davon gehen
auf die Mark 12$\frac{5}{4}$ Stücker, hält die Mark
fein 11 Loth 6 Grän, iſt nach dem Reichsthaler-Werth 23 ß 8 $\frac{1}{2}{2}$ ₰, thut in Courant-
Geld mit 10 pC. Lagie 26 ß 1$\frac{1}{4}$ ₰.

Ein ⅔ Stück mit der Umſchrift: CAROLUS XI.
D. G. REX SVEC. & V. MON. NOV. PO-
MER.

MER. CITERIORIS. 1690. davon gehen auf 1690.
die Mark 13$\frac{19}{64}$ Stücker, hält die Mark fein
11 Loth 16 Grän, iſt nach dem Reichsthaler-
Werth 23 ß 7$\frac{1}{64}$ ₰, thut in Courant-Geld
mit 10 pC. Lagie 26 ß 1$\frac{1}{4}$ ₰.

Ein $\frac{2}{3}$ Stück mit der Umſchrift: FRIDER. III.
D. G. M. B. S. R. I. AR. C. & EL. MONE-
TA NOVA BRANDENB. 1690. davon ge-
hen auf die Mark 13$\frac{55}{64}$ Stücker, hält die
Mark fein 11 Loth 16 Grän, iſt nach dem
Reichsthaler-Werth 23 ß 2$\frac{1}{2}$ ₰, thut in Cou-
rant-Geld mit 10 pC. Lagie 25 ß 5$\frac{1}{2}$ ₰.

Ein $\frac{2}{3}$ Stück mit der Umſchrift: MONETA
NOVA ARGENTEA. $\frac{2}{3}$ GLORIA IN EX-
CELSIS DEO. 1689. davon gehen auf die
Mark 13$\frac{107}{128}$ Stücker, hält die Mark fein
11 Loth 15 Grän, iſt nach dem Reichsthaler-
Werth 23 ß 1$\frac{1}{2}$ ₰, thut in Courant-Geld mit
10 pC. Lagie 25 ß 4$\frac{1}{4}$ ₰.

Ein $\frac{2}{3}$ Stück mit der Umſchrift: D. G. ALBER-
TUS DUX SAX. I. V. E. CL. AM. P. R. I. E. T.
DE COURONNE SANS PEINE. 1686.
davon gehen auf die Mark 13$\frac{1}{128}$ Stücker,
hält die Mark fein 11 Loth 1 Grän, iſt nach
dem Reichsthaler-Werth 22 ß 11$\frac{1}{18}$ ₰, thut
in Courant-Geld mit 10 pC. Lagie 25 ß 3 ₰.

Ein $\frac{2}{3}$ Stück mit der Umſchrift: D. G. GUST.
ADOLP. D. MEG. P. W. S. & R. G. S. T. R.
MONETA NOVA ARGENTEA 1688.
davon gehen auf die Mark 13$\frac{21}{25}$ Stücker,
hält die Mark fein 10 Loth 16 Grän, iſt nach
dem

1690. dem Reichsthaler=Werth 22 ß $4\frac{3}{4}$ ₰, thut in Courant=Geld mit 10 pC. Lagie 24 ß 7 ₰.

Ein $\frac{2}{3}$ Stück mit der Umschrift: HENRIC. D. G. DUX SAX. I. V. C. & M. C. I. B. MONETA NOVA ARGENTEA. 1687. davon gehen auf die Mark $12\frac{105}{128}$ Stücker, hält die Mark fein 10 Loth 12 Grän, ist das Stück nach dem Reichsthaler werth 22 ß $5\frac{9}{16}$ ₰, thut in Courant=Geld mit 10 pC. Lagie 24 ß $7\frac{1}{2}$ ₰.

Ein $\frac{2}{3}$ Stück mit der Umschrift: ANTHON. GUNTHER. E. I. V. COM. IMP. COM. DE SCHWARTZ. & HONSTEIN. 1676. davon gehen auf die Mark $13\frac{33}{128}$ Stücker, hält die Mark fein 10 Loth 17 Grän, ist das Stück nach dem Reichsthaler werth 22 ß $3\frac{9}{16}$ ₰, thut in Courant=Geld mit 10 pC. Lagie 24 ß 6 ₰.

Ein $\frac{2}{3}$ Stück mit der Umschrift: DETHLEF S. R. I. C. I. R. & L. D. I. B. RECTE FACIENDO NEMINEM TIMEAS. 1689. davon gehen auf die Mark $13\frac{11}{32}$ Stücker, hält die Mark fein 11 Loth 1 Grän, ist nach dem Reichsthaler=Werth 22 ß $3\frac{7}{32}$ ₰, thut in Courant=Geld mit 10 pC. Lagie 24 ß 6 ₰.

Ein $\frac{2}{3}$ Stück mit der Umschrift: AUGUST. FRID. D. G. EL. E. P. LUB. H. N. D. &c. A DEO SORSQ. SALUSQ. MEA. 1687. davon gehen auf die Mark $13\frac{35}{64}$ Stücker, hält die Mark fein 11 Loth 2 Grän, ist nach dem Reichsthaler=Werth 22 ß $1\frac{7}{8}$ ₰, thut in Courant=Geld mit 10 pC. Lagie 24 ß $3\frac{3}{4}$ ₰.

Ein $\frac{2}{3}$ Stück mit der Umschrift: CAR. WILH. D. G. P. R. A. C. A. D. S. B. I. E. K. MON. NOV.

NOV. ARG. P. R. A. L. S. D. I. E. K. 1679. 1690.
davon gehen auf die Mark $14\frac{1}{3\frac{1}{2}}$ Stücker, hält
die Mark fein 11 Loth 7 Grän, ist nach dem
Reichsthaler-Werth 21 ß 11$\frac{1}{2}$ $\mathcal{R}$, thut in Courant-Geld mit 10 pC. Lagie 24 ß 0$\frac{1}{2}$ $\mathcal{R}$.

Ein $\frac{2}{3}$ Stück mit der Umschrift: CHRITOPH.
EL. E. CONF. AB. COR. S. R. I. P. XXIIII
MARIEN - GROSCH. CANDORE &
AMORE. davon gehen auf die Mark 13$\frac{1}{2}\frac{6}{5}\frac{1}{8}$
Stücker, hält die Mark fein 10 Loth 15 Grän,
ist nach dem Reichsthaler-Werth 21 ß 5$\frac{67}{7\frac{1}{28}}$ $\mathcal{R}$,
thut in Courant-Geld mit 10 pC. Lagie 23 ß
7 $\mathcal{R}$.

Ein $\frac{2}{3}$ Stück mit der Umschrift: FRIDERIC.
D. G. DUX SAX. JUL. CL. & M. PER
ASPERA AD ASTRA. davon gehen auf die
Mark 14$\frac{2}{1\frac{1}{28}}$ Stücker, hält die Mark fein 11
Loth 3 Grän, ist nach dem Reichsthaler-Werth
21 ß 2$\frac{7}{8}$ $\mathcal{R}$, thut in Courant-Geld mit 10
pC. Lagie 23 ß 5 $\mathcal{R}$.

Ein $\frac{2}{3}$ Stück mit der Umschrift: CHRIST. ELE.
CON. AB. COR. S. R. I. P. 16 GUTE
GROSCH. BI. CANDORE & AMORE.
1682. davon gehen auf die Mark 13$\frac{1}{1}\frac{1}{2}\frac{1}{8}$
Stücker, hält die Mark fein 10 Loth 16 Grän,
ist nach dem Reichsthaler-Werth 21 ß 2$\frac{2}{8\frac{2}{64}}$ $\mathcal{R}$,
thut in Courant-Geld mit 10 pC. Lagie 23 ß
5 $\mathcal{R}$.

Ein $\frac{2}{3}$ Stück mit der Umschrift: CHRIST. EL.
E. CONF. AB. COR. S. R. I. P. CANDORE
& AMORE. 1684. davon gehen auf die Mark
14 Stücker, hält die Mark fein 10 Loth

1690. 16 Grän, ist nach dem Reichsthaler=Werth 20 ß $11\frac{7}{8}$ ₰, thut in Courant=Geld mit 10 pC. Lagie 23 ß $0\frac{1}{2}$ ₰.

Ein $\frac{2}{3}$ Stück mit der Umschrift: CHRIST. WILH. E. IV. COM. IMP. COM. DE SCHWARTZ. & HONSTEIN. 1676. davon gehen auf die Mark $14\frac{57}{256}$ Stücker, hält die Mark fein 10 Loth 17 Grän, ist nach dem Reichsthaler=Werth 20 ß $9\frac{3}{8}$ ₰, thut in Courant=Geld mit 10 pC. Lagie 22 ß $9\frac{3}{4}$ ₰.

Ein $\frac{2}{3}$ Stück mit der Umschrift: D. G. JOHAN. ERNEST. D. S. I. C. & MONT. PRUDENTER & CONSTANTER. 1677. davon gehen auf die Mark $14\frac{13}{64}$ Stücker, hält die Mark fein 10 Loth 17 Grän, ist nach dem Reichsthaler=Werth 20 ß $9\frac{7}{8}$ ₰, thut in Courant=Geld mit 10 pC. Lagie 22 ß $9\frac{3}{4}$ ₰.

Ein $\frac{2}{3}$ Stück mit der Umschrift: CHRISTIAN ALBRECHT. HÆR. NORW. DUX. S. H. S. D. C. O. D. 1683. C. R. davon gehen auf die Mark $14\frac{1}{2}$ Stücker, hält die Mark fein 10 Loth 15 Grän, ist nach dem Reichsthaler=Werth 20 ß $2\frac{3}{32}$ ₰, thut in Courant=Geld mit 10 pC. Lagie 22 ß $2\frac{1}{4}$ ₰.

Ein $\frac{2}{3}$ Stück mit der Umschrift: D. G. JOHAN. ERNEST. D. S. I. C. & MONT. PRUDENTER & CONSTANTER. 1678. davon gehen auf die Mark $14\frac{13}{32}$ Stücker, hält die Mark fein 10 Loth 12 Grän, ist nach dem Reichsthaler=Werth 20 ß $\frac{3}{64}$ ₰, thut in Courant=Geld mit 10 pC. Lagie 22 ß $\frac{1}{4}$ ₰.

Ein

Ein $\frac{2}{3}$ Stück mit der Umschrift: GUSTAV. G. 1690.
Z. S. W. V. HON. H. Z. H. V. N. L. V. C.
TANDEM FORTUNA OBSTETRICE.
1678. davon gehen auf die Mark $14\frac{1}{2}$ Stücker,
hält die Mark fein 10 Loth 10 Grän, ist nach
dem Reichsthaler-Werth 19 ß $7\frac{7}{8}$ ₰, thut
in Courant-Geld mit 10 pC. Lagie 21 ß $6\frac{1}{4}$ ₰.

Ein $\frac{2}{3}$ Stück mit der Umschrift: GUSTAV. G.
Z. S. W. V. HON. H. Z. H. V. N. L. V. C.
TANDEM FORTUNA OBSTETRICE.
1676. davon gehen auf die Mark $14\frac{2}{3}\frac{1}{2}$ Stücker,
hält die Mark fein 10 Loth 8 Grän, ist nach
dem Reichsthaler-Werth 19 ß $\frac{7}{8}$ ₰, thut in
Courant-Geld mit 10 pC. Lagie 20 ß 11 ₰.

Ein $\frac{2}{3}$ Stück mit der Umschrift: GUSTAV. G.
Z. S. W. V. HON. H. Z. H. V. N. L. V. C.
TANDEM FORTUNA OBSTETRICE.
1676. davon gehen auf die Mark $15\frac{2}{3}\frac{1}{2}$ Stücker,
hält die Mark fein 10 Loth 2 Grän, ist nach
dem Reichsthaler-Werth 17 ß $1\frac{7}{8}$ ₰, thut in
Courant-Geld mit 10 pC. Lagie 18 ß 10 ₰.

Ein $\frac{2}{3}$ Stück mit der Umschrift: GUSTAV. G.
Z. S. W. V. HON. H. Z. H. V. N. L. V. C.
AD PALMAM PRÆSSUS LÆTIUS RE-
SURGO. 1676. davon gehen auf die Mark
16 Stücker, hält die Mark fein 9 Loth 9 Grän,
ist nach dem Reichsthaler-Werth 16 ß $\frac{1}{4}$ ₰,
thut in Courant-Geld mit 10 pC. Lagie 17 ß
7 ₰.

Ein $\frac{2}{3}$ Stück mit der Umschrift: GUSTAV. G.
Z. S. W. V. HON. H. Z. H. V. N. L. V. C.
AD PALMAM PRÆSSUS LÆTIUS RE-
SUR-

1690.   SURGO. 1676. davon gehen auf die Mark
17$\frac{17}{64}$ Stücker, hält die Mark fein 9 Loth 4
Grän, iſt nach dem Reichsthaler-Werth 14 ß
2 ₰, thut in Courant-Geld mit 10 pC. Lagie
15 ß 7 ₰.

———————

1690.   Wiederholtes Mandat vom 4 Oct. 1667, daß niemand
23 Apr.   Schweine-Kaven in der Stadt halten ſolle. ſ. 1703.
25 May.

———————

1690.   Erneuertes Mandat vom 14 Aug. 1663, daß niemand
8 Sept.   in der Stadt ſchlachten ſoll, der nicht zur Schlachter Brüderſchaft gehört. ſ. 1704. 15 Octob.

CCIII.

1690.   Befehl, daß die hereingebrachten Auſtern
27 Oct.   an dem gewöhnlichen Ort 24 Stunden lang zum öffentlichen Verkauf liegen, und vorhero vor Ablauf ſolcher
Zeit von niemand aufgekauft werden
ſollen.

Demnach in dieſer guten Stadt die nicht zu dul-
dende und dannenhero vorlängſt höchſtver-
pönte Vorhöckerey, auch bey Einkaufung der anhero gebrachten Auſtern dergeſtalt einzureiſſen und
überhand zu nehmen beginnet, daß auch, ehe
und

und bevor dieselben noch in Thor und Bäumen her- 1690.
eingeführet werden, gleichsam weggefischet und
von denen Vorhöckern aufgefangen, nachgehends
aber gesteiget, und zu Zeiten zweymal so theuer,
als der gesetzte Preis ist, verkaufet und wieder
ausgehöckert werden; und dann E. E. Rath sothanem mehr und mehr zunehmenden Unwesen
nicht länger nachsehen kann, als thut derselbe hiemit allen und ieden, die sich bishero sothaner Vorhöckerey unternommen, und, wo nicht vor den
Bäumen, iedoch, sobald die Auster-Prahmen her-
eingekommen, denenselben aufgepasset, und die
Austern in gar grosser Menge an sich erhandelt,
solches ernstlich verbieten, mit dem Anhange, daß,
wofern iemand dieser Verordnung zuwider handeln, und darüber ertappet werden wird, ihm
nicht allein die solchergestalt an sich gekauften Austern sofort abgenommen, sondern er noch dazu
von den Wohlw. Herren der Wette mit willkührlicher Strafe unausbleiblich beleget werden solle.

Gestalt dann E. E. Rath, damit ein ieder hiesiger Stadt-Bürger und Einwohner in freyer Einkaufung der Austern hinfüro nicht mehr sol-
chermaassen gehindert werden möge, hiemit gleichfalls geboten haben will, daß, wie vor diesem, also
auch hinkünftig, die Prahmen mit denen hereingebrachten Austern an den gewöhnlichen Ort zum
öffentlichen Verkauf hingeleget, und, ehe und bevor sie daselbst hingebracht, von niemanden ichtwas daraus, bey vorberegter willkührlicher Strafe,
verkauft, weniger von den Vorhöckern vor Ablauf
24 Stun-

1690. 24 Stunden, angerechnet von der Zeit, daß die Prahmen hinter den Raum gelegt, aufgekauft, ſondern an itztbeſagtem Ort ſothane 24 Stunden zur hieſiger Stadt Bürger und Einwohner Beſten und ungehinderten Einkauf gelaſſen werden ſollen. Wornach ſich ein ieder zu richten und für Schaden zu hüten. Actum & decretum in Senatu publicatumque ſub ſigneto den 27 Octob. 1690.

1691. Erneuertes Mandat vom 12 Nov. 1654. u. 31 May
12Aug. 1668, daß die Copulationen nirgends anders, als allhier, und von keinem andern, als einem von E. Ehrw. Miniſterio ordinirten Prieſter, geſchehen ſollen. ſ. 1709. 16 Dec.

1691. Reglement des beſtellten Waſſer-Schouts Amts und
31Aug. Verrichtungen. ſ. in des ſel. Hrn. Senatoris Langenbecks, Dr. Schiff-Recht, S. 103. u. ſ.

CCIV.

1691.
23ſten
Sept.

Mandat gegen die Pasquillen.

Demnach E. E. Rath glaubhaft in Erfahrung gebracht, wasgeſtalt nicht nur von andern Orten her allerhand höchſtärgerliche gedruckte Schriften und Pasquillen hereingeführet, ſondern auch auf vielerley Art und Weiſe unter die Leute allhier gebracht, und zuweilen wol gar verkauft und öffentlich feil geboten werden ſollen, wodurch dann manches Gott- und Ehrliebendes Herz höchſtens

stens geärgert, vornehmlich aber der angegriffenen 1691.
Personen Leumuth und gutes Gerücht ohn ihr
Verschulden in bösen Fam und Verdacht gebracht
wird; und aber E. E. Rath diesem sowol in de=
nen Reichs=Abscheiden und gemeinen Rechten,
als insonderheit in dieser Stadt Statuten und
vermittelst denen vorhin affigirt gewesenen Man=
daten höchst verpoenten und einschleichenden Un=
wesen keinesweges weiter zuzusehen gewillet: Als
thut derselbe einen ieden, er sey Bürger, Einwoh=
ner, oder sich allhier aufhaltender Fremder, hiemit
nochmalen Obrigkeitlich warnen und gebieten,
sich des Hereinführens und Debitirens sothaner pas=
quilleusen Schriften gänzlich zu enthalten, auch
so bald er hinkünftig dergleichen ansichtig werden
wird, es gebührend anzumelden, und die etwa vor=
gefundenen Exemplaria dem p. t. ältesten Hrn. Præ=
tori einzureichen, mit nichten aber solche weiter zu
bringen und zu divulgiren, mit dem Anhange, daß,
dafern iemand diesem Mandate zuwider sich den=
noch sothaner heimlichen Hereinbringung oder
Ausbreit= und Verkaufung solcher Pasquillen
und fameusen Schriften theilhaftig machen, und
darinn sein boshaftes Vergnügen suchen sollte,
wider denselben als einen offenbaren Pasquillan=
ten, den Rechten und hiesigen publicirten Manda=
ten nach, unausbleiblich verfahren, und mit re=
spective schwerer Geld= auch Leib= und Lebens=
Strafe procediret, die ertappeten Exemplaria aber
öffentlich verbrannt und vernichtet werden sol=
len.   Wornach sich ein ieder zu richten und
für Schaden und Strafe zu hüten hat.   Actum
&

1691. & decretum in Senatu publicatumque sub signeto die 23 Septembris 1691.

1691.
23sten
Sept.

Münz-Mandat, s. Münz-Nachricht Lit. E e.

1691.
27sten
Sept.

Von E. Hochedl. Rath ward wegen des Kaiserl. Seite wider die Türken in Ungarn befochtenen herrlichen Sieges ein feyerliches Dank-Fest angeordnet.

CCV.

1691.
23 Oct.

Mandat, daß niemand fremde Sierup= pen unter die hier gemachten mischen, oder für Hamburgischen verkaufen, und die hiesigen Sieruppen in Tonnen, mit dem darauf eingebrannten Marck der Stadt und Zuckerbecker, versandt werden sollen, ausserdem sie kein Schiffer laden mag.

Demnach E. E. Rath aus desfalls an Densel= ben gelangten Klagen vernehmen muß, daß Leute in dieser Stadt gefunden werden sollen, welche um schändlichen Gewinn fremde Sierup= pen unter den allhier gemachten mischen, oder gar in Hamburger Tonnen nur umgiessen, nach= mals solche vermischte oder nur umgegossene Sie= ruppen für aufrichtige hiesige verkaufen und nach

andern

andere Oerter versenden, wodurch dann nicht allein die Käufer betrogen und verbortheilet, sondern auch andere, die für solchen eigennützigen
und unzuläßigen Betrieb einen Abscheu haben,
und mit ihrer unverfälschten Waare jenen den
Preis nicht gleich halten können, in Schaden gesetzt, ja gar die hiesigen Sieruppen durchgehends
verdächtig gehalten, und daher in der Fremde in
Decadenz gebracht werden; und dann E. E. Rath
solchen schädlichen Betrieglichkeiten und strafbaren
Verfälschungen nachzusehen gar nicht, besondern
denenselben aufs ernstlichste und nachdrücklichste zu
wehren gemeinet ist: Als will Er iedermänniglichen
hiemit erinnert, vermahnet und gewarnet haben,
sich aller dergleichen Vermischung, Umgiessung
oder anderwärtigen Verfälschung der Sieruppen,
bey Vermeidung der in den Kaiserl. Rechten und
in der Peinlichen Halsgerichts-Ordnung wider
sothane Falsarios respective auf Confiscation der
verfälschten Waare, auch sonst an Ehre und
Gut verordneten schweren Strafen, gänzlich zu
enthalten.

Und damit allen etwan sonst hiebey zu besorgenden heimlichen Unterschleifen um so viel mehr
gewehret, auch in, über Verhoffen, entstehendem
Falle künftiger dergleichen Vermischung oder Umgiessung der daran Schuldige desto eher und un-
widersprechlicher ausgefunden und davon überzeuget werden könne; so wird hiemit verordnet
und geboten, daß zuvorderst keine Sieruppen für
Hamburgische verkauft oder versandt werden sol-

1691. len, ohne daß die Tonnen mit eingebranntem
Marke ſowol dieſer Stadt, (womit die Bötticher-
Alten ſich verſehen ſollen) als des Reſinadeurs
oder Zuckerbeckers, von dem ſie kommen, bezeich-
net ſeyn, dero Behuf ein ieder Reſinadeur ſich
dergleichen abſonderliches Markzeichen zu verſchaffen, auch deſſen hinkünftig ohne Veränderung
zu gebrauchen hat: Dann ferner, daß kein Schiffer, ſowol fremder als einheimiſcher, einigen
Sierup in Hamburgiſchen Fuſtagien allhier einladen oder verführen ſoll, es ſeyn dann die Tonnen mit vorbemeldten zweyfachen Zeichen bemerket, mit dem Anhang, daß, dafern iemand von
Reſinadeurn oder Schiffern dieſem ernſtlichen Befehl zuwider handeln würde, für iede ohne ſolchen
Mark-Zeichen verkaufte, verſandte oder eingeladene
Tonne, wann gleich der Sierup an ſich allhier gemacht und unverfälſcht wäre, jene Reſinadeurs
in 100, dieſe die Schiffer aber in 50 Rthlr. Strafe
verfallen ſeyn ſollen. Wornach ꝛc. Actum &
decretum in Senatu publicatumque ſub ſigneto
den 23 October 1691.

CCVI.

1691. Mandat, daß auf den Hochzeiten die
30 Oct. prieſterlichen Copulationen vor 2 Uhr
Mittags ihren Anfang nehmen ſollen.

Demnach die tägliche Erfahrung bezeuget, wasgeſtalt die Copulationen auf denen Hochzeiten je mehr und mehr verzögert, und öfters bis
in

in den späten Abend verschoben werden, wodurch 1691.
dann allerhand Verdrießlichkeit sowol denen Hochzeit = Gästen, als sonsten allen denen, so bey den
Copulationen nothwendig seyn müssen, verursachet wird; und aber E. E. Rath sothane Unordnung weiter einreissen zu lassen, noch derselben
länger nachzusehen, nicht gemeinet: Als thut E. E.
Rath alle und iede, so Hochzeit machen, sie seyn
groß oder klein, hiemit vermahnen und ernstlich
gebieten, sich dabey hinfüro so zu betragen, daß
die Copulation vor 2 Uhr Mittags ihren Anfang
nehme, und keinesweges, unter was Schein und
Prätext es auch seyn möge, damit länger gezögert
und tardiret werde, mit dem Anhange, daß im
widrigen Fall, und da, wider Verhoffen, von iemanden diesem Mandate geflissentlich zuwider gehandelt werden sollte, selbigen nicht allein die
Copulation bis auf fernere Verordnung versaget,
sondern er überdem mit willführlicher hoher Strafe
unausbleiblich beleget werden soll. Wornach
sich ein ieder zu richten und für Schaden zu hüten.
Actum & decretum in Senatu publicatumque
sub signeto d. 30 Octobr. 1691.

___

Mandat gegen die Abend-Leichen mit Pomp, zum Nach- 1692.
theil der Schul-Collegen. s. 1715. 4 März.   . 29 Jan.

Db 2   CCVII.

CCVII.

Mandat, daß man die an dem Münz=
Verbrechen Schuldige nicht verhehlen,
aber auch nicht anderwerts selbst, noch
durch andere, angeben soll.

Demnach E. E. Rath in Erfahrung gebracht,
wasmaaßen sich Leute in dieser Stadt fin=
den laßen, welche andere hiesige Bürger oder Ein=
wohner an fremden Orten einigen Verbrechens
deferiren, oder sich zu deren Ueberführung in frem=
dem Gerichts=Zwang als Zeugen freywillig ge=
brauchen laßen;

Und aber ein sothanes Unternehmen zuvorderst
zu Abbruch und Schmälerung dieser Stadt Ju=
risdiction gereichet, anbey nicht allein schon von
undenklichen Jahren her in hiesigen Statuten und
Verfaßungen bey schwerer Strafe verboten gewe=
sen, besondern noch in Neulichkeit durch ein un=
ter dem 23 September vorigen Jahres publicirtes
Mandat, insonderheit wegen der bey dem Münz=
wesen vorkommenden Unterschleifen und Gebre=
chen, ein ieder dieser Stadt Bürger und Einwoh=
ner, unter daselbst ausgedruckter respective Be=
lohnung oder Bestrafung, anerinnert, ermahnet
und gewarnet worden, alle von dergleichen Ver=
brechen habende Nachricht oder Mitwissenschaft
allhier gehöriger Orten zu entdecken und anzuzeigen:

Als hat E. E. Rath selbiges itztberührtes Man=
dat hiermit nochmals erneuern und confirmiren
wol=

wollen, mit dem Anhang, daß, wofern sich ie= 1692.
mand unterfangen werde, demselben zuwider die
von vorgedachten Verbrechen oder Unterschleifen
habende Kundschaft allhier zu verhehlen, und hin=
gegen, zum Despect seiner ordentlichen Obrigkeit
und dieser Stadt Jurisdiction, solche Delinquen=
ten anderwärts direct oder indirect, selbst oder
durch andere anzugeben, daß gegen denselben mit
unausbleiblicher ernstlichster, auch nach Befinden
Leib= und Lebens=Strafe, verfahren werden soll.
Wornach sich ein ieder zu richten und für Scha=
den und Strafe zu hüten hat. Actum & decre=
tum in Senatu publicatumque sub signeto den 29
Februar 1692.

CCVIII.
Mandat gegen die Bettelen.

1692.
11ten
März.

Demnach die Erfahrung bezeuget, wasmaassen
in dieser guten Stadt die Bettelen auf den
Gassen und an den Häusern, aller vormals da=
gegen gemachten heilsamen Verordnungen und
Anstalten ohnerachtet, fast überhand nehmen
wollen, indem aus nahe und ferne belegener
Fremde allerhand liederliches Gesindel in diese
Stadt einschleicht, von welchen sowol, als von an=
dern vorhin hier befindlichen, der größte Theil
nicht so sehr aus Noth, als aus Faulheit, von
Almosen sich zu ernähren suchet, ja wol gar, was
es den Tag über erbettelt, des Abends mit Fressen
und Saufen wieder verbringt, viele mit falschen
Gezeugnissen und gottloser Weise erdichteten Col=

Dd 3   lecten=

1692. secten=Büchern, andere mit simulirten Krankhei=
ten oder Gebrechen mitleidige und mildthätige gute
Herzen betriegen, einige auch wol unter dem Deck=
mantel des Bettelns nur in den Häusern die Ge=
legenheit zum Stehlen absehen, wie von all solchen
Bosheiten Exempel vorhanden seyn, nicht weni=
ger Leute sich finden lassen, die dergleichen muth=
willige kundbare Bettler beherbergen, oder auch
von den Allmosen, so diese verprassen, sich zu be=
reichern suchen, und ihnen dazu mit Speise,
Trank, und sonst aufwärtig seyn, dadurch dann
solchergestalt die milden Gaben zum Muthwillen
und sündlichen Leben übel angewandt, andern
frommen Armen und Nothleidenden die Allmosen
gleichsam entraubet, der heilige Name Gottes
vielfältig gemißbraucht, gutthätige christliche Her=
zen abusirt, und durchgehends hiesige Bürger und
Einwohner in und ausser ihren Häusern von sotha=
nen öfters der Allmosen gar unwürdigen Bettlern,
falschen Collectirenden, ja heimlichen Dieben,
fast sehr beschweret werden;

Und dann E. E. Rath solchem Unverhalten und
ärgerlichem Mißbrauch mit ernstlichem Nachdruck
hinkünftig zu wehren gemeinet ist, auch zu dem
Ende die Verfügung schon ergehen lassen, daß die
Bettel=Voigte ihres Amtes treulich und fleißig
dazu abwarten, und die Bettler von den Gassen,
und zwar die alten, schwachen oder preßhaften
nach dem Pesthof, die jungen, starken und zur
Arbeit taugenden aber in das Zuchthaus bringen,
nicht zweifelnd, es werden alle dieser Stadt Bür=
ger

ger und Einwohner, aus christlöblicher Mildthä= 1692.
tigkeit, zur Ehre Gottes, wie auch in danknehm=
licher Recognition der hiedurch vermittelten Be=
schwerde von sothaner Betteley, durch desto reichere
Gaben die darob sehr anwachsende Last und Ko=
sten vorbenannten ohnedem mit zureichenden Ein=
künften nicht versehenen Hospitals und Werkhau=
ses, erleichtern und tragen helfen: Als will E. E.
Rath zu desto besserer Vollstreckung dieser heilsa=
men Absicht hiemit männiglichen gewarnet, ver=
mahnet, und bey Vermeidung respective will=
führlicher Geldbusse, auch nach Befinden Leibes=
Strafe, geboten haben:

1. Daß niemand sich unterstehen soll, die Bet=
tel-Voigte in Verwaltung obangeführter ihrer Be=
dienung auf einige Art zu behindern, in Worten
oder Werken zu beleidigen, noch die vor denselben
etwan fliehende oder sich widersetzende Bettler zu
verthädigen, in Häusern, Kellern und Buden zu
verhehlen oder zu unterschleifen, oder sonst denen=
selben direct oder indirect zu ihrer Eschapirung
behülflich zu seyn.

2. Daß niemand kundbare muthwillige Bett=
ler, vielweniger liederliche Leute, die keine Pro=
feßion oder Handthierung treiben, und die daher
des vernünftigen Argwohns, daß sie durch unge=
bührliche oder verbotene Mittel ihre Nahrung und
Unterhalt suchen, fähig seyn, in seine Wohnung
aufnehmen, behausen oder beherbergen, noch auch
denen Versammlungen und Gelagen solchen lum=

Dd 4   pen

1692. pen Gesindels mit Tractamenten, Speise, Trank
oder sonst an Hand gehen, oder Vorschub leisten
soll.

3. Daß keine Person, woher sie auch komme,
oder wes prätendirten Standes sie seyn möchte,
sich unterfangen soll, für fremde Kirchen, Städte,
Gemeinde, oder sonst auf angebende publike Ge-
zeugnisse oder Collecten-Bücher, in hiesiger Bürger oder Einwohner Häuser eine Collecte oder
Beysteuer zu suchen, ehe und bevor sie sich bey
einem der Herren Secretarien damit angegeben,
und mittelst dessen nicht ohne näherer Unterfor-
schung zu ertheilenden eigenhändigen Einschreibung in sothanes Buch oder Attestatum, desfalls
beglaubte, iedoch nur auf 6 Wochen von deren
dato zu erstreckende, und gültige Permißion erhalten habe, zu dem Ende männiglich die Vorsich-
tigkeit zu gebrauchen anerinnert wird, daß er alle
und iede ohne solcher Vergünstigung, oder nach
verflossener obbemeldeten deren sechs-wöchigen
Frist Collectirende für verdächtig oder unzuläßig
ansehen, denenselben nichtes mittheilen, vielmehr
dero Attestata oder Bücher anhalten, selbige auf
hiesige Schreiberey senden, und deren Einhabere
dahin verweisen wolle. Wornach sich ein ieder
zu achten und respective für Schaden oder Strafe
zu hüten hat. Actum & decretum in Senatu
publicatumque sub signeto den 11 März 1692.

1692. Mandat gegen das Ausforschen, Aufkaufen, Verschmel-
17 Jun. zen und Verringern des Goldes und Silbers, insonderheit von Juden. s. 1697. 3 May.

Münz

Münz-Mandat. ſ. Münz-Nachricht Lit. F f.   1692,
                                                25 Jul.

──────────────

Münz-Mandat. ſ. Münz-Nachricht Lit. G g.   1692.
                                                27 Jul.

CCIX.

Mandat, zufolge Stader Zoll-Receſſes   1692.
zu verfahren.   26 Aug.

Demnach zu mehrer Regulirung des Stader
Elb-Zolles ſowol zwiſchen Ihrer Königl.
Majeſtät von Schweden in Dero Herzogthümern
Bremen und Verden verordnet geweſenen hohen
Commißion und dieſer Stadt Herren Deputirten,
unter dem 17 März 1691 ein gewiſſer Receß errichtet, auch nachhero utrinque ratificiret, als
von der Königl. Regierung in vorgedachten Herzogthümern, mittelſt vorgepflogener Communica-
tion und vielfältiger Handlung, eine rectificirte
Taxe oder Zoll-Rolle geadjuſtirt, und unter dem
15ten dieſes Monats Auguſt publicirt geworden:
So hat E. E. Rath dieſer Stadt der Nöthigkeit
erachtet, zu männiglicher Nachricht den Abdruck
ſothanen Receſſes und Zoll-Rolle hiebey affigiren
zu laſſen, und darauf ferner allen und ieden Schiffern, Negocianten und ſonſt dabey Intereßirten,
reſpective in Conformität der in den Jahren 1608
und 1675 allhier ergangenen Mandaten, und zu
veſter Haltung dieſes vereinbarten Receſſes, hiemit zu notificiren und ernſtlich zu befehlen, daß
zuvorderſt alle fremde Schiffer, ſo mit ihren Schiffen aus der See auf die Elbe kommen, und zu

Dd 5   Stade

1692. Stade den Zoll zu entrichten schuldig seyn, vor
der Schwinge setzen, zu Stade sich angeben, und
den gebührlichen Zoll für das Schiff und einhabende zollpflichtige und nicht für hiesiger Bürger
proper-eigene Rechnung kommende Güter allda
erlegen, folglich das Zoll-Zettel davon dem Königl. Schwedischen Controlleur in dieser Stadt
alsofort nach ihrer Ankunft, und ehe dann sie einiges Gut löschen, in dessen Behausung übergeben, auch übrigens dem mehrern Einhalt des vierten Artikels hiebey affigirten Recesses in allem geleben, die Hamburger Schiffer aber vor der
Schwinge hinfüro nicht setzen, sondern gerade anhero aufsegeln, iedoch im Vorüberfahren entweder
selbst, oder durch eine bequeme Person, an der
Zoll-Stätte in Stade, nach Maaßgebung Art. 2.
besagten Recesses, den See-Paß und Content-Zettel
produciren, auch auf Erfodern den dabey annectirten Receß unterschreiben, auch von obiger Setzung vor der Schwinge der Fremden, und Aussetzung einer bequemen Person im Vorüberfahren
der hiesigen Schiffe, dieselbe keine Ursachen, als
die erweisliche hohe Noth, nach weiterem Einhalt
des 9 Artic. Recessus, dispensiren oder entschuldigen, folglich bey sowol Hamburgischer als fremder Schiffer Ankunft allhier die Befrachtere, oder
an welche laut Connossementen die Güter geliefert
werden sollen, und zwar hiesige Bürger von den
empfangenden fremden Gütern, dieser Stadt Einwohner aber, so nicht beendigte Bürger seyn, nicht
weniger von ihren eigenen, als fremden, Waaren,
ehe dieselbe geldschet werden, dem allhier verordneten

neten Königl. Controlleur, nach der hiebey, wie 1692.
auch in dessen Behausung angehenkten rectificirten
Zoll-Rolle, den gebührlichen Zoll in dieser Stadt
entrichten, kein Bürger aber einig, entweder
Fremden oder andern dieser Stadt Einwohnern,
so nicht beendigte Bürger seyn, zugehöriges Gut
für das ihrige anzugeben, und frey mit durchzu-
bringen, bey Vermeidung der in Artic. 6. 7. und 8.
Recessus enthaltenen Verfügung, und dabey annectirten ernstlichen Bestrafung, sich unterstehen
sollen. Wornach sich ein ieder zu richten und für
Schaden zu hüten hat. Actum & decretum in
Senatu publicatumque sub signeto d. 26 Aug.
Anno 1692.

Mandat für die Vorsorge auf Feuer und Licht, zufolge 1692.
der Feuer-Ordnung von 1685. s. die neue Feuer- 2 Dec.
Ordnung im ganzen ersten Theile, in der Sammlung
Nr. 1. insonderheit Art. 3. 4. 5. 6. 7. u. 29.

CCX.

Mandat, daß niemand in der Stadt 1693.
Gebiete fremdes Bier ohne speciale 2 Jan.
Freyheit, und hiesiges ohne desfalls
übernommener Taxe, verkrügen soll.

Demnach Wir, Bürgermeistere und Rath der
Stadt Hamburg, zu desto mehrer Verhütung einiger bey der Bier-Accise verspührten Un-
ter=

1693. terschleife und Gebrechen, die Verfügung gemacht, daß in allen und ieden ausserhalb der Stadt Wällen belegenen Unsern Ländern und Gebiete niemanden erlaubet seyn soll, Bier zu verschenken, der nicht von denen zur Accise deputirten Herren, mittelst Uebernehmung einer gewissen Taxe, wie viel er vor itzo eingehendes 1693ste Jahr der Bier-Accise zu erlegen schuldig seyn wolle, dazu befuget und authorisirt, zur Verschenkung anderen als Hamburgischen Biers aber absonderlich privilegirt ist: Als gebieten Wir hiemit allen und ieden Unterthanen und Einwohnern vorgedachter Unserer Länder, daß niemand sich gelüsten lassen soll, einig Bier zu verkrügen oder auszuzapfen, er habe dann, erwehntermaassen, zur Verschenkung fremden Biers ausdrücklich speciale Freyheit, wegen des Hamburgischen Biers aber, mittelst übernommener Taxe, die Befugniß erlanget, mit der pönalen Verwarnung, daß, falls iemand sothaner Verfügung und diesem Mandate zuwider leben würde, derselbe iedesmal, daß er dessen überführt werden könnte, ohne einziger Begnadigung und Zulassung einiger Ausflucht, auf 10 Reichsthaler bestrafet, auch von sothaner Strafe allemal denen Angebern der dritte Theil zugekehret werden soll. Wornach sich ein ieder zu richten und für Schaden und Strafe zu hüten hat. Actum & decretum in Senatu publicatumque sub signeto den 2 Jan. Anno 1693.

CCXI.

CCXI.

Erneuertes Mandat vom 30 Jul. 1686, 1693.
wegen der schuldigen Anzeige der an- 12 Jul.
kommenden Fremden.

Demnach E. E. Rath in glaubwürdige Erfahrung gekommen, welchergestalt denen allhier
zum öftern publicirten Mandaten zuwider, viele
fremde herrenlose, kein besonders Gewerb, Handthierung oder Geschäft allhie habende, zum Theil
verdächtige Leute, sich in dieser guten Stadt aufhalten, welche auch sich nicht allein bey Wirthen
oder Gastgebern, sondern mehrentheils bey andern
Bürgern oder Einwohnern, einlogiren, einige
Wirthe oder Gastgeber auch, deren nicht bey sich
allein, sondern auch in ein oder mehren andern
gemietheten Häusern eine Anzahl beherbergen, deren Namen, Condition und Verrichtung aber der
Gebühr nach von Tage zu Tage, anbefohlener
maassen, nicht angeben, noch solche Leute respective
ausschaffen, welches E. E. Rath länger zu dulden
nicht gemeint ist: Solchemnach thut E. E. Rath
die deswegen vorhin publicirten Mandate hiemit
abermals wiederholen und erinnern, auch dahin
erläutern und erweitern, daß nicht nur alle Wirthe
und Gastgebere, sondern auch alle und iede Bürger und Einwohnere, sowol in Kellern, Sählen,
als Häusern und andern Wohnungen, welche die
immer auch seyn mögen, schuldig seyn sollen, von
heut an und forthin, die Namen, Anzahl, Beschaffenheit und Verrichtung, so viel ihnen davon wissend

1693. ſend iſt, oder auf fernere Nachfrage wiſſend werden
kann, aller derjenigen Perſonen, welche dieſer
Stadt Bürgere und Schutzverwandte nicht ſind,
und bereits itzo bey ihnen wohnhaft, einlogiret
oder eingekehret ſind, oder noch fernerhin von Tage zu Tage, es ſey auf kurze oder längere Zeit, ein-
kehren oder einlogiren werden, demjenigen Bürger = Capitain, unter weſſen Compagnie ieglicher
wohnhaft iſt, alle Abend ſchriftlich anzugeben, mit
der ernſtlichen Verwarnung, daß für eine iede alſo
nicht angegebene, ſondern verſchwiegene oder hin-
terhaltene Perſon, es ſey dieſelbe Freund oder fremd,
Herr oder Knecht, all ſocher Gaſtgeber, auch ſonſt
Bürger, Officirer oder Einwohner, zum erſten mal
ſolches Verbrechens in 10 Reichsthaler Strafe
würklich und ohne Widerrede zu exequiren verfallen
ſeyn, zum andern mal mit Gefängniß und folgends
Verluſt dieſer Stadt Wohnung, oder, nach Befindung, andern ſchärfern Strafen beleget; diejenigen aber, welche keine Geldbuſſe erlegen können, fort
Anfangs, nach Gelegenheit, mit Gefängniß und
ſo weiter in Strafe gezogen und zu Beobachtung
dieſes Befehls angehalten werden ſollen, welche
alſo angegebene Namen und Nachricht dann von
denen Burger = Capitainen denen Herren Colo-
nellen ieglichen Kirchſpiels, und von dieſen endlich
E. E. Rathe zu fernerer Verordnung eingeliefert
werden, alle herrenloſe Knechte, müßige und unconditionirte Leute aber innerhalb 24 Stunden
ſich aus dieſer Stadt begeben, und bey willkührlich-
exemplariſcher Strafe von niemand wieder eingenommen noch geduldet werden ſollen.   Wornach
ſich

ſich ein ieder zu richten und für Schaden zu hüten. 1693.
Actum & decretum in Senatu publicatumque
ſub ſigneto die 12 Jul. Anno 1693.

Auf Anordnung E. Hochedl. Raths iſt die Kirche in 1693.
Hamm und Horn vom damaligen Seniore Rev. Mi- 29 Aug.
ſterii, Hrn. Dr. Schulz, eingeweihet, und der erſte
Prediger, Ehren Hartkopf, vorgeſtellet worden. Von
welcher Zeit alſo die Hamm- und Hörner der im Jahr
1654. (ſ. oben Nr. LIII.) ihnen anbefohlenen Haltung zur St. Jürgens Kirche ſind entzogen worden,
und eine eigene Gemeine für ſich ausgemacht haben.

Anſchlag und Schragen des Gerichts-Schreibers, beym 1693.
Verkauf des Dienſtes. ſ. 1757.   5 Sept.

CCXII.

Oeffentliche Verkündigung, worinn 1694.
alles, was bey dem Prediger-Streit 17 Jun.
von vielen insgemein, oder von einem
und andern insbeſondere, wider E.
Hochw. Rath und dieſe Stadt ſtraf-
würdiges begangen, durch eine Am-
neſtie nachgeſehen wird.*

Demnach mittelſt göttlicher Gnade durch die
zwiſchen E. E. Rath und der Erbgeſeſſenen
Bür-

---

* Da man dieſe Verkündigung des obrigkeitlichen Nach-
ſehens der vorhergegangenen abermaligen höchſtbe-
trüb-

1694. Bürgerſchaft bey jüngſter am 7 dieſes Monats Jun. gehaltenen Bürgerlichen Zuſammenkunft genommene heilſame Reſolutionen, von derſelben reſpective ſchon erfolgte Vollſtreckung, wie zufoderſt die längſt erwünſchte Wieder-Vereinigung hieſigen Ehrwürdigen Miniſterii erlanget, alſo auch die aus bisherigen Irrungen bey geſammter Bürgerſchaft entſtandene Erweiterung in Liebe und Friede, zur Wiederherbringung innerlicher Ruhe, völlig hinterleget und aufgehoben worden; und dann E. E. Rath zu deſto mehrer Bezeugung ſeiner Stadtväterlichen Liebe, um alles dasjenige, was der Beveſtigung dieſer wiederhergebrachten Beruhigung einigermaaſſen anſtößig oder hinderlich ſeyn könnte, aus dem Wege zu räumen, anbey durch ſein eigenes

trübten einheimiſchen Unruhe und des Prieſter-Streits, nicht hat vorbey gehen können, ſo muß jedoch zu wiederholtem male hier angezeiget werden, daß die in ſolche Irrungen einſchlagenden vorherigen Mandate und herausgegebenen Berichte E. Hochedl. Rathes, aus der bey dem Mandate vom 7 Nov. 1671 u. 20 Aug. 1687 angeführten Urſache, mit Fleiß ſind weggelaſſen worden. Wer indeſſen dieſe noch immer beklagenswürdige Geſchichte, und inſonderheit die obrigkeitlichen Abmahnungen zur Ruhe, u. die ausgelaſſenen Befehle u. Anordnungen leſen will, findet den Zuſamenhang kürzlich in dem Verſuch einer zuverläßigen Nachricht von dem kirchlichen und politiſchen Zuſtande der Stadt Hamburg, 4ten Th. S. 49 u. f. Auch ſind die Schriften in zween Bänden in 8. unter dem Titel: Klugheit der Gerechten ꝛc. & Acta Hamburgenſia, zu Altona im Jahre 1694 zuſammen gedruckt.

nes obrigkeitliches Exempel iedermänniglichen zu völliger Hinlegung aus Trieb der bisherigen Differentien gegen seine Mitbürger gefaßten Wider-willens, desto kräftiger und herzlicher zu bewegen, in selbiger letzten bürgerlichen Zusammenkunft sich mit dahin erkläret hat, Seiner Seits alles, was unter bisherigen Troublen gegen denselben von einem und andern strafwürdig committiret, durch eine generale Amnestie zu condoniren, und dieser Stadt Ruhe und Wohlfahrt aufzuopfern: Als haben Wir, Bürgermeister und Rath, mittelst dieses öffentlichen Anschlages sothane vollenkom-mene Amnestie und Vergessenheit alles dessen, was von vielen insmein, oder von einem und an-dern absonderlich, unter diesen bisherigen Irrun-gen und Unordnungen wider Uns und diese Stadt strafwürdig vorgenommen oder vollbracht seyn mö-gen, publiciren und verkündigen, zugleich aber auch alle und iede dieser Stadt Bürger und Einwoh-ner, und sonst iedermänniglichen, aufs ernstlichste erinnern und ermahnen wollen, sich hinkünftig mit schuldigstem Respect gegen Uns, als ordentliche Stadt-Obrigkeit, nach geleisteten Eyden und sonst obliegenden Pflichten, bürger- und friedlich, gegen dieser Stadt Verfassungen und errichtete Rath- und Bürger-Schlüsse bescheident- und gehorsam-lich, gegen ieglichen Mitbürger aber christlich und brüderlich zu bezeigen, mit dem ausdrücklichen Vorbehalt und Verwarnung, daß, falls iemand, über Verhoffen, sich gelüsten lassen dürfte, dem-jenigen, was wegen bisheriger Differentien im Ministerio durch Rath- und Bürger-Schluß ab-

Erster Theil.　　　　Ee　　　　　gethan,

1694. gethan, und zu dessen weiteren Vollstreckung bey jüngstgehaltenem Bürger=Convent beliebet und geschlossen worden, sich directe oder indirecte zu widersetzen, und zu neuer Spaltung und Unfrieden Anlaß zu geben, derselbe dadurch dieser Amnestie und Erlassung ipso facto wieder verlustig seyn, und als ein Stöhrer innerlicher Ruhe, Verächter und Uebertreter obrigkeitlicher Befehle, und dieser Stadt Fundamental=Gesetzen und Verfassungen, ernstlich angesehen und exemplariter bestrafet werden soll. Actum & conclusum in Senatu publicatumque sub signeto d. 17 Jun. 1694.

CCXIII.

1695.
7 Jan.

Befehl, daß niemand sich unterstehen soll, auf sein Conto in Banco Mäklern, oder andern Leuten Gelder zu= und abschreiben zu lassen.

Demnach E. E. Rath glaubwürdig benachrichtiget worden, ob dürften einige eigennützige und gewinnsüchtige Leute sich unterstehen, der zu dieser Stadt Bürger und Einwohner alleinigen Besten eingeführten Wechsel=Banco dahin zu mißbrauchen, daß sie auf ihren in Banco habenden Namen und Conto, andern Leuten, und insonderheit Mäklern, welche sich dieser Banco zu bedienen nicht befugt, Gelder schreiben lassen; solches alles aber, wie der einmal beliebten Banco= also nicht weniger der Mäkler=Ordnung zuwider läuft, zu ge=

geschweigen, daß selbiges viele Confusionen, Un= **1695.**
terschleife und andere schädliche Inconvenientien
nach sich ziehet: Als thut E. E. Rath mittelst die=
sem alle und iede Bürger und Einwohner treulich
vermahnen und warnen, daß niemand sich künf=
tig unterstehe, auf sein Conto in Banco Mäklern
oder andern Leuten, welchen unsere Wechsel=Banco
nicht zu statten kommen mag, Gelder zu= und ab=
schreiben zu lassen, und also mit sothanen Per=
sonen in fraudem der Banco=Ordnung unzuläßi=
ger Weise zu colludiren, allen und ieden Mäklern
aber nicht weniger hiemit ernstlich verbieten, sich
anderer Leute Conto auf einigerley Art und Weise
zu bedienen, mit der Verwarnung, daß, da ie=
mand diesem Mandate zuwider handeln sollte,
wider denselben mit wirklicher Strafe alles Ern=
stes verfahren, die Mäkler aber nebenst dem auch
ipso facto dadurch ihres Dienstes verlustig wer=
den sollen. Actum & decretum in Senatu publicatumque sub signeto den 7 Januar 1695.

———————

Erneuertes Mandat vom 21 März 1688, daß derjenige, **1695.**
der auf den Gassen einige Fracht oder Fuhren auf= **10ten**
und abladet, solches beschleunigen, und an solchen **May.**
Orten halten soll, wo andere ungehindert paßiren
können ꝛc. s. 1703. 18 Jun.

———————

Erneuertes Mandat vom 2 Nov. 1681. die Reinigung **1695.**
der Gassen betreffend. s. 1709. 5 Jun. **22sten**
May.

Ee 2　　CCXIV.

CCXIV.

1695.
28 Jun. Extract der Zoll-Ordnung, Art. 23. wegen der aufwärts fahrenden Schiffer, cum Mandato de parendo.

Art. 23.

Imgleichen sollen alle aufwärts fahrende Hamburger, Magdeburger, Lüneburger, Havelberger, Lauenburger, item Winser, Harburger, Buxtehuder, Stader, Berliner, Brandenburger, Tangermünder und dergleichen Schiffer, Böter und Everleute, alsbald auf dem Baume, da sie einkommen, ihre einhabende Güter in Stück-Zahlen, und was es ihres Wissens vor Güter seyn, und wem sie die Güter liefern sollen, mit den Namen und Marken, richtig und ohne Unterschleif angeben, und keinesweges einige Güter lossen, oder wiederum einladen, ehe dieselben gebührlich verzollet, oder ein Frey-Zettel, daß es nemlich Bürgern eigenthümlich zugehöre, und an Fremde nicht verkauft haben, davon geholet, vielweniger aus dem Baum legen, ehe und zuvor die einhabenden Stücke und Güter mit den Zoll-Zetteln auf dem Baume, da sie ausführen, conferiret und richtig befunden; mit dieser Verwarnung, daß all solche Güter, so ohne Zoll-Zettel gelöschet und eingenommen worden, ohne Mittel an das gemeine Gut, und derjenige, so dieselben ohne Zoll- oder Frey-Zettel löschet und zu Hause bringet oder einladet, auch die Schiffer, so gegen diese Ordnung handeln, iedesmal in 10 Reichsthaler Strafe für iedes Stück zu bezahlen, ohne Gnade sollen verfallen seyn.

Als

Als man in Erfahrung gebracht, daß wider 1695. obigen Extract hiesiger Zoll-Ordnung einige Zeithero vielfältig gehandelt, und derselbe fast gar aus der Acht gelassen worden, indem ohne vorhero erhaltenen Zoll- oder Frey-Zettel die anhero geführten Waaren aus- und wieder eingeladen werden: Als hat E. E. Rath nicht nur für nöthig erachtet, sothanen Extract wiederum öffentlich affigiren und publiciren zu lassen, sondern thut auch nochmalen allen darinn beregten Schiffern, Bötern und Everleuten ernstlich anbefehlen, hinfüro sich dieser Verordnung in allem gemäß zu bezeigen, und mitnichten daiwider zu handeln, maassen wider die Uebertreter mit der darinn benamten Strafe unausbleiblich verfahren werden solle. Actum & decretum in Senatu publicatumque sub signeto d. 28 Junii 1695.

CCXV.

Befehl, daß nach geschlossenen Thoren 1695. **auf den Gassen und in den Krügen** 29 Jul. **keine Trommeln und Trompeten gebraucht werden sollen.**

Demnach E. E. Rathe ohnlängst Klagen vorgebracht, wasgestalt das Nacht-Schwärmen und Tanzen, bey Trommeln und Trompeten, sowol auf den Gassen, als in Krügen und Häusern, fast überhand nimmt, und dadurch nicht allein die Benachbarten, sondern auch überall ein ieder Ruhe-

lieben-

1695. liebender Einwohner mit den Seinigen sehr incommodiret und geärgert wird: So hat E. E. Rath für nöthig befunden, solcher einreissenden Unordnung, vermittelst dieses öffentlichen Anschlages, in Zeiten vorzukommen, und darinn iedermänniglichen, absonderlich denen Musikanten und Wirthen, hiemit ernstlich anzubefehlen, sich dergleichen Instrumenten, und, sowol auf den Gassen, als in den Krügen, nach geschlossenen Thoren und Bäumen, gänzlich zu enthalten, weniger zu permittiren, daß solche in ihren Häusern zum Tanzen oder sonsten alsdann weiter gebrauchet, und dadurch der Benachbarten Ruhe gestöret werde; mit dem Anhange, daß, da wider Verhoffen dieser Verordnung von iemanden zuwider gehandelt werden dürfte, nicht allein wider die Uebertreter und Spiel-Leute, sondern auch wider diejenigen, so ihre Häuser dazu hergegeben, mit willführlicher ernstlicher Strafe verfahren, die aber, so auf den Gassen sich damit hören lassen, und darüber ertappet werden, von der Wache angehalten, und ehe und bevor sie die ihnen von denen p. t. Gerichts-Verwaltern dictirte Strafe erleget, nicht wieder dimittiret noch auf freyen Fuß gestellet werden sollen. Wornach sich ein ieder zu richten und für Schaden zu hüten. Actum & decretum in Senatu publicatumque sub signeto die 29 Julii 1695.

CCXVI.

CCXVI.

Mandat, worinn der Vorkauf der anher 1695.
gebrachten Ochsen, Schweine und 30sten
Hammel vor den Thören und Bäu= Sept.
men und auf dem Ochsen= und Schwei=
ne=Marckte verboten.

Nachdem E. E. Rath in Erfahrung gebracht,
was gestalt einige gewinnsüchtige Leute sich
unterfangen sollen, wie andere ankommende
Waaren, also insonderheit die bey itziger Zeit zum
Verkauf anhero getriebenen Ochsen, Schweine und
Hammel, vor den Thören und in der Nähe dieser
Stadt, an sich zu bringen, und damit eine höchst=
nachtheilige Vorhökerey zu treiben, solches Unter=
nehmen aber denen desfalls vorhin publicirten
Pönal=Mandaten schnurstracks entgegen ist, und
eine nicht zu erduldende Steigerung sothanen Vie=
hes veranlasset: Als thut E. E. Rath hiemit nicht
nur alle, dieserwegen zum öftern ergangene, Ver=
ordnungen, dahin gehende, daß niemand auf 12
Meilen Weges vor dieser guten Stadt sich der=
gleichen schädlichen Aufkaufung unternehmen soll,
alles Einhalts anhero wiederholen, sondern auch
allen und ieden, sowol hiesiger Stadt Bürgern
und Einwohnern, als Fremden und Auswärtigen,
nochmalen ernstlich anbefehlen, daß sie sich sotha=
ner einreissenden Vorhökerey hinfüro gänzlich ent=
halten, und insonderheit die anhero gebrachten Och=
sen, Schweine und Hammel weder vor den Thö=
ren und Bäumen, noch auf dem Ochsen= und

Schwei=

1695. Schweine=Markte gefliſſentlich aufkaufen, und ſolche am ſelbigen oder folgenden Mark=Tage daſelbſt wieder hintreiben und feilbieten, einfolglich ſothanes Vieh zu hieſiger Bürger und Einwohner Nachtheil und Ueberſetzung ſteigern und theuer machen ſollen, mit dem Anhange, daß, da iemand hierwider handeln und ſich hierunter verdächtig und coupabel machen wird, wider denſelben mit willkührlicher ernſtlicher Strafe, auch nach Befinden mit gefänglicher Haft verfahren, die ſolchergeſtalt aufgekauften Ochſen, Schweine und Hammel aber confiſciret, und nach hieſigen Armen=Häuſern gebracht werden ſollen. Wornach ſich ein ieder zu richten und für Strafe zu hüten hat. Actum & decretum in Sénatu publicatumque ſub ſigneto die 30 Sept. 1695.

CCXVII.

1695. 13 Dec. Befehl, daß die Bier=Schenken die ihnen zugelegte Taxam iede Woche der Acciſe baar entrichten, und dabey ihr Brauer, nebſt der Zahl der eingenommenen Bier=Tonnen, und wie viel ſi die Woche über verſchenket, anzeige ſollen.

Nachdem die von E. E. Rath und der Erbgeſe ſenen Bürgerſchaft auf ein Jahr zum Ve ſuch beliebte und vorgenommene Taxa der hieſige Bier=Schenken von E. E. Raths und denen übr

ge

gen dazu deputirten Herren und Bürgern in solchen 1695.
Stand gesetzet und gebracht worden, daß nun=
mehro darnach füglich verfahren werden, und das
derentwegen gemachte Reglement seinen Fortgang
haben kann: So thut E. E. Rath nicht nur die
von wohlgedachten Herren und Bürgern gemachte
Taxation confirmiren und bestätigen, sondern auch
allen Bier=Schenken, Krügern, Gast=Wirthen
und allen denen, so beregter Taxation unterworfen
seyn, hiermit notificiren, daß die itztgemeldte Taxa
den 4 Januar des, geliebt es Gott, kommenden
1696sten Jahrs seinen Anfang nehmen soll, auch
zugleich denenselben ernstlich anbefehlen, sich in=
nerhalb acht Tagen nach sothanem verflossenen
Termin auf der Accise anzumelden, und die ihnen
zugelegte Taxam alsdann und verfolglich iede
Woche baar zu entrichten, mithin der Brauer
Namen, von welchen sie die Woche über Bier ge=
nommen, kund zu machen, und vermittelst ordent=
cher Specification zu berichten, wie hoch sich die
Zahl der Tonnen erstrecke, und wie viel sie die
Woche über verschenket und ausgezapfet haben,
mit der Verwarnung, daß, dafern iemand sich in
dieser Zahlung seines Contingents oder Taxation
saumselig erweisen, oder auch die Zahl der Tonnen
nicht richtig angeben, oder der Brauer Namen ver=
schweigen oder vertuschen sollte, derselbe iedesmal,
und so oft er betreten werden wird, ohne allen Nach=
laß mit 10 Rthlr. Strafe beleget, und solche von
ihm sofort exequiret werden soll. Und damit
auch in Einnehmung dieser Taxations-Gebühr
desto ordentlicher verfahren, und, so viel möglich,

Ee 5   allen

1695. schädlichen Unordnungen und Unterschleifen vorgebeuget werden möge, so soll einem ieden der vorberegten Bier-Schenken und Krügern ein gewisser
Nummer gegeben werden, welchen Nummer er
auf seine Kosten sofort öffentlich auf einem desfalls auszuhängenden Brette oder Enseigne verzeichnen, und ohne der Accise-Herren Vorwissen
nicht verändern noch wegnehmen soll: Wie dann
auch allen und ieden, welche nicht in der Taxation
enthalten, ernstlich untersaget und verboten wird,
Bier zu schenken, auszuzapfen und zu verkaufen,
und solches gleichfalls bey 10 Rthlr. Strafe, so
oft iemand dieser Verordnung hierunter zuwider handeln oder sonsten widerspenstig sich dabey
bezeigen sollte.   Wornach sich ein ieder zu richten und für Schaden und Strafe zu hüten hat.
Actum & decretum in Senatu publicatumque
sub signeto d. 13 Decembr. 1695.

CCXVIII.

1696.
7 Febr. Mandat, daß derjenige, der einen Posten im Stadt-Buche umschreiben
lassen will, dem Herrn Secretario
alle diejenigen benennen soll, deren Consens dazu de jure erfordert wird.

Demnach E. E. Rathe klagend zu vernehmen
gegeben, wie daß unlängst von ein und andern bösartigen Leuten bey Umschreibung ihrer in
dieser Stadt Büchern befindlichen Posten, die
Herren

Herren Secretarii gefliffentlich hintergangen, und ihrer Mit-Erben Consens, welcher dazu nothwendig erfordert, wider beffer Wiffen und Gewiffen hinterhalten und verschwiegen worden, mithin dieselbigen um das Ihrige, und dabeneben die Herren Secretarii leichtlich in Weitläuftigkeit hätten gebracht werden können; und aber, daß sothane gottlose Verhehlung und Verschweigung der abwesenden oder unmündigen Interessenten nicht weiter einreiffe und überhand nehme, in Zeiten vorzukommen höchstnöthig: Als will E. E. Rath männiglichen hiemit ernstlich erinnert, ermahnet und geboten haben, sich all solchen Betrugs und Verhehlung der Mit-Erben zu enthalten, und hinfüro aufrichtig alle diejenigen zu benennen, die zu Umschreibung eines Erbes oder belegter Gelder de jure erfordert werden, mit der angefügten obrigkeitlichen Commination und Verwarnung, daß, welcher hierwider handeln, und vorgedachte Herren Secretarios hierunter hintergehen werde, ohne Ansehen der Person mit schwerer Strafe beleget, auch, nach Befinden und Erfordern, sogleich von der Wache in Arrest genommen, und den Rechten nach wider ihn verfahren werden soll. Wornach sich ein ieder zu richten und für Schaden und Strafe zu hüten hat. Actum & decretum in Senatu publicatumque sub signeto d. 7 Febr. Anno 1696.

1696.

1696.
27ſten
Mårʒ.
Mandat, daß von fremden Eßig 1 Marf für die Tonne
Acciſe bezahlet werden ſolle. ſ. 1710. 6 May.

1696.
6 Apr.
Reglement, die Grönländiſche Fiſcherey betreffend, iſt
in des ſel. Herrn Senatoris Langenbecfs, D. Schiff:
Recht, S. 499 und folgenden zu finden, welcher auch
Anmerfungen dabey gefüget.

1696.
22ſten
May.
Erneuertes und extendirtes Mandat von 1666. 20 Fe:
bruar, und 1676. 15 Dec. gegen die Vorhöcferey in
der Stadt. ſ. 1699. 27 Sept.

CCXIX.

1696.
10 Jul.
Extractus Protocolli extrajud. betref:
fend den Zoll von Korn.

Concluſum, daß, ſo lange die jüngſt gemachte
Veränderung wegen Nachlaſſung des von
obenwärts herunter fommenden Korns wåhret,
die von dem obenwärts herunter fommenden Ger:
ſten, in Gleichheit des Niederw. Gerſten, von ieder
Laſt ʒu erlegende ¾ Reichsthaler ſolchergeſtalt ein:
ʒutheilen, daß auf der Matten ¼, auf dem Werf:
Zoll ¼, und auf dem Baafen:Zoll ¼ Reichsthaler
erlegt werden ſollen; iedennoch dem Matten:
Schreiber ſeine Gerechtſame und bisherige Acci:
dentia vorbehältlich.

Con-

Conclusum, daß auf abermalige Vorstellung 1696. der Korn-Händler allhier von iedweder Last 25 Nov. Magdeburgisch- Märkisch- Mecklenburgischen ꝛc. Gersten, dem andern Korn gleich, wenn es zur See oder binnen Landes verschiffet wird, 12 ß Zoll, und zwar zur See die Hälfte auf der Matten, der andere Halb-Scheid auf dem Herren-Zoll, binnen Landes aber auf der Matten allein gegeben werden soll, iedoch auf Ratification der Erbges. Bürgerschaft,* und mit der Condition, daß sowol die Korn-Händler, als die Magdeburgischen Schiffer, dem am 1 Jul. dieses Jahres mit ihnen gemachten Vergleich** in allem zu geleben, und die wirkliche Unterschreibung derselben von denenjenigen, die daran noch ermangeln, zu befördern schuldig seyn sollen.

CCXX.

* Diese ist 1697 den 18 März erfolget, nur mit dem a Senatu genehmigten Zusatz: 1) Daß ein ieder Schiffer, so allhier wieder einladen will, einen Zettel vom Korn-Verwalter vorzeigen muß, daß er auch allhier ausgeladen. 2) Daß von ieder Last oberländischen Gersten, so zur See ausgehet, denen Brauer-Armen 2 ß in zweyen Armen-Büchsen auf den Matten geleget werden, zu welchen Büchsen die Provisores des Pesthofes und die Brauer-Alten die Schlüssel haben müssen.

** Dieser Vergleich hält in sich: 1) daß nach beliebten 3 Versuch-Jahren, falls der verhoffte Effect nicht erreichet werden mögte, E. E. Rath diesen Zoll wieder auf den vorigen Fuß zu setzen unbenommen bleibe. 2) Keiner der von oberwärts kommenden frem-

CCXX.

1696.
26Oct.

Mandat wider das öffentliche und heimliche Verspielen der Ochsen rc. am Sonntage.

Nachdem E. E. Rath mit höchster Befremdung vernehmen müssen, wasgestalt dem in Anno 1678 den 7 März publicirten Mandate, wegen Gott

fremden Schiffer an dem von ihm anhero gebrachten Getreide, wann selbiges nach gewöhnlichen 3 Liege-Tagen durch hiesige Kaufleute an Fremde verkauft, und ohne Auftragung gleich über- und ausgeschifft werden wollte, dieses Nachlasses geniesse, er habe dann die hiebey errichtete Verpflichtung vorher unterschrieben, und lebe derselben nach. Dann 3) hiesige mit Korn handelnde Bürger und Einwohner nicht allein für sich die Um- oder Vorbeyschiffung des Getreides direct oder indirect für ihre eigene oder andere Rechnung, unter Factorey, Commißionen, Vollmacht, Freundschaft, oder wie es sonst Namen haben möge, keinen Antheil zu nehmen, weniger Vorschub zu thun, besondern auch, so viel an ihnen, daß solches verhütet, und alle Contraventionen E. E. Rathe fordersamst offenbaret werden, zu cooperiren, auch keinem der von obenwärts kommenden Schiffern, der vorerwehnte Verpflichtung nicht unterschrieben, oder derselben nicht wirklich nachgelebet, einige Ladung zur Rückreise für sich oder andere zukommen zu lassen, sich verbindlich machen. Endlich auch 4) kein hiesiger mit Korn handelnder Bürger oder Einwohner, so lange er diese Verbindlichkeit nicht mit übernommen, dieser Zollens-Moderation zu geniessen haben soll.

Gott gelaſſener und geziemender ſtillen Feyerung 1696.
des Sonntags, von einigen ruchloſen Verächtern
göttlichen Worts und obrigkeitlicher Verordnung,
leider! nicht mehr nachgelebet, ſondern vielmehr
alle darinn enthaltene wohlgemeinte Vermahnung
aus den Augen geſetzet, und ohne Scheu dieſer
von dem groſſen Gott ſo ernſtlich zu feyern ge=
botene Sonntag mit allerhand öffentlichen Sün=
den und Laſtern mehr und mehr entheiliget und
profaniret wird, abſonderlich aber das Verſpielen
der Ochſen, Schafe, Pferde und Schweine an
denen Sonntägen, zum öffentlichen Scandal und
Aergerniß aller rechtſchaffenen frommen Chriſten
und Einwohner dieſer Stadt, faſt einzureiſſen
und überhand zu nehmen beginnet: Als findet
E. E. Rath nöthig, vorberegtes Mandat, wie
hiemit geſchiehet, zu renoviren und wörtlichen
Einhalts anhero zu wiederholen, auch einem
ieden, dem die Ehre des höchſten Gottes und die
Abwendung der denen Verächtern des Sabbaths
angedroheten ſchweren Strafe zu Herzen gehet,
nochmalen ernſtlich zu ermahnen und Obrigkeit=
lich zu gebieten, dieſem ſo treu gemeinten Manda=
te beſſer, als bishero geſchehen, nachzukommen, und
ſich nicht nur aller Unordnung und Entheiligung
des Sabbaths zu entſchlagen, ſondern auch hinfüro
allſolchem vorberegten öffentlichen und heimlichen
Verſpielen der Ochſen, Schafe, Pferde und Schwei=
ne, oder ſonſten anderer Sachen, ſie haben Na=
men wie ſie wollen, an Sonntagen, ſowol vor
als nach der Predigt, ſich gänzlich zu enthalten,
ſo lieb einem ieden iſt, der ſonſt unausbleiblich

zu

1696. zu erwartenden Strafe des grossen Gottes, und der in mehrangezogenem Mandate enthaltenen scharfen Ahndung, zu entgehen. Wornach sich ein ieder zu richten und für Schaden und Strafe zu hüten. Actum & decretum in Senatu publicatumque sub signeto d. 26 Octobr. 1696.

1697.
3 May.

Wiederholtes Mandat vom 17 Junii 1692, daß die Juden nicht in die Häuser schleichen und hausiren, insonderheit keine Gold- und Silber-Münze einwechseln, und beschneiden oder verschmelzen sollen, f. 1707. 18 Jul. und 1724. 10 Febr.

CCXXI.

1697.
2 Dec.

Befehl, daß die Laboranten beym Laboriren der mineralischen Spirituum allein verbleiben, und keine Medicamenta verkaufen sollen.

Nachdemmal E. E. Rath von gesammten dieser Stadt Apothekern Klagen vorgetragen worden, wasmaassen nicht nur von denen so genannten Laboranten und Destillateuren, (deren in grosser Menge sich herein practisirenden, und von einer Zeit zur andern, Jahr aus Jahr ein, ausstehenden Quacksalber und Marktschreyer zugeschweigen) allerhand Chymische Medicamenta allhier öffentlich einem ieden verkauft, und wol gar unter verfälschtem Namen debitiret, sondern auch einige andere

andere heimliche Neben-Apotheken halten, ja gar 1697.
verschriebene Recepten verfertigen und ausgeben,
mit inständigster Bitte, durch obrigkeitliche Verfügung sothanen Eingriffen ihrer habenden Frey-
heiten und Gerechtigkeiten kräftigst zu steuren,
und dann solches der gesammten Apotheker An-
suchen sowol an sich, wegen respective ihres von
dieser Stadt, mittelst dafür erlegenden jährlichen
Pension, erhaltenen Privilegien, höchstbillig,
als zugleich mit zu gesammter Stadt Besten gerichtet ist, indem durch jene Fuschereyen und Unterschleife nicht allein der Raths-Apothek und
hiesigem Cammer-Gute Schade zuwächset, besondern auch allen Bürgern und Einwohnern daran
gelegen ist, daß keine Medicamenten, als auf den
bestellten Apotheken, unter derer Herren Physi-
corum Aufsicht und mehrmaliger sorgfältiger Visitation, verfertiget werden: Als will E. E. Rath
zuvorderst denen Laboranten und Destillanten,
daß sie bey dem Laboriren der mineralischen Spirituum, wie sie von Alters her gethan, allein
verbleiben, anbefohlen, allen übrigen dieser Stadt
Bürgern und Einwohnern aber ernstlich geboten
haben, daß keiner einige zu der Apotheken gehörige Medicamenta Composita zu verfertigen, und
aus seinem Hause oder Laden auszugeben oder zu
verkaufen, sich unterfange, mit der Verwarnung,
daß, wer darüber betreten, und dessen überführet
werden sollte, zum erstenmale mit 5, und nach
der Zeit, so er hierwider handeln möchte, unab-
läßig mit 10 Thaler Strafe, und deren wirklichen
Execution und Confiscation derer bey ihnen be-

Erster Theil.　　　Ff　　　sind-

1697. findlichen Compositorum, belegt werden soll: wobey noch insonderheit vorberegten Quacksalbern oder Markschreyern bey hoher willkührlicher Strafe und Confiscirung ihrer Medicamenten, ausserhalb Jahrmarkt-Zeit auszustehen, hiermit gänzlich verboten wird. Actum & decretum in Senatu publicatumque sub Secreto d. 2 Decembr. 1697.

1698. Auf Anordnung E. Hochedl. Raths ist wegen des zwi-
27 Jan. schen dem deutschen Reiche und Frankreich geschlossenen Friedens ein Dank-Fest gehalten, wobey mit
Paucken und Trompeten von den Thürmen musiciret,
und die Kanonen um den Wall abgefeuert worden.

1698. Ist Namens E. Hochedl. Raths die Aussetzung der
6 Febr. Becken zur Collecte für einen Evangelischen Kirchen-
Bau der Gemeine zu Claussenburg in Siebenbürgen
verkündiget.

1698. Mandat gegen das Hereinpractisiren des fremden Biers,
15 Apr. Brodts und geschlachteten Fleisches. s. 1699. 3 May.

1698. Mandat, daß niemand getheertes oder ungetheertes Tau-
24 Aug. werk heimlich hereinschleifen soll. s. 1711. 8 Jun.

Man:

Mandat, a) daß sich niemand des Mehlkaufs auf der 1698. Mühle bedienen soll, der es nicht aus hoher Noth be- 13ten dürftig ist, b) und daß die Mehlhöcker ihr Mehl Sept. nur 4 ß auf den Himpten mehr, als auf der Mühle, verkaufen sollen, welches 1698 den 24 Sept. darinn geändert, daß die Mehlhöcker ihr Mehl mit leidlichem Vortheil verkaufen sollen, und der ihnen gesetzte Preis aufgehoben sey. s. 1699. 8 Sept. u. 1708. 8 Oct.

Mandat gegen das Kornbrantewein-Brennen, ist 1709 1698. den 22 May wiederholet.   17 Oct.

Auf Anordnung E. Hochedl. Raths hat der damalige 1699. Prof. und Pastor zu St. Jacob, Herr D. Mayer, 14 Febr. in der St. Johannis Kirche eine Glückwünschungs- Rede auf die Vermählung des Römischen Königs Joseph Majest. mit der Durchlauchtigsten Hanno- verschen Prinzeßin, Wilhelminen Amalien, gehalten. Es ward dabey eine besondere Musik abgesungen, und es geschah eine dreymalige Abfeurung der Kanonen von den Wällen. Der Kaiserl. Herr Abgesandte ließ ein Feuerwerk auf der Alster abbrennen, vor wessen Anzündung E. Hochedl. Rath eine neue Oper hatte aufführen lassen. Sowol die Einladungs- als Glück- wünschungs-Rede, imgleichen die Beschreibung des Feuerwerks, mit einer Abbildung desselben in Kupfer, sind damals in Druck ausgegangen.

Ff 2   CCXXII.

CCXXII.

Mandat, daß sich die fremden Bettler, herrenlose und der Stadt nicht verwandte Leute, innerhalb 24 Stunden wegbegeben sollen.

Demnach E. E. Rath in glaubwürdige Erfahrung gebracht, daß in dieser guten Stadt sich viele Leute aufhalten und deren Schutz geniessen, sich aber nicht allein derselben auf keinerley Weise verwandt gemacht, sondern auch gar herrenlos und fremde Bettler seyn; E. E. Rath aber solche Leute und Gesindel bey itziger Zeit Conjuncturen darinn zu dulden nicht gemeinet: Solchemnach gebeut E. E. Rath hiemit ernstlich, daß alle sothane herrenlose und der Stadt nicht verwandte Leute, auch fremde Bettler, innerhalb 24 Stunden sich hinaus machen, in Thören und Bäumen hinfüro nicht eingelassen, weniger von iemanden beherberget, auch von denenselben, bey welchen dergleichen Bettler und herrenlos Gesindel bereits in dieser guten Stadt logiren, solche innerhalb drey Tagen hinausgeschaffet werden sollen, und solches bey hoher willkührlicher Strafe, welche ohne Ansehen und Excusation von denen Contravenirenden exequiret werden soll. Wornach sich ein ieder zu richten und für Schaden und Strafe zu hüten hat. Actum & decretum in Senatu publicatumque sub signeto d. 7 Martii 1699.

————————————

Erneuertes Mandat vom 15 Apr. 1698, daß niemand 1699.
Victualien, insonderheit Wein, Brodt und Fleisch, 3 May.
von fremden Orten heimlich hereinpractisiren soll.
s. 1710. 13 Oct.

CCXXIII.

Mandat gegen den Verkauf und Vor- 1699.
höckerey mit Habern, allerhand Ge- 15ten
treyde und Victualien. May.

Demnach E. E. Rathe verschiedene Klagen vorgebracht, wasgestalt mit Aufkaufung wider
hiesiger Stadt Verfassungen vielfältige schädliche
Vorhöckerey eine Zeithero getrieben worden, solchem einreissenden Unwesen aber keinesweges länger nachzusehen ist: Als thut E. E. Rath hiemit
allen denen, so sich bishero sothanen Vorkaufs
und Vorhöckerey gebrauchet, ernstlich bey der in
unseren Recessen verfasseten Strafe gebieten, sich
dessen hinfüro gänzlich zu enthalten, und den ankommenden Habern, gleich anderm Getreyde und
Victualien, auf 10 Meilen von der Stadt nicht
an sich zu bringen, noch diesem Mandate zuwider
aufzukaufen; gestalt dann aller anhergebrachter
Haber zu dem Ende, und damit ein ieder Bürger
und Einwohner nothdürftig versehen werden kann,
3 Tage, gleich anderem Getreyde, in den Schiffen
liegen und zum Verkauf feil stehen, und nicht
ehender auf den Boden gebracht und aufgeschüt-
tet werden soll. Wornach sich ein ieder zu rich-

Ff 3 ten

1699. ten und für Schaden und Strafe zu hüten hat. Actum & decretum in Senatu publicatumque sub signeto die 15 May 1699.

CCXXIV.

1699.
7 Aug.

Mandat, daß die zwischen hier und Lübeck fahrenden Fracht- und Bauer-Wagen zum Schaden der Postfuhr keine reisende Leute aufnehmen sollen.

Demnach E. E. Rath Klagen vorgebracht, wasgestalt die zwischen Lübeck und dieser Stadt fahrenden Fracht- und Bauer-Wagen fast täglich reisende Personen allhier aufnehmen und hin- und herfahren sollen, solches aber der ordinairen Postfuhr sehr nachtheilig und der von beyden Ehrb. Städten beliebten Wagen-Ordnung, absonderlich dem 3ten Artikel, schnurstracks entgegen ist: Als thut E. E. Rath solches hiermit ernstlich untersagen, und bey willkührlicher Strafe verbieten, sich solcher Contravention hinfüro gänzlich zu enthalten, und so wenig in dieser Stadt, als innerhalb deren Vestung und Landwehren, reisende Leute auf ihren Fracht- und Bauer-Wagen weiter auf- und anzunehmen, und darunter der Postfuhr noch mehr Schaden und Präjuditz zuzufügen, mit dem Anhange, daß, im widrigen Fall, und da ein oder der ander diesem Mandate zuwider handeln, und darüber betreten werden wird, nicht nur wider denselben unnachlässig mit der daselbst angehängten Strafe verfahren, sondern auch nach Befinden die

die also aufgenommenen Personen angehalten, und 1699.
nicht aus= oder durchgelassen werden sollen. Wor=
nach sich ein ieder zu richten und für Schaden
und Strafe zu hüten hat. Actum & decretum
in Senatu publicatumque sub signeto d. 7 Menßs
Augusti Anno 1699.

Es ist ein alljährlicher Buß= Fast= und Bet=Tag beliebet, 1699.
welcher in solchem Monate, vierzehn Tage vor Mi= im Sept.
chaelis, am Donnerstage, von E. Hochedl. Rathe
angesetzt zu werden pfleget. Und ist das im Jahre
1699 verordnete Buß=Gebet, S. 73, der vorhin
beym December des Jahres 1670 erwehnten Kirchen=
Formularien zu lesen. Die Texte und gottesdienst=
lichen Anordnungen aber werden alle Jahre besonders
ausgegeben.

CCXXV.

Mandat, die Mehlhöckerey betreffend. 1699.
8 Sept.

Demnach E. E. Rath bey Untersuchung des
bishero zu der ganzen Stadt, und absonder=
lich der lieben Armuth, höchsten Schaden und
Nachtheil gesteigerten Getreydes wahrgenommen,
daß sothane Steigerung durch die unordentliche
Mehlhöckerey nicht wenig vergrössert werde: Als
hat Derselbe, kraft gemachten Rath= und Bürger=
Schlusses, für nöthig und diensam zu seyn befun=
den, nachfolgende Verordnung deswegen und
zwar dahin zu machen, daß 1) alle und iede, so

Ff 4   Mehl

1699. Mehl aushöckern, das grosse Bürger=Geld, als 50 Reichsthaler, nach Abzug deffen, was sie schon entrichtet, ohnverzögerlich erlegen, 2) diejenigen, welche in dieser Stadt Dienften stehen, wie imgleichen die jüdische Nation, sich allen Mehl=Handels gänzlich bey willkührlicher Strafe enthalten, 3.) alle und iede Mehlhöckere von dieser Stadt Mühlen Mehl zu holen, sowol selbft als durch andere, directe oder indirecte, hinfüro bey exemplarischer Beftrafung gänzlich unterlaffen, auch 4) niemand der Mehlhöckere mehr als zwey Schilling für den Himpten, wie es auf hiefigen Stadt=Mühlen verkauft wird, bey 10 Rthlr. Strafe nehmen, gleichwol das völlige Mühlen= Gewicht geben, und solchergeftalt alles Eigen= nutzes und Ueberfetzung der Armuth sich äuffern solle; mit dem Anhange, daß, wer dieser Ver= ordnung nicht nachkommen, sondern frevenlich darwider handeln wird, gegen denselben iedesmal, so oft er betreten werden dürfte, mit vorangeführ= ter Strafe unnachläßig verfahren werden solle.

Und damit niemand sich mit der Unwiffenheit dieser Ordnung entschuldigen könne, hat E. E. Rath solche öffentlich hiemit kund machen und publiciren laffen wollen, und hat sich darnach ein ieder zu achten und für Schaden und Strafe zu hüten. Actum & decretum in Senatu publicatumque sub signeto den 8 Sept. 1699.

CCXXVI.

CCXXVI.

Mandat, gegen die Herauspractisirung des Kalks, ohne dem Cammer-Gute 4 Schilling von iedem Faß zu entrichten.

1699. 25sten Sept.

Als vermittelst Rath- und Bürger-Schlusses vom 13 Julii dieses itzlaufenden Jahrs vestgestellt, daß von hiesigen Bürgern und Einwohnern in der Stadt 16 Schilling, von den Höckern aber, und denjenigen, so den Kalk aus Thören und Bäumen führen und bringen lassen, für iedes Faß 20 Schilling erleget werden sollen: Und dann E. E. Rath glaublich angebracht, daß, solchem ungeachtet, einige unter dem Vorwand, als ob der Kalk allhier innerhalb dieser Stadt Ringmauren verbraucht werden soll, denselben für die 16 Schilling abholen lassen, und also hiesigem Cammer-Gute die 4 Schilling entziehen: So will E. E. Rath alle und iede treulich und wohlmeinentlich erinnert und gewarnet haben, daß niemand sich unterstehe, dergleichen Mittel zum Schaden des Cammer-Guts sich zu bedienen, mit der Verwarnung, daß, der dawider handeln, und darob betreten werden sollte, von iedem Faß Kalk, welches er solchergestalt aus der Stadt, es sey heim- oder öffentlich, practisiren wird, 10 Rthlr. Strafe bezahlen, und sothane Strafe allsofort per Executionem eingetrieben werden soll. Wornach sich ein ieder zu richten und für Schaden zu hüten hat. Actum & decretum

Ff 5

1699. cretum in Senatu publicatumque sub signeto d. 25 Sept. 1699.

1699. Abermals wiederholtes Mandat gegen die Vorhöcke-
27ſten rey. ſ. 1721. 13 October.
Sept.

1699. Beliebte Ordnung, wie es sowol mit denen Veſpern an
1 Dec. Sonn- und andern Feyertagen-Abend, imgleichen
mit dem Gottes-Dienſt an Sonn- und Feyertagen
allhier gehalten werden ſoll, und Extr. Prot. Extrajud.
betreffend die Gleichförmigkeit und Ordnung in den
Geſängen in allen Kirchen. ſ. in vorerwehnten Kirchen-
Formularien S. 139 und folgenden.

CCXXVII.

1700. Ordnung, von Verrichtung der Baum-
15 Jan. Knechte, bey der Einfuhr des Getreydes.

Demnach, zufolge derer in der am 31 Auguſt
und 7 Sept. vorigen Jahrs gehaltenen Bürgerlichen Zuſammenkünften ergangenen Schlüſ-
ſen, zweene Baumknechts-Dienſte, als zum Obern-
oder Winſer-Baum, wie auch zum Teich- und
Stein-Thor, Matthias Schmedecken, zum Niedern-Baum aber Heinrich Lohrmann, (welcher
auch zugleich vor dem Altonaer- und Damm-Thor
die Aufwartung haben ſoll) verkauft, und zu dem
Ende

Ende conferirt, damit dieselben auf alles und iedes; 1700.
zu Wasser und Lande Lastenweise hereinkommen=
des, Getreyde fleißig Acht haben, selbiges täglich
Parcels=weise in ein gewiß Buch einschreiben,
und sowol E. E. Rath, als denen zum Korn=Kauf
deputirten Herren und Bürgern, eine richtige Specification alles zu Wasser und Lande Lastenweise
eingekommenen Getreydes wöchentlich, und zwar
alle Montag, übergeben, als auch in Rangirung
der Schiffe, an den Orten, wo selbe die 3 Lieg=
Tage denen Bürgern zum Besten halten sollen,
und Anweisung der Oerter, wo die Wagen von
dem Morgen, wann sie herein kommen, bis 11 Uhr,
stehen bleiben sollen, und zwar die im Stein=Thor
auf dem Schweine=Markt, die im Millern=Thor
auf dem Neuen=Markt, und die im Damm=Thor
einkommenden nach dem Gänse=Markt, denen mit
ihnen errichteten Contracten gemäß sich betragen,
hergegen aber von ieder Last Getreyde, als Wei=
tzen, Rocken, Gersten, Habern, Malz, Erbsen,
Bohnen und Buchweitzen, so Lasten=weise herein
gebracht, und allhier verkauft wird, von dem Ein=
bringer oder Verkäufer einen Schilling Lübisch
erheben und empfangen sollen, iedoch daß der Ver=
käufer den Sechsling von dem Käufer nachge=
hends wiederum zu geniessen habe.

So hat E. E. Rath selbiges zu iedermännlichen
Nachricht hiemit kund thun, anbey dem Korn=
Verwalter hiermit injungiren, das Faß nicht ehen=
der auszuthun, bis iedes Schiff seine 3 Lieg=Tage
gehalten habe, iedoch daß der Bürger wegen seiner

1700. ner nothwendigen Provifion, auch Becker und
Brauer zum Behuf ihres Brau= und Backwefens,
wegen ihrer Nahrung an folchen dreyen Lieg=Ta=
gen nicht verbunden feyn dürfen, auch alle und
iede erinnern und ermahnen wollen, befagten
Baum-Knechten in ihren Verrichtungen nicht hinderlich zu feyn, noch weniger fich mit Worten oder
Thätlichkeiten an fie zu vergreifen, fondern vielmehr in demjenigen, fo ihnen zu thun, und zu verrichten obliegt, alle Willfährigkeit zu erweifen, auch
ihnen den Schilling Lübifch von ieder Laft unweigerlich zu entrichten, mit der Verwarnung, daß
derjenige, welcher diefem zuwider handeln, und
deffen überführet wird, mit willführlicher Strafe
beleget werden foll.   Damit auch niemand mit
der Unwiffenheit, daß er mehrbefagte Bediente
nicht gekannt, fich zu entfchuldigen habe, follen fie
bey mehrberührten ihren Verrichtungen ein klein
Beil, auf den Stiel mit der Stadt Wapen gezeichnet, mit fich führen.   Actum & decretum
publicatumque fub figneto d. 15 Jan. Ao. 1700.

1700.   Nach E. Hochedl. Raths obrigkeitlichen Genehmigung
22ften   ift von Rev. Minift. ein Gefang=Buch zum Gebrauch
März.
des öffentlichen Gottes=Dienftes ausgegeben.

CCXXVIII.

CCXXVIII.

Erneuertes Mandat vom 11 Jun. 1665, daß niemand einiges Caap-Schiff armiren, oder Vorschub dazu thun soll.

1700.
5 Jun.

E. E. Rath thut hiermit männiglichen alles Ernstes gebieten, daß keiner ihme unterstehen soll, in dieser guten Stadt und dero Gebiete, einig Caap-Schiff zu armiren, oder Rath und That dazu zu geben; auch soll keiner allhier sich aufhaltender Fremder oder Einwohner, wes Nation derselbe sey, weniger einiger Bürger oder Einwohner ihm unterstehen, an einigen angelegenen Orten des Elbestroms dergleichen Schiffe von hieraus zu armiren, oder auch andern, daß es daselbst ausgerüstet und armiret werde, den geringsten Vorschub mit Rath oder That von hieraus zu thun; imgleichen soll auch niemand, er sey Fremder oder Einwohner, sich unterfangen, von hieraus, oder aus dieser Stadt Gebiete, sich zusammen zu rottiren, ausserhalb der Stadt auf Parthey auszugehen, oder zu rauben, vielweniger das geraubte Gut in die Stadt zu bringen, oder selbsten ihre Retraite hieher oder in dieser Stadt Jurisdiction zu nehmen, noch mit Rath oder That einigen Vorschub zu thun, alles bey ernster, willkührlicher, auch schwerer Leibes-Strafe.   Auch soll all solchen Schiffen allhier keine freye Ab- und Zufuhr gestattet werden, gestalt dieses Mandat, welches den 11 Jun. 1665. in dergleichen Conjuncturen publiciret worden,

1700. ben, obigen feines Inhalts hiermit renoviret wird. Wornach fich ein ieder zu richten.   Actum & decretum in Senatu publicatumque fub figneto die 5 Junii Anno 1700.

1700. Sabbath-Mandat von 1687, 7 März. f. 1715, 18 März. 8 Dec.

E. Hoch-

E. Hochedl. Raths

der Stadt Hamburg

Gemeine Bescheide

in Obergerichtlichen Sachen,

im siebenzehnten Jahr-Hundert.

CCXXIX.

Wann nach Einhalt des 9ten Art. der revidir- **1636.** ten Gerichts-Ordnung ein oder mehr In- **16ten** cident-Punkte einfallen, so die Hauptsache zwar **Mdrz.** nicht concerniren, aber darinn schriftliche Recesse übergeben werden müssen, daß die Procuratores Beklagten und Klägers solches auf beyde Producta, und in welchem Punkt es sey, zu schreiben schuldig seyn sollen. Andere schlechte dilatorische Punkte aber, als der Mandaten, Cautionen, schriftlichen Processen und dergleichen, sollen, vermöge des 10ten Art. mündlich vorgetragen werden; imgleichen sollen alle Procuratores die Wörter: ad Acta, oder pro Copia, auf die Producta zu zeichnen, als unnöthig, hinfüro unterlassen, die Documenta in rubrica productorum numeriren, und dieselbe absonderlich gedoppelt übergeben, und wofern ein oder mehr Originalia, oder auch vidimirte Copeyen übergeben würden, solches auf das butenste Documentum gezeichnet, und dieselbe von dem Protonotario apud Acta behalten, die schlechten Copeyen aber dem Gegentheil mit dem einen Producto übergeben werden. Die Vollmachten und die darinn vom Kläger eingelegte Citation sollen auch absonderlich übergeben, und von dem Protonotario ad Acta geleget werden. Damit auch das judiciale Protocollum um so viel richtiger möge gehalten werden, sollen hinfüro die Procuratores, was sie entweder selbst handeln, oder vom Gegentheil Handlung fodern wollen, den Tag, wo zuletzt gehandelt worden, dabey anzuzeigen, auch, wo Bescheide abgegeben worden, den

Erster Theil.　　Gg　　letzten

1636. letzten in einer ieden Sache allemal zu produciren, imgleichen die Producta, so sie übergeben, selber zu unterschreiben schuldig seyn, oder es sollen dieselbe nicht angenommen werden. Publicatum den 16 März 1636.

CCXXX.

1640.
8 Jun.
Daß die Procuratores auf ihre Producta, so sie übergeben, allemal, in quo puncto die Handlung abgefaßt, vermöge der Gerichts-Ordnung, zu verzeichnen schuldig seyn sollen, in Verbleibung dessen sollen sie in die Strafe der Ordnung gefallen seyn, auch die Producta nicht angenommen werden. Publicatum den 8 Jun. 1640.

CCXXXI.

1640.
30sten
Sept.
Daß die Procuratores, Inhalts der neurevidirten Gerichts-Ordnung, und des am 8ten Jun. jüngsthin publicirten Bescheides, auf ihre Producta, so sie übergeben, allemal, in quo puncto die Handlung abgefaßt, zu verzeichnen, auch sonsten den in einer ieden Sache letzt abgegebenen Bescheid zu produciren, und den Tag, wo zuletzt receßiret oder gehandelt worden, anzuzeigen schuldig seyn sollen, bey Strafe der Ordnung, auch daß die Producta nicht angenommen, sondern wiederum zurück gegeben werden, und seyn Franc. Barjänius und Georg Steinheuser, wegen dessen, daß sie auf ihre Producta, so sie in heutiger Audienz übergeben, solches nicht verzeichnet, in angeregte Strafe der Ordnung hiermit verfallen. Publicatum den 30 Sept. 1640.

CCXXXII.

CCXXXII.

Daß die Procuratores ihre Producta, so sie 1641. übergeben, allemal in duplo zu produciren, 27sten und desselbigen Tages Gegentheil Copiam zuzu- Sept. stellen, auch keine vergebliche Ausflüchte suchen, vielmehr ad duplicas ohne weitere Handlung zu submittiren schuldig, bey Strafe, in der Ordnung enthalten. Pronunciatum den 27 Sept. 1641.

CCXXXIII.

Daß die Procuratores von dato über 3 Wochen, 1642 vom ersten bis zu dem letzten, nicht nur eine, 8 Aug. sondern alle ihre eigene Sachen und Handlungen, welche sie sowol in erster, als Freytags zweyter Appellations-Instanz zu übergeben, oder von ih= ren Gegentheilen, die ohne einige vorhergehende, und ohne das verbotene Avisation, vor sich selbst fertig seyn sollen, zu fodern haben, sämmtlich, von den ältesten Sachen bis zu den jüngsten, bey Strafe der Ordnung, nach einander übergeben, und respective fodern, und soll ein ieder die Ord= nung so lange behalten, bis er alle seine Sachen übergeben und vorgebracht hat, und keine dersel- ben vorbey gehen, bey Strafe des 11 Art. P. 1. Tit. 7. Stat.

Es sollen auch die Procuratores, vermöge der Gerichts-Ordnung, in denen Audienzen alles weit= läuftigen Receßirens und unnöthiger Repetition, bey Strafe der Ordnung, sich gänzlich enthalten, und im Receßiren keine weitläuftigere, als etwan diese und dergleichen, Worte gebrauchen:

In

1642. In Sachen A contra B übergebe ich Libellum, Exceptiones, Replicas, Duplicas, ich bitte Copiam und Zeit der Ordnung. Imgleichen: ich fodere von NN. Exceptiones, Replicas, Duplicas; ich übergebe duplicas und submittire; ich bitte copiam und submittire auch. Sich auch sonst in andern Vorträgen, worinnen ihnen, vermöge der Ordnung, mündlich zu receßiren erlaubt ist, aller Weitläuftigkeiten, vielmehr möglichster Kürze befleißigen, und die Audienzen vergeblich nicht aufhalten, bey Strafe der Ordnung, so oft dawider geschiehet. Wornach sich ein ieder zu richten. Pronunciatum den 8 Aug. 1642.

CCXXXIV.

1649. 23sten May.

Nachdem die Erfahrung bezeuget, daß die Parthenen und Procuratores in Dilatoriis, Declinatoriis, Incidentibus, Emergentibus, und dergleichen nicht hauptsächlichen Punkten, insgemein schriftlich, und zwar ohne Signatur und eigentliche Benennung derselben, handeln, und dadurch öfters viele unnöthige Submissiones verursachen, auch in denenselben, zumalen in richtigen klaren Schuld-Sachen, ohne Noth geraume Dilationes bitten, wodurch die gerichtlichen Sachen, bevorab debiti liquidi, merklich gestecket, mit andern verwirret und aufgehalten, auch sonsten der neurevidirten Gerichts-Ordnung nicht allerdings nachgelebet werde: Als giebt E. E. Rath diesen gemeinen Bescheid, daß die Parthenen und Procuratores in obbesagten Punkten, darinn die Erledigung der Hauptsache nicht bestehet, hinfüro nicht

nicht mehr schriftlich, sondern mit lebendiger 1649.
Stimme, und mit ausdrücklicher Specification
des Incidents oder Neben-Punkts, mündlich handeln und receßiren, auch dabey sich der Kürze dergestalt, daß ein solch mündlicher Receß nicht über
10 oder 12 Zeilen gewöhnlicher Schrift in Protocollo sich erstrecke, befleißigen, daß auch in
denenselbigen sowol, als in Wechsel- und andern
Sachen, debiti liquidi, welche auf Hand und
Siegel beruhen, keine längere Dilationes, als zum
nächsten gebeten, genommen oder verstattet, die
Obligationen oder Schuld-Scheine aber nicht in
öffentlicher Audienz, sondern, auf vorhergehende
Citation, vor denen präsidirenden Herren Bürgermeistern oder Gerichts-Verwaltern recognosci-
ret, oder vermittelst Eydes diffitiret; da aber
auf ergangene anderweite Citation der Beklagte
nicht compariret, oder sonsten sich weigerlich er-
zeiget, alsdann dieselben Obligationen in contumaciam pro recognitis angenommen, und solches
auf dieselbe mit des Herrn Bürgermeisters oder
Herrn Gerichts-Verwalters Hand verzeichnet,
auch sonsten in allen übrigen der jüngst revidirten
Gerichts-Ordnung und publicirten gemeinen Bescheide ohnaussetzlich nachgelebet werden solle, alles
bey Strafe der Ordnung und andern willkührlichen Pönen, damit die Procuratores oder Partheyen, so oft sie dawider handeln, ohnnachläßig
beleget werden sollen. Alsdann auch befunden
und wahrgenommen, daß die bestallten Gerichts-
Advocati, Procuratores, Sollicitanten und andere,
öfters streitige Sachen und Actiones, ihres schänd-

Gg 3

lichen

1649. lichen Eigennutzes halber, an sich erkaufen, de quota litis paciſciren, oder ſonſten dieſelbe argliſtiger Weiſe an sich partiren: So will E. E. Rath ſolche, an sich ſelbſt nichtig, höchſiſtrafbare Kaufhändel und Partiten hiemit ernſtlich verboten haben, mit der Verwarnung, wofern iemand darauf betreten, deſſen überführet oder verdächtig ſeyn, und sich vermittelſt leiblichen Eydes zu purgiren und beſſen zu entheben verweigern würde, der oder dieſelben Redemptores, nebſt Erſtattung alles deſſen, ſo ſie empfangen und genoſſen, nach Befindung mit willkührlicher Geld-Strafe, auch nach Gelegenheit der Umſtände mit Entſetzung der Procuratur, und ſonſten in andere Wege ernſtlich und ohnnachläßig geſtrafet werden ſollen. Publicatum den 23 May 1649. Wiederholt 1659. 23 März.

CCXXXV.

1650. Daß die Procuratores allemal bey Produci-
14 Jun. rung der Reviſion ein documentum factæ depoſitionis der Reviſions-Gelder zu produciren schuldig ſeyn ſollen.

CCXXXVI.

1651. Demnach man verſpüret, daß faſt die meiſten
18 Apr. Bescheide nicht unter des Protonotarii oder Schreibers Hand, beſondern unter fremden Händen übergeben werden, imgleichen weilen viele interlocuta angezogen werden, da man im Nachſchlagen das Datum unrichtig befindet, wodurch dann
das

daß Protocollum zum öftern confundiret, und 1651.
viele Mühe in Regiſtrirung der Acten verurſachet
wird: Als will E. E. Rath hiermit allen und ieden Advocaten und Procuratoren dieſes Obern-
Gerichts ernſtlich ermahnet und geboten haben,
daß ſie hinfüro keine Beſcheide, als unter des Protonotarii oder Schreibers Hand, produciren, und
da ſie einige zu allegiren gemeinet, denſelben allemal im Gerichte übergeben ſollen, mit der ernſtlichen Verwarnung, daß, ſo oft iemand dawider handeln wird, derſelbe ohnfehlbar zur Wette
verwieſen werden ſoll. Pronunciatum den 18
April 1651.

Dieſer Beſcheid iſt 1653 den 23 Märt wiederholt.

CCXXXVII.

E. E. Rath giebt dieſen Beſcheid, daß die Pro- 1652.
curatores hinfüro allemal bey Uebergebung 12 Nov.
des Citations-Zettels die Acta primæ inſtantiæ,
bey Strafe 10 Reichsthaler, völlig zu produciren
ſchuldig ſeyn ſollen.

CCXXXVIII.

Daß alle Advocaten und Procuratores hinfüro 1653.
in ihren Schriften und mündlichen Receſſen 17 Aug.
ſich aller Anzüglichkeiten enthalten, und ihrer
Sachen Nothdurft, der Gerichts-Ordnung gemäß, bey Vermeidung ernſtlicher willkührlicher
Strafe, dinglich gegen einander verhandeln ſollen.

CCXXXIX.

CCXXXIX.

1653.
26 Aug.

Demnach man verspüret, daß viele Schriften und Producten in den öffentlichen Audienzen übergeben werden, darauf die Intitulatur, ob es eine Replic, Duplic, oder was es sonsten für eine Handlung seyn soll, nicht verzeichnet: Als will E. E. Rath denen Advocaten und Procuratoren hiemit ernstlich ermahnet und geboten haben, daß sie hinfüro auf die producirte Schriften und Producten die rechte Intitulatur eigentlich setzen und benennen, oder, in Verbleibung dessen, so oft sie dagegen handeln, vermöge Gerichts-Ordnung, unnachläßig sollen angesehen und gestraft werden.

CCXL.

1654.
6 März.

Demnach in der im Jahre 1645 den 28 Märtz neu revidirten Gerichts-Ordnung ausdrücklich versehen und verboten worden, daß alle hiesige Gerichts-Advocati und Procuratores in ihren gerichtlichen Recessen und Supplicationen allerhand anzüglichen und injurieusen Wörter zu enthalten, und aber die tägliche Erfahrung bezeuget, daß zum öftern dagegen gehandelt, indem die Advocati und Procuratores ungescheut allerhand Injurias und anzügliche Wörter in ihren Schriften gebrauchen, solches aber ärgerlich, und in wohlbestallten Gerichten nicht zu dulden:

Als giebt E. E. Rath hiermit diesen allgemeinen Bescheid, daß die Gerichts-Advocati und
Pro.

Procuratores in allen hiesigen Gerichten sich in 1654. ihren übergebenen extrajudicial-Supplicationen, wie auch in allen ihren gerichtlichen Vorträgen, oder schriftlichen Handlungen und Producten, aller anzüglichen injuriœusen und stachlichten Worten, bey Strafe 10 Rthlr., auch), nach Befindung der injuriœusen Wörter, bey Vermeidung hoher Geld-Strafe, auch gar bey Strafe der Gefängniß, zu enthalten schuldig seyn sollen, und soll selbige verwirkte Strafe, es seyn die Supplicationen oder Producten, so gerichtlich übergeben, von den Principalen selber, oder von den Procuratoribus untergeschrieben, von den Advocatis und Procuratoribus gefodert und bezahlt, und, bis dieselbe erleget oder wirklich abgefodert, ad agendum nicht zugelassen werden. Publicatum den 6 Märtz 1654.

CCXLI.

Daß die Advocati und Procuratores die Sachen 1654. simplicis primæ querelæ und Appellations- 26ſten Sachen nicht zu confundiren, besondern eine ieg- May. liche Sache auf bestimmte Zeit und Tage, bey will- kührlicher Strafe, hinfüro allein anzurufen und darinn zu handeln schuldig seyn sollen.

CCXLII.

Daß die Advocati und Procuratores, wann sie 1654. zugegen, sich der Substitution, bey willkühr- 5 Jul. licher Strafe, hinfüro sollen enthalten.

Gg 5 CCXLIII.

CCXLIII.

1654.
4 Oct.

Demnach man befindet, daß die Advocati und Procuratores zum öftern ohne Mandato im Gerichte erſcheinen: Als giebt E. E. Rath dieſen Beſcheid, daß bey Producirung der Citation beyde Procuratores ihre Mandata übergeben, oder, in Ermangelung deſſen, ſie zur Wette verwieſen, und nichts deſto weniger die Partheyen gegen einander in contumaciam zu verfahren befugt ſeyn ſollen.

CCXLIV.

1655.
16ten
März.

Daß alle Advocati und Procuratores ihre Handlungen gedoppelt bey Pön übergeben ſollen.

CCXLV.

1655.
19ten
März.

Demnach man verſpüret, daß faſt in allen Audienzen die Advocati und Procuratores, wann ſie ihre 2 Sachen vorgebracht, hernach um Eröffnung des Bedenkens nochmalen anrufen, auch lange mündliche Receſſen gegen einander halten: Als will E. E. Rath denenſelben hiermit geboten haben, daß ſie hinfüro nicht mehr denn 2 Sachen vorbringen, auch alles mündlichen weitläuftigen Receßirens bey Strafe ſich enthalten ſollen.

CCXLVI.

1655.
23ſten
März.

Daß alle Advocati und Procuratores, bey willkührlicher Strafe, die Acta erſter Inſtanz bey den Gravaminibus produciren ſollen.

CCXLVII.

CCXLVII.

Nachdem verspüret wird, daß alle Advocati 1657.
und Procuratores die Gerichts-Ordnung in 25sten
viele Wege überschreiten, und oftmals ohne Voll- May.
macht erscheinen, ihre Producta nur einfach übergeben, dieselbe nicht intituliren oder mit Dinte
nicht unterschreiben, und sonst lange und ohne
Noth mündlich receßiren, die letzten Bescheide
nicht produciren, mehr als 2 Sachen vortragen,
die Terminen nicht halten, ihre Producta über 2
Bogen lang compreß und ohnleßlich, auf Papier
von ungewöhnlicher Grösse, auch oftmal mit An-
züglichkeit angefüllet, verfassen lassen, wodurch
das Gericht vergeblich aufgehalten, viel Umfrage
und Bescheide causiret: Als will E. E. Rath
hiermit ermahnet und geboten haben, daß ein ieder in vorbenannten und allen andern Punkten
sich der Gerichts-Ordnung gemäß verhalten soll,
mit der Verwarnung, daß die Uebertreter mit denen darinn comminirten Strafen ohnfehlbar beleget werden sollen.   Publicatum den 25 May
1657.

CCXLVIII.

Nachdem verspüret, daß die Gerichts-Advocati 1659.
und Procuratores ihre Producta nicht gleich- 28 Feb.
förmig übergeben, mit demselben, so dem Parti
oder Gegentheil zugestellet, nicht überein kommen, auch selbige mit allerhand Anzüglichkeiten
angefüllet werden: Als will E. E. Rath hiermit
erinnert, und alle Gerichts-Advocati und Procuratores ermahnet haben, daß ein ieder seine Handlung

1659. lung gleichförmig übergeben, und aller Anzüglich-
keit sich enthalten, auch sich sonsten in allem der
Gerichts-Ordnung und allen vorigen abgegebenen
gemeinen Bescheiden gemäß bezeigen soll. Mit
der Verwarnung, daß, wer dagegen handeln
wird, derselbe deswegen ernstlich und willkührlich
gestrafet werden soll. Publicatum den 28sten
Februar 1659.

1659.
23sten
März.

Ist der gemeine Bescheid vom 23sten May 1649 wiederholet.

· CCXLIX.

1660.
21sten
März.

Obwol in der Anno 1645 revidirten Gerichts-
Ordnung klärlich versehen, daß sowol in
Dilatoriis, als in denen hauptsächlichen Handlungen mit der Duplic zum gerichtlichen Ausspruch
submittiret und geschlossen werden soll, so bezeuget dennoch die tägliche Erfahrung, daß die bestellten Advocati und Procuratores nicht allein desto
fort bey Uebergebung der Duplic nicht submittiren, besondern, wann schon die Sache in Beden-
ken und für beschlossen angenommen, eigenes Gefallens in der Sache verfahren, und triplicando,
quadruplicando, ja zu Zeiten weiter gegen einander receßiren, alles unter dem Vorwand, als ob
Nova in duplicis angeführet worden: Wann aber
solches der Gerichts-Ordnung zuwider, auch zu
gefährliche Aufenthalt der Sachen angesehen, und
den Partheyen dadurch grosse Unkosten und Schaden

den zugezogen werden; ſolches alles aber mehren-   1660.
theils daher entſtehet, daß der Beklagte wider die
Gerichts-Ordnung ſeine prätendirten Exceptiones,
ſowol in Dilatoriis, als auch in hauptſächlicher
Handlung, nicht auf einmal vorbringet, beſondern
dieſelben in duplicis allererſt anführet: Als will
E. E. Rath ſowol die litigirenden Partheyen, als
auch allen und ieden Advocatis und Procuratoribus, hiermit ernſtlich geboten haben, ſich dergleichen Fürnehmen gänzlich zu enthalten, und
ihrer Partheyen Exceptiones, ſowol in Dilatoriis,
als hauptſächlicher Handlung, auf einmal und
zugleich alle vorzutragen, und in Duplicis nichts
neues einzubringen, beſondern damit alſofort zur
Urtel ſchlieſſen, mit der Verwarnung, daferne
iemand derſelben zuwider handeln, und in duplicis Nova einbringen ſollte, daß derſelbe nach Befindung mit geziemender Beſtrafung, Verwerfung,
oder auch, da derſelbe, iedoch anders nicht, als
nach Verordnung allgemeiner und dieſer Stadt
Rechte, Art. 6. Tit. 20. P. 1. wie auch der revidirten Gerichts-Ordnung, ſollen attendiret und
zugelaſſen werden.   Wann auch E. E. Rath
hiebevor in Anno 1649. 23 May, wie auch Anno
1650. 14 Jan., 1651. 18 April, ſodann 1653.
26 Aug. und 1654. 6 März, 1657. 25 May,
endlich 1659. 28 Febr. gemeine Beſcheide publiciret, ſo alleſammt die beſtellten Advocatos und
Procuratores zur wirklichen Obſervanz der Anno
1645 revidirten Gerichts-Ordnung anweiſen:
Als will E. E. Rath hiermit nochmalen ernſtlich
geboten haben, denenſelben alles Inhalts, bey
                                                          der

1660. der darinn verordneten Strafe, nachzukommen. Actum & publicatum den 21 März 1660.

CCL.

1664. 17 Aug. Demnach man verspüret, daß dieser Stadt Statuten, der revidirten Gerichts-Ordnung und deren vielfältig abgegebenen Bescheiden zuwider, fast in allen Audienzen, wann eine neue Sache introduciret wird, daß Citati Defectum mandati, iedoch daß er es bey den Exceptionibus einschaffen wolle, anziehet; imgleichen, daß die Advocati und Procuratores ihre Handlungen nicht allezeit in duplo und unterschrieben übergeben, dadurch dann die Sachen aufgehalten, die Mandata bisweilen nicht beygebracht, und Gegentheil, wann es antworten soll, die Mandata nicht gesehen, noch die Producta empfangen hat, auch der Protonotarius viele unnöthige Bescheide deswegen abfassen muß: Als will E. E. Rath alle dieses Obergerichts Advocatos und Procuratores ermahnet und ihnen hiermit ernstlich geboten haben, daß hinfüro bey Producirung der Citation beyde Procuratores ihre Mandata einbringen, die Handlung allemal in duplo und eigenhändig unterschrieben übergeben, oder, in Verbleibung dessen, dieselben, so darwider handeln, allemal zur Wette verwiesen, auch nach Befindung mit andern willkührlichen Strafen unnachläßig angesehen, und nicht, ohne bis selbige erleget, ad agendum gelassen werden sollen.

CCLI.

CCLI.

Demnach die tägliche Erfahrung bezeuget, daß 1665.
von denen Gerichts-Advocaten und Procu- 1 Mārz.
ratoren vielfältig wider die Gerichts-Ordnung
und gemeine Beſcheide gehandelt wird: Als will
E. E. Rath ſie ſammt und ſonders ermahnet, und
denenſelben ernſtlich geboten haben, daß ſie ſolches
hinfüro unterlaſſen, und der Gerichts-Ordnung
und den gemeinen Beſcheiden ſich allerdings gemäß bezeigen, oder, dafern von ihnen dagegen verfahren wird, ſollen die darinn verordneten Strafen unausbleiblich von ihnen abgefodert und exequiret, auch nicht eher, bis dieſelbe erleget, ad
agendum zugelaſſen werden.

CCLII.

Demnach eine Zeithero viele Streitigkeiten und 1665.
Verzögerungen in dieſem Gerichte ſich er- 3 May.
äuget und vorgefallen, daß bey Introducirung
der Reconventions-Klage die Advocati und Procuratores keine neue Vollmachten übergeben, dadurch dann die Sachen verzögert und vielfältig
aufgehalten werden: Als will E. E. Rath die
Advocatos und Procuratores hiermit ermahnet
haben, daß ſie hinfüro zu Anfangs ſich zu der
Reconvention legitimiren, und ſolche ebenmäßig
ihrem gedruckten Mandato mit einverleiben und
inſeriren zu laſſen ſchuldig ſeyn ſollen.

CCLIII.

Demnach in der Gerichts-Ordnung klärlich ent- 1665.
halten, daß, wann denen Beklagten Gegen- 3 Jul.

Beweis

1665. Beweis zu führen zugelassen, er innerhalb 14 Tagen, nachdem ihm die Articuli probatoriales, oder Berähmung des Klägers, communiciret worden, solches förmlich suchen, sonsten aber damit nicht gehöret werden soll, und dann die Erfahrung bezeuget, daß die Gerichts-Advocati und Procuratores demselben nicht nachkommen, besondern mehrentheils, wann des Klägers Gezeugniß vollenführet, ja schon oftmals publiciret, alsdann erstlich Dilation ad reprobandum bitten, und eine geraume Zeit hernach mit ihrer Nothdurft einkommen wollen, dadurch dann die Sachen merklich behindert und aufgehalten werden: Als will E. E. Rath hiermit alle Gerichts-Advocaten und Procuratoren ermahnet und denenselben ernstlich geboten haben, daß sie hinfüro, der Gerichts-Ordnung zufolge, innerhalb 14 Tagen mit ihrem Gegenbeweis, wann ihnen dieselbe vergönnet, bey Verlust derselben, und nach Befindung anderer willkührlichen Strafen, zu verfahren schuldig seyn sollen. Publicatum den 3 Jul. 1665.

CCLIV.

1666. 12ten May.
Demnach bishero gespüret, daß der sub pœna contumaciæ präfigirte Terminus zur Handlung nur eine Verlängerung deren Processen verursachet: Als ist der gemeine Bescheid, daß hinfüro vermöge unserer Gerichts-Ordnung nach gegebener Frist, sub pœna præclusi, keine Dilation ferner soll verstattet, sondern die Sache darauf für beschlossen angenommen, und mit rechtlicher Erkenntniß verfahren werden, es sey dann, daß

für

für Abflieſſung deſſen, zu Erlangung einiger Di- 1666.
lation, ſonderliche Urſachen vorgebracht werden,
welche E. E. Rath will erwegen, und, nach Befindung der Sachen Beſchaffenheit, entweder ab-
ſchlagen, oder aber die Dilation verſtatten. Es
ſoll auch inskünftige, zu mehrer Beförderung der
gerichtlichen Sachen, wann dem ungehorſamen
Theil die Handlung ſub pœna præcluſi aufzuer-
legen gebeten, ſelbiges eadem audientia erkannt
werden, und welcher nach erlangtem ſolchen Beſcheid noch einmal darum wird anhalten, und
alſo E. E. Rath zu zweyen gleichlautenden Beſcheiden verleiten, in 1 Rthlr. Strafe verfallen ſeyn.
Actum in inferiori Judicio den 12 May 1666.*

CCLV.

Demnach eine Zeithero bey öffentlichen gericht- 1667.
lichen Audienzen groſſe Unordnung einge- 11ten
riſſen, indem einige Partheyen, ſowol Manns- May.
als Frauens-Perſonen, auch zu Zeiten deroſelben
Kut-

---

* Der Unterſchrift in inferiori judicio unerachtet, iſt,
wie aus dem Context erhellet, gewiß, daß dieſer Beſcheid auch in ſuperiori verkündiget. Er gehöret
alſo zu denen, welche beide Gerichte angehen, deren
zween in dieſer Sammlung Nr. III. und Nr. VII.
ſchon zu finden. Indeſſen ſind auch von Deputatis
des Niedern-Gerichts einige gemeine Beſcheide publicirt, die man zwar nicht in extenſo, aber doch
Auszugs-weiſe, zu ſehen bekommen, und die ſolchergeſtalt, der Verbindung wegen, am Schluſſe der
Ober-Gerichtlichen Beſcheide folgen.

1667. Kutscher und andere Bediente, fast alle Gerichts-Tage im sitzenden Rathe, ungeachtet dieselben, so ihnen angehen, ihre legitimirten Procuratores ad Acta haben, vortreten, vor und nach der Audienz in gerichtlichen Sachen anrufen, Bescheide und Producten übergeben, solches aber der Gerichts-Ordnung zuwider, und dadurch allerhand Unrichtigkeit in Protocollo judiciali verursachet, die Sachen sehr überhäufet, und andere höchstnöthige Publica verabsäumet werden: Als will E. E. Rath denen Partheyen, so ihre Procuratores ad Acta bestellet, hiemit ernstlich untersaget und geboten haben, sich allsolchen unförmlichen Anrufens zu enthalten, und durch ihre Procuratores in ihrer Ordnung der Sachen Nothdurft vortragen lassen; im widrigen Fall der Schenke die Producta von ihnen nicht annehmen, noch protocolliret, besondern wieder zurück gegeben werden sollen. Wollte aber ein Bürger, Einwohner oder Fremder seine selbsteigene Sache vortragen, so soll er solches zu Anfangs der Audienz thun, und seinen Procuratoren dabey benennen, da es dann demselben für eine Sache in seiner Ordnung gerechnet werden soll. Publicatum den 11 May 1667. Repetitum den 3 März 1669.

CCLVI.

1670.
7 März. Bescheid, daß alle bestallte Gerichts-Advocati und Procuratores sich der Erhandlung ausgegebener Obligationen enthalten sollen.

CCLVII.

CCLVII.

Nachdem E. E. Rath aus eingebrachten Hand- 1673.
lungen der Gerichts-Advocaten und Pro- 24 Nov.
curatoren angemerket, wasmaaßen nicht allein
von definitiven und interlocutorischen Urtheln, sondern auch fast von allen schlechten, und kein gra-
vamen mit sich führenden Bescheiden, die in hiesiger Ao. 1645 revidirten Gerichts-Ordnung beliebten Remedia Appellationis und Revisionis dagegen nicht, sondern an deren Statt Declarationes,
Restitutiones in integrum, querelas nullitatis,
oder andere petitiones & implorationes nur einwenden, und in eventum ad Apellationes & Re-
visiones provociren und ihnen reserviren, solches
Unternehmen aber schnurstracks wider den 40,
41 und folgende Artikeln, Cap. 2. revidirter
Gerichts-Ordnung bloß zu Aufenthalt des Pro-
cesses und Steckung der Execution gefährlich gemeinet: Als will E. E. Rath alle Advocatos und
Procuratores zu der Observanz gedachter Articu-
lorum angeregter Gerichts-Ordnung, und darinn
verordneten Beneficiorum, eorumque Fatalium
puren Interponirung hiemit angewiesen haben,
mit der Verwarnung, daß im verbleibenden Fall
die eventualis appellatio vel revisio pro pura hiernächst nicht angenommen, sondern, vermöge der
Gerichts-Ordnung, mit der Execution verfahren,
dann auch die Producta in leserlicher Schrift,
und nicht über zwey Bogen, übergeben werden
sollen. Wornach die Advocati und Procuratores
sich künftig werden zu richten haben. Publicatum
den 24 November 1673.

Hh 2　　　　CCLVIII.

CCLVIII.

1676.
3 Mårz.

E. E. Rath giebt diesen Bescheid, daß ein ieder Anwald hinfüro sein Mandatum suppliret, und gebührend vollenzogen beym Libello übergeben, oder ernstlich bestrafet werden soll.

CCLIX.

1676.
11ten
May.

E. E. Rath giebt hiermit diesen gemeinen Bescheid, daß alle bey hiesigen Gerichten bestellte Advocati und Procuratores zur Legitimation an ihre Personen, bey denen hiebevor gebrauchten und gedruckten Formular-Vollmachten ordinarie bleiben, und keine Veränderung darinn, bis zu anderweiter Verordnung E. E. Raths, machen, noch sich eines andern gedruckten Formulars bey willkührlicher Strafe bedienen sollen. Publicatum den 11 May 1676.

CCLX.

1677.
28sten
Mårz.

E. E. Rath giebt den gemeinen Bescheid, daß die Procuratores ihre Producta allemal in duplo zur Hand haben, und wann sie das eine Duplicatum ad Acta übergeben, alsdann das andere alsofort ihrem Gegentheil zustellen, widrigenfalls deswegen allemal zur Wette gewiesen werden sollen. Publicatum den 28 Mårz 1677.

CCLXI.

1678.
22 Apr.

Verabscheidet, daß die Gerichts-Advocaten und Procuratoren sich alles unziemenden und be-

dråu-

dräulichen Receßirens enthalten sollen, bey Pön 1678.
10 Reichsthaler, auch bey härterem Einsehen und
Suspension ab Officio.

CCLXII.

E. E. Rath giebt diesen Bescheid, daß, so oft 1678.
einer Parthey oder deren Anwald etwas zu 24 Apr.
thun sub præjudicio auferleget, dieselbe in ter-
mino, auf Anrufen des Gegentheils und Pro-
duction des Præjudicial-Bescheides, unter des
Herrn Protonotarii oder dessen Schreibers Hand,
alsofort Paritionem ein= und respective beybringen,
oder in contumaciam wider dieselbe erkannt, und
überdem der Anwald, wofern er hernacher in
Beförderung der Parition solchen Bescheides von
seinem Principalen einer Nachläßigkeit überführet werden sollte, den Schaden aus seinen eigenen
Mitteln wieder zu ersetzen schuldig seyn, auch eine
Zeitlang ab officio suspendiret seyn soll. Publicatum den 24 April 1678.

CCLXIII.

Demnach E. E. Rath wahrgenommen, was= 1686.
gestalt die im Proceß begriffene Partheyen, 20 Jan.
sonderlich diejenigen, so ihren Sachen nicht allerdings trauen, wenn die Acta verschicket und wieder gekommen, mit Bezahlung der Verschickungs-
Kosten sich säumig erweisen, und dadurch die
Publication der eingeholten Urthel, zu merklicher
Verzögerung der Justitz, aufhalten: So hat
E. E. Rath nöthig befunden, durch diesen gemei-

Hh 3   nen

1686. nen Bescheid allen und ieben litigirenden Partheyen hiermit ernstlich anzubefehlen, mit Bezahlung der pro quota einem ieden zukommenden
Transmißions-Kosten sich keinesweges säumig zu
bezeigen, sondern dieselbe, wann ihnen die Rechnung zugestellet wird, sofort richtig zu machen,
im widrigen der Herr Protonotarius befugt seyn
soll, gestalt er dann dazu hiermit authorisiret wird,
durch den Gerichts-Vogt, als welcher dazu hiermit eins vor all befehliget, ohne deswegen bey
denen worthaltenden Herren Bürgermeistern oder
Gerichts-Verwaltern einige Klage anzustellen,
wider die Säumige auf den restirenden Antheil
und deswegen verursachten Kosten, nach vorgän-
giger einmaligen Warschauung, mit der Execution ungesäumt zu verfahren. Es sollen aber
auch die Procuratores iedesmal ihren Partheyen
von diesem gemeinen Bescheide Nachricht zu geben
schuldig seyn. Wornach sich ein ieder zu richten
und für Schimpf zu hüten hat.

CCLXIV.

1693. Demnach, hiesiger Gerichts-Ordnung und dem
20 Nov. Herkommen zuwider, der Mißbrauch einreissen will, daß die Anwälde die gerichtlich producirende oder exhibirende Sätze nicht, oder nur mit
Rothstein oder Bleyerzt unterschreiben, dann
auch, wann anzügliche oder sonst ungebührliche
Expressiones darinnen befindlich, daß sie sich deren nicht anmaassen wollen, mündlich zu declariren oder zu protestiren unterfangen dürfen: Als
will E. E. Rath, mittelst diesem gemeinen Bescheide,

scheide, dieselbe alle und iede von neuem anerin- 1693.
nert und angewiesen haben, sich hinfüro allsolchen
Mißbrauchs gänzlich zu enthalten, alle und iede
producirende oder exhibirende Sätze und schriftliche Handlungen eigenhändig, und mit nichts,
als Dinte, zu unterschreiben, und das anmaassent-
liche von selbst nichtige Declariren oder Protestiren
Uper injuriosis und anderwärtigen Ungebühr-
lichkeiten zu unterlassen, mit dem Anhange, daß,
wer in einem oder andern diesem gemeinen Bescheide zuwider handeln wird, iedesmal in 4 Rthlr.
auch nach Befindung propter retardatum Pro-
cessum in schwerere Strafe condemniret, die Producta vel Exhibita, wenn sie nicht untergeschrieben, ab actis verworfen werden, und die anmaassent-
lichen Declarationes oder Protestationes für null
und nichtig gehalten werden sollen. Pronunciatum
Lunæ den 20 Nov. 1693.

Specification und kurzer Inhalt der ge-
meinen Bescheide des Niedern-Gerichts in
Hamburg, so viel deren bishero bekannt
geworden.

Ao. 1651, den 23 Nov. ist ein gemeiner Bescheid eröffnet, dahin gehend, daß die Procuratores ihre Recesse förmlich, distincte, langsam, kurz und klärlich
einrichten sollen.

Ao. 1654, den 5 Jul. Die Advocati und Procuratores
sollen in ihrer Gegenwart keinen andern substituiren.

Ao. 1654, den 5 Jul. Die Procuratores sollen beym
Appelliren nur das Wort appello gebrauchen.

Hh 4   2) Der

2) Der Gerichts-Schreiber soll dasselbe protocolliren.

3) Den nähisten Gerichstag darauf sollen die Herren Deputirte deliberiren, ob der appellation zu deferiret.

4) Die Procuratores sollen solches vom Gerichts-Schreiber vernehmen.

5) Strafe dagegen ist 5 Rthlr. und nicht zu agiren, bis sie erleget.

Ao. 1656, den 14 Märtz. Die Procuratores sollen bey Vernehmunge der comparation ohne mandato bey 1 Rthlr. Strafe sich nicht ein = sondern die Mat sonder Gnade ergehen lassen.

Ao. 1656, den 12 May. Die Procuratores sollen bey 1 Rthlr. Strafe die Recesse recht rubriciren, und auf den Titel setzen, loco exceptionum Replicarum, Duplicarum &c.

Ao. 1667, den 16 October. Der Inhalt ist diese:

1) Die Procuratores sollen bey Einführunge der gerichtlichen Sachen ihre mandata, und die zur Sachen dienenden documenta curatoria & tutoria zugleich mit einbringen.

2) Die Procuratores sollen auch ihre übergebene Handlungen mit eigener Hand und Dinte unterschreiben.

3) Da in allbereits rechthängigen Sachen annoch einige documenta ermangeln, sollen die Procuratores selbige innerhalb 8 Tagen ad acta bringen.

4) Die Strafe ist für iedes ermangelndes documentum 1 Rthlr. und daß der Procurator ehender ad agendum nicht wieder zugelassen werde, bis die Strafe erleget.

Ao. 1671, den 2 May. Die Procuratores sollen, nach ihrer Principalen tödtlichem Hintritt, vor richterlichen Spruch, falls selbiger bey der Principalen Lebzeit noch nicht ergangen, dessen gerichtliche Anzeige thun, und wegen der Erben de novo sich legitimiren; wer solches vorsetzlich verabsäumet, der soll in 1 Rthlr. Strafe verfallen seyn.

Zu=

Zugabe

und

Verbefferungen

zu dem erften Theile.

·

Hh 5

Erstes Mandat zufolge art. 59. Receſſus d. J. wegen 1603.
richtiger Verzollung und Angabe der Bürger= und
Fremder Güter, besonders auch auf dem Schauen=
burgiſchen Zolle. ſ. 1665. 25 May. 1681. 29 Aug,
1688. 20 Jun.

CCLXV.

Mandat, betreffend den Unterſchied der 1604.
Waaren, womit Gaſt mit Gaſt han=
deln oder nicht handeln kann.*

Freye Güter ſive Waaren, damit Gaſt mit
Gaſt wol handeln mag.

Alle Waaren, die auf fremden Königreichen und
Ländern anhero gebracht und ferner könnten
gebracht werden, und in dieſer Stadt vor dreißig
und

---

* Dieſes Mandat, welches in Receſſu 1603. Art. 56.
seinen Grund hat, iſt bey der Ausübung mit vielen
Schwierigkeiten vergeſellſchaftet geweſen, und bey zu=
nehmendem Commercio der Stadt, wodurch auch
die Zahl der Fremden ſich vermehret, iſt es, ſeinem
buchſtäblichen Inhalt nach, ganz aus dem Gedächt=
niß gekommen. Man hat es indeſſen hier zu Bewah=
rung der Geſchichte nachholen wollen, um ſo mehr,
da in verſchiedenen Policey=Artikeln, z. E. wegen
des Korns, des Aufkaufs und d. g., Spuren der da=
maligen Verfaſſungen ſich finden, wiewol auch dieſe,
wie die neueſten Mandata zeigen, nach den Umſtän=
den der Zeiten, vorzüglich zur Begünſtigung der bür=
gerlichen Handlungs=Gewerbe mit Fremden, immer
mehr eingerichtet worden.

1604. und mehren Jahren nicht gebräuchlich gewesen,
oder in so grosser Anzahl nicht geführet oder ver-
handtieret seyn, mögen ohne Verletzung der bürgerlichen Freyheit von Fremden an Fremde wol
verkaufet werden, doch aber nicht bey Ellen oder
Pfunden, sondern Stück=weise und ins Grosse, als
nämlich alle Italiänische, Hispanische und andere
dergleichen Nationen-Waaren, Rheinische Weine,
Ungarisch Kupfer, Edelsteine, Perlen, Conchenille
Indigo und andere theuerbare und köstliche Farben, Päcken=Holz, Eben=Holz, Brasil=Holz, und
dergleichen, Elephanten=Zähne, Zucker, Pfeffer, Ne-
gelken, Muscaten, Muscaten-Blum, Engefaer und
allerley Specerey oder Gewürz, Unzen Gold, Seide,
Sammit, Seiden-Gewand, Grobgrün, Sayen,
Fustreien oder Parchet, doch aber nicht bey Stük-
ken, sondern bey Ballen und Fässern, Breßlausche
Rhöte, Englisch Zinn, weisse Engelische Tücher,
Wachs, Flachs, Nürnbergische Waaren, Schle-
siger Leinwand und andere dergleichen Waaren,
welche in dreißig und mehr Jahren, wie obgemeldt, allhier zu Hamburg nicht gebräuchlich gewesen, vorbehältlich der bürgerlichen Freyheit, und
dasselbe zu mindern, oder zu mehren, als man befindet, daß es gemeiner Stadt und Bürgerschaft
wird nütz= und dienstlich seyn.

Bürgerliche Güter, damit Gast mit Gast nicht handeln mag.

Dagegen aber unsere Bürger vor sich alleine
als eine bürgerliche Freyheit halten sollen, Hampf,
Pech, Theer, Klap=Holz, Wagenschot, Linnen,
ge=

gefärbte Engliſche auch Salzwedelſche, Märkiſche, 1604.
Oßnabrüggiſche und allerhand andere gemeine
Wollen=Laken, gefärbte und ungefärbte, alle
Munition, Tackel und Taue, Wede, Poſtille,
Wulle, Bley, Yſern, Oſemunt und andere der=
gleichen Waaren.

Bürgerliche Güter, damit Gaſt mit Gaſte, auch mit Gaſte Pfenningen nicht handeln, auch kein Factor an Fremde verkau= fen mag.

So ſollen auch unſere Bürger für ſich als eine
bürgerliche Freyheit behalten, alles Korn, bened=
den und oben dieſer Stadt gewachſen, auch Fran=
zöſiſche und heiſſe Weine, Froit, Butter, Käſe,
Hering, Schullen und Bückling, Salz, Berger
und Isländiſche Waaren, und alle andere der=
gleichen Waaren, wie die Namen haben mögen,
keine ausbeſcheiden, dann alleine die vor eine Zeit=
lang, ſo lang es E. E. Rath und der Bürger=
ſchaft gelieben wird, in der fremden Handlung
ausgeſtellet und exlmiret ſeyn. Wofern nun von
Fremden oder Factoren hiergegen gehandelt, und
dieſe vorbeſchriebene bürgerliche Waaren an
Fremde verkauft werden, ſoll von ſolchen Gütern
die Hälfte ohne Gnade und Abkürzung an das ge=
meine Gut verfallen ſeyn. Publicatum Ao. 1604.

Be:

1605. Befehl, daß die Brauer acht Vaß unvermengten Weitzen-
im Aug. Maltzes zu einem ieden Brau Biers in die Mühle
bringen sollen, ist in dem Tractat des sel. Herrn Senatoris Schlüters, D. von den Erben in Hamburg,
S. 463. eingerückt.

1609. Dem zwischen den Herren Herzogen zu Mecklenburg
29 Jul. und Schleswig-Holstein, auch den beiden Städten
Lübeck und Hamburg am 13 März d. J. errichteten
Münz-Recesse zufolge von hochgedachten Fürsten und
besagten Städten verkündigtes gemeinschaftliches
Mandat. Sowol der Receß, als das Mandat sind
in der Münz-Nachricht unter den Buchstaben F. und
G. in den Beylagen befindlich.

1611. Der sämmtlichen Mitglieder E. Hochedl. Raths Ver-
6 Nov. einigung wegen Abschaffung der Ueppigkeit in der
Kleidung und bey Hochzeiten. s. Note Seite 111 u. f.

1612. Ist die erste Hopfen-Ordnung publicirt, und 1624 am
14ten 14 Sept. auch 1643 am 8 Sept. erneuert. s. die
März. Anweisung oben S. 53.

1612. Mandat, daß ein ieder, der verzollet, die Zoll-Zettel mit
23sten seinem Namen eigenhändig unterschreiben solle.
May. s. 1681. 29 Aug.

CCLXVI.

CCLXVI.

Der Städte Hamburg und Lüneburg
Verordnung, über die Pack= Pfund=
und Verführung des Lüneburgiſchen
Salzes.*

Wir, Bürgermeiſtere und Räthe beyder Städte
Hamburg und Lüneburg, thun hiermit
kund und zu wiſſen Unſern Bürgern und Einwoh=
nern, und ſonſten iedermänniglichen: Demnach
Wir geraume Zeithero kundbare Unrichtigkeit an
unterſchiedlichen abgelegenen Orten zu Minwich=
ten des Lüneburger Salzes haben befunden, da=
durch nicht allein itztgemeldetes Salz in allerhand
Verdacht und beſchwerliche Nachrede gerathen,
ſondern auch Unſerer beyden Städte Bürgern, Ein=
wohnern und Unterthanen merklicher Schade zu=
gefüget worden, und Wir Uns dann, obliegenden
Amts und Obrigkeit ſchuldig erkennen, all ſolchen
Unrichtigkeiten, ſo viel möglich, mit gebührlichen
Mitteln zu begegnen und zu wehren; als haben
Wir, der Gerechtigkeit zu Steuer, dem allgemeinen
Nutzen zum Beſten, auch zur Beförderung und
Fortſetzung der hochnöthigen Commercien, Uns
einer gewiſſen Ordnung nachbarlich vereiniget
und verglichen, wie folget: Daß eine iegliche Ton=
ne in unſerer Stadt Lüneburg von den Bötti=
gern etwas ſtärker und beſſer, dann hiebevor ge=
ſchehen, gemacht und gebunden, und in eine Ton=
ne 20 ℔ oder 1 Sch℔ Salzes lauter gutes
und

* Siehe Nr. LV.

1613. und nicht minder eingeſtoßen, und alſo volle und
runde Wicht gekauft und hinwieder verkauft,
ebenmäßig, daß alles Salz, ſo zu der Elbe gehet,
nach dero Pfündungen, die es in unſerer Stadt
Hamburg hält, von iedermänniglichen bezahlt,
auch ohne Hamburgiſche Pfündung und Gewicht
aus Unſeren Städten Hamburg und Lüneburg
zur Elbe nicht gebracht, ſondern alles, ſo dahin
nämlich an und zu der Elbe geführet, auf vorgemeldte ſeine rechte Hamburgiſche Gewicht gerichtet werden ſoll, und wann dieſem vorgeſetzter Weiſe ein Genügen geſchehen, ſoll hernach in unſerer
Stadt Hamburg keine Tonne, die in Lüneburg
rund und vollgepacket und gewogen zu vorſichten-
de oder zu verſchwerende eröffnet werden, bey willführlicher ernſten Strafe, ſo oft dawider gehandelt,
darnach ſich ein ieder zu achten und für Schaden
zu wachten. Urkundlich haben Wir, Bürgermeiſtere
und Räthe obgemeldter Städte, dieſes Patent mit
Unſerer Städte gewöhnlichen Signeten befeſtiget.
Renovatum & publicatum 16 Julii 1613.

1614. Theerhofs-Ordnung. ſ. 1725. 7 Jan.

1615.   Anweiſung für diejenigen, ſo das Bürger-Recht gewin-
18 Aug.   nen wollen ꝛc. ſ. 1630. 18 Aug.

CCLXVII.

CCLXVII.

Artikel wegen der Nacht-Bewachung 1616. der Bürger-Compagnien auf den Stadt-Wällen.*

Nachdem ohnlängſt am 26 Sept. nächſtverſchie-nen Jahres zwiſchen E. E. Raths Deputirten und den Hauptleuten auf dieſer Stadt Walle wegen der Nachtwache bey dieſer guten Stadt nachfolgende Artikel wolmeinentlich ſeyn beliebet, u. folgends von wolgemeldt. Rath approbiret u. confirmiret worden:

1) Daß alle Hauptleute, Lieutenants und Fähn-drich, Wachtmeiſter, Artollerie-Meiſter, Quar-tier-Meiſter in ihrer Ordnung in Perſon die Run-de gehen ſollen, bey Strafe 24 Schilling. 2) Daß ein ieder Quartier-Meiſter in Perſon zu rechter beſtimmter Zeit ſein Quartier aufführen, und folgends die Rottmeiſter auf der Wacht bleiben ſollen, bey Strafe 24 Schilling. 3) Daß in einer ieden Rotte 15 Perſonen geordnet werden, und alle Abend ein Quartier-Meiſter 4 Rott oder 60 Mann auf die Wache führen ſoll. 4) Daß alle Bürger und Einwohner in Perſon auf die Wacht erſcheinen ſollen, bey Strafe 16 Schilling Lübſch, würde aber iemand hohen Alters, Leibes-Schwachheit, oder anderer Ehehaften halber daran behindert, ſo ſoll er ſolches ſeinem Rottmeiſter an-melden, und daneben 8 Schilling zeitig entrich-ten, daß der Rottmeiſter dem Hauptmann noch vor Mittage, wer nicht kommen kann, kund thun möge, und zugleich das Geld ſchicken, daß der Hauptmann einen oder mehr aus den Bürgern, welche

* Siehe Nr. XLIV.

Erſter Theil. Ji

1616. welche E. E. Rath durch Wartgelde verpflichtet und wohl dazu qualificiret ſeyn, beſtellen könne; worauf der Hauptmann einen Zettel geben, der vor der Thüre des Quartier-Meiſters, wann Mann-Zahl gehalten wird, geleſen werden ſoll; derowegen dann auch derjenige, ſo für einen andern Wacht zu halten ſich unterſtehen würde, und des Hauptmanns Zettel nicht zu zeigen hat, ungeſäumet von der Wacht abgewieſen, und ein ander in ſeine Stätte genommen, auch darauf derſelbe, ſo allda ohne des Hauptmanns Zettel einen andern für ſich auf die Wacht geſchicket, obgedachte Strafe der 16 ß zu entrichten ſchuldig ſeyn ſoll. 5) Daß ein ieder Wall-Herr, mit Zuthun des Hauptmanns und anderer Officiers ſeines Walles, verſchaffen wolle, daß die Bürger allſolches Walles, wann ſie die Nacht-Wache haben, ohne Beſchädigung der Wälle und Beſchwerung dieſer Stadt Cämerey, nach Nothdurft mit Holz zur Feurung verſorget werden mögen:

So will derowegen wohlvorgemeldter Rath all dieſer Stadt Bürger, Einwohner und Unterthanen hiermit erinnert, ermahnet und denenſelben ernſtlich geboten haben, daß ein ieder ſothaner Wacht-Ordnung in allen Puncten und Artikeln, wie auch ſonſt der hiebevor publicirten Ordnung wegen des wöchentlichen Doppel-Schillings, oder Leiſtung des Hand-Dienſts einen Tag in der Woche, daran dann bishero groſſen Mangel geſpüret worden, gebührlich nachkommen ſolle, mit der ernſten Verwarnung, woferne iemand wider obgeſetzte Wacht-Ordnung in einem oder andern Punkt thun und handeln würde, derſelbe dadurch in vorhergemeldte Strafe unnachläßig verfallen ſeyn

seyn solle. Wie dann E. E. Rath wider alle die= 1616.
jenigen, so mit Erlegung des wöchentlichen Doppel=
Schillings, oder an dessen Stätte mit wöchentlicher
Hand=Dienstleistung in der Woche säumig be=
funden werden, mit der Pfändung ernstlich ver=
fahren lassen will. Wornach rc. Publicatum 1616.

Mandat, wie sich ein ieder mit guter Rüstung und Ge= 1617.
wehr versehen soll. s. 1655. 6 Jul. 22sten
Märj.

Einige Artikel zu der Buersprake von 1594, welche 1618.
noch itzo auf Petri, so wie die zwote von 1596 auf Petri.
Thomä, nach alter Gewohnheit, bey geöffnetem Fen=
ster, vom Rathhause durch den Herrn Protonotarium
verlesen wird. Diese Buerspraken (civiloquia) ent=
halten die ersteren Policey=Verfassungen der Stadt in
sich, worauf die Stadt=Recesse von 1603, und fast
bis zu Ende des siebenzehnten Jahrhunderts, auch
die dieser Sammlung einverleibten Mandate E. Hoch=
edl. Raths grossentheils annoch sich gründen. In
den folgenden Zeiten hingegen, und besonders im
Haupt=Recesse von 1712. Art. 38. ist bereits die, in
vielen Stücken durch ein gegenseitiges Herkommen
und die neuen Gesetze, geschehene Aufhebung derselben
öffentlich bezeuget, so wie es auch die Mandate die=
ses Jahrhunderts zu erkennen geben, und worüber,
wie von der Beschaffenheit der Buerspraken über=
haupt, der sel. Herr Professor Richey in seiner
im Jahre 1738 herausgegebenen Historia Statuto-
rum Hamburgensium, C. IV. §. 1. u. f. ausführliche
Nachricht ertheilet. Wer indessen ein Vergnügen darinn
finden mögte, diese Buerspraken, und also auch die zu An=
fangs erwehnten neuen Artikel einzusehen, der findet sie,
da sie sonst, so viel man weiß, weder besonders, noch sonst
irgends, gedruckt sind, in Lünigs Reichs=Archiv, Part.
spec. vierter Continuation, S. 1032 bis 1080.

Ji 2   CCLXVIII.

CCLXVIII.

1619.
22 Feb. Mandat wegen der zu eröffnenden Species-Banco.

Nachdem E. E. Rath zu Beförderung der Commercien und Handlung nöthig und rathsam befindet, daß eine Banco in dieser guten Stadt angerichtet werden möge, und denn, auf beschehenes inständiges Anfodern der allhier residirenden Kauf= und Handels=Leute, mit allsolcher Banco nunmehr zu verfahren, für gut angesehen wird; also, und damit gedachter Banco männiglich um so viel mehr und sicherer zu getrauen haben möge, so thut E. E. Rath sich zuvorderst hiermit erklären, daß diese Stadt für bemeldte Banco und allen Schaden, so derselben zuwachsen möchte, wolle gehalten seyn. Und sintemal mit allsolcher Banco der würkliche Anfang über 8 Tage, am Montage nach Oculi, wird seyn der 1ste nächstkünftigen Monats März, gel. Gott, gemachet werden soll: Demnach will E. E. Rath allen dieser Stadt Bürgern, Einwohnern und Unterthanen und männiglich hiermit erinnert, ermahnet und denenselben geboten haben, nach allsolcher Zeit alle Wechsel, es sey im Geben und Nehmen, oder so auch allhier zu bezahlen von andern Orten remittiret werden, und nach obbemeldter Zeit verfallen, wann die Summa allsolcher Wechsel 400 Mark Lüb. und darüber ist,* in berührter Banco schreiben und bezahlen zu lassen,
mit

---

* Siehe ferner oben S. 75. Nr. XXIX.

mit der Verwarnung, wo iemand dawider han= 1619.
deln würde, daß von allſolchen auſſerhalb der
Banco bezahlten Wechſel = Geldern iedeémal 25
Mark an bemeldte Banco verfallen, und von den
dazu verordneten Herren eingefodert werden ſol=
len. Es ſoll auch allen dieſer Stadt Bürgern,
Einwohnern und männiglichen hiemit verboten
ſeyn, nach gedachtem Termin einig gebrochen
Gold, Silber, Grenoullien oder dergleichen an ſich
zu kaufen, noch auch Gelder, ſo allhier nicht
gangbar, oder wieder umgemünzet werden müſ=
ſen, wie dann auch einige allhier gangbare gül=
dene oder ſilberne Münze an ſich zu wechſeln und
zu bringen, ſondern ſolches alleine, nebenſt dieſer
Stadt Münze, der Wechſel-Banco reſerviret und
vorbehalten ſeyn, und allda der billige Werth da=
für gegeben werden. Wer auch hierwider han=
deln und darüber betreten würde, der ſoll von ie=
dem 100 Mark, ſo er dergeſtalt gekauft, gewech=
ſelt und an ſich gebracht, 10 Mark Strafe ge=
dachten verordneten Herren zu entrichten ſchuldig
ſeyn; iedoch ſoll dem Amte der Goldſchmiede allhier,
was ſie zu ihrer eigenen Arbeit von Gold und Sil=
ber bedürfen, wie denn auch dieſer Stadt Bür=
gern, was ſie ſelbſt zu ihrer eigenen Nothdurft
vermachen laſſen wollen, zu kaufen hiermit unbe=
nommen, ſondern denenſelben ſolches, wie von
Alters hergebracht, frey ſtehen. Und weil E. E.
Rath die Aßignationes vor dieſem gänzlich ver=
boten und abgeſchaffet, als thut derſelbe die we=
gen Verbietung allſolcher Aßignationen hiebevor
publicirte, unterſchiedliche Mandata hiermit repe=

Il 3 tiren

1619. tiren und erwiedern, und wo iemand sich dagegen
ausserhalb der Banco einiges Aßignirens anmaassen, oder dieselbe annehmen würde, wider denselben soll mit der berührten Mandatis einverleibten Strafe verfahren werden.   Damit auch ein
ieder, wie es sonst bey berührter Banco gehalten
werden soll, wissen möge, als sind zu allsolcher
Nothdurft gewisse Artikel beliebet und abgefasset,
so hiebenebenst ebenmäßig unter dieser Stadt Signet publiciret, auch männiglich sich darnach zu
richten hiermit mandiret und auferleget wird, und
hat nach obigen allen und ieden sich männiglich zu
richten und für Schaden zu hüten.   Urkundlich
hat E. E. Rath dieser Stadt Signet hierunter zu
drucken befohlen.   Decretum in Senatu & publicatum am Tage Petri den 22 Febr. 1619.

1623. Gassen-Ordnung, ist in neueren Zeiten genauer und
12Feb. näher bestimmet.

CCLXIX.

1624. Mandat, gegen das Aufwechseln der in
14Jan. der Stadt nicht gangbaren Münz-
Sorten.

Nachdem E. E. Rath in Erfahrung gebracht,
washmaassen sich etliche eigennützige Leute,
ungeachtet der im Heil. Röm. Reich publicirten
und scharfverpönten Münz-Edicten, und folgends
darauf genommenen Ordinantien und Mandaten,
sich

ſich des hochverbotenen Geld-Handels und Auf- 1624.
wechſelns unterfangen, und da ſie gute und bequeme Mittel an unſerm dazu verordneten Orte
allerhand nicht gangbare Gelder für den billigen
Werth auszuwechſeln und zu verſetzen haben, dennoch andere privat-eigennützige Leute allſolche
Ein- und Auswechſelung treiben, andere aber zu
allſolchem Handel ſich willig gebrauchen laſſen,
und aber in Betracht der vorerwehnten Reichs-
Münz-Edicten, Ordinantien und Mandaten, inſonderheit in Erwegung, daß aus allſolchen Geld-
Händeln die Corruptel der Münze guten Theils
entſtanden, ſolches nicht mag gedulbet werden, geſtalt auch, man ſo viel deswegen betreten können,
bereits ernſtlich beſtrafet: Als will E. E. Rath
hiermit nochmalen und zu allem Ueberfluß, damit
keiner einige Unwiſſenheit ferner zu allegiren habe,
allen und ieden dieſer Stadt Bürgern, Einwohnern und iedermänniglich, ſo an dieſen Ort einige Gelder bringen oder bringen laſſen, oder auch
entfangen, hiermit ermahnet und geboten haben,
daß ein ieder, der einige allhier nicht gangbare
Gelder, grobe oder kleine Münze, wie die Namen
hat, aus fremden Oertern in Bezahlung annehh-
men müßte, oder auch ſonſten dieſelben Gelder erlangen würde, ſothane Münz-Sorten auf unſere
dazu verordnete Wechſeley alſobald liefern, und
daſelbſt den billigen Werth dafür abfodern, ſonſten aber ſich alles Privat-Aufwechſelns, Ausgabe
oder Permutirung ſothaner allhier nicht gangbaren Münz-Sorten in dieſer Stadt enthalten ſollen,
mit Verwarnung, wofern ein oder ander ſich ſol-

Ji 4　　　　　cher

1624. cher verbotenen Geld=Handel oder Einwechſeln unterſtehen wurde, und ſothane nicht gangbare Münze innerhalb dreyen Tagen, nachdem ſie erlanget, auf unſere Wechſeley nicht präſentiren wurde, daß alsdann ſothane Münze confiſciret, und der Verbrecher, ſowol der Ein= als Aus=Wechſeler, mit willkührlicher Strafe unnachläßig beleget werden ſoll. Im übrigen bleibet das publicirte Münz=Edict in vollen Würden, und hat ſich darnach ein ieder zu richten und für Schaden zu hüten. Decretum in Senatu & publicatum den 14 Jan. Anno 1624.

1624. Ordnung wegen Löſung der in die Türkiſche Sclaverey gerathenen Schiffs= und Boots=Leute. Iſt in des ſel. Herrn Senatoris Langenbecks, D. Schiff= und See=Rechte S. 356 zu finden.

1625. Ordnung, die Bodmerey und Haverey angehend. ſ. eben
2 Mārz. daſelbſt S. 294 u. ſ., und die Anmerkung S. 275.

1626. Mandat wegen Vorzeigung des Scheins von der Ab=
25ſten miralität, und des Content=Zettels von der Stadt
May. Zolle, an den Auslieger auf der Elbe. S. eben daſelbſt S. 140.

CCLXX.

CCLXX.

Wiederholte Weiſung vom 18 Auguſt 1615. für diejenigen, die das Bürger-Recht gewinnen wollen.*

Nachdem von E. E. Rath, ſamt der Erbgeſeſ-ſenen Bürgerſchaft, einhellig beliebet und geſchloſſen, daß zu dieſer Stadt Nutzen und Beſten, auch Nothwendigkeit, alle die, ſo da handeln, offene Buden und Laden halten, oder andere Nah-rung gebrauchen, es ſeyn Fremde oder Bürgers Söhne, ſollen zuvörderſt die Bürgerſchaft gewin-nen, und zugleich ohne Anſehen der Perſon nach Standes Gebühr iedweder ſein Gewehr auf dem Rathhauſe präſentiren, und zugleich mit in ſeinen Bürger-Eyd nehmen, daß ſelbiges Gewehr ſein eigen ſey, daß er daſſelbige nicht verkaufen, ver-pfänden oder ausleihen, beſondern verbeſſern wolle, da ſich aber einer an Mangel des Gewehrs ange-ben würde, dem ſolle, ehe und bevor er wegen deſ-ſelben 10 Rthlr. deponiret, weder Abkündigung, noch Bürger-Zettel gegeben werden; da auch einer begriffen, der das Gewehr von andern geliehen hätte, der ſoll nicht allein des Gewehrs verfallen ſeyn, beſonders beyderſeits ernſtlich beſtrafet wer-den, darauf auch der hiezu Beſtallter, vermöge ſei-nes Amts, fleißige Achtung geben, und auf alles Gewehr den Stempel, der von E. E. Rath iedes Jahr verordnet, ſchlagen ſoll, damit allerhand

Ji 5   Miß-

---

* Die Verordnung, wegen der Uebung in den Waffen beym Drillmeiſter, ſ. 1671. 26 Jun. 1734. 10 Nov.

1630. Mißbräuche und Mein-Eyde verhütet werden mögen. Weil auch bey Annehmung und Beendigung der Bürger bis dahero allerhand Unordnung befunden: Als hat E. E. Rath zu möglichster Verhütung derselben dahin geschlossen, und diese Verordnung gemachet, daß hinfüro alle diejenigen, so das Bürger-Recht anzunehmen, und den gewöhnlichen Bürger-Eyd darauf abzulegen gemeinet, sich des Freytags auf dem Rathhause nach vorgezeigtem Gewehr und Entrichtung des Bürger-Geldes, um 11 Uhr ohnfehlbar bey dem Schenken anzugeben schuldig, der dann zur bestimmten Zeit bey E. E. Rath dieselbe anzumelden, zur Beendigung in und aus der Rathsstube zu führen, auch für solche seine Aufwart- und Mühwaltung von iedwedem der angenommenen und beendigten Bürger 6 Schilling Lübsch abzufodern befehliget und bemächtiget seyn soll. Wornach sich ieder wird zu richten wissen.

1630. Krahn-Ordnung. s. 1730. 6 Febr.

1631. Schiffs-Zimmerleute Ordnung. Ist durch Raths-
29Aug. Bürger-Schluß vom 13 Oct. 1712 verändert, und gehöret also zu der Sammlung der Gesetze.

1631. Ordnung wegen der Everführer. s. 1640. 30 Nov.
11Oct.

1634. Mandat wegen verbotener Ausschiffung des Zimmer-
24Oct. und sonstigen gesägten Holzes. s. 1651. 14 März.

1635. Revidirte Schoß-Ordnung. s. 1666 u. s.
Lucià.   CCLXXI.

CCLXXI.

Ordnung für die Everführer von und nach Haarburg.*

1640.
30 Nov.

1. Sollen der Everführer Namen, ſo zu dieſer Föhre auf und von der Haarburg Kauf-manns = Güter zu führen angenommen und beſtel-let, in eine beſondere Rolle verzeichnet, und allſol-che Rolle in den Krahnen und des Beſtäters Be-hauſung aufgehänget werden.

2. Allſolche verordnete Everführer ſollen ihre Ordnung und Turnum in acht nehmen, und nach-dem ſie in der Rolle geſetzet ſeyn, von dem Beſtä-ter mit der Fracht befördert werden.

3. Würde aber einer von gedachten Everfüh-rern, wann ſein Turnus vorhanden und die Ord-nung zu fahren ihn erreichet, nicht aufwarten oder bey Handen ſeyn, ſo ſoll dem Beſtäter erlaubet und frey ſtehen, den nächſten Everführer in der Ordnung zu nehmen und zu befrachten, und ſoll derſelbe Everführer, der alſo ſeine Reiſe verſäu-met, dazu nicht eher wiederum befördert werden, bis ihn der Turnus wiederum in ſeiner Ordnung erreichen wird.

4. Würde einiger Everführer, wenn er befrach-tet iſt, dem Kaufmann oder Fuhrmann zum Scha-den, die Waſſer=Zeit verſäumen, der ſoll in 5 Rthlr. Strafe verfallen ſeyn, und wo er die nicht zu be-zahlen hat, mit dem Gefängniſſe gezüchtiget werden.

5. Es ſoll auch der Beſtäter fleißige Aufſicht haben, daß in einem ieden Ever zum höchſten

* Siehe Nr. XC.   nicht

1640. nicht mehr als 40 Sch℔ nach Gelegenheit eines
ieden Evers, weil nicht alle Ever 40 Sch℔ tragen und ohne Gefahr liefern können, geladen werden, und wo beweißlich hierwider gehandelt würde, so soll sowol der Beftäter, als der Everführer,
ein ieder mit 5 Rthlr. Strafe beleget werden.

6. Da sichs auch begeben würde, daß etwan
Güter, so sich auf 24 bis 30 Sch℔ und nicht
darüber erftrecken, verhanden wären, und also keine volle Fracht geschiffet werden könnte, so soll der
Everführer, dem also die volle Fracht vor diesmal
nicht kann geliefert werden, nichts deftoweniger
bey Strafe 5 Rthlr. unweigerlich zu fahren schuldig seyn.

7. Die Fracht belangend, sollen die Everführer in Sommer-Tagen drey in vier Schilling,
und in Winter-Zeit vier in fünf Schilling von
iedem Sch℔ schwer, nach Beschaffenheit der Güter, auch nach Gelegenheit, wie die Fuhrleute von
den Kaufleuten gelohnet werden, zu geniessen haben, und ihnen bezahlet werden.

8. Wann bey Winter-Zeit, da das Eys gehet,
die Güter mit grosser Gefahr übergeführet und dazu
mehr Leute, als ordinair gebräuchlich, gebrauchet
werden müssen, so wird auf solchen fingulair Fall der
Beftäter mit den Everführern sich wegen der Fracht
sonderlich vergleichen, und hierinn aller ziemenden
Gebühr sich zu gebrauchen wissen.

9. Alle Everführer, so diese Fehre gebrauchen,
müssen Bürger seyn, auch ihre eigene Ever haben,

ben, oder, da iemand keinen Ever vor der Hand 1640.
hätte, ſolchen nicht von Fremden, ſondern von iemand zu dieſer Rolle gehörig zu entlehnen, bey
Strafe der 5 Rthlr., auch von ieder Reiſe bey
Empfahung der Fracht 2 ß in die Büchſe, ſo deswegen in des Beſtäters Hauſe aufgehenket, dem
Waysenhauſe zum Beſten, alſofort zu entrichten
ſchuldig ſeyn.

10. Wie auch die Everführer ieberzeit ſich eines nüchternen Lebens befleißigen ſollen, und ſorg-
fältige fleißige Auffſicht haben, daß des Kauf-
manns Gut ohne Schaden übergebracht werden
möge, alſo auch ſonderlich gegen den Beſtäter alle
Beſcheidenheit gebrauchen, und demſelben bey
Pön 5 Rthlr. ſich nicht troß- und freventlich, wie
bishero geſchehen, widerſetzen.

11. Ob dann auch wol ſchließlich in der in
Anno 1631 den 11 Oct. verfertigten und publicirten Ordnung enthalten, daß ſelbige Ordnung
von Kauf- und Fuhrleute Gütern, ſo mit dem Krahn
bearbeitet werden, durch den Beſtäter beſtellet,
verſtanden werden ſolle; ſo giebt es doch die Erfahrung, daß Zeithero ſich viele unterſtanden,
durch die Winden, ſo nicht allein vor der Kaufleute Packräumen, ſondern auch hinter dem Haarburger Keller, und anderswo gemachet, ihre Güter und Waaren in andere Ever häufig beſtäten;
und denn ſolches nicht allein dieſer Stadt Ordnung zuwider, ſondern auch großer Unterſchleif
des Zolles dadurch veranlaſſet wird: Demnach
ſollen

1640. follen hinfúro, folcher Unordnung und Unterfchleif vorzukommen, alle Kaufmanns = und Fuhrleute Güter, (der Haarburger eigene Güter, und was zu Haarburg bleibet, ausgenommen,) alten Herkommens gemáß, unter den Krahn gebracht, und von niemand, wer der auch fey, bey willkúhrlicher Strafe dagegen gehandelt werden. Actum & decretum in Senatu publicatumque fub figneto den 30 Novemb. 1640.

***

1641. Sclaven=Ordnung. f. oben 1624.

***

1641. Mandat gegen die Ausführung fowol des gefchmolzenen als des rauhen Talligs. f. 1682.

CCLXXII.

1642. 29ften Márz. Ordnung, darnach die Seiden=Händler, Schnürmacher, und Seiden=Färber fich richten follen.

Erftlich foll kein Seidenhándler noch Schnúrmacher Brüggifche, Schorzifche und doppeltfchwarze Seide, oder wie fonften einige verderbliche Farben genennet werden mógen, zu fárben oder fárben zu laffen fich gelüften laffen, Schnüre und Frenfen davon zu machen.

2. Wie dann fie auch folche von andern Orten ganz nicht anhero bringen oder an fich kaufen, vielweniger verarbeiten laffen follen.

3. Da

3. Da auch ein Seiden= und Schnürver= 1642.
händler dem zugegen wiſſentlich handeln und dar=
über betreten würde, ſoll derſelbe dadurch ſeiner
Ehren verluſtig, und dabenebenſt mit ernſter will=
führlicher Strafe, nach Befindung der Gröſſe,
und vielleicht des Verbrechens, beleget, auch die
alſo betretene Seide und was davon an Schnü=
ren gemacht worden, vor des Uebertreters Thüre
zum Abſcheu und Schrecken öffentlich verbrannt
werden.

4. Alle diejenigen, welche die obgemeldte verbo=
tene Seide verarbeiten, und bey denen ſolche oder
davon gemachte Schnüre gefunden werden, ſollen
ebenermaaſſen, wie vorgedacht, geſtrafet werden.

5. Damit nun diesfalls aller Unterſchleif um
ſo viel mehr verhütet, und männiglichen aller
Schein=Deckel und Gelegenheit hierzu benommen
werden möge, ſo ſoll kein Seidenhändler, oder
wer es ſonſten ſeyn möchte, im geringſten eine
Privat=Färberey gebrauchen, directe oder indirecte, es ſey auch unter was Schein und Prätext
ſolches geſchehen möchte, beſondern nur allein die
Färber, welche E. E. Rath dazu ordnen, und
mittelſt Eydes beſtätigen wird, hinfüro zu färben
bemächtiget ſeyn.　Würde aber iemand deme zu=
gegen handeln, ſollen alle und iede von ihnen, den
Händlern ſelbſten, oder bey andern allhier, denen
es von gemeldtem Rathe nicht vergünſtiget, und
unter die geſetzte Zahl nicht gerechnet, gefärbte
Seide, wie gut ſie auch ſeyn möchte, confiſciret
und

1642. und verböret, und der eine dritte Theil dem Fifco,
der andere dem Zuchthaufe, und der dritte dem
Angeber, (deffen Name verfchwiegen bleiben, und
ihm an feiner Ehren allerdings unfchädlich feyn
foll,) unnachläßig heimgefallen feyn, neben anderer willkührlicher Strafe.

6. Hingegen follen auch die alfo confirmirten
Färber auf ihrem geleifteten Eyd, und bey Ver-
luft ihrer Ehren und Freyheit, auch anderer willkührlicher Strafe, fchuldig und verbunden feyn,
fich aller fpecificirten verbotener Sorten Seiden
zu färben, fo wie auch aller eigenen Schnür- und
Seiden-Handlung zu gebrauchen, fich gänzlich zu
enthalten.

7. Imgleichen foll auch kein Färber fich unterftehen, einige unabgefottene Seide zu färben, ausgenommen harte Seide, die zu Caffa nöthig, und
aller Orten gebräuchlich, bey vorberührter gleichmäßiger Strafe.

8. Wie fie dann auch ferner verbunden feyn
follen, den Kaufmann nach Nothdurft und billigem Contentement in dem Färben zu bedienen,
auch keine Corrofiven dazu gebrauchen, oder durch
langwierige Maceration und vielfältiges Näßen
und Einweichen zur Fäule bringen, derowegen
ihnen denn auch keine Ellern-Borken noch Schleif
bey fich in ihren Häufern oder anderswo zu haben, vergönnet feyn folle, und follen insgemein
dem Kaufmanne mit aller Treue, Aufrichtig- und

Red-

Redlichkeit begegnen, alſo, daß mit Fuge ſich 1642. darüber keimand zu beſchweren habe, bey ernſter willkührlicher Strafe.

9. So ſoll ſich auch kein Färber gelüſten laſſen, in einige Maſcopey mit denen Kaufleuten in der Seiden=Handlung, Beredung, oder dergleichen, heim= oder öffentlich einzulaſſen, vielweniger im Farben den geringſten Unterſchleif, damit dem einen mehr als dem andern genützet ſeyn möchte, zu gebrauchen, beſondern ſowol mit ſeinem auf= richtigen Berufe des Farbens, als der Kaufmann mit ſeiner aufrichtigen Seiden=Handlung, ſich alleine begnügen laſſen.

10. Zu beſſerer Obſervanz dieſer Ordnung, ſollen zum öftern unvermuthliche Viſitationes bey den Seiden=Händlern und Schnürmachern, als auch bey denen Seiden=Färbern, reciproce ange= ſtellet und gehalten werden, und behält ſich nun E. E. Rath obgeſchriebene Ordnung, nach Be= findung und der Sachen Beſchaffenheit, zu min= dern und zu vermehren iederzeit bevor, auch ſoll dieſe Ordnung den bereits angefangenen und künftigen Proceſſen unverfänglich ſeyn. Actum & decretum in Senatu publicatumque ſub ſigneto den 29 März 1642.

CCLXXIII.

Mandat gegen die Fällung des Holzes und dessen Einkauf aus den benachbarten Hölzungen.

Nachem E. E. Rath unterschiedliche Klagen vorgebracht, daß sich nicht allein Dero Unterthanen zu Volkerstorp, Schmalenbeke, Farmßen, Ohlstede und Hoiesbüttel, sondern auch andere dieser Stadt Bürger und Holzkäufer unterstehen, itziger Zeit, da wenig auf die Hölzung gesehen werden kann, aus nahe und umliegenden Ihro Königl. Majestät zu Dännemark, Norwegen ꝛc., Ihro Fürstl. Durchlauchtigkeit zu Holstein, und anderen Edelleuten zugehörigen Hölzungen, das Holz von den Bauern daselbst, die dessen zu fällen oder zu verkaufen keine Macht haben, haufenweise an sich zu ziehen, ja wol gar die Axt mit anzulegen, und die Hölzung auf der Nähe herum strafbarer Weise jämmerlich zu verwüsten: Als hat E. E. Rath höchstnöthig erachtet, solchem schädlichen unzuläßigen Werke in der Zeit zu wehren. Erinnern, ermahnen und befehlen demnach ernstlich hiemit allen und ieden dieser Stadt Bürgern, Einwohnern und Unterthanen, sich von dergleichen strafbaren Fällungen und verdächtigen Einkauf des Holzes in vorbenannten Oertern gänzlich zu enthalten, mit ernstlicher Verwarnung, daferne iemand der Unsrigen einig Holz fällen oder erkaufen würde, daß solch Holz confisciret, und sowol der es gefället, als auch der

es

es verdächtiger Weiſe gekauft, nach Gelegenheit 1644.
mit ernſter willkührlicher Strafe beleget werden
ſoll.   Wornach ſich ein ieder zu richten und für
Schaden zu hüten.   Actum d. 10 Junii 1644.

———————

Mandat gegen die Holz-Dieberey in der Stadt Wal- 1646.
  · dungen. ſ. 1668.   imSept.

CCLXXIV.
Mandat wegen der Appellation vom 1646.
Niedern- ans Ober-Gericht.   8 Oct.

Nachdem in der den 2 Oct. 1645 gehaltenen
Zuſammenkunft von der Erbgeſ. Bürgerſchaft begehret worden, daß die Summa der
100 Mark, wovon an E. E. Rath aus dem
Nieder-Gericht nicht appelliret werden kann, noch
auf 100 Mark möchte verhöhet werden; und dann
E. E. Rath, inſonderheit zu verhoffter ſchleunigen
Fortſetzung und Beförderung gerichtlicher Sachen,
ſich mit den dazu deputirten 60 Bürgern dahin
vereinbaret, und auf einen Verſuch dienſam erachtet, daß die Appellations-Summa des Nieder-
Gerichts noch auf 100, und alſo einſchließlich auf
200 Mark verhöhet werden ſoll; iedoch dergeſtalt,
daß in denen Sachen, davon die anfängliche
Haupt-Klage ſich über 100 bis 200 Mark inclu-
ſive erſtrecket, zwar in eines ieden Actoris oder
Klägers, er ſey einheimiſch oder fremd, freyen Belieben und Macht ſtehen ſoll, ſeinem Gefallen
Kk 2   nach,

1646. nach, folche Sache in das Ober= und Nieder=Ge=
richt zu bringen; wann er aber diefes einmal er=
wählet, und die Sache allda anhängig gemacht
worden, alsdann auch felbige Sache allda nach
des Gerichts Satzung ausgeführet, und dafelbft
ein End=Urthel oder ausgehendes Recht, alfo, daß
davon an das Ober=Gericht nicht appelliret werden
kann, darüber eingeholet werden und ergehen foll:
Als hat zu männiglichen Nachricht und Wiffen=
fchaft E. E. Rath diefe Verord= und Beliebung
an dem Rathhaufe und Nieder=Gericht öffentlich
zu affigiren, und anzufchlagen befohlen; iedoch
bleibet E. E. Rath die Aenderung derfelben, mit
Beliebung der Erbgef. Bürgerfchaft, ftets billig
referviret und vorbehalten. Actum & decretum
in Senatu publicatumque fub figneto den 8ten
October 1646.

1647. Mandat, daß niemand fremde allhier refidirende Na=
4 Märʒ. tionen befchimpfen foll. f. 1649. 2 April.

CCLXXV.

1648. Mandat, keine gefchwehrte und im Rö=
15ten mifchen Reiche verbotene Seide ein=
Märʒ. zuführen, zu kaufen, noch zu verkaufen.

Obʒwar E. E. Rath in Anno 1642 eine gute
Seidenfärber=Ordnung publiciren, und öf=
fentlich zu dem Ende anhangen laffen, daß keine
verbotene gefchwehrte Seide allhier gefärbet, auch
nicht

nicht verkaufet und verhandelt werden ſoll; ſo bezeuget doch die tägliche Erfahrung, wenn gleich
allſolche ſchwehre verbotene Seide allhier nicht gefärbet, daß dennoch von andern Orten ſelbige her-
eingeſchleppet, und heimlich allhier verhandelt
werde. Weil aber ſolches zum Abbruch obbe-
rührter nutzbaren Ordnung geſchiehet, überdem
auch dadurch, daß, wann die Seide allhier in der
Schwarz-Farbe nicht geſchwehret, und doch von
andern Oertern geſchwehret herein gebracht wird,
unſern Seiden-Bereitern, als welche ihre gute
Seide nach dem Gewichte ſo wohlfeil, als die andern, nicht geben können, nur die Nahrung entzogen, ſonſten aber dem Uebel nicht gewehret,
auch die Intention der aufgerichteten und vorangezogenen Seidenfärber-Ordnung nicht erreichet
wird; dann auch E. E. Rath in gewiſſe Erfahrung gebracht, weil in Holland an verſchiedenen
Orten dergleichen verbotene ſchwehre Seide auch
vielfältig verhandelt, daß demnach E. E. Rath
zu Amſterdam unterm dato d. 8 Febr. eine Or-
donnance publiciren laſſen, dahin gehend, daß
bey hoher ſchwerer Strafe allſolche verbotene geſchwehrte Seide nicht mehr gemacht, die aber,
ſo annoch davon vorhanden, innerhalb 6 Monaten, von beſagtem 8 Februar anzurechnen, ſoll
veralieniret, weggeſchafft und veräuſſert werden,
als träget E. E. Rath nicht ohne Urſach billig
Beyſorge, daß dadurch vielgedachte und im Heil.
Röm. Reiche höchſtverbotene geſchwehrte Seide
von denen Oertern haufenweiſe anhero geführet,
und dieſe gute Stadt noch mehr damit beladen und

Kk 3	ange-

1648. angefüllet werden möchte. Wann aber ſolchem Unweſen und verbotenen Handlung billig zu begegnen: Als will E. E. Rath hiemit männiglich gewarnet, ermahnet und denenſelben ernſtlich geboten haben, daß ſie ſich allſolcher geſchwehrten und verbotenen Seide, ſie ſey allhier gefärbet, oder komme von was Orten ſie immer wolle, gänzlich enthalten und entſchlagen, dieſelbe auch nicht kauffen, verkauffen oder verhandeln ſollen, in einigerley Weiſe noch Wege, mit dem Anhange und ernſter Verwarnung, inmaaſſen auch darauf gewiſſe Perſonen beſtellet, daß die alſo aus der Fremde einkommende oder allhier ertappete Seide, vermöge des Heil. Röm. Reichs Conſtitutionen, confiſciret, öffentlich verbrannt, und die Uebertreter überdem in eine ernſtliche willkührliche Strafe genommen werden ſollen. Wornach ſich ein ieder zu richten und für Schaden zu hüten. Actum & decretum in Senatu publicatumque ſub ſigneto den 15 März 1648.

CCLXXVI.

1660.
18Apr. Mandat, daß niemand weder bereitete noch unbereitete Seide von dem Seiden-Bereiter, Winkel-Volk und Spuhlern erkauffen, oder an ſich bringen ſoll.

Nachdem die Seiden-Bereiter ſehr klagen, was maaſſen ihnen ſowol von einigen ihres Win-
kel-

kel=Volks, als auſſerhalb Hauſes arbeitenden 1660.
Spuhlern, viel Seide, bereitete und unbereitete,
entzogen, und hernacher hin und wieder in kleinen
Partheyen um ein Geringes verkaufet, und an=
dern angegeben werde; und aber ſolches in Wahr=
heit ein abgetragenes und geſtohlenes Gut iſt, ſo
nicht erkauft, noch unter einigem Prätext ange=
nommen, oder verheelet werden ſoll:

Dieſemnach thut E. E. Rath hiemit erinnern,
ermahnen und ernſtlich gebieten, daß hinfüro
keiner von allſolchem Winkel=Volke oder Spuh=
lern einige, es ſey bereitete oder unbereitete, Seide
erkaufen oder an ſich bringen, vielmehr dieſelbe
anhalten und den Herren Gerichts=Verwaltern
anmelden ſoll, mit dem Anhange und ernſter Ver=
warnung, woferne iemand dieſem Mandato zu=
wider handeln würde, daß wider denſelben mit
ernſter willkührlicher Strafe verfahren, auch er
nach Befindung durch den Fiſcal gerichtlich be=
klagt werden ſoll. Wornach ꝛc. Publicatum
den 18 April 1660.

CCLXXVII.

Mandat, daß niemand Strümpfe für 1661.
hier fabricirt verhandeln ſoll, ſie haben 22ſten
denn das Zeichen deſſen, der ſie ver= May.
handelt, und ſo viel Striche, als ſie
Dräthe halten.

Nachdem E. E. Rath Klagen vorgekommen,
daß einige vortheilſüchtige Haſenſtricker und

Kk 4   andere,

1661. andere, so mit Strümpfen zu thun haben, und dieselben verhandeln, auf Strümpfe, die zum Exempel nur 3 und 5 dräthig seyn, respective 4 und 6
Striche und so fortan setzen und setzen lassen, dieselben auch für 4 und 6 dräthige ausgeben und dafür verkaufen; solches aber eine kundbare Betrie-
gerey ist, insonderheit in Manufacturen nicht zu
gedulden, immittelst doch schon so gemein geworden, daß die allhier gemachten Strümpfe, welche
hiebevor von Fremden sonderlich gesuchet, und
wovon viel tausend Menschen ihr Brodt und Nahrung gehabt, fast ausser Credit gebracht werden
wollen. Wann dann solcher Unordnung aus er-
heblichen Ursachen also länger nicht nachzusehen:
Als thut E. E. Rath hiermit männiglich, sowol Ha-
senstrickern, als allen und ieden, so mit Strümpfen
zu thun haben, oder dieselben verhandeln, alles
Ernstes gebieten, daß keiner sich unterstehen soll,
hinfüro einige Strümpfe für Hamburger zu verhandeln, sie haben dann das Zeichen eines ieden,
der sie verhandelt, und nur so viel Striche, als
sie wahrhaftig Dräthe haben, dero Behuf denn ein
ieder auf die, so er neu machen lässet, sein Mark
und die Striche, nach wahrer Anzahl der habenden Dräthe, soll machen lassen, auf die aber, so
er ohne Mark und gebührende Strichen schon
gemacht hat, sein Mark nähen, und die Striche,
bis sie den Dräthen wahrhaftig gleich seyn, zusammen ziehen lassen. Sollte iemand diesem Mandato zuwider handeln, und einige Hamburger
Strümpfe ohne sein Mark oder ohne Striche, oder
auch mit mehr Strichen, als sie wahrhaftig von
Drath

Drath ſeyn, machen, machen laſſen, handeln oder 1661.
zu verhandeln, bey ſich haben, und darüber nach
dato 6 Wochen betreten werden, ſoll ſolches den
zur Zeit verordneten Wette-Herren kund gethan,
das falſche Gut mit einander confiſciret, und der
Verbrecher darüber in ernſte willkührliche Strafe
genommen werden. Wornach ſich ein ieder zu
richten und für Schaden zu hüten. Decretum
in Senatu den 22 May 1661.

CCLXXVIII.

Mandat, daß niemand im Hamm, Ho- 1663.
len-Rönn und Horn, binnen einem 14 Jun.
Schuß Weges an den Heerſtraſſen
und an den Gärten, nach Vögeln
ſchieſſen ſoll.

Nachdem E. E. Rathe Klagen vorgekommen,
wasmaaſſen an den Heerſtraſſen, und bey
denen im Hamm, Holen-Rönnen und Horn belegenen Gärten, vielfältig nach Vögeln unvorſich-
tig geſchoſſen worden, daß auch denen daſelbſt in
ihren Gärten und am Wege ſich befindenden Leuten die Hagel um den Leib geflogen, und leicht
Schade, wenn es Gott nicht verhütet hätte, geſchehen können; und aber einem ieden am offenen
Heerwege und auf ſeinem Garten und Gute billig alle Leibes-Sicherheit zu beſchaffen: Als thut
E. E. Rath männiglichen hiermit befehlen und
gebieten, daß keiner ihme unterſtehen ſoll, binnen

Kk 5　　　　einem

1663. einem Schuß Weges an den Heerstraffen, oder an den Gärten zu Hamm, Holen=Rönnen und Horn, nach Vögeln zu schiessen, oder seine Büchse darauf zu lösen; mit dem Anhange und ernster Verwarnung, da iemand solches der Orten näher als auf einen Schuß Weges davon thun sollte, daß demselben die Büchse ohne Unterscheid genommen werden, verfallen seyn, und er überdeme von den verordneten Hamm= und Hörner Land=Herren, nach Befindung, mit ernster willführlicher Strafe beleget werden soll. Wornach sich ein ieder zu richten und für Schaden zu hüten.

Abgekündiget zu St. Jürgen den 14 Jun. 1663.

1667. Die Nachweisung muß auf den 24 May 1676. (statt
28Aug. Jun.) gesetzet werden.

1668. Mandat von 1646 gegen die Holz=Dieberey. s. 1683.
15 Jan. 15 Jan.

1675. Ist die Nachweisung auf 1726. 5 April zu richten, und
4Jun. die gesetzte vom 4 Jan. 1717. ein Druck=Fehler.

1675. Sabbath=Mandat. s. 1687. 7 März.
5Sept.

1676. Wiederholtes Mandat vom 20 Febr. 1666. gegen die
15Dec. Vorhöckerey. s. 1696. 22 May.

Er

Erneuertes Mandat von 1641. gegen die Ausführung 1682.
ſowohl des geſchmolzenen, als rauhen Talligs.
ſ. 1718. 6 Octob.

Mandat gegen das Aufkaufen der Bau=Materialien. 1683.
ſ. 1700. 9 Jun. 8 Jun.

Bey dem zum erſtenmal verkauften Dienſte eines Mar= 1687.
ſtalls=Kutſchers iſt kein Schrage für den Leichen= 22 Jun.
Wagen errichtet, ſondern ihm das vorige Accidens
gelaſſen worden. Es hat aber die Einführung des
ſogenannten Jungfer=Wagens, und die übertriebene
Gebühr bey dabey zunehmendem Staat, in den
neueren Verpachtungen einen Schragen ſamt neuer
Vorſchrift veranlaſſet. ſ. 1729. 1743. 1750. und
1754.

Es iſt zwar der Anfang gemacht, die Mühlen=Dienſte 1687.
zu verkaufen; Pflicht und Schragen aber ſind da= im Jul.
mals nicht namhaft reguliret, ſondern man hat die
Müller überhaupt auf die Mühlen Ordnung und das
Herkommen verwieſen, bis im folgenden Jahr=Hun=
dert die Verpachtung eingeführet, und ſowohl Oblie=
genheiten als Schragen, theils in den Anſchlägen, theils
in den Matten=Verordnungen, von Zeit zu Zeit genauer
beſtimmet worden. Immaaſſen unten folgen wird.

Befehl, daß die Zoll=Bediente ſich des Zöllners zu 1687.
Eßlingen Schein wegen allda erlegten Zolles vorzei=
gen laſſen ſollen. ſ. 1701. 7 Nov.

Schragen

1688.
30sten
May.

Schragen des zum erstenmale verkauften Dienstes des
Leihhaus-Schreibers ist, gleich dem Schragen des
Verwalters vom 25 März 1692, der Leihhaus-
Ordnung von 1722. 22 Nov. Artikelsweise mit
eingerückt.

1691.
30 Oct.

Das S. 418. u. f. eingerückte Mandat hat in den
folgenden Jahren, und insonderheit in diesem Seculo,
wegen der eingeführten Abend-Hochzeiten, seine Kraft
verloren. Man kann aber hiebey aus den vorhin
angezogenen Artikeln, welche der Buersprache auf
Petri im Jahre 1618. hinzugefüget sind, nachfolgende, noch bis itzo, nur den darinn erwehnten, vorhin
gewöhnlichen Chorgang, ausgenommen, in Uebung
gebliebene Verordnung wegen der am Sonntage
Nachmittage hergebrachten Copulationen, allhier ein-
zurücken nicht unterlassen:

Als auch wegen der Sonntags-Hochzeiten ein
hochärgerlicher Mißbrauch, wie männiglich
vor Augen, eingerissen, dadurch der Sonntag
entheiliget, viele Leute, jung und alt, von der
Predigt und Gottes-Dienst abgehalten, und also
der gerechte Zorn Gottes gegen uns nicht wenig
gehäufet und verursachet wird, auch derowegen
keinesweges zu gedulden: So will E. E. Rath,
mit Consens und Bewilligung der Erbges. Bürgerschaft, allen armen Knechten und Mägden vergönnet
und nachgegeben haben, daß dieselben am Sonntage Mittags nach dem Chorgange, oder ehelichen
Copulation,

Copulation, ein eingezogenes Gaſtgebot anſtellen 1691.
mögen, iedoch daß dazu kein ander Menſch, weder
jung noch alt, als die mit auf dem Chor geweſen,
geladen oder kommen, auch ganz keine Spielleute
oder Tanzen dabey ſeyn oder gebrauchet werden
ſoll, und daſſelbe bey Strafe 50 Rthlr., ſo ein
ieder, welcher von gedachten Knechten und Mägden, oder auch dero Hauswirthen, dawider handeln wird, ohne einige vorhergehende rechtliche
Erkenntniß, den Wedde-Herren abzutragen ſchuldig ſeyn ſoll; von andern Leuten aber, auſſerhalb
gedachten Knechten und Mägden, ſollen entweder
keine Hochzeiten am Sonntage gehalten, oder ja
allererſt, wenn die Predigt und Gottes-Dienſt in
allen Kirchen zum Ende und verrichtet, und alſo
um 5 Uhr nach Mittage, angefangen werden, und
daſſelbige ebenermaaſſen bey obgemeldten 50 Rthl.
unnachläßiger Strafe. Wornach ſich ein ieder
zu richten.

Das Mandat S. 421. u. f. geht zugleich auf ein Ver- 1692.
    bot gegen das Herumgehen mit betrüglichen Col- 11ten
    lecten-Büchern.   März.

CCLXXIX.

Anzeige, daß der Diſpacheur gedruckte 1692.
   Zettel den Intereßirten bey der Ha- 3 May.
varie zuſchicken ſolle.

E. E. Rath thut hiermit allen zur See handelnden Bürgern und Einwohnern kund und zu
                                            wiſſen,

1692. wiſſen, daß Johann Philipp Rademacher, als dieſer Stadt beeydigter Diſpacheur, bey Arrivirung der Schiffe, ſo bey ihm Havarie anbienen laſſen wollen, hinfüro gedruckte Zettel denen Intereſſenten herumzuſchicken gehalten ſeyn, und von ihnen darauf vernehmen ſoll, ob ſie Riſico laufen, oder Havarie ſich gefallen laſſen wollen, da ſie ſich dann innerhalb 24 Stunden zu erklären, und die auf den Zettel geſetzte eigenhändige ſchriftliche Reſolution itztgedachtem unſern Diſpacheur zuzuſtellen haben, damit derſelbe ſich darnach im Diſpachiren richten, und der Schiffer im Löſchen nicht möge aufgehalten werden, wie dann auch der Diſpacheur die Zettel der Diſpache anhängen zu laſſen ſchuldig ſeyn ſoll; ſollte aber iemand die obgedachte Zeit verabſäumen, ſoll deſſen Votum hernach nicht gelten. So wird auch denen Schiffern hiermit ernſtlich anbefohlen, daß diejenigen, die Havarie oder See-Schaden erlitten, innerhalb zweymal 24 Stunden ſich bey mehrgedachtem Johann Philipp Rademacher anzugeben, und darauf die Atteſtata innerhalb 24 Stunden aufzunehmen pflichtig und gehalten ſeyn ſollen. Wornach ꝛc.

1692. Befehl an die Miliçe und Wachten an Thoren und
20ſten Bäumen, ſich ſelbſt zur Hereinpractiſirung auswärti-
May. ger Victualien nicht gebrauchen zu laſſen, vielmehr ſolche zu verwehren. ſ. 1694. den 1 May.

CCLXXX.

CCLXXX.

1692.
18 Jul.

Mandat wegen richtiger Angabe der nach neutralen Orten zu verſchicken= den, ſonſt contrebanden, Güter.

Demnach E. E. Rath, aus bewegenden Ur= ſachen, wegen Abſend= und Verzollung der zum Schiffs=Bau erfordernden Materialien an fremden und neutralen Oertern, zu Verhütung einiger etwann zu befahrenden Unterſchleifen, ge= wiſſe Verordnung zu machen für nöthig erachtet: Als thut derſelbe allen und ieden, welche derglei= chen Waaren, als Maſten, Diehlen, Krumm= und Bau=Holz, Segel und Segel=Tuch, Hampf, Tackel und Tau, Pech und Teer, Blöcke, Anker und Bolten verzollen, um ſolche nach fremde und neutrale Oerter zu ſchicken, hiemit ernſt= lich gebieten, daß ſie ſich hierunter unverdächtig= lich bezeigen, und iedesmal endlich erhärten ſollen, daß ſothane von ihnen verzollete und auszuſchif= fende Güter würklich an den Ort, wohin ſie de= ſtiniret und verzollet ſeyn, geliefert, und desfalls kein Unterſchleif ſoll vorgenommen werden, und ſolches bey hoher willkührlicher, auch nach Be= finden Leibes=Strafe. Wornach ſich ꝛc.

CCLXXXI.

1692.
2 Nov.

Mandat, den Schauenburgiſchen Zoll betreffend.

E. E. Rath thut hiermit allen denen, welche den Schauenburgiſchen Zoll zu entrichten ſchuldig ſeyn,

1692. feyn, ernftlich gebieten, hinfüro fothanen Zoll, wann er fich über 16 Schilling Lüb. erftrecken wird, in gangbarer grober Münze abzuführen, auch fich dabey aller Befcheidenheit zu gebrauchen, und folches unter willführlicher Strafe. Wornach fich ein ieder zu achten und für Strafe zu hüten hat. Decretum in Senatu publicarumque fub figneto den 2 November 1692.

1694. Ift wegen der bey währendem Kriege ausgebrannten 14 Jan. Stadt Ratzeburg von E. Hochedl. Rath eine Collecte angeordnet, und am 7 Febr. ift diefelbe zum Kirchen-Bau zur Döfe, im Amte Ritzebüttel, zugewilliget.

1694. Erneuerter Befehl von 1692. 20 May, an die Milice, 4 May. gegen die Hereinpractifirung frember Victualien. f. 1699. 3 May.

CCLXXXII.

1695. Mandat gegen die Unterfchleife mit in 2 Aug. Tonnen gepackten fremdem und ftinkenden Fleifche.

Demnach E. E. Rathe diefer Tagen Klagen vor- und angebracht, wasmaaffen eine Zeither bey dem aus der Nachbarfchaft anhero gebrachten, und in Tonnen eingemachten Ochfen- und Schaf-Fleifche, viele Unterfchleife und nachtheilige Ueberfetzung vorgegangen, zumalen die Ton-

Tonnen nicht die rechte Maaß und Gewicht gehalten, auch an ſich nicht wohl gepacket geweſen,
zudem öfters allerhand altes und ſtinkendes Fleiſch
unter einander darinn vermiſchet gefunden worden, wodurch dann nicht nur die Käufer gefliſſentlich hintergangen, ſondern vornehmlich diejenige,
ſo ſolches ſowol allhier als auf den Schiffen, oder
ſonſten auf den Reiſen, eſſen müſſen, übel mitge-
nommen, und faſt ſehr geplaget, ja öfters um
ihre Geſundheit gebracht werden, einfolglich
höchſtnöthig, daß ſothanem Unweſen und ſchädli-
cher Vervortheilung behufig vorgekommen, und
darunter nachdrückliche Verordnung gemachet
werde: Als thut E. E. Rath zuvorderſt hiemit
iede Tonne Ochſen-Fleiſch und deren Gehalt zum
wenigſten auf 260 ℔, die Tonne Schaf-Fleiſch
aber auf 240 ℔ ſetzen, und darob dem verordneten Packer, Dirck Wagenknecht, und ſeinen künftigen Succeſſoren, unter Verſicherung benöthig-
ten obrigkeitlichen Schutzes, ernſtlich anbefehlen,
acht darauf zu haben, daß keine mit Ochſen- oder
Schaf-Fleiſch angefüllete Tonnen in dieſe gute
Stadt eingelaſſen und verkaufet werden, als
welche dieſes Gewicht der reſpective 260 und
240 ℔ halten, und worinn gut geſundes Fleiſch
gefunden wird, auch welches von ihm mit Fleiß
nachgeſehen und nachgepacket worden; mit dem
Anhange, daß, dafern dieſer Verordnung zuwider gehandelt, und desfalls mit Fug von iemand
Klage geführet, oder auch nichts deſtoweniger un-
wichtige und mit ſtinkendem Fleiſch angefüllte
oder vermengte Tonnen hereingebracht werden

Erſter Theil.   Ll   dürf-

1695. dürften, selbige nicht allein sofort weggenommen und confisciret, sondern auch dazu mit willkühr- licher Strafe, sowol wider diejenige, so hierüber betreten, als wider den beregten Packer und sei- nen künftigen Successoren, daferne er wider Ver- hoffen sich nachläßig hierunter bezeigen wird, un- ausbleiblich verfahren werden solle. Wornach sich ein ieder zu richten und für Schaden zu hü- ten. Actum & decretum in Senatu publicatum- que sub signeto den 2 Aug. 1695.

1696. Sind die Becken zur Kirchen-Reparation und zum Bau
16 Feb. eines Pfarr-Hauses und einer Schule auf dem Ham- burger Berge, auf Anordnung E. Hochw. Raths, in den Kirchen in und ausserhalb der Stadt ausge- setzet, und am 25 März ist es gleichergestalt für die abgebrannte Stadt Anclam geschehen. Desgleichen auch 1697 am 25 April für die abgebrannten geistlichen Gebäude zu Pfau, im Güstrauischen, wie auch am 8 May für die durch ein Erdbeben in einen Stein- haufen gefallene Stadt Sulzbach, und am 24 Oct. für gesammte Würtembergische Lande nach dem Kriege, wiederholet. Am 14 August 1698 sind die Becken zur Collecte für die kürzlichst errichtete Lutherische Ge- meine in London in und ausser der Stadt angeordnet worden.

CCLXXXIII.

CCLXXXIII.

Reglement, wornach ſich der Güter-Be- ſtäter zu richten hat.

1696. 15ten May.

1. Soll er ſich eines chriſtlichen Wandels be- fleißigen, die Mäßigkeit lieben, für Völ- lerey und andern Laſtern ſich hüten, iedermann, und beſonders E. E. Kaufmann, mit aller Höf- lichkeit, wie auch denen Fuhrleuten mit Beſchei- denheit begegnen, und täglich vom Morgen bis an den Abend unter dem alten Krahn fleißig auf- warten, oder wenigſtens, wann er nicht zugegen ſeyn kann, iemanden ſeiner Leute daſelbſt ſtellen, der Beſcheid wiſſe wegen der Güter und Wagen einem ieden zu geben, er ſelbſt aber ſoll alle Mit- tage zwiſchen 12 und 1 Uhr, und alſo eine Stunde lang, auf der Börſe ſich finden laſſen, um denen Kaufleuten, welche ihn zu ſprechen haben, Ad- dreſſe und Antwort zu geben.

2. Soll er keine Güter auf- und abladen, noch zu Waſſer auf- oder abſetzen laſſen, bis ihm zuvor der Zoll-Zettel eingeliefert.

3. Soll er einen Kaufmann wie den andern in Billigkeit des Lohns und Beförderung ſeiner Güter accommodiren, auch niemanden um einige Freundſchaft oder andern dergleichen Urſachen willen einige Präferenz darunter geben und ver- ſtatten, noch mit keinem, er ſey wer er wolle, wie auch Fuhrleuten, einige heimliche Intelli-

Ll 2 gence

1696. gence oder Collufion hegen, befondern feine Verrichtung offenbar vor iedermann abftatten, fich
auch eigener Handlung und Factoren gänzlich enthalten, und nichtes anders, als diefen Dienft,
treufleißig abwarten.

4. Imgleichen foll er auch keinen Fuhrmann
dem andern vorziehen, fondern fie alle und iede
nach der Ordnung, wie fie fich bey ihm angeben,
ohne Unterfcheid und Anfehen der Perfon, fie
feynd hiefige oder fremde, expediren und befördern, es fey dann, daß der erfte in der Ordnung
gar zu unbillig feyn würde, und der ihm in der
Ordnung folgende fich billiger anfchicken wollte,
auf folchen Fall, und nicht anders, foll ihm, dem
Beftäter, frey ftehen, diefen folgenden dem erften
vorzuziehen.

5. Soll er fich niemals und auf keinerley
Weife oder Wege unterfangen, einige Güter, fo
wenig zu Waffer als zu Lande, andern Fuhrleuten oder Factoren hinaus zu fenden, fo lange hier
bey der Stadt hiefige oder fremde Fuhrleute noch
vorhanden find, die fich nach der Billigkeit anfchicken wollen.

6. Soll er, der Güter-Beftäter, in Verfpre-
chung des Lohns groffe Behutfamkeit gebrauchen,
damit folcher iedesmal alfo der Billigkeit nach eingerichtet werde, daß weder das Commercium fich
darüber zu befchwehren Urfache habe, noch der
Fuhrmann dabey verderben möge.

7. Soll

7. Soll er die kommenden und abgehenden 1696. Fracht = Briefe an niemand anders, als den ſie concerniren, vorweiſen, damit Gewinnſüchtige nicht ein= oder des andern Correſpondenz erfahren, und ihren Mitbürgern dadurch Eintracht in ihrer Commißion oder Handlung zufügen können.

8. Und wie ſchließlich E. E. Kaufmann durch dieſes Reglement von dem alten Herkommen, und daß er freye Hand haben möge, ſeine Güter, wie vor dieſem, alſo fernerhin, zu Waſſer und zu Lande ſelbſt zu ſpediren, nichtes entzogen wird, alſo ſoll der Güter=Beſtäter ihm dieſes gefallen laſſen, und dieſer Verordnung getreulich nachkommen, nie= manden über die gemachte Taxam beſchweren, auch ſonſten ſeinem geleiſteten Eyde und ausge= ſtellter Verſchreibung, bey der darinn enthaltenen Strafe, redlich und mit Fleiß nachleben.

Hieben folget nun die Taxa desjenigen, welches der Güter=Beſtäter von einem ieden Wagen, der ein= oder ausbefrachtet iſt, wie imgleichen deſſen Bedienter, zu genieſſen haben ſoll.

Von kleinen Wägen, mit 5 a 6 Pferden beſpannet, ſo aus Schleſien kommen, ſoll er, der Güter=Beſtäter, ge= nieſſen, wenn der Wagen herein kömmt mß 1: — ß
wenn er wieder von hier beladen ausfährt 4: 8
deſſen Bedienter aber auf= und abzuladen, zuſammen   :   :   1: —
Von groſſen Wägen aber, ſo mit 8 a 9 Pfer= den beſpannet, von Breßlau herein   :   1: 8
wieder hinaus   :   :   :   6: —
Alſo auch von Nürnberg, wenn der Wagen mit 8 a 9 Pferden beſpannet, herein   1: 8
hinaus   :   :   :   6: —
deſſen Bedienter aber in allen   :   1: 8

Iſt

1696. Iſt es aber nur ein Karn, ſoll er von iedem Pfer=
 de, ſo davor, genieſſen, herein · mℊ –: 4
· hinaus · · · –:12
deſſen Bedienter aber in allen von iedem
Pferde, ſo davor gehet · –: 4
Von Leipzig, vom Wagen, herein · 1: 8
hinaus · · · 3:—
deſſen Bedienter in allen nur · 1:—
Von und auf Frankfurt am Mayn ſoll er ha=
ben, gleichwie vom Wagen von und auf
· Nürnberg herein · · 1: 8
und hinaus · · · 6:—
deſſen Bedienter aber in allen ·
Auf Stettin von groſſen Wagen, herein 1: 8
hinaus · · · 3:—
· deſſen Bedienter aber in allen · 1:—
Auf und von Danzig herein · 1: 8
hinaus · · · 6:—
deſſen Bedienter aber in allen · 1: 8
Von Naumburg ſoll mit Leipzig überein gehalten werden.
· Actum & concluſum in Senatu publicatum=
que ſub ſigneto den 15 May 1696.

1696. Iſt der Druckfehler, da ſich das Mandat auf die Sab=
26 Oct. baths=Verordnung vom 7 März 1678 beziehet, zu
verbeſſern, und das Jahr 1687 zu ſetzen.

1697. Iſt die Nachweiſung auf 1723 (nicht 1724) 10 Febr.
3 May. zu ſtellen.

1698. Mandat gegen das Hereinbringen und Verkaufen frem=
28 Nov. der Karpen und Karutſchen. ſ. 1712. 15 Dec.

1699. Extendirtes Duell=Edict. ſ. 1720. 9. Dec.
10 Feb.

1699. Iſt die Einladungs=Schrift zur Glückwünſchungs=Rede
14 Feb. auf die Vermählung des Römiſchen Königs Joſe=
phi I.

phi I. Majeſtät, nebſt der Rede ſelbſt, in dem **1699.**
IV. Theile der Memor. Hamb. (deſſen Titel: Iubi-
læum primum Gymn. Hamb. iſt) S. 232. u. f.
ſo wie auch das Programma und die Rede auf die Kö-
nigs-Wahl und Krönung S. 202. u. f. ganz eingerückt.

Erneuertes Mandat vom 18 Sept. 1688. gegen die **1699.**
     Hereinpractiſirung fremder Victualien, beſonders **3 May.**
     Brodtes und Fleiſches. ſ. 1710. 13 Octob.

CCLXXXIV.

Abermals wiederholter Befehl von **1699.**
1692. und 1694. an die Miliz, an **3 May.**
dergleichen Unterſchleifen keinen Theil
zu nehmen. *

Demnach E. Wohledler Hochweiſer Rath dieſer Stadt mit höchſter Befremdung in Erfahrung gebracht, wasgeſtalt ihrem 1688. publicirten Mandate zuwidern, der heimlichen Hereinpractiſirung des auswärts gebackenen Brodtes
und geſchlachteten friſchen Fleiſches von hieſiger
Miliz und denen vor Thören und Bäumen habenden Wachten ſogar nicht gewehret werde, daß ſie
vielmehr ſelbſten oder durch die Ihrigen ſich zu
dergleichen Hereinbringung und verpönten Unterſchleif gebrauchen laſſen, und theils vor ſich
ſelbſt, theils vor andere Bürger und Einwohner
ganz ungehindert faſt täglich eine groſſe Quantität ſothanen gebackenen Brodtes und friſch geſchlachteten Fleiſches unter ihren Mänteln herein-
tragen ſollen: Als thut E. wohlbeſagter Wohledler Rath hiemit einem ieden ſowol Ober-Un-
tern-

* Iſt, wie vorhin, auf der Parade 3 Tage nach einander abgeleſen.

1699. tern= und ſämmtlichen Gemeinen hieſiger Stadt-
Miliz nochmalen ernſtlich befehlen, hinfüro Dero
beregtem Mandate von 1688. beſſer zu geleben,
und darob ſorgfältig zu ſeyn, daß dergleichen fremdes Brodt und friſch geſchlachtetes Fleiſch nicht
möge auf einigerley Weiſe oder Wege weder durch
ſie ſelbſt oder andere hereingebracht, vielmehr allen und ieden, welche ſich deſſen hinfüro nachtheilig unternehmen, ſolches abgenommen, die Caroſſen, Wagen, Karren, Schüten oder Ever, worinn ſolches ertappet werden dürfte, angehalten,
und zur würklichen Confiscation an gehörige Oerter gebracht werden, mit dem Anhange, daß, daferne iemand, er ſey Ober= oder Unter=Officier
oder Gemeiner, dieſem wiederholten Befehl wider Vermuthen entgegen ſeyn, und entweder ſelbſt
ſothanes verbotenes fremdes Brodt und Fleiſch
hereinbringen, oder herein zu practiſiren ſich gebrauchen laſſen, oder auch denen Viſitierern die
hülfliche Hand nicht bieten und fleißige Obſicht
haben ſollte, daß daſſelbe in Caroſſen, Wagen,
Karren, Evern, Schüten oder ledigen Bier= und
anderen Tonnen nicht hereingeſchluppet, und er
deßfalls verdächtig gemachet und überführet werden dürfte, derſelbe ſeiner Charge würklich entſetzet, auch mit anderer willkührlicher, ja gar, nach
Befinden, mit harter Leibes-Beſtrafung gegen ihn
verfahren werden ſoll. Wornach ſich ein ieder zu
richten und für Schaden und Strafe zu hüten hat.
Actum & decretum in Senatu die 3 Maji 1699.

1699. Sind die Becken zur Collecte für die vertriebenen Wal-
20Aug. denſer ausgeſetzet.

CCLXXXV.

CCLXXXV.

Mandat, die Hamm= und Hörner Höl= zung nicht ferner zu ruiniren. 1699.
2 Dec.

Nachdem E. E. Rathe glaubwürdig vorge=
bracht, auch die tägliche Erfahrung beſtär=
ket, daß die in dem Hamm= und Hörner Holze
befindlichen Bäume theils von verwegenen und
muthwilligen, theils von armen und eigennützigen
Leuten, zu der Hölzung ungemeinen Schaden und
gänzlichen Verderb, vielfältig beſchädiget, die Tel=
gen abgeriſſen oder abgeſagt, Stubben ausgehauen,
friſche und geſunde Bäume geſchelet, oder das
Bork und Holz angehauen, ja von ſelbigen in
andern, ihnen nicht gehörigen, Ellerngehegen,
Buſch gehauen werde, und dann allſolchem höchſt=
ſtrafbaren Verfahren nicht nachzuſehen: Als will
E. E. Rath, kraft dieſes, verordnet und geboten
haben, daß ein ieder ſich allſolchen enthalten ſoll,
mit der ernſtlichen Verwarnung, daß, wer hierob
betreten wird, mit 10 Rthlr. Strafe zum erſten
mal, oder, daferne er ſelbige nicht zu zahlen hätte,
oder in dergleichen böslichen Betrieb continuiren
würde, mit willkührlicher Leibes=Strafe beleget
werden ſoll. Wornach ſich ein ieder zu richten
und für Schaden zu hüten hat. Actum den 2ten
December 1699.

Ll 5 CCLXXXVI.

CCLXXXVI.

1699.
18 Dec. Mandat wegen Veränderung des Calenders.

Demnach die zu Regensburg versammleten gesammten Evangelischen Reichs-Stände am
23 Sept. dieses zu Ende laufenden 1699sten Jahres ein zur Verbesserung des Calenders abzielen-
des Conclusum dahin resolviret haben, daß nemlich 11 Tage in denen Calendern des instehenden,
Gott gebe glücklich zu erlebenden, 1700ten Jahres, gleich nach dem 18ten Februar, alten Styls,
ausgelassen, und nachdem besagter 18te Tag Febr.
vorbey, der 1ste März sofort gezählet, das Matthias = Fest aber, so den 24sten Februar einfällt,
und ohnedem ein Sonntag ist, auf den 18ten selbigen Monats verleget werden soll; und dann
E. E. Rath, zu Vermeidung mehrer Irrungen
und Confusionen, eine Nothwendigkeit erachtet,
dasselbe in dieser Stadt und deren Gebiete, nach
dem Exempel anderer Evangelischen Stände,
gleichfalls zu introduciren, als hat Er selbiges
allen und ieden, um sich darnach zu achten, hiermit kund thun wollen. Actum den 18 Dec. 1699.

CCLXXXVII.

1700.
21 Apr. Mandat wegen des Wegfangens der
kleinen Fische.

Demnach E. E. Rath in glaubhafte Erfahrung gekommen, wie daß, Unserem Receß
zuwi-

zuwider, kleine Bütte, Stör, Sandaten und 1700.
dergleichen Fiſche, ehe und bevor dieſelben zu ei=
ner angenehmen Gröſſe kommen, und recht genoſ=
ſen werden können, häufig weggefangen und zu
Markt gebracht werden, womit denn nicht allein
denen Menſchen nicht gedienet, die Fiſche nur lie=
derlich vernichtet, und Gottes Gabe unverant=
wortlich verunrathet wird, ſondern auch wegen
ſolcher Undankbarkeit Gottes gerechter Zorn leicht
erwecket, und deſſen reicher Segen uns entzogen
werden kann: Als thut E. E. Rath hiermit allen
und ieden Fiſchern ernſtlich gebieten, ſich mit nich=
ten zu unterſtehen, ſothane junge Fiſche, und zwar
die Stör unter einer Elle, die Sandaten unter
12 Zoll lang, und die Bütte kleiner als hierunter
gezogener Strich, welcher 8 Zoll lang, zu fan=
gen und zu Markte zu bringen; mit der Verwar=
nung, wer darüber betreten wird, daß deſſen Fi=
ſche nicht allein weggenommen, ſondern derſelbe
auch nach Befindung ernſtlich geſtrafet werden
ſoll. Wornach ſich ein ieder zu richten und für
Schaden zu hüten. Actum & decretum in Senatu publicatumque ſub ſigneto den 21 April
Anno 1700.

Erneuertes Mandat, bey vorwährendem Kriege keine 1700.
   Prieſen oder Güter aus denſelben anzukaufen. ſ. oben 7 Jun.
   1653. 30 Jul. und 1665. 16 Jun.

Iſt

1700.
8 Aug.

Ift eine abermalige Ausfetzung der Becken für die Kirche zu St. Pauli auf dem Hamburger Berge angeordnet.

CCLXXXVIII.

1700.
26ſten
Sept.

Mandat wegen der Auflage auf Kut= ſchen und Pferden.

Wann auch in denen den 21ſten und 25ſten September vorigen Jahres gehaltenen Zu= ſammenkünften der Erbgeſ. Bürgerſchaft beliebet worden, daß diejenigen, ſo zu ihrem eigenen Ge= brauch Kutſchen, Chaiſen, Cariolen und Reit= Pferde bishero gehalten, und künftig zu halten ge= denken, iedoch daß E. Hochw. Rath, Rev. Mi= niſt. und die Ehrb. Oberalten nicht mit darunter begriffen, als welche davon eximiret ſind, für eine Kutſche mit 2 Pferden 50 Rthlr., für eine Chaiſe, Cariole oder Reit=Pferd aber 25 Rthlr. hieſigem Cammer=Gut erlegen, die aber, ſo Mieth= Kutſchen halten, für iede Kutſche und 2 Pferden derſelben 10 Rthlr. zu bezahlen ſchuldig ſeyn ſol= len; und dann in jüngſter bürgerlichen Zuſam= menkunft die Eintreibung dieſer Zulage abermals reſolviret worden: Als will E. E. Rath alle und iede dieſer Stadt Bürger und Einwohner erinnert und ermahnet haben, die in vorigem Jahr beliebte reſpective 50, 25 und 10 Rthlr. innerhalb 4 Wochen, von dato an, an denen Schoß=Tafeln bar zu bezahlen. Wornach ſich ein ieder :c.

Auf

zu dem erſten Theile. · 541

Auf Anordnung E. Hochedl. Raths iſt eine Collecte 1700.
wegen des abgebrannten Thurms und der Glocken 21 Nov.
der Kirche zu Groden, im Amte Ritzebüttel, verkün=
diget.

In den gemeinen Beſcheiden iſt S. 478. in Nr. CCL.
die Verbeſſerung nöthig, wann eine neue Sache in=
troduciret wird, des Citati Anwald defectum Mandati &c. Und in der Zugabe iſt S. 491. bey dem
Zoll-Mandate die Nachweiſung, wie folget, zu ſetzen:
1659. 6 Jun. 1666. 25 May u. ſ. Die ſonſt et=
wan eingeſchlichenen Druckfehler, beſonders in den
Zahlen, wird ein billiger Leſer ſelbſt zu ändern ge=
neigen.

Ende des Erſten Theils.

www.ingramcontent.com/pod-product-compliance
Lightning Source LLC
Chambersburg PA
CBHW020854210326
41598CB00018B/1667